Die Regionalpolitik der Europäischen Gemeinschaft
und der Europäische Fonds für regionale Entwicklung
in ihrer Bedeutung für Griechenland

Europäische Hochschulschriften
Publications Universitaires Européennes
European University Studies

Reihe XXXI
Politikwissenschaft

Série XXXI Series XXXI
Sciences politiques
Political Science

Bd./Vol. 387

PETER LANG
Frankfurt am Main · Berlin · Bern · New York · Paris · Wien

Charalambos Platias

Die Regionalpolitik der Europäischen Gemeinschaft und der Europäische Fonds für regionale Entwicklung in ihrer Bedeutung für Griechenland

Eine Fallstudie
über die Jahre 1981-1993

PETER LANG
Europäischer Verlag der Wissenschaften

Die Deutsche Bibliothek - CIP-Einheitsaufnahme

Platias, Charalambos:

Die Regionalpolitik der Europäischen Gemeinschaft und der Europäische Fonds für Regionale Entwicklung in ihrer Bedeutung für Griechenland : eine Fallstudie über die Jahre 1981-1993 / Charalambos Platias. - Frankfurt am Main ; Berlin ; Bern ; New York ; Paris ; Wien : Lang, 1999
(Europäische Hochschulschriften : Reihe 31, Politikwissenschaft ; Bd. 387)
Zugl.: Bonn, Univ., Diss., 1998
ISBN 3-631-34979-3

D 5
ISSN 4721-3654
ISBN 3-631-34979-3

Danksagung

Die vorliegende Arbeit wurde im Sommersemester 1998 von der Philosophischen Fakultät der Rheinischen Friedrich-Wilhelms-Universität zu Bonn als Dissertation angenommen.

Mein tiefer Dank gilt meinem Doktorvater, Herrn Professor Dr. Hans-Peter Schwarz, für seine unermüdliche Betreuung und seine vielfältige Unterstützung während der gesamten Promotionszeit. Herrn Professor Dr. Detlev Karsten bin ich für die Übernahme des Zweitgutachtens ebenfalls zu Dank verpflichtet.

Zur Erstellung der Arbeit bedurfte es der Unterstützung vieler, bei denen ich mich an dieser Stelle herzlich bedanken möchte. Namentlich sind hier zu erwähnen Herr Dr. Carsten Giersch für seine wertvollen kritischen Anregungen und inhaltlichen Vorschläge; Frau Heike Gebhard, die eine lange Phase der Arbeit mitbegleitete; Herr Axel Diehl für seine Korrekturen und kritischen Anmerkungen; Herr Florian Strobel, der mit besonderem Engagement das Korrekturlesen der Endfassung der Dissertation bewältigte; Herr Philipp Rein für seine Hilfe bei den Korrekturen für die Drucklegung der Arbeit; Herr Ioannis Esperidis und Herr Roberto Streppone für ihren Beitrag zur technischen Abfassung der Arbeit; Herr Nikolaos Dimitriadis für seine tatkräftige Hilfe in den wichtigsten Etappen der Promotion und dafür, daß er mit seiner Freundschaft mein Leben in dieser Zeit bereicherte. Ihnen allen fühle ich mich sehr verbunden.

Gedankt sei auch der Konrad Adenauer Stiftung für ein dreijähriges Promotionsstipendium, dessen Wert weit über die Bedeutung der finanziellen Förderung hinausging.

Vor allem möchte ich mich bei meiner Familie und insbesondere bei meinen Eltern bedanken, ohne deren selbstlosen Beistand in moralischer und materieller Hinsicht diese Arbeit nicht zustanden gekommen wäre.

Bonn, im April 1999 Ch. Platias

Inhaltsverzeichnis

Verzeichnis der im Text enthaltenen Tabellen

Abkürzungsverzeichnis

Abl.	Amtsblatt
Art.	Artikel
BIP	Bruttoinlandsprodukt
EAGFL	Europäischer Ausgleichs- und Garantie Fonds für die Landwirtschaft
ECU	European Currency Unit
EEA	Einheitliche Europäische Akte
EFRE	Europäischer Fonds für regionale Entwicklung
EC	European Community
EG	Europäische Gemeinschaft
endg.	endgültig
ENVIREG	Regionales Aktionsprogramm für den Umweltbereich
ERDF	European regional development Found
ESYE	Nationales Statistisches Amt Griechenlands
EU	Europäische Union
EUR 4/12/15	Europa der 4/12/15
EUROFORM	Gemeinschaftsinitiative zur Unterstützung des Erwerbs von neueun Qualifikationen und Fachkenntnissen
EWG	Europäische Wirtschaftsgemeinschaft
GFK	Gemeinschaftliches Förderkonzept
gr.	griechisch
HORIZON	Gemeinschaftsinitiative zur Verbesserung der Beschäftigungs-

	aussichten von Behinderten und sonstigen benachteiligten Gruppen
IMP	Integrierte Mittelmeerprogramme
INTERREG	Gemeinschaftsinitiative für Grenzgebiete
KEME	Zentrum für Marketingrecherchen Hellas
KEPE	Zentrum für Planung und Wirtschaftsforschung
KKP	Kaufkraftparitäten
KKS	Kaufkraftstandards
km	Kilometer
KOM.	Kommission der Europäischen Gemeinschaften / Europäische Kommission
LEADER	Aktionen zur ländlichen Entwicklung auf Initiative der Kommission
MEA	Ständige griechische Vertretung bei den Europäischen Gemeinschaften
MEANS	Méthods d' Evaluation de Nature Structurelle
Mio.	Millionen
NOW	Gemeinschaftsinitiative zur Förderung gleicher Berufsmöglichkeiten für Frauen
NPGI	Nationales Programm von gemeinschaftlichem Interesse
NUTS	Systematik der Gebietseinheiten für die Statistik
OECD	Organisation für Wirtschaftliche Zusammenarbeit und Entwicklung
OTA	Träger örtlicher Selbstverwaltung
PASOK	Panhellenische Sozialistische Bewegung
PRISMA	Gemeinschaftsinitiative zur Vorbereitung der Unternehmen auf den Binnenmarkt
RECHAR	Gemeinschaftsinitiative zur wirtschaftlichen Umstellung von Kohlenrevieren
REGEN	Gemeinschaftsinitiative zur Förderung des Transports und der Distribution der Energie in den peripheren Regionen der Gemeinschaften
REGIS	Gemeinschaftsinitiative zur Eingliederung der am weitesten abgelegenen Regionen
SEK	Sekretariat der Eurpäischen Kommission

SEM	Sound and Efficient Financial Management
STAR	Gemeinschaftsprogramm zur Verbesserung des Zugangs zu den fortgeschrittenen Telekommunikationsdiensten
STRIDE	Gemeinschaftsinitiative zur Förderung des regionalen Forschungs-, Technologie- und Innovationspotentials
TELEMATIK	Gemeinschaftsinitiative für Telematikdienste zur regionalen Entwicklung
VALOREN	Gemeinschaftsprogramm zur Erschließung des endogenen Energiepotentials

I Einleitung

Die regionalpolitischen Ziele in Griechenland standen bis Ende der siebziger Jahre im Schatten der gesamtwirtschaftlichen Ziele. Bedingt durch das niedrige Entwicklungsniveau und die realen Entwicklungsmöglichkeiten des Landes sowie durch eine von der neoklassischen Schule geprägte ökonomische Denkweise und die damit verbundenen entwicklungspolitischen Auffassungen über eine automatische Ausbreitung der Entwicklung im Raum in einer "späteren" Phase, setzte sich eine Politik durch, die wachstumspolitische Ziele "um jeden Preis" anstrebte. Dies bedeutete in dem gegebenen Zusammenhang eine gleichzeitige Zurückstellung der regionalpolitischen Ziele. Letztere - sofern sie unter dem massiven Druck der zunehmenden Disparitäten berücksichtigt wurden - erhielten meistens nicht die Form von allokationspolitischen Zielsetzungen, sondern dienten vor allem verteilungspolitischen Prioritäten, die kostspielig und oberflächlich das Endergebnis der tatsächlichen Disparitäten zu korrigieren versuchten.

Als einige der aufgetretenen Schwierigkeiten und Dilemmata der strategischen Konzeptionierung und Planung der Regionalentwicklung Griechenlands sind hierbei zu konstatieren: Zentralismus versus Regionalismus; Konzentration versus Dezentralisierung; hohe Entwicklungsrhythmen und Produktivitätsraten versus Regionalentwicklung; gleichgewichtige versus ungleichgewichtige Regionalentwicklung; staatliche Intervention versus private Initiative; Infrastrukturinvestitionen versus produktive Investitionen. Die aufgeworfenen Fragen wurden sehr oft - nicht zuletzt aus einer Zwangslage heraus - zugunsten von inadäquaten, inkompatiblen und inkonsistenten Entwicklungsdogmen und -ansätzen entschieden, deren Verwirklichung sich zusätzlich als problematisch, inkonsequent und besonders kurzlebig erwies. Aber auch die Operationalität der aufgestellten Entwicklungsprogramme fiel der Aufrechterhaltung der Flexibilität und der Handlungsspielräume der jeweiligen Regierungen zum Opfer, so daß die angestrebten Ziele und Maßnahmen nur insoweit realisiert werden konnten, als es die jeweiligen konjunkturabhängigen Konstellationen erlaubten.

Mit dem Jahr 1981 trat eine Phase der Intensivierung der regionalpolitischen Bemühungen ein, die allmählich als gleichwertig mit den gesamtwirtschaftlichen angesehen wurden und insofern als ebenso erstrebenswert. Dem erfolgten Auffassungswandel zufolge wurden die beiden Aktivitätsfelder darüber hinaus als konform und komplementär erachtet. Der Übergang zu einer verbindlichen, intensiven und spezifischen Planung, die Durchsetzung der Konzepte der "gleichgewichtigen Entwicklung" und der "Entwicklung von unten", die Einführung von inhaltlichen Verbesserungen, der Anstieg der verfügbaren Mittel für regionalpolitische Zwecke, der Ausbau des regionalpolitischen Instrumentariums und die Erhöhung seiner Effizienz sind die zentralen Charakteristika dieser Phase. Diese Entwicklungen wurden sowohl von den programmatischen Auffassungen der Panhellenischen Sozialistischen Bewegung (PASOK) entscheidend mitgeprägt als auch von der Entwicklungsdynamik selbst gesteuert. Die zunehmende Einbeziehung der Regionalpolitik der Gemeinschaft in die griechische Regionalentwicklung seit dem griechischen Beitritt in die Europäischen Gemeinschaften legt jedoch die Vermutung nahe, daß die genannten Entwicklungen eben vor allem auf diese Politik zurückzuführen sind.

Ziel der vorliegenden Arbeit ist die Erfassung und Bewertung der Auswirkungen der regionalpolitischen Tätigkeit der Gemeinschaft in Griechenland durch den Europäischen Fonds für regionale Entwicklung.
Kernpunkt bildet hierbei die Hypothese, daß die Teilnahme Griechenlands an der Gemeinschaft eine deutliche Fortentwicklung der regionalpolitischen Mittel und eine erhebliche Steigerung ihrer Effizienz bewirkt hat. Dieser Fortschritt des Systems wird hier zum einen als Verbesserung und ad hoc-Anpassung des bestehenden Instrumentariums und zum anderen als Herauskristallisierung neuer Institutionen, Politikinhalte, Entwicklungsstrategien und Implementationsmittel aufgefaßt. Aber auch die Förderung bzw. die Beschleunigung von institutionellen Reformen in Griechenland sind im Lichte der Interaktion zwischen Griechenland und der Gemeinschaft und somit als Ergebnis der gemeinschaftlichen Regionalpolitik zu betrachten.
Unter diesem Blickwinkel wird zwar der in der politischen Debatte, in der Presse und nicht zuletzt in der wissenschaftlichen Diskussion in den Vordergrund gestellten finanziellen Dimension der Regionalpolitik der Gemeinschaft eine besondere entwicklungs- und regionalpolitische Rolle beigemessen, gleichzeitig wird jedoch unterstrichen, daß sie nicht die einzige und auch nicht die wichtigste Dimension der Förderung darstellt. Der als Ergebnis eines kognitiven Lern- und Reifungsprozesses oder einer positiven Zwangsanpassung erfolgte

Modernisierungsschub auf das institutionell-organisatorische System der Regionalpolitik, auf die Auffassungen und Mentalitäten und im Endeffekt auf die Gesellschaft und Politik in Griechenland scheint in einer längerfristigen Perspektive mindestens ebenso wichtig zu sein wie die angebots- und nachfragestimulierenden Impulse der Förderung. Eine enge ökonomische Betrachtung der Regionalpolitik der Gemeinschaft vermag dementsprechend nur einen Teil ihrer Auswirkungen zu erfassen.

Die vorliegende Arbeit stellt eine Fallstudie dar. Sie ist gleichzeitig als EG-Policy-Forschung und als Länderstudie einzuordnen, da sowohl die Regionalpolitik der Gemeinschaft und der Europäische Fonds für regionale Entwicklung als auch das griechische regionalpolitische System und die Implementation der gemeinschaftlichen Regionalpolitik durch den Fonds in Griechenland untersucht werden.
Die enge Verflechtung zwischen Politik, Ökonomie und Recht kommt am Beispiel der Regionalpolitik besonders deutlich zum Ausdruck. Die Komplexität und Multidimensionalität der regionalpolitischen Interventionen machen eine Analyse auf mehreren sich überschneidenden Ebenen erforderlich. Diese wiederum kann nur im Rahmen eines interdisziplinären Ansatzes erfolgen, der den politischen, ökonomischen und rechtlichen Aspekten der Thematik gerecht wird. Die Arbeit ist empirisch-analytisch angelegt, die Einbeziehung von normativen Elementen ist jedoch als immanenter Bestandteil der Beschäftigung mit der Thematik zu betrachten. Diese normativen Elemente fungieren nicht als Vorgaben der Untersuchung, sondern erweisen sich als hilfreiche Richtlinien für die Lokalisierung der verschiedenen Untersuchungsfelder und Facetten dieser komplexen und vielschichtigen Thematik.

Der Zeithorizont der Untersuchung erfaßt die Periode 1981-1993, d.h. vom Zeitpunkt des Beitritts Griechenlands in die Europäischen Gemeinschaften bis zum Ende der Laufzeit des ersten Gemeinschaftlichen Förderkonzepts für Griechenland. Für die Analyse der Aktivitäten des Europäischen Fonds für regionale Entwicklung in Griechenland erschien eine Untergliederung dieses Zeitraums in zwei Phasen zweckmäßig. Die erste erstreckt sich von 1981 bis 1988 und betrifft die Darstellung, Analyse und Bewertung der "klassischen" Interventionen des Fonds. Die zweite ergibt sich aus der Laufzeit des griechischen Gemeinschaftli-

chen Förderkonzepts 1989-1993 und beschäftigt sich mit der Darstellung, Analyse und Bewertung der "neuen" Interventionen des Fonds im Rahmen der reformierten gemeinschaftlichen Strukturpolitik.
Diese Untergliederung ist durch eine Reihe von Faktoren methodischer und praktischer Natur geboten: (a) die deutliche inhaltliche, institutionell-organisatorische und verwaltungstechnische Trennung der gemeinschaftlichen Regionalpolitik, die durch die Strukturfondsreform von 1988 erfolgte; (b) den in sich geschlossenen Charakter des Gemeinschaftlichen Förderkonzepts für den Zeitraum 1989-1993; (c) eine neue Regionalisierung des griechischen Raums, wodurch das bis 1988 geltende System der neun Regionen von einer Unterteilung in dreizehn Regionen abgelöst wurde, und die dementsprechende Anpassung der statistischen Erfassung der Angaben für die Regionen; (d) die Unterteilung der Implementierung der griechischen integrierten Mittelmeerprogramme in die Phasen 1986-1988 und 1989-1992.
Im Rahmen der jeweiligen Zielsetzungen der einzelnen Kapitel wurden nach Bedarf auch andere Zeitspannen oder Einteilungen in Betracht gezogen. Sie betreffen die zur Erklärung der Entstehung und Entwicklung des griechischen Regionalproblems historisch bedingte Systematisierung der wesentlichen Auslöser der regionalen Strukturierung Griechenlands seit 1830 sowie die periodische Erfassung der Ziele, der strategischen Konzepte und Mittel des griechischen regionalpolitischen Systems der Nachkriegszeit.

In der Arbeit wird zunächst der Zusammenhang zwischen der Europäischen Integration und der Regionalpolitik der Gemeinschaft untersucht sowie der integrationspolitische Stellenwert dieser Politik beleuchtet.
Im ersten Abschnitt des zweiten Teils der Arbeit wird der Versuch unternommen, die Frage nach der Verknüpfung zwischen regional- bzw. kohäsionspolitischen Maßnahmen und integrationspolitischen Schritten zu beantworten. Diese Frage ist am Beispiel Griechenlands von besonderem Interesse, denn solch eine Verknüpfung impliziert die Herausbildung der Regionalpolitik der Gemeinschaft im Rahmen einer Interessenvermittlung und einer Konsensfindung und somit die Möglichkeit einer Einflußnahme Griechenlands auf den Integrationsprozeß, die erheblich größer ist als sein tatsächliches Gewicht.
Auf der Suche nach weiteren Komponenten, die zur Herausbildung der Regionalpolitik der Gemeinschaft beitragen, werden hier darüber hinaus die Inter-

aktion zwischen den gemeinschaftlichen Organen sowie die Interaktion zwischen der Europäischen Kommission und den Mitgliedstaaten bzw. den verschiedenen nationalen Akteuren untersucht.
Im zweiten Abschnitt dieses Teils wird die Entwicklung der Regionalpolitik der Gemeinschaft anhand der Verordnungen über den Europäischen Fonds für regionale Entwicklung herausgearbeitet und bewertet. Die Untersuchung fokussiert auf die überprüfung der Lern- und Anpassungsfähigkeit des Systems. Hierbei wird nicht nur auf die institutionellen Grundlagen, sondern auch auf die inhaltliche Ausrichtung des Fonds eingegangen.

Der dritte Teil der Arbeit ist in vier Abschnitte unterteilt. Der erste Abschnitt bietet eine Übersicht über das griechische Regionalproblem unter Berücksichtigung des Konvergenz- und Kohäsionsproblems in der Gemeinschaft. Die Darstellung der Lage und Entwicklung der griechischen Regionen sowie der Disparitäten in Griechenland bzw. der Disparitäten zwischen den griechischen Regionen und den Regionen der Gemeinschaft verdeutlicht die Notwendigkeit der Regionalpolitik der Gemeinschaft. Aber auch die für den Abbau der Disparitäten benötigte Zeit und Unterstützung wird hierdurch offensichtlich und somit die Tatsache, daß die Auswirkungen der Regionalpolitik auf die sozioökonomischen Indikatoren der Regionen nicht spektakulär sein können. Gleichzeitig bestimmen Formen, Merkmale und Ausmaß des griechischen Regionalproblems die Art und den Umfang der benötigten Interventionen, so daß eine Bewertung der Adäquanz und Qualität der regionalpolitischen Tätigkeiten bzw. ihrer entwicklungspolitischen Relevanz erfolgen kann. Demselben Zweck dient das im letzten Kapitel dieses Abschnitts enthaltene Erklärungsschema der Entstehung und Entwicklung der Regionaldisparitäten in Griechenland, wobei hier die strukturelle Natur des griechischen Regionalproblems hervorgehoben wird.
Der zweite Abschnitt konzentriert sich auf eine vergleichende Analyse des regionalpolitischen Systems in Griechenland vor und nach dem Beitritt in die Europäischen Gemeinschaften. Die Ziele und die strategischen Konzepte der Regionalpolitik in Griechenland, die Programmplanung, das regionalpolitische Instrumentarium und die Organisationsstruktur des griechischen regionalpolitischen Systems werden dahingehend untersucht, inwiefern hier Fortschritte stattgefunden haben, die mit dem regionalpolitischen Einsatz der Gemeinschaft in Griechenland durch den Europäischen Fonds für regionale Entwicklung in Verbin-

dung zu bringen sind. In den Mittelpunkt der Analyse rückt die Frage nach dem entwicklungspolitischen Beitrag der Förderung im Sinne von Mitnahme- und Modernisierungseffekten, der in Kapitel 2.5 zusammenfassend nachgegangen wird.
Im dritten Abschnitt dieses Teils wird in zwei Kapiteln auf die öffentliche Diskussion über die Regionalpolitik der Gemeinschaft in Griechenland eingegangen. Das erste Kapitel erfaßt die parlamentarische Diskussion, das zweite die Presseberichte. Hierbei stellt sich zum einen die Frage nach der Einflußnahme des Parlaments auf die Inhalte oder die Durchführung dieser Politik und umgekehrt nach den Auswirkungen der regionalpolitischen Tätigkeit der Gemeinschaft auf die griechische Politik und auf die Parteien. Zum anderen ist hier ebenfalls unter dem Aspekt der Modernisierung die Wechselwirkung zwischen den Presseberichten und der Regionalpolitik der Gemeinschaft zu analysieren und zu hinterfragen.
Der letzte Abschnitt dieses Teils beschäftigt sich mit der Darstellung, Analyse und Bewertung der durch den Europäischen Fonds für regionale Entwicklung durchgeführten Interventionen in Griechenland und ist in zwei kleinere Abschnitte untergliedert. Der erste betrifft die EFRE-Interventionen der Phase 1981-1988, der zweite die EFRE-Interventionen der Phase 1989-1993.

Im Hinblick auf die Bewertung wurde ein einheitliches Schema für beide Phasen der EFRE-Interventionen entwickelt. Diese wird von drei Säulen getragen. Eine Erfolgskontrolle der Interventionen wird anhand der Überprüfung ihrer Durchführung vorgenommen. Diese basiert wiederum auf der Überprüfung der finanziellen Abwicklung der Interventionen, da im allgemeinen angenommen wird, daß diese die tatsächliche Realisierung der geplanten Maßnahmen impliziert. Darüber hinaus ist diese Methode durch die problematische Datenlage hinsichtlich der physischen Ergebnisse der Interventionen bedingt.
Die zweite Säule der Bewertung bildet die Überprüfung der Adäquanz und der Qualität der Interventionen, da die Zielerreichung neben der Durchführung offensichtlich von diesen beiden Komponenten abhängt. Diese Überprüfung knüpft an die Analyse des ersten Abschnitts über das griechische Regionalproblem an.
Schließlich werden die Interventionen auf ihre entwicklungspolitische Relevanz hin überprüft. Dieser Teil der Bewertung ist allerdings mit den größten methodi-

schen und praktischen Problemen behaftet. Die Theorie ist noch nicht in der Lage, brauchbare Ansätze zu liefern, wonach die Ergebnisse der regionalpolitischen Interventionen bewertet werden könnten. Auch die Europäische Kommission und die Mitgliedstaaten konnten dieses Problem trotz intensiver Bemühungen seit der Reform der Strukturfonds von 1988 bis heute noch nicht zufriedenstellend bewältigen. Nicht zuletzt technische Probleme, z.B. bei der Erfassung und Aggregation von Daten, sind hier zu bemängeln. Dieses Bewertungsdefizit wird unter den Vorbemerkungen zur Bewertungsproblematik der Phase 1989-1993 in Kapitel 4.2.3.1 abgehandelt. Betrachtet man jedoch die Probleme der Bewertung im Zeitraum 1989-1993, so kann man leicht auf die unüberwindbaren Schwierigkeiten des Unterfangens in der vorangegangenen Zeit schließen. Hinzu kommt die Tatsache, daß sich die Datenlage hinsichtlich der Ergebnisse der EFRE-Interventionen in Griechenland während der Periode 1981-1988 als besonders mangelhaft erweist. Vor diesem Hintergrund beschränkt sich die Überprüfung der entwicklungspolitischen Relevanz zwangsläufig auf die Feststellung der gesamtwirtschaftlichen Ergebnisse der Interventionen und auf die Erfassung von physischen Ergebnissen.

In einem letzten Teil sind die zusammenfassenden Ergebnisse der Arbeit und eine Reihe von abschließenden Betrachtungen enthalten. Hier wird die Zukunft der Regionalpolitik der Gemeinschaft unter Berücksichtigung der sich rasch entwickelnden europäischen Architektur und der großen Herausforderungen für die europäische Integration untersucht, die Verknüpfung zwischen der griechischen Europa-Politik und den kohäsionspolitischen Zielen Griechenlands analysiert, eine Gesamtbewertung der Auswirkungen der Regionalpolitik der Gemeinschaft und des Europäischen Fonds für regionale Entwicklung in Griechenland unternommen und auf die Herausforderungen und Aufgaben für die Regionalpolitik der Gemeinschaft und für die griechische Politik eingegangen.

Im Anhang der Arbeit befindet sich schließlich eine Auswahl von Tabellen, Karten und Schaubildern, die einer anschaulicheren Darstellung dienen.

Trotz der bedeutsamen Rolle und des stets zunehmenden Gewichts der Regionalpolitik der Gemeinschaft in Griechenland hat diese Thematik eine erstaunlich geringe Aufmerksamkeit in der wissenschaftlichen Diskussion gefunden.

Die Betrachtung der gemeinschaftlichen Regionalpolitik als einem "natürlichen" Ausgleich für die griechische Teilnahme an der Gemeinschaft und darüber hinaus ihre Degradierung zu einem bloßen Finanzierungsmechanismus im Rahmen einer defensiven, fiskalischen Wahrnehmung des Integrationsprozesses, die die griechischen Erfolge lediglich an der Höhe der "erkämpften" Mittel messen ließ, dürfte das Interesse für eine intensive Beschäftigung mit diesem Politikbereich und insbesondere dem Europäischen Fonds für regionale Entwicklung erheblich gemindert haben.

Aber auch die Konzentration der Europa-Forschung in Griechenland auf die Kontroverse um die Vor- und Nachteile des Beitritts bzw. der Teilnahme scheint eine negative Rolle gespielt zu haben. Die wissenschaftliche Diskussion beschränkte sich hierbei auf die Folgen der Liberalisierung für die Industrie und die Landwirtschaft und auf die Entwicklung von effektiven "Schutzmechanismen", ignorierte jedoch die Bedeutung der flankierenden gemeinschaftlichen Politiken und Instrumente.

Dazu kommt die Tatsache, daß die Regionalentwicklung und -politik in Griechenland ein ziemlich neues wissenschaftliches Feld darstellt, das bis vor kurzem fast ausschließlich und vorbehaltlos den Wirtschaftswissenschaftlern überlassen war. Diese schienen nicht gewillt zu sein, sich mit den politischen Dimensionen des Themas auseinanderzusetzen, die den Rahmen des traditionellen Instrumentariums des Faches sprengen.

Andererseits wurde die Attraktivität dieses Forschungsgebiets durch die ungünstige Quellenlage und den Mangel an statistischem Material stark beeinträchtigt. Gerade diese Hemmnisse stellten die Praktikabilität und Rentabilität der Beschäftigung mit dieser Thematik in Frage. Wird der notwendigerweise empirische Charakter des Unterfangens bei gleichzeitigem Fehlen der Informationsgrundlagen für eine Bewertung der quantitativ-interventionistischen gemeinschaftlichen Regionalpolitik berücksichtigt, so mag die bisherige geringe Attraktivität der Thematik verständlich werden.

Insofern beschäftigten sich die relevanten Arbeiten mit eher faßbaren und praktischen Problemstellungen, wie mit der Feststellung der sozioökonomischen Disparitäten in Griechenland[1] und mit ihrer Erklärung[2] oder mit der regionalpoliti-

---

[1] Siehe beispielsweise Athanasiou, A. L.: Ökonomische Disparitäten in Griechenland: Entwicklungen und mögliche Auswirkungen, Athen, 1991, (gr.); Kavadias, A. P.: Indikatoren zur

schen Planung und mit den Strategien zur Regionalentwicklung.[3] Hierbei sind einige Teilaspekte der Regionalproblematik und -politik intensiver behandelt worden. Die Migration zog beispielsweise ein lebhaftes wissenschaftliches Interesse auf sich.[4] Auch die Politik zur Gründung von Industriegebieten und die Anreize zur Regionalentwicklung standen im Vordergrund des Blickfelds.[5]

Regionalentwicklung Griechenlands, Athen, 1992, (gr.); Glytsos, P. N.: Regionaldisparitäten in Griechenland. Demographische und ökonomische Merkmale, Athen, 1988, (gr.); Theodosakis, N.: Sozioökonomische Entwicklungen und räumliche Disparitäten in Griechenland zwischen 1961 und 1981. Eine Analyse der räumlichen und strukturellen Trends auf der Basis von Verwaltungsbezirken (Nomoi), Hamburg, 1990.

[2] Ikonomu, P. Th.: Neugriechische Regionalproblematik. Vorstudien zu einer Sozialstrukturanalyse, Frankfurt am Main, Paris, Bern, 1990; Sakkas, D.: Die Ursprünge des strukturellen Ungleichgewichts und seine Wirkung auf den Entwicklungsprozeß Griechenlands, Frankfurt am Main u.a., 1984.

[3] Andrikopoulou, E./Kafkalas, G.: Die Reglementierung des regionalen Raums. Theorie und Praxis, Thessaloniki, 1985, (gr.); Andrikopoulou-Kafkala, E.: Staatliche Intervention und Regionen. Die Reglementierung des regionalen Raums in Griechenland, Diss., Thessaloniki, 1984, (gr.); Grammatikopoulou, E.: Das System der Raumplanung in Griechenland, Hannover, 1989; Kaltsounis, A.: Probleme der staatlichen Planung in Griechenland, Diss., Berlin (Freie Universität), 1988; Piramelidou, A.: Regionale Entwicklungsstrategien in Griechenland, Diss., Nürnberg, 1985.

[4] Siehe beispielsweise Fakiolas, R./Voss, W.: Wanderungsbewegungen aus und nach Griechenland seit 1973, Saarbrücken, Fort Lauderdale, 1989; Patiniotis, N.: Strukturelle Abhängigkeit und Arbeitsemigration, dargestellt am Beispiel Griechenlands (1955-1975), Diss., Frankfurt am Main, 1979; Papadakis, M.: Greece, Migration Statistics 1955-1977, VI, Absolute Numbers, Athens, 1981; Kallianos, Th.: Die Binnenwanderung in Griechenland. Ein Beitrag zur Analyse ihrer Erscheinung, Ursachen und Konsequenzen unter besonderer Berücksichtigung der Region Zentralwestmakedonia, Frankfurt am Main, 1981; Unger, K.: Die Rückkehr der Arbeitsemigranten. Eine Studie zur Remigration in Griechenland, Saarbrücken, Fort Lauderdale, 1983.

[5] Siehe unter anderem Athanassopoulos, G. K.: Die finanziellen Anreize im institutionellen Rahmen der Regionalentwicklung in Griechenland, Bd. I und II, 2. Aufl., Athen, 1992, (gr.); Lemonias, E.: Entwicklungsanreize in Griechenland und der EWG, Athen, 1991, (gr.); Kioukis, K. E./Papakonstandinidis, L. A.: Anreize zur Regionalentwicklung in den Mitgliedstaaten der Europäischen Wirtschaftsgemeinschaft. Erforschung der Möglichkeiten Griechenlands auf nationaler, regionaler und gemeinschaftlicher Ebene, 2. verbess. Aufl., Athen, 1985, (gr.); Vliamos, I. S.: Die Industriegebiete und die regionale Industriepolitik in Griechenland, Athen, 1988, (gr.); Alexakis, P./Katrivesis, V.: Die Entwicklungsanreize für die Industriegebiete in Griechenland, in: Topos, o.J., Heft 4, Athen, 1992, (gr.), S. 77-111; Argyris, A.: Griechenlands regionale Wirtschaftsentwicklung (I). Das Problem der Disparitäten und die Investitionsanreize zu ihrer Überwindung, in: Südosteuropa Mitteilungen, Jg. 21,

Ein großer Beitrag zur wissenschaftlichen Diskussion ist dem Zentrum für Planung und Wirtschaftsforschung (KEPE) zuzuschreiben, das mit mehreren Veröffentlichungen im Bereich der Regionalplanung und -politik sowohl umfassende Bestandsaufnahmen und tiefgehende Einblicke in spezielle Fragen lieferte als auch konkrete Politikrichtungen erarbeitete.[6] Eine ebenfalls gewichtige Rolle ist hier auch den Publikationen des Instituts für regionale Entwicklung der Panteios-Universität zu Athen beizumessen.[7]

Aus der Betrachtung des relevanten wissenschaftlichen Schrifttums läßt sich deutlich ablesen, daß die zunehmende Aufwertung der Bedeutung der Regionalpolitik in Griechenland seit den achtziger Jahren auch mit einer entsprechenden Intensivierung der wissenschaftlichen Beschäftigung mit regionalpolitischen Fragen verbunden war. In auffälligem Gegensatz zu ihrer Relevanz ist jedoch die Regionalpolitik der Gemeinschaft in Griechenland kaum Gegenstand einer systematischen und eingehenden Analyse gewesen.
Eine sporadische und periphere Beschäftigung mit der Thematik fand in einer Reihe von Sammelwerken statt, die eine Gesamtaufzeichnung und Bewertung der griechischen Teilnahme an der Europäischen Gemeinschaft unternommen haben.[8] Ein ähnliches Bild zeichnet sich anhand der in Fachzeitschriften veröf-

---

Heft 1-2, München, 1981, S. 23-38.

[6] Siehe beispielsweise KEPE: Berichte zum Fünfjahresplan zur wirtschaftlichen und sozialen Entwicklung 1988-1992, Bd. 24: Regionalpolitik, Athen, 1991, (gr.); Bd. 19: Öffentliche Verwaltung, Athen, 1991, (gr.); Bd. 18: Örtliche Selbstverwaltung, Athen, 1990, (gr.); Berichte zum Fünfjahresplan zur wirtschaftlichen und sozialen Entwicklung 1983-1987, Bd. E6: Schutz und Aufwertung der Umwelt, Athen, 1986, (gr.). Siehe auch die griechischen Entwicklungsprogramme.

[7] Regional Development Institute: Local Development, Athens, 1990 und Regional Prospects in Greece, Athens, 1993 sowie Institut für regionale Entwicklung: Festschrift, Athen, 1992, (gr.).

[8] Siehe zum Beispiel Kasakos, P./Stefanou, C. (Hrsg.): Griechenland in der Europäischen Gemeinschaft: Die ersten fünf Jahre. Trends, Probleme, Perspektiven, Athen, 1987, (gr.); Roumeliotis, P. (Hrsg.): Die Vollendung der europäischen Integration und die Rolle Griechenlands. Utopie und Realität, Athen, 1985 (gr.); Tsoukalis, L. (Hrsg.): Griechenland in der Europäischen Gemeinschaft: Die Herausforderung der Anpassung, Athen, 1993, (gr.).

fentlichten Aufsätze ab.[9] Andererseits hat sich nur eine kleine Anzahl von Monographien mit der Thematik befaßt. Manche versuchten die wirtschaftlichen Auswirkungen der Mitgliedschaft insgesamt zu erfassen.[10] Andere fokussierten zwar auf die Regionalproblematik und -politik, sie sind jedoch als erste Ansätze zu betrachten[11] oder sie beschränkten sich auf Fallbeispiele.[12]

---

[9] Axt, H.-J.: The Costs and Benefits of the Greek EC-membership, in: Intereconomics, Vol. 22, No. 5, Hamburg, 1987, S. 249-257; ders.: Griechenland und die Europäische Gemeinschaft. Erfahrungen mit der Mitgliedschaft und Aussichten für 1992, in: Südosteuropa Mitteilungen, Jg. 29, Heft 2, München, 1989, S. 126-138; ders.: Southern Europe Facing the Single Market's Completion, in: Intereconomics, Vol. 26, No. 4, Hamburg, 1991, S. 192-202; ders.: Modernisierung durch EG-Mitgliedschaft? Portugal, Spanien und Griechenland im Vergleich, in: Die Integration Europas, hrsg. von Kreile, M., Politische Vierteljahresschrift, Sonderheft 23/1992, Opladen, 1992, S. 208-233; Giakoumis, P.: Sozioökonomische Aspekte des griechischen Wachstumsprozesses, in: Südosteuropa Mitteilungen, Jg. 32, Heft 1, München, 1992, S. 53-61; Kasakos, P.: Die integrationspolitischen Initiativen der 80er Jahre und die griechische Europa-Politik, in: Südosteuropa Mitteilungen, Jg. 31, Heft 2, München, 1991, S. 94-114; ders.: Die neue EG-Agenda und die griechische Europa-Politik, in: Europa-Archiv, Jg. 46, Heft 7, Bonn, 1991, S. 215-224; ders.: Griechenland und die Zukunftsentwürfe für die EG, in: Hellenic Foundation for Defense and Foreign Policy, Yearbook 1990. Southeastern Europe, edt. by Couloumbis, Th./Veremis, Th., Athens, 1991, S. 171-236; Lyberaki, A.: Die Debatte über die Konvergenz und die Realität der Divergenz: Vergleich der Wirtschaftsleistung Griechenlands und der EWG in den 80er Jahren, in: Revue der Europäischen Gemeinschaften, o. Jg., Bd. 13, Athen, 1992, (gr.), S. 83-113; Ridder, M.: Regionale Industrieentwicklung und Effekte aus dem Beitritt zur EG. Der Fall Thrakien in Nordgriechenland, in: Raumforschung und Raumordnung, Jg. 48, Heft 6, Bonn-Bad Godesberg, Hannover, 1990, S. 319-326; ders.: EG-Regionalpolitik und Wirtschaftsförderung in Griechenland, in: Raumforschung und Raumordnung, Jg. 50, Heft 3-4, Bonn-Bad Godesberg, Hannover, 1992, S. 106-111.

[10] Kapsocavidis, B.: Der griechische EG-Beitritt: Das Dilemma zwischen kurz- und langfristigen Effekten. Eine institutionstheoretische Analyse, Frankfurt am Main, u.a., 1987; Macheras, D.: Die Mitgliedschaft Griechenlands in den Europäischen Gemeinschaften. Die Problematik der wirtschaftlichen Auswirkungen auf Griechenland angesichts seiner Wirtschaftsstruktur, Frankfurt am Main u.a., 1988.

[11] Gioti-Papadaki, O.: Die Auswirkung der nationalen und gemeinschaftlichen Regionalpolitik auf die strukturelle Umwandlung der Wirtschaft der griechischen Regionen, Diss., Athen, 1989, (gr.); Kanetakis, M.: Entwicklungspolitik in den rückständigen Regionen der Europäischen Gemeinschaft unter besonderer Berücksichtigung Griechenlands, Diss., Marburg, 1981; Kimm, I.: Griechenlands Regionalentwicklung und -politik und der EG-Beitritt, Frankfurt am Main, u.a., 1987; Negreponti-Delivani, M.: Die Regionalentwicklung in Griechenland im Rahmen der EWG, Thessaloniki, 1986, (gr.).

Soweit die Strukturpolitik der Gemeinschaft als eigenständiger Forschungsbereich hervorgehoben wurde, erfolgte dies unter der Betrachtung ihrer finanziellen Dimension.[13] Der Europäische Fonds für regionale Entwicklung wurde hierbei innerhalb weniger Seiten abgehandelt. Einen konkreten Forschungsgegenstand stellte der Fonds lediglich in einer wissenschaftlichen Arbeit dar, die jedoch keinen erschöpfenden Anspruch erhob, sondern einen richtungsweisenden Charakter hatte.[14]

Während der Zeithorizont der obigen Publikationen mit Ausnahme einiger Aufsätze vor 1988 liegt, ist das Gebiet der neuen Strukturpolitik der Europäischen Gemeinschaft nach 1988 von der wissenschaftlichen Diskussion in Griechenland unerschlossen geblieben. Die einzige Veröffentlichungen, die hier Verwendung finden konnten, sind zwei Diskussionspapiere, die die in der Arbeit behandelte Thematik nur tangierten.[15]

Nicht weniger erstaunlich als das geringe Interesse in der wissenschaftlichen Diskussion waren die geringe Quantität und Qualität der parlamentarischen Diskussion und der Presseberichte über die Regionalpolitik der Gemeinschaft in Griechenland.[16] Dieses Quellenmaterial erwies sich insofern als wenig hilfreich.

---

[12] Kaltsounis, A.: Entwicklungsmöglichkeiten eines strukturschwachen Gebiets der EG, exemplifiziert an Nomos Ioannina, Griechenland. Ein Beitrag zur alternativen Regionalplanung, Diss., Berlin (Technische Universität), 1989; Ridder, M.: Regionale Wirtschaftsentwicklung unter dem Einfluß der EG-Mitgliedschaft. Das Beispiel Thrakien in Griechenland, Münster, 1992.

[13] Seremetis, D.: Finanzielle Beziehungen zwischen Griechenland und den Europäischen Gemeinschaften. Auswirkungen vom Beitritt 1981-1985, Athen, 1989, (gr.); Samparas, A.: Gemeinschaftliche Strukturpolitik: Die zu erwartenden Auswirkungen, Athen, 1991, (gr.).

[14] Koutris, A. N.: Regionalprobleme und Maßnahmen in der Europäischen Gemeinschaft, Athen, 1985, (gr.).

[15] Katseli, L./Sapountzoglou, G. G.: Gemeinschaftlicher Haushalt und Strukturfonds in der Perspektive der Wirtschafts- und Währungsunion, Athen, 1992, (gr.); Kasakos, P.: Privatsektor und Strukturpolitik der Gemeinschaft, Athen, 1992, (gr.).

[16] Durchgesehen wurden hier die Sitzungsprotokolle des griechischen Parlaments im Zeitraum 1981-1993 sowie drei Tageszeitungen, "Eleftherotypia", "Kathimerini" und "Ta Nea", eine Wochenzeitung, "To Vima", und schließlich eine Wochenzeitschrift, "Oikonomikos Tachydromos". Die Auswahl der Zeitungen bzw. der Wochenzeitschrift erfolgte nach den Kriterien ihrer thematischen Schwerpunktsetzung, d.h der Berücksichtigung von regionalpolitischen Themen, sowie einer ernsthaften Beschäftigung mit der Thematik. Darüber hinaus

Andererseits erlaubte die Beschäftigung mit der Thematik, Schlüsse im Hinblick auf das politische System und auf die Presse in Griechenland zu ziehen.

Da die Akten der Kommission und des griechischen Wirtschaftsministeriums, ebenso wie die Korrespondenz zwischen den Beteiligten, interne Berichte des Wirtschaftsministeriums, die Bewertungsberichte und weiteres Material (Stellungnahmen, Rundschreiben usw.) als "vertraulich" eingestuft sind, konnten diese wertvollen Quellen bedauerlicherweise nicht berücksichtigt werden.
Aber auch der Zugang zu nicht klassifiziertem Informationsmaterial des griechischen Wirtschaftsministeriums war mit einem erheblichen Aufwand verbunden, der, wie sich im nachhinein herausstellte, in deutlichem Mißverhältnis zu den Ergebnissen der Recherchen stand. Die hierdurch gewonnenen Informationen erwiesen sich meistens als bruchstückhaft, unzulänglich und nur zum Teil verwendbar. Andererseits scheiterte die Materialbeschaffung von der Kommission der Europäischen Gemeinschaften oft an der Tatsache, daß trotz der Fülle der allgemeinen Informationen die zuständigen Dienststellen der Kommission bei der Aufgabe, konkrete Informationen zu gewähren und spezielle Anfragen zu bewältigen, überfordert waren. Insofern ist hier ein beträchtliches Transparenzdefizit und gleichzeitig eine Herausforderung für Verbesserungen zu registrieren.
Hinsichtlich der Regionalstatistik in Griechenland schien weder das griechische Wirtschaftsministerium noch das griechische Nationale Statistische Amt oder das Zentrum für Planung und Wirtschaftsforschung in der Lage zu sein, eine dem aktuellen Stand entsprechende, vollständige und zuverlässige statistische Grundlage zu schaffen, so daß in der Arbeit zum überwiegenden Teil auf Quellen der Europäischen Gemeinschaften zurückgegriffen werden mußte. Aber auch diese Quellen wiesen erhebliche Lücken und signifikante Abweichungen auf. Dies bedeutet allerdings nicht nur eine problematische Quellenlage. Darüber hinaus stellt sich verständlicherweise die Frage nach der Glaubwürdigkeit der Ziele und Ergebnisse der Regionalpolitik in Griechenland und sogar nach der Glaubwürdigkeit und der Kompetenz der zuständigen Stellen selbst.

Angesichts dieser Lage stützt sich die Analyse auf nationale und gemeinschaftli-

---

wurde eine ausgewogene Berücksichtigung der regierungs- und oppositionsfreundlichen Presse angestrebt.

che veröffentlichte Quellen und statistische Angaben. Im Abschnitt 2 des zweiten Teils der Arbeit wurden hauptsächlich die Verordnungen über den Europäischen Fonds für regionale Entwicklung sowie andere relevante Verordnungen, Rechtsakte und Bestimmungen, Kommissionsdokumente, die Vertragstexte über die EWG bzw. die EU und die Gesamtberichte über die Tätigkeit der Europäischen Gemeinschaften berücksichtigt.
In den Abschnitten 1 und 2 des dritten Teils der Arbeit fanden außer den genannten Quellen die Berichte über die sozioökonomische Lage und Entwicklung der Regionen der Gemeinschaft und andere periodische Veröffentlichungen der Kommission, die Fünfjahrespläne zur wirtschaftlichen und sozialen Entwicklung der Periode 1960-1992, die Regionalentwicklungsprogramme der Periode 1981-1999, die relevante Gesetzgebung und die programmatischen Erklärungen der Regierungspräsidenten in dem Zeitraum 1981-1993 im Zusammenhang mit den Parteiprogrammen der "PASOK" und der "Nea Demokratia" Verwendung.
Die in Abschnitt 3 erfolgte Darstellung und Analyse der öffentlichen Diskussion über die Regionalpolitik der Gemeinschaft in Griechenland basierte auf den Sitzungsprotokollen des griechischen Parlaments der Periode 1981-1993 und auf Presseberichten im selben Zeitraum.
Für die Kapitel 4.1 bis 4.1.4.3 des Abschnitts 4 wurde hauptsächlich eine Reihe von Kommissionsberichten bis 1988 einbezogen, so die Jahresberichte über den Europäischen Fonds für regionale Entwicklung, die Tätigkeitsberichte über die integrierten Mittelmeerprogramme, die Berichte über den EFRE in Zahlen. In Kapitel 4.2 bis 4.2.2.4 fanden schließlich die Jahresberichte über den Europäischen Fonds für regionale Entwicklung, die Jahresberichte über die Durchführung der Strukturfondsreform, die Jahresberichte über die Ergebnisse der IMP, die Regionalentwicklungspläne und die Gemeinschaftlichen Förderkonzepte für Griechenland 1989-1993 und 1994-1999 sowie die Berichte des Begleitausschusses des griechischen Gemeinschaftlichen Förderkonzepts 1989-1993 Verwendung. Zu bedauern ist allerdings die Tatsache, daß die Jahresberichte über den Europäischen Fonds für regionale Entwicklung im Jahre 1994 eingestellt wurden, so daß der letzte Bericht das Jahr 1991 betraf.

Das aus dem Studium der Quellen und Literatur gewonnene Material wurde in einer Reihe von Hintergrundgesprächen vertieft und erweitert. Zu den Gesprächspartnern gehörten unter anderem Mitarbeiter der Generaldirektionen XVI und XXII der Europäischen Kommission, Mitarbeiter des Wirtschaftsministeriums und weiterer Ministerien in Griechenland, Vertreter der regionalen Verwaltung und der örtlichen Selbstverwaltung, verschiedene Entwicklungsträger und externe Berater. Diese Gespräche wurden in zwei Phasen durchgeführt. In einer anfänglichen Phase dienten sie primär dem Zweck der Bestimmung der Forschungsrichtungen und Problemfelder und hatten somit einen vorwiegend informativen Charakter. In einer späteren Phase trugen sie zur Überprüfung und Bestätigung der aus der Analyse herauskristallisierten Erkenntnisse bei. Auf Wunsch der meisten Gesprächspartner wurde auf ein Verzeichnis der interviewten Personen verzichtet.

Das für die Anfertigung der Arbeit benötigte Quellenmaterial stand in griechischer oder/und deutscher Sprache zur Verfügung. Die griechischen Quellen waren nur in griechischer Sprache verfügbar, während die Quellen der Europäischen Gemeinschaften - mit Ausnahme der zwei Gemeinschaftlichen Förderkonzepte für Griechenland, die nur in griechischer und englischer Sprache verfaßt wurden - auch in deutscher Sprache vorhanden waren. Standen mehrere Optionen zur Auswahl, so wurde der deutsche Text berücksichtigt. Für die Arbeit wurden andererseits Titel in deutscher, englischer und griechischer Sprache verwendet. Die dadurch verursachte sprachliche Inhomogenität der Quellen und Publikationen war mit einem praktischen Problem hinsichtlich der bibliographischen Angaben in den Anmerkungen sowie im Quellen- und Literaturverzeichnis verbunden. Dieses betraf die Wiedergabe der griechischen Quellen und Veröffentlichungen. Die Übersetzung der berücksichtigten griechischen Quellen und Titel in deutsche Sprache wurde hier aus zwei Gründen bevorzugt. Zum einen wurde der unbeschwerte Textfluß und somit die sprachliche Kohärenz der Arbeit als prioritär angesehen, zum anderen wurde die Transkription oder die Transliteration der griechischen Quellen und Titel weder als sinnvoll noch als vorteilhaft für den Leser erachtet.
Das Quellen- und Literaturverzeichnis der Arbeit besteht daher aus den Quellen und Titeln in deutscher und englischer Sprache sowie aus den ins Deutsche übersetzten griechischen Quellen und Veröffentlichungen. Letztere Quellen und Titel sind, ähnlich wie in den Anmerkungen, mit der Angabe "(gr.)" versehen. In einem weiteren Verzeichnis mit demselben Aufbau sind die griechischen Quellen und Veröffentlichungen im Originaltext erfaßt.

II Die Regionalpolitik der Europäischen Gemeinschaft und der Europäische Fonds für regionale Entwicklung

1 Der integrationspolitische Stellenwert der Regionalpolitik der Gemeinschaft

Die Regionalpolitik der Europäischen Gemeinschaft ist als Folge und Mittel eines "positiven" Integrationsprozesses zu betrachten und beruht auf der zunehmenden Wahrnehmung der starken regionalen Disparitäten in diesem Raum sowie der daraus resultierenden Gefahren für die gemeinschaftliche Kohäsion und somit für das Weiterbestehen und die Weiterentwicklung der Gemeinschaft.
Die Notwendigkeit der gemeinschaftlichen Intervention zum Abbau der regionalen Disparitäten ergibt sich aus einer Reihe von Gründen. Dazu gehören: (a) die Intensität des Regionalproblems in der Gemeinschaft und die Unzulänglichkeit eines frei von Steuerungselementen funktionierenden Marktes zum Abbau dieser Unterschiede; (b) die mit den gemeinschaftlichen regionalen Ungleichgewichten zusammenhängenden Hindernisse und Verzögerungen im europäischen Integrationsprozeß, die die Bereitschaft zur Zusammenarbeit beeinträchtigen und die Integration mit Stagnation und Infragestellung bedrohen; (c) die Behebung der mit der Vollendung des einheitlichen europäischen Binnenmarkts und der Verwirklichung der Wirtschafts- und Währungsunion verbundenen negativen Effekte für die schwachen Regionen der Gemeinschaft sowie die Unzulänglichkeit der einzelstaatlichen Bemühungen, die regionalen Disparitäten im Alleingang abzubauen; (d) die Bekämpfung von eventuellen negativen Konsequenzen der im Zuge der Integration eingeführten und betriebenen sektoralen Gemeinschaftspolitiken; (e) die Vermeidung von Wettbewerbsverzerrungen und von Verletzungen der reibungslosen Marktfunktion durch staatliche Beihilfen; (f) die Überwindung der durch die starken regionalen Unterschiede verursachten oder verschärften makroökonomischen Schwächen und Disharmonien in der Gemeinschaft; (g) das Anstreben einer möglichst vollkommenen und rationellen Nutzung aller verfügbaren Ressourcen in der Gemeinschaft.[17]

---

[17] Vor diesem Hintergrund erscheint die von K. Lammers aufgestellte Argumentation zur Ablehnung der ökonomischen Begründungsbasis der Regionalpolitik besonders fragwürdig (siehe Lammers, K.: Mehr regionalpolitische Kompetenz für die EG im Europäischen Binnenmarkt, Kiel, 1990, S. 3 ff.; vgl. auch ähnliche Thesen bei Krieger-Boden, Chr.: Zur Regional-

Der Ausbau dieses Politikbereiches ist dennoch weniger auf den durch die Integration gewonnenen Erkenntnisfortschritt zurückzuführen, sondern vielmehr als das Ergebnis von politischem Druck und Kompromissen der einzelnen staatlichen Interessen nachzuvollziehen. F. Marx unterstrich charakteristisch: "Dieser Mechanismus von politischem Druck und regionalpolitischem Fortschritt zieht sich wie ein roter Faden durch die bis heute absehbare Entwicklung gemeinschaftlicher Politik auf diesem Sektor. Nicht die integrativen Vorstellungen der Kommission bestimmen den Prozeß der Ausweitung regionaler Hilfen - auch wenn der hier zu verzeichnende Erkenntnisfortschritt Einfluß hat - sondern die im Rat aufeinandertreffenden nationalen Interessen"[18] In diesem Kontext vertritt M. Schäfers bei der Erforschung der Ursachen und der Entwicklung der Kohäsionspolitik die These, daß die Kohäsionspolitik ein Resultat der "Paketlösungsstrategie" im Europäischen Rat oder im Ministerrat sei, und verglich die Verhandlungen mit "Kompensationsgeschäften".[19] Die Gültigkeit dieser These ist allerdings vor dem Hintergrund der von der Europäischen Kommission und dem Europäischen Parlament artikulierten und teilweise durchgesetzten eigenständigen Zielsetzungen während der Teilnahme am Integrationsprozeß zu relativieren. Fraglich ist darüber hinaus, inwiefern die erzielten Zugeständnisse tatsächlich eine Kompensation der Integrationsverluste für die leistungsschwächeren Mitgliedstaaten erbringen können.

Eine vergleichende Langzeitanalyse der regional- bzw. kohäsionspolitischen Maßnahmen und der vertiefungs- oder erweiterungsrelevanten integrationspolitischen Entscheidungen in der Gemeinschaft verdeutlicht ihre Verknüpfung und gleichzeitig den unabhängigen Charakter dieser Maßnahmen von der jeweiligen konjunkturellen Lage.

Diese Verkoppelung ist für den Zeitraum 1973 bis 1993 wie folgt tabellarisch zu veranschaulichen:

---

politik der Europäischen Gemeinschaft, in: Die Weltwirtschaft, o. Jg., Heft 1, Tübingen, 1987, S. 92 ff.).

[18] Marx, F.: EG-Regionalpolitik: Fortschritt und Stagnation im Spannungsfeld von Integrationsziel und nationalstaatlichen Interessen, 1. Aufl., Aachen, 1992, S. 19.

[19] Vgl. Schäfers, M.: Die Kohäsionspolitik der Europäischen Gemeinschaft - Integrationspolitische Einordnung, Darstellung und Erfolgskontrolle, Baden-Baden, 1993, S. 44 ff.

Vertiefungs- oder erweiterungsrelevante, integrationspolitische Entscheidungen	**Regional- bzw. kohäsionspolitische Fortschritte**
Norderweiterung durch den Beitritt Dänemarks, Irlands und des Vereinigten Königreiches (1973)	Errichtung des Europäischen Fonds für regionale Entwicklung (1975)
Zweite Stufe der Süderweiterung durch den Beitritt Spaniens und Portugals (1986)	Einführung der integrierten Mittelmeerprogramme (1985)
Weißbuch zur Vollendung des Binnenmarkts (1985) und Einheitliche Europäische Akte (1986)	Institutionalisierung der Regional- bzw. Kohäsionspolitik (1986), Delors-Paket I und Strukturfondsreform (1988)
Maastrichter Vertrag (1992)	Protokoll über den wirtschaftlichen und sozialen Zusammenhalt, Errichtung des Kohäsionsfonds, Delors-Paket II (1992)

Quelle: Vom Verfasser angefertigte Tabelle

Zunehmende Integration erhöht den Bedarf an verstärkter regional- bzw. kohäsionspolitischer Aktivität in der Gemeinschaft, aber auch die Forderungen nach Intensivierung dieser Aktivität, während die zusätzliche Verzahnung des Systems mit Aufholungsmechanismen zur Verbesserung der Aussichten der peripheren Volkswirtschaften beiträgt und somit die Bereitwilligkeit der schwächeren und zögernden Teilnehmer für weitergehende Integrationsschritte fördert. Diese starke Verknüpfung und der besondere Stellenwert der Regionalpolitik für den Integrationsprozeß veranlaßten B. Bursig zur folgenden Bemerkung in bezug auf die Aufstellung eines Erklärungsmusters des integrationspolitischen Vorgangs in der Gemeinschaft: "Diese Kausalität wirkt jedoch nicht im Sinne des bei Haas erwähnten 'spillover', sondern eher nach dem Grundsatz 'ohne x kein y' und ist somit als eine politische Begründung für regionalpolitische Maßnahmen auf Gemeinschaftsebene zu interpretieren."[20]

Die durch die offene institutionelle Struktur der europäischen Integration begünstigten Mechanismen der Interessenvermittlung und der Konsensfindung zwischen den Mitgliedstaaten ermöglichen die Herauskristallisierung von neuen Entscheidungsfindungsmodellen und die Herausbildung von neuen Formen der Poli-

[20] Bursig, B.: Die Regionalpolitik der Europäischen Gemeinschaft unter besonderer Berücksichtigung integrationstheoretischer Überlegungen, Frankfurt am Main u.a., 1991, S. 210.

tikgestaltung und -implementation sowie die Verbesserung der Politikinhalte und der Verfahrensweisen auf der Ebene der Gemeinschaft, wobei das gemeinschaftliche institutionelle Gefüge als organisatorischer Rahmen fungiert.[21] Diese Form von intergouvernementaler Integration, so Tömmel, sei lange Zeit als Nicht-Integration bzw. als Hemmnis der europäischen Einigung verkannt worden, da von dem klassischen Integrationskonzept der Übertragung von Aufgaben und Befugnissen von der nationalen auf die supranationale Ebene ausgegangen worden sei.[22]

Bei der Herausbildung der EG-Regionalpolitik wurde die Interaktion zwischen Rat und Kommission durch die unterschiedlichen Zielsetzungen der beiden Organe und die Machtverteilung innerhalb der Entscheidungsstrukturen der Gemeinschaft geprägt. Während die Mitgliedstaaten im Rat hartnäckig auf die staatliche Souveränität pochten und die Übertragung von Kompetenzen auf die Ebene der Gemeinschaft auf ein Minimum einzuschränken versuchten, verfolgte die Kommission systematisch und konsequent das schwierige Ziel der sukzessiven Erarbeitung eines eigenständigen Entscheidungsbereiches.
Eine "Emanzipation" der Kommission erfolgte zum einen aufgrund der als Kompromißlösung erreichten Akzeptanz einer effizienten Regionalförderung unter dem Druck der ökonomischen Divergenzen und der damit verbundenen Interessengegensätze der Mitgliedstaaten. Zum anderen wurde sie durch die Einsetzung von "sanften", indirekten Steuerungsinstrumenten (Gemeinschaftsprogramme, Gemeinschaftsinitiativen usw.) herbeigeführt, die keine definitive Übertragung entsprechender Kompetenzen voraussetzten. Dazu trug schließlich auch die Entwicklung einer Reihe von indirekten Instrumenten und informellen Mechanismen zur Beeinflussung der Politiken der Mitgliedstaaten in ihrem Sinne (z.B. Pilotaktionen, technische Hilfe, Partnerschaft) sowie die Einführung von begrenzten Innovationen (z.B. integrierten Entwicklungsprogramme) bei, die einen Vor-

[21] Vgl. Tömmel, I.: System-Entwicklung und Politikgestaltung in der Europäischen Gemeinschaft am Beispiel der Regionalpolitik, in: Die Integration Europas, hrsg. von M. Kreile, Politische Vierteljahresschrift, Sonderheft 23/1992, Opladen, 1992, S. 185 ff.

[22] Ebenda, S. 185. Zur Problematik intergouvernementaler gegenüber supranationaler Integration am Beispiel der Regionalpolitik siehe auch S. 206 f.

lauf für spätere Reformansätze signalisierten.[23] Hinsichtlich der Erarbeitung einer "europäischen" Regionalpolitik und des inhaltlichen und finanziellen Ausbaus dieses Politikbereiches unterstützte das Europäische Parlament innerhalb seiner Kompetenzen - und vor allem als politischer Druckfaktor in seiner Systemgestaltungsfunktion und konkreter in seiner Forumsrolle - konstant und mit einem breiten Konsens die Bemühungen der Kommission.[24]
In diesem Zusammenhang ist die gemeinschaftliche Regionalpolitik offensichtlich als eine "Politik der kleinen Schritte" zu vestehen. Im Rahmen der Betrachtung der Europäischen Gemeinschaft als ein Verflechtungssystem nach der theoretischen Konstruktion der Politikverflechtung von F. Scharpf bestätigte Bursig am Beispiel der EG-Regionalpolitik: "Charakteristisch für Verflechtungssysteme und auch für die Gemeinschaft ist dabei, daß dem Bestehenden immer neue Instrumente und Programme hinzugefügt worden sind, um die Wirksamkeit der EG-Regionalpolitik zu erhöhen. Eine grundlegende Reform war nicht durchsetzbar. Das gilt auch für die jüngste Reform der Strukturfonds [gemeint ist hiermit die Strukturfondsreform von 1988] ..."[25]
Die Politikgestaltung im Rahmen der gemeinschaftlichen Regionalpolitik konstituiert sich in ihren neuen und spezifischen Formen erst auf einer anderen, erheblich weniger spektakulären Ebene, nämlich auf der der Interaktion zwischen Kommission und Mitgliedstaaten betreffend die Ausarbeitung von konkreten Förderkonzeptionen und Implementationsstrategien. Die aus der Interaktion zwischen Gemeinschaft und Mitgliedstaaten entstehenden Erneuerungen sind unter folgenden drei Punkten zusammenzufassen: (a) konkrete Inhalte der Förderstrategien, die sich über die Verhandlungen zunächst um die Finanzierung einzelner Projekte und später um die Erstellung und Ausführung ganzer Programme herausschälen, wobei die Kommission die Rolle übernimmt, auf neu-

---

[23] Vgl. ebenda, S. 187 ff. und Bursig, B., a.a.O., S. 204 ff. und 209 ff.

[24] Vor dem Hintergrund der jeweiligen Aufstockung der gemeinschaftlichen regional- bzw. kohäsionspolitischen Mittel stellte F. Franzmeyer einen Machtkampf zwischen den Organen der Gemeinschaft fest, wobei Kommission und Parlament als treibende Kräfte und Koalitionspartner der Nettoempfänger fungierten, der Rat dagegen die Rolle der bremsenden Kraft übernahm (siehe Franzmeyer, F.: Die Europäische Wirtschafts- und Währungsunion: Ausbau der gemeinschaftlichen Kohäsionspolitik, in: Integration, Beilage zur Europäischen Zeitung 4/1993, Jg. 16, Heft 2/93, Bonn, 1993, S. 101).

[25] Bursig, B., a.a.O., S. 156. Zur Bekräftigung dieser Aussage vgl. auch S. 207 ff.

artige und effiziente Strategien zu drängen, während die Mitgliedstaaten eher beharrend reagieren oder aber versuchen, ihre Optionen soweit wie möglich in den gemeinschaftlichen Rahmen einzubringen - auf lange Sicht führt diese Konstellation dennoch weitgehend zu einer schrittweisen Anpassung der "unteren" Instanzen an die Vorstellungen der Gemeinschaft, nicht zuletzt auch über die Einsicht, daß sie die wirksameren Strategien vertritt; (b) eine Reihe von Verfahrensmodi, die die vertikale Aufgabenverteilung und Kooperation aller Beteiligten (gemeinschaftliche, staatliche, regionale oder lokale Instanzen) regeln, ohne daß es formalisierter Kompetenzzuweisungen oder Weisungsbefugnisse von "oben" nach "unten" bedarf; (c) eine Situation, die die Mitgliedstaaten längerfristig zwingt, nicht nur mit improvisierten ad hoc-Anpassungen zu reagieren, sondern zugleich auch einschneidende Reformen sowohl in bezug auf die inhaltliche Ausrichtung der nationalen Förderpolitik als auch in bezug auf die Organisation des gesamten Implementationsprozesses zu realisieren, wobei bedeutende Multiplikatoreffekte erreicht werden, die über die Grenzen dieses Politikbereiches hinausgehen und langfristig eine Modernisierung in den Mitgliedstaaten durchsetzen.[26]

---

[26] Vgl. Tömmel, I., a.a.O., S. 198 f.

2 Die Entwicklung der Regionalpolitik der Gemeinschaft: ein Lern- und Emanzipationsprozeß

Die auf der Grundlage der EFRE-Verordnungstexte und der regionalpolitischen Praxis der EFRE-Interventionen basierende Gesamtbetrachtung der Regionalpolitik der Europäischen Gemeinschaft führt zu der Feststellung eines schwierigen, aber konsequenten "Lernprozesses" und somit einer sukzessiven Anpassung dieser Politik an die gewonnenen Erkenntnisse und die neuen Gegebenheiten. Diese hatte sowohl inhaltliche, organisatorische und verfahrenstechnische Verbesserungen als auch einen erheblichen Anstieg der zur Verfügung stehenden Mittel zur Folge. Konstant blieben jedoch bei jedem Reformversuch dieser Politik der Gedanke, den Europäische Fonds für regionale Entwicklung mehr leistungs- als ausgabenorientiert zu gestalten, sowie die Bestrebung, die inhärenten Gefahren der gemeinschaftlichen Förderung, wie Trägheit, Subventionsmentalität und -abhängigkeit und unehrliches Verhalten (künstliche Schaffung von Subventionsvoraussetzungen oder Mißbrauch von Subventionen) und wirtschaftliche Ineffizienz ("Kathedralen in der Wüste" oder regionale Absorbtionsprobleme und sektorale Überhitzungen), zu minimieren.

Trotz der fortschrittlichen, problemgerechten Kommissionsvorschläge enthielt das Endprodukt der Verhandlungen zur Gründung des Europäischen Fonds für regionale Entwicklung eine Reihe von Schwächen, Unzulänglichkeiten und Verzerrungen, die Verbesserungsziele jeder der darauffolgenden Revisionen darstellten, aber nur teilweise bis zu der Strukturfondsreform von 1988 aufgehoben werden konnten.[27]

---

[27] Diese Reform unterschied sich sowohl umfangsmäßig als auch substantiell von allen vorangegangenen Reformen, die lediglich Modifizierungen und Verbesserungen von Bestimmungen der Gründungsverordnung von 1975 anstrebten und zum Teil schon in den ersten Kommissionsvorschlägen zur Errichtung der Europäischen Fonds für regionale Entwicklung enthalten waren. Neben den beachtlichen konzeptionellen Änderungen (Festlegung von gemeinschaftlichen Förderkriterien, Einführung der Partnerschaft, mittelfristige Programmierung usw.) signalisierte der völlig neue organisatorische Strukturaufbau der Reform von 1988 - eine Rahmenverordnung hinsichtlich der Rahmenbedingungen der Funktion der Fonds und vier Durchführungsverordnungen zur Regelung der Tätigkeit der einzelnen Fonds und der Koordinierung der Interventionen, so daß die Revision der EFRE-Verordnung Teil der allgemeinen Strukturfondsreform war - den Versuch, das traditionelle Reformmuster aufzubrechen, die strukturelle Entwicklung in ihrer Gesamtheit zu erfassen und die Effizienz der

Zu diesen Mankos, die die Erfolgsgrenzen der Regionalpolitik der Gemeinschaft vorbestimmten und ihre Effizienz erheblich beeinträchtigten, zählten vor allem: (a) der Charakter des Fonds als Rückerstattungsmechanismus eines Teils der Gemeinschaftsbeiträge der Mitgliedstaaten nach dem probleminadäquaten und integrationsfeindlichen Prinzip des "juste retour" sowie die Reduktion der gemeinschaftlichen Regionalförderung zu einem bloßen Finanzausgleich im Rahmen einer Umverteilungsfunktion, so daß mehr auf die Erhöhung des Beitrags zu dem Nettohaushaltseffekt als auf die eigentliche Qualität der vorgeschlagenen Aktionen geachtet wurde und sogar oft die Prüfung der Kosten und Vorteile der EG-Mitgliedschaft auf die Kalkulation der Nettoposition eingeschränkt wurde; (b) die Vergabe der Fondsmittel an die Mitgliedstaaten selbst, und zwar nach einem festgelegten Quotensystem, welche den Mitgliedstaaten erlaubte, diese Mittel bereits im voraus bei der Erstellung des nationalen Haushaltes einzuplanen, was sich wiederum nachteilig auf das Komplementaritätsprinzip auswirkte, den Fonds zu bloßer Verwaltungs- und Verteilungsstelle der Mittel degradierte und den Gedanken der Motivation unterminierte; (c) die unzureichende Mittelausstattung des Fonds und die Verteilung der Gelder nach dem "Gießkannenprinzip"; (d) das Fehlen von gemeinschaftlichen Kriterien hinsichtlich der Festlegung der Fördergebiete; (e) die unzureichenden Kontrollmöglichkeiten der Gemeinschaft hinsichtlich der Ergebnisse der Fondsinterventionen, die das Anlehnen an den Apparat der einzelnen Mitgliedstaaten erforderlich machte; (f) die Abwesenheit einer Einbeziehung regionaler und lokaler Körperschaften in Fragen der regionalpolitischen Planung und Implementation.

Die Innovationen der EFRE-Verordnungen sind somit als Korrekturversuche zu betrachten. Hierzu gehörten die Einführung einer quotenfreien Abteilung des Fonds durch die Verordnung (EWG) Nr. 214/79; die Errichtung eines dynamischen Richtspannensystems, der Übergang zur Finanzierung von Programmen und hauptsächlich die Einführung von Gemeinschaftsprogrammen durch die Verordnung (EWG) Nr. 1787/84; Erneuerungen im Rahmen der Verordnungen (EWG) Nr. 2052/88, 4253/88 und 4254/88, wie das verbindlich festgelegte Zielsystem, die Aufstellung von gemeinschaftlichen Kriterien zur Festlegung der Fördergebiete, die Einführung der Prinzipien der Partnerschaft und der Subsi-

---

Ansätze zu erhöhen.

diarität, die Einführung der Pläne regionalen Charakters und der gemeinschaftlichen Förderkonzepte sowie die Einführung der Gemeinschaftsinitiativen. Diese Reformen bedeuteten nicht nur erhebliche Schritte zu einer höheren Effizienz der regionalpolitischen Interventionen und der gemeinschaftlichen Regionalpolitik insgesamt. Sie bewirkten darüber hinaus die Erarbeitung einer "europäischen" Regionalpolitik, da sie etappenweise zu der Erweiterung der Spielräume der Gemeinschaft im Bereich der Regionalpolitik und somit zu ihrer Emanzipation beitrugen.[28]

Parallel zu der Erhaltung des Quotensystems[29] - wenngleich durch die Fonds-Verordnungen nach 1975 bis 1988 (quotenfreie Abteilung (1979), Richtspannen (1984)) erheblich modifiziert und in einer ziemlich abgeschwächten Form durch die Regelungen von 1988 (indikative Aufschlüsselung im Rahmen der verschiedenen Ziele)[30] - erfolgte eine allmähliche Konzentration der Fördermittel, so daß die Verordnungen von 1988 den Adressatenkreis des größten Teils der gemeinschaftlichen Unterstützung zugunsten der Regionen mit Entwicklungsrück-

---

[28] In diesem Sinne unternahmen C.-F. Laaser und R. Soltwedel eine Einteilung der gemeinschaftlichen Regionalpolitik der Periode 1975-1992 in vier Phasen: (a) Beteiligungsphase 1975-1979; (b) Abkopplungsphase von den nationalen Regionalpolitiken 1979-1984; (c) Konzipierung einer eigenständigen EG-Regionalpolitik 1985-1988; (d) Reform durch die Europäische Einheitliche Akte 1988-1992 (siehe Klodt, H./Stehn, J. et al.: Die Strukturpolitik der EG, Tübingen, 1992, S. 55 ff.).

[29] Die Entstehung und Erhaltung dieses als "einzigartiges Charakteristikum" innerhalb der Finanzierungsinstrumente der Gemeinschaft bezeichneten Elements (siehe Bursig, B., a.a.O., S. 168) ist über den politischen Druck hinweg auf die Notwendigkeit zurückzuführen, Mitgliedstaaten mit schwachen administrativen Strukturen, geringer Erfahrung mit dem gemeinschaftlichen Förderungsmechanismus und begrenzten Kofinanzierungsmöglichkeiten der nationalen Wirtschaft und der einheimischen Investoren ein garantiertes Minimum der gemeinschaftlichen Unterstützung zu gewähren, die nationalen Bemühungen zur Regionalentwicklung zu untermauern, die potentiellen Investoren zu ermutigen und schließlich dem Konfliktpotential einer offenen Regelung vorzubeugen.

[30] Der erste Jahresbericht über die Durchführung der Strukturfondsreform wies jedoch darauf hin, daß die indikative Aufteilung keine Zusicherung eines im voraus festgelegten Zuschußanteils für die Mitgliedstaaten darstelle. Insofern könne der Anteil der EFRE-Zuschüsse auf jährlicher Basis von der indikativen Verteilung über fünf Jahre beträchtlich abweichen (siehe "Erster Jahresbericht über die Durchführung der Strukturfondsreform 1989", Kommission der Europäischen Gemeinschaften, Amt für amtliche Veröffentlichungen, Luxemburg, 1991, S. 33).

stand stark einschränkten[31] und gezielte regionalpolitische Interventionen sicherstellten. Die von M. Schäfers aufgestellte These, in der Zeit vor Maastricht seien die Strukturfonds in den Dienst der Kohäsionspolitik gestellt worden, so daß die anderen Ziele der Fonds in den Hintergrund getreten seien und die Regional- durch die Kohäsionspolitik verdrängt worden sei[32], kann hier gerade aufgrund dieser Konzentration der Interventionen nur teilweise - und hauptsächlich für die Zeit vor 1988 - akzeptiert werden. Richtiger erscheint, daß regionalpolitische Zielsetzungen eine kohäsionspolitische Dimension haben und daher Interventionen mit eindeutigen regionalpolitischen Intentionen unter günstigen Voraussetzungen auch kohäsionspolitische Wirkungen erzielen. Das von Schäfers als Beleg dieser These aufgeführte Beispiel der Einordnung des gesamten Staatsgebiets Griechenlands, Irlands und Portugals einschließlich ihrer entwickelten Wirtschaftszentren unter das Ziel Nr. 1 läßt sowohl die im Vergleich sehr problematische sozioökonomische Lage dieser Mitgliedstaaten und die problematischen Strukturen dieser Zentren als auch das Sicherheitsventil des partnerschaftlichen Dialogs zur Erstellung der Gemeinschaftlichen Förderkonzepte außer acht.
Die Straffung und Ausweitung der Koordinierung der Interventionen und der anderen gemeinschaftlichen Politiken gehören desweiteren zu den Errungenschaften der Gemeinschaft im Rahmen dieses Politikbereichs. Allein der Aufbau

---

[31] Artikel 12 Absatz 5 der Verordnung (EWG) Nr. 2052/88 des Rates legte die Verwendung von annähernd 80 % der Mittel des Europäischen Fonds für regionale Entwicklung für die Ziel-Nr. 1-Regionen fest. Das Gewicht dieser Bestimmung ist allerdings auch im Zusammenhang mit der realen Verdoppelung der Verpflichtungsermächtigungen für die Strukturfonds in dem Zeitraum von 1987 bis 1993 zu bewerten. Hinsichtlich der geographischen und finanziellen Konzentration der EFRE-Interventionen siehe auch die statistischen Angaben des Berichtes "Die Regionen in den 90er Jahren, Vierter periodischer Bericht über die sozioökonomische Lage und Ent-wicklung der Regionen der Gemeinschaft", Kommission der Europäischen Gemeinschaften, Amt für amtliche Veröffentlichungen der Europäischen Gemeinschaften, Luxemburg, 1991, S. 54 sowie die Angaben in Tabelle 5 "Anteil der in den EFRE-Fördergebieten lebenden Bevölkerung - Aufschlüsselung nach Zielen", ebenda, S. 55).

[32] Siehe Schäfers, M., a.a.O., S. 24. Ähnliche Überlegungen mit Ausgangspunkt einer Überlagerung des Ziels zur Stärkung des wirtschaftlichen und sozialen Zusammenhalts durch das Ziel der Angleichung der Wirtschaftskraft der Einzelstaaten an den Gemeinschaftsdurchschnitt sind bei R. Riddinger zu finden (siehe Riddinger, R.: Aktuelle Diskussionen zur Finanzausstattung und Reform der EG-Regionalförderung, in: Wirtschaftsdienst, Jg. 72, Heft 12, Hamburg, 1992, S. 652).

der Verordnung (EWG) Nr. 1787/84, d.h. der Umfang der relevanten Bestimmungen und die Positionierung des Titels über die Koordinierung bereits zu Anfang der EFRE-Verordnung, sowie die Verabschiedung der Rahmenverordnung (EWG) Nr. 2052/88 und der Koordinierungsverordnung (EWG) Nr. 4253/88 spiegeln das beachtliche Gewicht des Koordinierungsgedankens bei der Förderung und die Bestrebung nach Erhöhung der Synergie, Effizienz und Transparenz der Aktionen wider. Aber auch die Entwicklung des Koordinierungsinstrumentariums verdeutlicht das zunehmende Gewicht dieses Prinzips und betont darüber hinaus die nicht-finanzielle Seite der regionalpolitischen Intervention der Gemeinshaft.[33]
Im verwaltungstechnischen Bereich waren die Erhöhung des Flexibilitätsgrades der Interventionen (vor allem hinsichtlich der Interventionsformen, der Differenzierung der Höchstfördersätze und der Vorschüsse bzw. der Zahlungen im allgemeinen), die Vereinfachung der Verfahren und die Entwicklung eines Monitoring-Systems (Begleitung, Bewertung und Kontrolle der Aktionen) weitere Fortschritte der gemeinschaftlichen Regionalpolitik. Hervorzuheben sind hier schließlich die Subsidiarität und die Partnerschaft, die trotz des dadurch entstandenen Konfliktpotentials und der damit zusammenhängenden zeitlichen Verzögerungen eine neue kommunikative Plattform in der Gemeinschaft einleiteten und eine tragfähige Antwort auf den Demokratisierungsdruck im Rahmen der regionalpolitischen Planung und Implementierung boten.

Aber auch inhaltlich fand eine Verlagerung der Prioritäten der Regionalpolitik der Gemeinschaft in Richtung wachstums- und beschäftigungswirksamerer Ansätze statt, indem eine Maximierung der Auswirkungen des Fonds durch Hebel-

---

[33] Seit der Gründung des Europäischen Fonds für regionale Entwicklung trugen folgende Instrumente zur Koordinierung bei: die Regionalentwicklungsprogramme sowie die jährlichen Angaben über die Entwicklung der sozioökonomischen Lage der geförderten Gebiete und die Abwicklung der dort angestrebten regionalpolitischen Maßnahmen; der Ausschuß für Regionalpolitik; der periodische Bericht über die sozioökonomische Lage und Entwicklung der Regionen der Gemeinschaft und die Leitlinien und Prioritäten der Regionalpolitik der Gemeinschaft; die Analyse der regionalen Auswirkungen der gemeinschaftlichen Wirtschafts- und Sektoralpolitiken; das Prinzip der Programmierung; der integrierte Ansatz; die Pläne regionalen Charakters und die Gemeinschaftlichen Förderkonzepte; der Ausschuß für die Entwicklung und die Umstellung der Regionen. Eine besondere Rolle ist hierbei der Generaldirektion XXII (Koordinierung der strukturpolitischen Instrumente) und der im Text der Verordnungen von 1988 festgeschriebenen vertikalen Koordinierung beizumessen.

und Multiplikatoreffekte angestrebt wurde. So ist zum einen eine Abwendung von der letztendlich wenig erfolgreichen Politik der Ansiedlung von Industrie in den peripheren Gebieten der Gemeinschaft im Rahmen von punktuellen Einzelprojekten hin zu der Erhöhung der regionalen Wettbewerbsfähigkeit durch die Erschließung des endogenen Entwicklungspotentials der Regionen, die Unterstützung der örtlichen Initiativen, den integrierten Ansatz und die Förderung von Investitionen im Rahmen globaler, mehrjährig angelegter Entwicklungsstrategien zu konstatieren. Hierbei fungiert die Regionalpolitik nach der Reform von 1988 als Teil der strukturpolitischen Tätigkeit der Gemeinschaft, so daß die Interventionen des Europäischen Fonds für regionale Entwicklung stark mit den Interventionen der anderen Strukturfonds und der übrigen Finanzinstrumente verflochten sind.

Evident ist zum anderen die Tendenz der Regionalpolitik der Gemeinschaft anstelle der in der Vergangenheit angestrebten Regionalentwicklung "von unten", d.h. durch die Mitfinanzierung der Basisinfrastruktur in den Regionen, die strategische Option einer Regionalentwicklung "von oben", nämlich durch die Mitfinanzierung von produktiven Investitionen und höchstens von Investitionen im Bereich der unmittelbar wirtschaftsnahen Infrastruktur, zu bevorzugen, da nach weit verbreiteter Überzeugung die Phase der Investitionen an Basisinfrastruktur vorüber ist und sie dem Verantwortungsbereich der einzelnen Mitgliedstaaten zugeschrieben werden. Der hauptsächlich mit der Reform der gemeinschaftlichen Strukturpolitik von 1988 eingeführten Neuausrichtung der funktionalen Allokation des Regionalfonds liegt die Erfahrung zugrunde, daß die massive Erweiterung der Ausgaben für Infrastrukturinvestitionen in den achtziger Jahren einen vergleichsweise geringfügigen Beitrag zur Erhöhung der Attraktivität der rückständigen Regionen für die privaten Investoren hatte. Aber auch die unternehmensbezogene Infrastruktur unterliegt Veränderungen, so daß an Stelle der bisherigen Investitionen zur Bereitstellung von Industriegeländen, örtlichen Dienstleistungen usw. zunehmend die Schaffung von Gewerbe-, Technologie- und Wissenschaftsparks tritt.[34]

---

[34] Vgl. auch Hall, R./Wee van der, D.: Community Regional Policies for the 1990s, in: Regional Studies, Vol. 26, No. 4, Oxford, 1992, S. 400 f. Hierzu siehe unter anderem Comfort, A. M.: Alternatives to Infrastructure? Possible Ways forward for the ERDF: A Perspective from Luxemburg, in: Regional Studies, Vol. 22, No. 6, Oxford, 1988, S. 544 ff. und vgl. Biehl, D.: The Contribution of Infrastructure to the Regional Development, Final Report,

So betrafen die gemeinschaftlichen Förderkonzepte der Periode 1989-1993 hauptsächlich bessere Rahmenbedingungen für die Entwicklung produktiver Tätigkeiten und die Gründung neuer, auf das endogene Potential gestützter Unternehmen, die Umweltverbesserung, die bessere Ausnutzung des Humankapitals, die Förderung des Fremdenverkehrs, die Unterstützung der Forschung und Technologie sowie die Stärkung der grenzüberschreitenden Zusammenarbeit. Obwohl die Gemeinschaft konsequent dazu neigt, den produktiven und beschäftigungswirksamen Investitionen im allgemeinen Vorrang einzuräumen, stellte die infrastrukturelle Erschließung der Ziel-Nr. 1-Regionen, die vor allem einen Ausbau der Basisinfrastruktur erfordert, nach wie vor die wichtigste Priorität in diesen Gebieten dar, da 29 % der für dieses Ziel bereitgestellten Mittel hierfür verwendet wurden. Innerhalb dieser Priorität entfielen auf die Basisinfrastruktur im Verkehrsbereich, im Fernmeldewesen und im Energiebereich etwa 7.500 Mio. ECU bzw. 70 % der für diese Priorität vorgesehenen Mittel.
Die Prioritäten innerhalb der gemeinschaftlichen Förderkonzepte wurden nach dem Grundsatz der Partnerschaft mit den zuständigen Behörden der Mitgliedstaaten und Regionen festgelegt, wobei unter Berücksichtigung der speziellen Bedürfnisse der einzelnen Regionen ein ausgewogenes Verhältnis zwischen den Infrastrukturinvestitionen und den Investitionen im produktiven Sektor angestrebt wurde.[35]
Die oben erwähnten Änderungen der gemeinschaftlichen Regionalpolitik entsprechen einem konzeptionellen Wandel in der Theorie und Praxis der Regionalentwicklung

---

Luxemburg, 1986.

[35] Hinsichtlich dieser Tendenzen und Prioritäten der gemeinschaftlichen Regionalpolitik vgl. auch den "Orientierungsvermerk der Kommission über die Politik der Gemeinschaft zugunsten der Ziele Nr. 1 und 2", KOM (89) 287 endg., vom 15.2.1989, S. 14 ff.; "Die Regionen in den 90er Jahren ...", a.a.O., S. 55 f. sowie die Angaben in den Tabellen A.16 bis A.19 ("Funktionale Gliederung der EFRE-Mittel für die Ziel-Nr. 1-Regionen, 1989-1993", "Funktionale Gliederung der EFRE-Mittel für die Ziel-Nr. 2-Regionen, 1989-1991", "Funktionale Gliederung der Mittel der drei Strukturfonds für die Ziel-Nr. 1-Regionen, 1989-1993", "Funktionale Gliederung der EFRE- und ESF-Mittel für die Ziel-Nr. 2-Regionen, 1989-1991"), ebenda, S. 97 f. (Statistischer Anhang); "Wachstum, Wettbewerbsfähigkeit, Beschäftigung - Herausforderungen der Gegenwart und Wege ins 21. Jahrhundert", in Bulletin der Europäischen Gemeinschaften, Beilage 6/93, Amt für amtliche Veröffentlichungen der Europäischen Gemeinschaften, Luxemburg, 1993; "Die gemeinschaftlichen Strukturpolitiken. Bilanz und Perspektiven", KOM (92) 84 endg., vom 20. 3.1992, S. 29 ff.

wicklung, der W. Stöhr zu der Feststellung eines Paradigmenwechsels führte[36], wobei er in der nachstehenden Tabelle einige der wichtigsten Modifikationen und Tendenzen der Regionalpolitik zusammenfaßte und einen Vergleich mit den Charakteristika der früheren Regionalpolitik unternahm:

	TRADITIONAL	**FUTURE requirements**
Problem regions	dichotomous (underdeveloped/developed)	multifaceted (different regional structural weaknesses)
Major Strategy	regional growth	regional innovation
Organisational form	centralised, state sponsored	decentralised, regional community based
Dominant mechanism	interregional redistribution	mobilization of indigenous regional ressources
Major Orientation	- capital, material growth (quantitative) - manufacturing projects - few large firms and projects	- information, technology, intagibles flexibility (qualitative) - services and intersectorial linkages programmes - numerous small/intermediate firms and projects
Dynamics	- geographically "stable" problem regions - fixed set of "planed" growth centres	- rapidly shifting elusive problem areas - "spontaneous" local ressource mobilization

Quelle: Stöhr, W. B.: Regional Policy at the Crossroads. An Overview, in: Albrechts, L. u.a. (eds.:): Regional Policy at the Crossroads: European Perpectives, London, 1989, S. 192

Die zentralen Defizite und daher berechtigte Kritikpunkte der reformierten gemeinschaftlichen Regionalpolitik von 1988 konzentrieren sich auf: (a) die Schaffung einer verwaltungsintensiveren Regionalpolitik, wobei die Hoffnung auf eine Senkung der bürokratischen Anforderungen und des damit verbundenen Verwaltungsaufwands nach einer Eingewöhnungsphase nicht bestätigt werden konn-

[36] Stöhr, W. B.: Regional Policy at the Crossroads. An Overview, in: Albrechts, L. u.a. (eds.:): Regional Policy at the Crossroads: European Perpectives, London, 1989, S. 192.

te;[37] (b) die Komplexität und Unübersichtlichkeit des gemeinschaftlichen Fördersystems aufgrund seiner Fragmentierung, die wiederum auf die Tendenz der Europäischen Gemeinschaften zurückzuführen ist, "einzelne Problemkreise möglichst speziellen Institutionen und Förderwegen zuzuordnen";[38] (c) die Abwesenheit von wissenschaftlich anerkannten Nachweismethoden hinsichtlich der Wirksamkeit der Regional- bzw. der Strukturpolitik, was mit dem Fehlen von schlüssigen Daten regionaler Inzidenz, der Natur der Interventionen und den Lücken der Raumwirtschaftsstheorie zusammenhängt; (d) operationelle Unzulänglichkeiten des Additionalitätsziels, was allerdings nicht nur mit der Organisation und der Funktionsweise des Europäischen Fonds für regionale Entwicklung, sondern hauptsächlich mit objektiven Schwierigkeiten verbunden ist, eine hinreichende Garantie für dieses Ziel zu gewähren; (e) operationelle Unzulänglichkeiten und Präzisierungsprobleme der Partnerschaft sowie Koordinierungsschwierigkeiten; (f) Ineffizienzen aufgrund der Abgrenzung der Fördergebiete nach Verwaltungseinheiten statt nach ökonomischen Verflechtungsbeziehungen; (g) die große Anzahl der Gemeinschaftsinitiativen, was wiederum eine Zersplitterung der gemeinschaftlichen Bemühungen bedeutete.
Zu diesen Defiziten kamen objektive Tatbestände oder Präferenzen der Mitgliedstaaten hinzu, die sich erschwerend auf die Forderung auswirkten und gleichzeitig als Herausforderungen für die Umsetzung der Partnerschaft und die Erhöhung der Flexibilität der gemeinschaftlichen Regionalpolitik anzusehen sind. Dazu gehörten die unterschiedlichen Probleme der Regionen; die unterschiedlichen administrativen Strukturen, aber auch Kulturen in den Mitgliedstaaten; der institutionelle Aufbau der Mitgliedstaaten und die Kompetenzausstattung der Regionen; die oft sektoral ausgerichteten Präferenzen der Mitgliedstaaten bei gleichzeitiger Zurückstellung der regionalen Ziele.[39]

---

[37] Hierzu siehe die "Jahresberichte über die Durchführung der Strukturfondsreform", Kommission der Europäischen Gemeinschaften, Amt für amtliche Veröffentlichungen der Europäischen Gemeinschaften, Jahre 1989 bis 1993 (6 Jahresberichte), Luxemburg, 1991 bis 1996.

[38] Weise, Chr.: EG-Strukturfonds: Reformchance genutzt?, in: DIW-Wochenbericht, Jg. 60, Heft 34/93, Berlin, 1993, S. 474; Vgl. auch Bursig, B., a.a.O., S. 209 f.

[39] Zum letzteren Punkt siehe auch Riddinger, R.: Wirtschaftlicher und sozialer Zusammenhalt in der EG: Die zukünftige Gestaltung der Regionalpolitik, in: Europa-Archiv, Jg. 47, Heft 5, Bonn, 1992, S. 136.

Abgesehen von den genannten Unzulänglichkeiten sowie von einigen Implementationsschwierigkeiten und zeitlichen Verzögerungen konnten sich die Grundsätze der Strukturfondsreform von 1988, d.h. Partnerschaft, Programmplanung, Additionalität und Konzentration der Mittel, im Zeitraum 1989-1993 insgesamt bewähren und wurden bei der darauffolgenden Reform beibehalten und verbessert. Die Berücksichtigung einiger der erwähnten Kritikpunkte führte so unter anderem zu einer Stärkung der Konzentration der Aktionen und der Partnerschaft, zu verwaltungstechnischen Verbesserungen und zur Erhöhung der Flexibilität der Interventionen, zu einer Vereinfachung von Entscheidungsprozessen über Entwicklungspläne und operationelle Programme sowie zu der Hervorhebung der Ex-ante- und Ex-post-Bewertung der strukturpolitischen Interventionen.[40]

---

[40] Vgl. den Text der neuen Verordnungen und die vergleichende Erläuterung in: "Strukturfonds der Gemeinschaft 1994-1999", Kommission der Europäischen Gemeinschaften, Amt für amtliche Veröffentlichungen der Europäischen Gemeinschaften, Luxemburg, 1993.

III Die Regionalpolitik der Gemeinschaft und der Europäische Fonds für regionale Entwicklung in ihrer Bedeutung für Griechenland

1 Übersicht über das griechische Regionalproblem unter Berücksichtigung des Konvergenz- und Kohäsionsproblems in der Gemeinschaft

1.1 Die Regionalisierung des griechischen Raums und die typologische Einordnung der griechischen Problemgebiete

Die Regionalisierung des griechischen Raums erfolgte auf der Grundlage einer Kombination von Homogenitäts- und Gestaltungskriterien, so daß in den meisten Fällen ein gemischter Typus von Regionen mit deskriptiven und normativen Charakteristika entstand. Eine vorrangige Berücksichtigung wurde hierbei vor allem der Gleichartigkeit der sozioökonomischen Strukturen, den geographischen Gegebenheiten, dem territorialen Zusammenhang und den Entwicklungsmöglichkeiten der Regionen eingeräumt.
Angesichts der durch die starke Polarisierung der Entwicklung geprägten griechischen Raumstruktur wurde bei den vorgenommenen Unterteilungen angestrebt, auch funktionale Interdependenzen zwischen den aufzustellenden Regionen und den Entwicklungszentren des Landes (vor allem den Agglomerationen Athen und Thessaloniki, aber auch den anderen Ballungsgebieten oder Entwicklungszentren) in Erwägung zu ziehen. Die postulierten nodalen Zusammenhänge basierten jedoch auf intuitiven Annahmen und Vermutungen. Die Analyse der intra- und interregionalen Wirtschaftsströme in Griechenland ist aus Gründen der statistischen Erfassung nicht durchführbar. Sowohl intra- als auch interregionale Verflechtungen konnten somit für die Planung nur einen schätzungsweisenden Charakter haben, was zwangsläufig zu suboptimalen Regionalisierungen führte.[41]

Eine solide Basis für die weitere Unterteilung in für die regionalpolitische Planung und Intervention verwendbare räumliche Einheiten bilden die geographischen Regionen. Das griechische Territorium läßt sich in das Festland, in das die

[41] Hierzu vgl. auch Papadaskalopoulos, A. D.: Wirtschaftsregion und Entwicklungsstrategie, in: Institut für regionale Entwicklung: Festschrift, Athen, 1992, (gr.), S. 42 f.

geographischen Regionen Thrakien, Makedonien, Ipeiros, Thessalien, Sterea Ellada einschließlich der Insel Euböa sowie Peloponnes einzuordnen sind, und in die Inselregionen Ägäische Inseln einschließlich des Dodekannes, Ionische Inseln und Kreta unterteilen. Zur Differenzierung dieser Unterteilung wurden verschiedene Regionalisierungsansätze entwickelt, die einen unterschiedlichen Vollständigkeits- und Richtigkeitsgrad genossen.[42]
Von breiter Akzeptanz war dennoch in der zweiten Hälfte der siebziger und in den achtziger Jahren die Unterteilung des griechischen Raums in neun Planungsregionen[43], deren räumliche Grenzen sich im Zuständigkeitsgebiet der regionalen Entwicklungsämter des Artikels 42 des Präsidialdekrets Nr. 816 vom 14.9. 1977 widerspiegelten. Es handelt sich um die Regionen Östliches Festland und Inseln, Zentral- und Westmakedonien, Westliches Festland und Peloponnes, Thessalien, Ostmakedonien, Kreta, Ipeiros, Thrakien, Ostägäische Inseln (siehe auch Karte I im Anhang). Diese Unterteilung prägte vorherrschend auch das methodische Vorgehen des Nationalen Statistischen Amtes Griechenlands (ESYE) im Bereich der Regionalstatistik, wobei der Nomos Attika, der die Agglomera-

[42] Siehe unter anderem Katochianos, N.: Nationale raumordnungspolitische Planung, in: KEPE: Die Rahmenbedingungen der Regionalentwicklung, Athen, 1970, (gr.), S. 139 ff.; Evangelinides, M.: Regional Development: Core-Periphery Relations - The Greek Case, Athens, 1975, S. 334; Kottis, G.: Dezentralisierung der Industrie und Regionalentwicklung, Athen, 1980, (gr.), S. 36; Sykara, K: Location / Allocation in Regional Administration und Rokos, K./Argyrakos, G.: A Systematic Analysis of the Regional Structure for a Coherent Regional Policy in Greece, beide in: Regional Association - ASOEE: The Regions and the Enlargement of the European Economic Community, Athens, 1981, S. 61 ff. bzw. 127 ff.; Agelidis, A.: Regionalstruktur der Europäischen Gemeinschaften und Vorschlag zur regionalen Gliederung des griechischen Raums angesichts des Beitritts, in: KEPE: Die Raumordnungspolitik, Athen, 1976, (gr.), S. 13 ff. (Anhang B); Konsolas, I. N.: Regionale Wirtschaftspolitik I: Allgemeine Betrachtung, 2. verbess. Aufl., Athen, 1985, (gr.), S. 376 f. und 431 f.

[43] Aufgrund der zentralistischen Struktur des griechischen Verwaltungssystems und des Fehlens einer substantiellen Rolle der örtlichen Selbstverwaltung im Bereich der regionalpolitischen Planung und Implementierung wies N. Konsolas 1985 im Rahmen einer engen Definition der Planungsregionen darauf hin, daß es sich eigentlich um Wirtschaftsregionen handeln würde, während die regionalen Entwicklungsämter über keine bedeutenden funktionalen Zuständigkeiten verfügen würden, so daß sie bloße Beobachtungsstationen des griechischen Wirtschaftsministeriums seien (siehe Konsolas, I. N.: Regionale Wirtschaftspolitik I ..., a.a.O., S. 370 f.). Zu einer Darstellung der historischen Entwicklung der Einteilung des Landes in Planungsregionen bis zum System der neun Regionen sowie zur Denkweise hinsichtlich der Kriterien der jeweiligen Abgrenzung siehe Kimm, I., a.a.O., S. 208 ff.

tion Athen einschließt, eine neue, zusätzliche Region bildete.[44] Auch die Organisation für Wirtschaftliche Zusammenarbeit und Entwicklung (OECD) übernahm dieses System der zehn Regionen.[45] Die Europäische Gemeinschaft blieb jedoch bei dem System der neun Regionen, was auch die Grundlage der Entwicklungsprogramme von 1981 bis 1988 sowie der nationalen Fünfjahrespläne zur wirtschaftlichen und sozialen Entwicklung von 1976 bis 1987 in Griechenland darstellte.[46] So ergab sich im Rahmen der Systematik der Gebietseinheiten für die Statistik (NUTS) folgende Kategorisierung:

NUTS I	**NUTS II**	**NUTS III**
Nordgriechenland	Thrakien Ostmakedonien Zentral- und Westmakedonien Thessalien	Evros, Xanthi, Rodopi, Drama, Kavalla, Serres, Thessaloniki, Chalkidiki, Kilkis, Pella, Imathia, Pieria, Florina, Kozani, Kastoria, Grevena, Larissa, Magnisia, Trikala, Karditsa
Zentralgriechenland	Ipeiros Östliches Festland und Inseln Westliches Festland und Peloponnes	Ioannina, Arta, Thesprotia, Preveza, Korfu, Levkada, Kefallinia, Zakynthos, Ätoloakarnania, Evritania, Fthiotida, Phokida, Böotien, Attika, Euböa, Kykladen, Achaia, Ileia, Korinthia, Argolida, Arkadia, Messinia, Lakonia
Ost- und Südägäische Inseln	Ostägäische Inseln Kreta	Lesbos, Chios, Samos, Dodekannes, Chania, Rethymnon, Herakleion, Lassithi

Quelle: Vom Verfasser angefertigte Tabelle

Die durch das Gesetz Nr. 1622/86 "Über die örtliche Selbstverwaltung, die Regionalentwicklung und die demokratische Planung" und das auf diesem Gesetz fußende Präsidialdekret Nr. 51 vom 6.3.1987 eingeführte Weiterentwicklung dieser Unterteilung des griechischen Raumes führte aufgrund eines stärker diffe-

[44] Vgl. Nationales Statistisches Amt Griechenlands, verschiedene statistische Blätter bis 1988.

[45] Vgl. OECD: Regional Problems and Policies in Greece, Paris, 1981.

[46] Vgl. "Regionen: Statistisches Jahrbuch 1994", Kommission der Europäischen Gemeinschaften, Statistisches Amt der Europäischen Gemeinschaften, Luxemburg, 1994, verschiedene Blätter bis 1990.

renzierenden Ansatzes[47] zu einem System von dreizehn Regionen, das einen höheren Kohäsionsgrad der sozioökonomischen Charakteristika aufwies und vom Fünfjahresplan zur wirtschaftlichen und sozialen Entwicklung 1988-1992 und von den Regionalentwicklungsplänen bzw. den Gemeinschaftlichen Förderkonzepten für Griechenland 1989-1993 und 1994-1999 übernommen wurde. Es umfaßte die Regionen Ostmakedonien und Thrakien, Zentralmakedonien, Westmakedonien, Ipeiros, Thessalien, Ionische Inseln, Westgiechenland, Sterea Ellada, Attika, Peloponnes, Nordägäis, Südägäis und Kreta (siehe auch Karte II im Anhang). Aufgrund der neuen Regionalgliederung auf der Ebene der Fördergebiete in Griechenland wurde die Systematik der Gebietseinheiten für die Statistik entsprechend modifiziert, so daß folgende Einteilung der griechischen Regionen entstand:[48]

NUTS I	NUTS II	NUTS III
Nordgriechen- land	Ostmakedonien und Thrakien Zentralmakedonien Westmakedonien Thessalien	Evros, Xanthi, Rodopi, Drama, Kavalla, Serres, Thessaloniki, Chalkidiki, Kilkis, Pella, Imathia, Pieria, Florina, Kozani, Kastoria, Grevena, Larissa, Magnisia, Trikala, Karditsa
Zentral- griechenland	Ipeiros Ionische Inseln Westgriechenland Sterea Ellada Peloponnes	Ioannina, Arta, Thesprotia, Preveza, Korfu, Levkada, Kefallinia, Zakynthos, Ätoloakarnania, Achaia, Ileia, Evritania, Fthiotida, Phokida, Böotien, Euböa, Korinthia Argolida, Arkadia, Messinia, Lakonia
Attika		
Inseln	Nordägäis Südägäis Kreta	Lesbos, Chios, Samos, Kykladen, Dodekannes, Chania, Rethymnon, Herakleion, Lassithi

Quelle: Vom Verfasser angefertigte Tabelle

[47] Die im Rahmen der Unterteilung der neun Regionen undifferenzierte und heterogene Zusammensetzung der Regionen Östliches Festland und Inseln, Zentral- und Westmakedonien sowie Westliches Festland und Peloponnes bedeutete eine statistische Verzerrung der tatsächlichen Situation, die aus der Diskrepanz zwischen Wirtschaftsraum und administrativem Raum resultierte. Siehe auch Kasakos, P.: Lektionen zur Regionalentwicklung, Athen, 1984, (gr.), S. 112 sowie Macheras, D., a.a.O., S. 117.

[48] Vgl. "Regionen: Statistisches Jahrbuch", a.a.O., verschiedene Blätter ab 1990.

Eine Regionalisierung des griechischen Raums erfolgte jedoch auch mit der Gesetzgebung im Rahmen der Politik der Anreize zur Regionalentwicklung. Die Einteilung des Landes in Zonen unterschiedlicher Förderungswürdigkeit für die Privativestitionen bedeutete eine Klassifizierung der Gebiete nach ihrem Entwicklungsstand und setzte gleichzeitig die Entwicklungsprioritäten fest. Im Zeitraum von 1981 bis 1993 erhöhte sich die Zahl der Förderzonen von 3 (Gesetz Nr. 1161/81) auf 4 durch eine weitere Untergliederung um die Grenzgebiete (Gesetz Nr. 1262/82) und auf 5 durch die Gewährung von verstärkten Anreizen für die Region Thrakien (Gesetz Nr. 1892/90). Hierbei fanden im Rahmen der jeweiligen Gesetze weitere Regionalisierungen hinsichtlich der Förderung der touristischen Entwicklung statt.[49]

Eine indikative entwicklungsbezogene Kategorisierung der griechischen Regionen wurde auf programmatischer Basis in den achtziger Jahren im Fünfjahresplan zur wirtschaftlichen und sozialen Entwicklung Griechenlands 1983-1987 vorgenommen, so daß das griechische Territorium aufgrund des Entwicklungsgrades und -potentials der Regionen in entwickelte Gebiete (Athen und Thessaloniki), dynamische Regionen (Makedonien, Thessalien, Sterea Ellada mit Ausnahme von Attika, Peloponnes und Kreta) und rückständige Regionen (Ipeiros, Thrakien, Ostägäische und Ionische Inseln mit Ausnahme von Korfu) untergliedert wurde.[50]

Bei der taxonomischen Betrachtung der dreizehn griechischen Regionen nach dem Kriterium des Entwicklungspotentials entstand jedoch im Rahmen des Regionalentwicklungsplans 1989-1993 eine etwas unterschiedliche Unterteilung. Während Kreta, die Südägäis und in geringerem Maße die Ionischen Inseln eindeutig als dynamische Regionen mit guten Entwicklungsmöglichkeiten eingestuft wurden, wurde den entwickelten Regionen Attika und Zentralmakedonien nur unter Vorbehalt eine gewisse Entwicklungsdynamik zugeschrieben. Bei allen anderen griechischen Regionen wurden strukturelle Handicaps, eine niedrige Leistungsfähigkeit und eine sehr geringe Dynamik festgestellt.[51]

---

[49] Hierzu siehe auch Kapitel 2.3.3 dieses Teils der Arbeit.

[50] Vgl. Wirtschaftsministerium, KEPE: Fünfjahresplan zur wirtschaftlichen und sozialen Entwicklung 1983-1987, Athen, 1985, (gr.), S. 161.

[51] Vgl. Wirtschaftsministerium: Regionalentwicklungsplan 1994-1999, revidierte Aufl., Athen, 1993, (gr.), S. 52 f.

Von besonderem Wert für die regionalpolitische Intervention in Griechenland im Rahmen der "neuen Strukturpolitik" der Gemeinschaft war die durch die Verordnung (EWG) Nr. 2052/88 des Rates eingeführte typologische Einordnung der Regionen der Gemeinschaft, wobei das gesamte griechische Staatsgebiet nach dem Kriterium des BIP pro Kopf als Ziel-Nr. 1-Region ("Region mit Entwicklungsrückstand") und somit als förderungswürdig erklärt wurde.[52]
Angesichts der geomorphologischen Besonderheiten, der geopolitischen Lage oder des Charakters der Regionen wurden auch weitere Untergliederungen des griechischen Raums mit besonderer Bedeutung für die Aufstellung von Programmen vorgenommen. Somit entstanden Bergregionen und andere schwer zugängliche Gebiete, Inselregionen, Grenzregionen und Stadtregionen mit besonderen Problemen. Griechenland wurde schließlich ein peripherer Charakter in bezug auf die Europäische Gemeinschaft zuerkannt.

[52] In dieser Verordnung wurde die im Anhang I (Geographischer Anwendungsbereich der integrierten Mittelmeerprogramme) der Verordnung (EWG) Nr. 2088/85 des Rates festgelegte einheitliche Betrachtung des griechischen Staatsgebiets wiederholt.

1.2 Formen, Merkmale und Ausmaß des griechischen Regionalproblems

Das griechische Regionalproblem zeichnet sich in erster Linie durch eine hypertrophe demographische und wirtschaftliche Konzentration in Athen und Thessaloniki sowie, in geringerem Maße, in einer Reihe von kleineren Ballungszentren aus. Hinzu kommen aber auch starke Disparitäten unter den übrigen Gebieten, die zu zentripetalen und zentrifugalen Tendenzen, zur Destrukturierung der Produktions- und Entwicklungsmöglichkeiten der griechischen Peripherie, zu ihrer Abhängigkeit vom Zentrum und zur Entvölkerung großer Teile des ländlichen Raums geführt haben.

Das Ausmaß der Disparitäten und die Intensität der Probleme in den Regionen signalisieren die besorgniserregende sozioökonomische Lage Griechenlands.[53] Der begrenzte geographische Horizont des griechischen Entwicklungsprozesses und die Vernachlässigung der regionalen Ressourcen gesellen sich zu den sektoralen Strukturschwächen der griechischen Volkswirtschaft und stellen ein wichtiges Hemmnis für die weitere wirtschaftliche Entfaltung des gesamten Landes dar. Die ungünstigen Werte der sozioökonomischen Indikatoren der Mehrzahl der griechischen Regionen verdeutlichen ihre Unfähigkeit, mit den Ballungszentren des Landes zu konkurrieren und reale Chancen als Nachfolger der Entwicklungsträger Athen und Thessaloniki zu erwerben.[54] Der Rückstand oder die Verlangsamung der Modernisierung und der Verbesserung von Produktionsstrukturen sowie die Unfähigkeit zum Aufbau von neuen, konkurrenzfähigen Wirtschaftszweigen in Regionen, Nomoi oder urbanen Räumen mit einer raschen wirtschaftlichen Entwicklung in der Vergangenheit - nämlich in räumlichen Einheiten, die potentielle Nachfolger bildeten - könnten aufgrund der Abhängigkeiten im Rahmen dieses polarisierten Entwicklungsprozesses erklärt werden.

---

[53] N. Konsolas betrachtete die Regionalunterschiede als potentielle Auslöser einer Errosion der nationalen Kohärenz und die Entvölkerung von Berg-, Insel- und Grenzregionen als "nationale Gefahr" (vgl. Konsolas, I. N.: Regionale Wirtschaftspolitik I ..., a.a.O., S. 347 und 349; Hierzu siehe auch Argyris, A.: Griechenlands regionale Wirtschaftsentwicklung (I). Das Problem der Disparitäten und die Investitionsanreize zu ihrer Überwindung, a.a.O., S. 23).

[54] In dem von M. Negreponti-Delivani entwickelten theoretischen Modell über das Nachfolgerschema des gesättigten anfänglichen Entwicklungspols, wurde dies als ein Hauptaspekt der griechischen Regionalproblematik und eine der Entwicklungssackgassen der griechischen Volkswirtschaft aufgezeigt (siehe Negreponti-Delivani, M., a.a.O., S. 88 ff.).

Trotz regionaler Unterschiede weisen alle griechischen Regionen einen erhöhten Bedarf an allgemeiner Basis- und wirtschaftsnaher Infrastruktur auf, der in den Regionalentwicklungsplänen bzw. in den Gemeinschaftlichen Förderkonzepten 1989-1993 und 1994-1999 erkannt und berücksichtigt wurde. Die Bedürfnisse der Regionen sind hierbei höchst unterschiedlich. In den meisten urbanen Zentren wird beispielsweise dringend moderne und adäquate Infrastrukturausstattung zur Bewältigung der steigenden Umwelt- und Verdichtungsprobleme und zur Entspannung der sozialen Brennpunkte benötigt. Viele Regionen sind aufgrund ihrer geomorphologischen Besonderheiten (gebirgige Landschaft, Insellage usw.) mit starken Entwicklungshemmnissen konfrontiert, deren Überwindung intensivere Bemühungen im Bereich der Infrastruktur abverlangt als woanders, zumal diese Regionen spärlich ausgestattet sind. In den Gebieten bzw. Regionen mit ausgeprägter touristischer Entwicklung wird die vorhandene Infrastruktur von einer erheblich größeren Anzahl von Personen in Anspruch genommen als von der dort lebenden Bevölkerung, was zur Überlastung der lokalen Kapazitäten während der touristischen Saison führt. In allen Regionen des Landes erschwert die große Zahl von kleinen Gemeinden die Versorgung der Bevölkerung mit der nötigen Infrastruktur und mit öffentlichen Diensten und verursacht eine große Belastung des Staates.

Aber auch der erhöhte Bedarf an produktiven Investitionen ist ebenso offensichtlich, denn eine Modernisierung der Produktionsstrukturen in allen Sektoren, eine Umstrukturierung und die Lenkung der Investitionen in dynamische Wirtschaftszweige sind nötig, um die Wettbewerbsfähigkeit der Regionen nachhaltig zu stärken und die wirtschaftlichen Überlebenschancen der Regionen sicherzustellen.

Die meisten griechischen Regionen sind durch eine besonders niedrige Entwicklungsdynamik gekennzeichnet. Während in den rückständigen Regionen eine an Wirtschaftszweigen niedriger technologischer Entwicklung und Produktivität orientierte Investitionstätigkeit sowie geringes Potential zur selbständigen Entwicklung auftreten, kämpfen die relativ entwickelten städtischen Zentren gegen hohe Produktionskosten, erhebliche Belastungen der veralteten Infrastruktur, steigende Arbeitslosigkeit, hohe soziale Kosten, starke Umwelt- und allgemeine Verdichtungsprobleme. Von hoher Dringlichkeit sind schließlich die Verbesserung des Bildungs- und Ausbildungsstands des Humankapitals in den Regionen und seine Anpassung an die neuen Bedingungen.

Angesichts der Tatsache, daß sich die Umweltbedingungen als zentraler Bestandteil der Lebensqualität und als Standortfaktor in einer direkten und permanenten Wechselwirkung mit den demographischen und sozioökonomischen Charakteristika der Regionen befinden[55], bedeutet offensichtlich die in den letzten Jahren zu beobachtende Verschlechterung im Bereich der Umwelt auch eine Verschärfung des griechischen Regionalproblems. Die stärksten Probleme konzentrieren sich in den großen Ballungszentren, mit schwerwiegenden Belastungen sind jedoch auch andere Gebiete konfrontiert. Das griechische Umweltproblem nahm insgesamt folgende Formen an: Zunahme der Meeresverschmutzung, besonders in den geschlossenen Meeresbuchten (Saronikos, Patraikos, Pagassitikos, Thermaikos usw.); Luftverschmutzung in den großen Stadtzentren - vor allem in der Tiefebene von Athen und in Thessaloniki, aber auch in Ballungsgebieten mittlerer Größe (z.B. in Patras oder Herakleion) - und in Gebieten, die durch eine relativ hohe Konzentration von industriellen und anderen umweltbelastenden Tätigkeiten gekennzeichnet sind (z.B. Kozani, Ptolemaida, Megalopoli); Verschmutzung der Oberflächengewässer; Wildes Bauen und Erweiterung von industriellen Tätigkeiten auf Kosten des Bodens für landwirtschaftliche Erzeugung; Zubetonierung und Verschmutzung der Küstengebiete durch die Entwicklung des Fremdenverkehrssektors; Veränderung der Umwelt durch bestimmte Steinbruch- und Bergbautätigkeiten (z.B auf Santorini, in Ioannina); Zerstörung der Wälder durch Waldbrände, Abholzung und anderweitige Nutzung der Flächen; Degradierung und Erosion der Bodenflächen in großem Ausmaß; Zerstörung des Gleichgewichts von Ökosystemen; Veränderung der historischen Physiognomie des Landes, hauptsächlich durch Vernachlässigung, aber auch durch Abriß von traditionellen Bauten und Siedlungen sowie durch Veränderung des Stadtbildes.[56]

---

[55] Hinsichtlich der Problematik der Interdependenz zwischen Umwelt- und Regionalstrukturen und demzufolge auch zwischen den diesbezüglichen Politiken siehe Klemmer, P.: Regionalpolitik und Umweltpolitik. Untersuchung der Interdependenzen zwischen Regionalpolitik und Umweltpolitik, Hannover, 1988; Karl, H./Klemmer, P.: Einbeziehung von Umweltindikatoren in die Regionalpolitik, Berlin, 1990.

[56] Vgl. Wirtschaftsministerium, KEPE: Fünfjahresplan zur wirtschaftlichen und sozialen Entwicklung 1983-1987, a.a.O., S. 197; KEPE: Berichte zum Fünfjahresplan zur wirtschaftlichen und sozialen Entwicklung 1988-1993, Bd. 24: Regionalpolitik, a.a.O., S. 47 f.; Wirtschaftsministerium: Regionalentwicklungsplan 1994-1999, a.a.O., S. 95 ff. Zu einer ausführlicheren Behandlung der Umweltproblematik in Griechenland siehe KEPE: Berichte zum Fünfjahresplan zur wirtschaftlichen und sozialen Entwicklung 1983-1987, Bd. E6: Schutz und

Aufgrund der sozioökonomischen Charakteristika und der Entwicklungschancen der griechischen Nomoi und Regionen wurde von A. P. Kavadias eine analytische und synthetische Quantifizierung des griechischen Regionalproblems unternommen.[57] Die Studie bot ein vergleichendes Bild des Entwicklungsgrades der 51 Nomoi und der neun Regionen des Landes, das die Entwicklungsspanne in Griechenland zum Ausdruck brachte. Während sich die Region Östliches Festland und Inseln mit 120,1 als einzige Region weit über dem Landesdurchschnitt (=100) befand, gefolgt von der Region Zentral- und Westmakedonien, die mit 98,8 diesen Wert nahezu erreichte, lagen alle übrigen griechischen Regionen deutlich unterhalb dieser Größe. So erreichte die drittstärkste griechische Region, Ostägäische Inseln, nur 87,0, gefolgt von den Regionen Kreta mit 83,5, Thessalien mit 82,1, Ostmakedonien mit 79,8, Ipeiros mit 77,5, Westliches Festland und Peloponnes mit 76,9 und Thrakien mit 75,5.[58]
Im Rahmen der Studie wurden desweiteren die 51 Nomoi des Landes aufgrund ihres Entwicklungsstandes eingeordnet, so daß vier allgemeine Entwicklungskategorien entstanden: (a) Nomoi hoher Entwicklung; (b) dynamische Nomoi; (c) sich in Entwicklung befindende Nomoi; (d) Nomoi problematischer Entwicklung. Nur drei Nomoi, nämlich Attika (126,7), Thessaloniki (117.5) und Dodekannes (111,0), konnten der ersten Kategorie zugeordnet werden, wobei der Entwicklungsstand des Dodekannes der Insel Rhodos zu verdanken sei.[59]
Die in einem Forschungsprojekt des Institutes für regionale Entwicklung der

Aufwertung der Umwelt, a.a.O.

[57] Siehe Kavadias A. P., a.a.O. Kavadias stellte ein System von 25 Entwicklungsindikatoren auf und benutzte einen allgemeinen Indikator und fünf Gruppenindikatoren. Der die Informationen des gesamten Indikatorensystems beinhaltende allgemeine Indikator gab die allgemeinen Entwicklungsniveaus wieder, während die Gruppenindikatoren die Informationen jeder einzelnen Gruppe (Bevölkerung, natürliche Ressourcen, allgemeine Infrastruktur, wirtschaftlicher Wohlstand und Produktionsdynamik der Nomoi und Regionen) zusammenfaßten.

[58] Vgl. ebenda, S. 190 ff.

[59] Vgl. ebenda, S. 194 ff. Bei der Gewichtung der angewandten Indikatoren wies Kavadias auf die relative Bedeutungslosigkeit der natürlichen Ressourcen hin und unterstrich die Tatsache, daß die deutliche Verbesserung der Basisinfrastruktur der Nomoi nicht wesentlich ihre Produktionsdynamik beeinflußt habe, sondern hauptsächlich ihren wirtschaftlichen Wohlstand. Schließlich betonte er die starke Wechselwirkungen zwischen der Entwicklungsdynamik, dem wirtschaftlichen Wohlstand und der demographischen Situation auf der Ebene der Regionen (siehe ebenda, S. 49 ff.).

Panteios-Universität von Athen unternommene taxonomische Betrachtung der dreizehn griechischen Regionen unter Berücksichtigung einer Reihe von Indikatoren (BIP, BIP pro Kopf, Erwerbsquote, Anteil der Wirtschaftssektoren an den Erwerbstätigen, industrieller Locationsquotient, Locationsquotient der Hauptsektoren der Wirtschaftstätigkeit) sowie anhand ihrer Entwicklung in den siebziger und achtziger Jahren führte zu der Unterscheidung in "winners" (Sterea Ellada, Zentralmakedonien, Südägäis, Attika, Kreta) und "losers" (Ostmakedonien und Thrakien, Westgriechenland, Thessalien, Westmakedonien, Nordägäis, Peloponnes, Ionische Inseln, Ipeiros).[60]
Eine andere Klassifizierung der Regionen entstand dennoch unter Berücksichtigung der Indikatoren "BIP pro Kopf", "BIP je Erwerbstätigen" und "Anteil der Erwerbstätigen am sekundären Sektor" in den achtziger Jahren. So wurden Ostmakedonien und Thrakien, die Ionischen Inseln und die Südägäis den Entwicklungsregionen, Attika und Sterea Ellada den Krisenregionen, Zentralmakedonien und Kreta den Regionen gemischter Leistungsfähigkeit und schließlich Westmakedonien, Ipeiros, Thessalien, Nordägäis und der Peloponnes den divergierenden Regionen zugeordnet.[61]
Anhand des Kriteriums der wirtschaftlichen Leistung in den achtziger Jahren erfolgte in der Studie der Europäischen Kommission "Cohesion and the Development Challenge Facing the Lagging Regions" eine weitere Klassifizierung der griechischen Regionen. Diese berücksichtigte vor allem das Potential und die Fähigkeit der Regionen, dem Wettbewerbsdruck von den leistungsstärkeren Regionen der Gemeinschaft standzuhalten und den Abstand zu letzteren zu verringern. Bezugspunkt der Analyse stellten die gemeinschaftlichen Durchschnitte dar. Die Regionen Ostmakedonien, Ionische Inseln, Südägäis und Kreta wurden den konvergierenden, die übrigen den divergierenden Regionen zugeordnet.[62]
Bei der Analyse der Entwicklung der Ziel-Nr. 1-Regionen anhand der Variablen "Produktivität" und "Beschäftigung" stellte der Bericht ferner vier Entwicklungs-

---

[60] Vgl. Regional Development Institute: Regional Prospects in Greece, a.a.O., S. 85 ff. und Tabelle "A Taxonomy of the Greek Regions: Winners and Loosers", ebenda, S. 88.

[61] Ebenda, S. 89.

[62] Vgl. Tabelle 1 "The Performance of Objective 1 Regions in the 1980s", in: "Cohesion and the Development Challenge Facing the Lagging Regions", European Commission, Office for Official Publications of the European Communities, Luxemburg, 1995, S. 30.

prozesse fest: (a) einen positiven Entwicklungsprozeß ("virtuous cycle"), gekennzeichnet durch überdurchschnittliches Wachstum der Produktivität und eine günstige Entwicklung der Beschäftigung; (b) einen Rationalisierungsprozeß, wobei das überdurchschnittliche Wachstum der Produktivität von einer rückläufigen Beschäftigung und Erhöhung der Arbeitslosigkeit begleitet wurde; (c) einen Teufelskreis der Unterentwicklung ("vicious cycle") oder eine De-Industrialisierung, wobei Rationalisierungsmaßnahmen nicht in der Lage waren, die Wettbewerbsfähigkeit wiederherzustellen und die Produktivität zu erhöhen oder die Schließung von Unternehmen und höhere Arbeitslosigkeit zu verhindern; (d) eine durch Schutz- oder Fördermaßnahmen getragene Entwicklung ("sheltered development").[63] Den Regionen letzterer Kategorie, worunter auch die meisten griechischen Regionen fallen, gelang es nicht, eine Modernisierung bzw. eine Umstrukturierung ihrer Wirtschaft zu vollziehen, so daß sie einem zunehmenden Druck ausgesetzt sind. Sie waren jedoch in der Lage - oft dank der direkten und indirekten nationalen und gemeinschaftlichen Maßnahmen -, ein hohes Beschäftigungsniveau zu erhalten oder sogar dieses zu erhöhen. Dies war der Fall in den Regionen Zentralmakedonien, Westmakedonien, Thessalien, Ipeiros, Sterea Ellada, Attika, Peloponnes, aber auch in der konvergierenden Region Südägäis. Besorgniserregender ist die Situation der Region Nordägäis, die der dritten Kategorie angehört. Nur drei Regionen, nämlich Ostmakedonien und Thrakien, Ionische Inseln und Kreta, gehören schließlich der ersten Kategorie an.[64]

In dem Gemeinschaftlichen Förderkonzept 1989-1993 für Griechenland wurden schließlich vier Gebietskategorien mit besonderen Entwicklungsproblemen und -bedürfnissen festgestellt und somit auch die Prioritäten für die regionalpolitischen Interventionen festgelegt: (a) die Region Attika, die durch die übermäßige Konzentration der Bevölkerung und der ökonomischen Aktivitäten gekennzeichnet ist, und für die die Notwendigkeit zum Ausbau der Infrastruktur im Bereich der Umwelt, zur Dezentralisierung der traditionellen ökonomischen Aktivitäten und schließlich zur Entwicklung von neuen, moderneren und umweltschonenden Aktivitäten besteht; (b) urbane Zentren und Gebiete hoher touristischer Entwicklung, die die Ausstattung mit moderner wirtschaftsnaher sowie so-

---

[63] Vgl. ebenda, S. 12 und 30 f.

[64] Ebenda.

zialer Infrastruktur benötigen; (c) ländliche Gebiete mit guten Entwicklungsmöglichkeiten, wofür die Ausstattung mit wirtschaftsnaher Infrastruktur zur Förderung von weniger traditionellen ökonomischen Aktivitäten eine Priorität darstellt; (d) weit abgelegene und schwer zugängliche Gebiete mit besonders starken Problemen, wie Inseln oder Grenz- und Berggebiete, wofür Interventionen zur Erhaltung von Bevölkerung und ökonomischen Aktivitäten als notwendig erachtet wurden.[65]

Nach Angaben der Europäischen Kommission haben sich die Disparitäten in Griechenland seit den achtziger Jahren sowohl beim BIP pro Kopf in KKS als auch bei den Arbeitslosenquoten leicht vergrößert. Die Standardabweichung, wonach die Dispression um den Mittelwert gemessen wird, betrug beim ersten Indikator 6,6 für das Jahr 1983 und 7,7 für das Jahr 1993. Beim zweiten Indikator waren die jeweiligen Werte 0,7 und 2,4.[66]
Abgesehen von diesen partiellen Verschlechterungen läßt sich insgesamt seit Anfang der siebziger Jahre und hauptsächlich seit den achtziger Jahren eine Tendenz zum Abbau der Disparitäten zwischen den Regionen ausmachen. Zu nennen sind hier die Ausstattung der Regionen mit grundlegender und wirtschaftsnaher Infrastruktur bzw. die Verbesserung und der Ausbau der vorhandenen Infrastrukturausstattung, der allgemeine Anstieg des Lebensstandards, die Verbesserung der Werte wichtiger ökonomischer Indikatoren in mehreren Regionen, die demographische Erhaltung, die Beschleunigung der Entwicklung von mittleren urbanen und semi-urbanen Zentren und die Verlangsamung des Entwicklungsrhythmus von Athen. Darüber hinaus scheint in der Bevölkerung der allgemeine Eindruck zu herrschen, daß das sozioökonomische Gefälle zwischen den großen urbanen Zentren - und vor allem zwischen Athen - und dem Rest des Landes erheblich kleiner geworden sei, und daß sogar ein Rückgang der Lebensstandards in der Hauptstadt, und in geringerem Maße auch in den anderen

[65] Vgl. "Gemeinschaftliches Förderkonzept 1989-1993 zur Förderung der Entwicklung und der strukturellen Anpassung der Regionen mit Entwicklungsrückstand (Ziel Nr. 1). Griechenland", Kommission der Europäischen Gemeinschaften, Amt für amtliche Veröffentlichungen der Europäischen Gemeinschaften, Luxemburg, 1990, (gr.), S. 9.

[66] Vgl. die Angaben in Tabelle 2 "Disparitäten beim BIP pro Kopf in KKS nach Regionen innerhalb der Mitgliedstaaten 1983-1993" und Tabelle 3 "Disparitäten bei den Arbeitslosenquoten nach Regionen innerhalb der Mitgliedstaaten 1983-1995" im Anhang der Arbeit.

Ballungszentren, stattgefunden habe, der auf die zunehmende Umweltverschmutzung und auf die Verschlechterung der Lebens- und Arbeitsbedingungen zurückzuführen ist.[67]

Zu den positiven Entwicklungen in der Peripherie trugen mehrere Faktoren bei, die allerdings nicht unbedingt eine Umstrukturierung in den Regionen herbeigeführt haben und in vielen Fällen von begrenzter zeitlicher Wirkung sein können. So führte beispielsweise der Ausbau der touristischen Aktivitäten in einigen Gebieten, vor allem auf den Inseln, zum Wachstum des regionalen BIP, zur Stärkung der Beschäftigung und zur Erhöhung der Lebensstandards. Gewinne konnten auch Regionen erzielen, in denen eine Zunahme der Aktivitäten in der verarbeitenden Industrie erfolgte, hauptsächlich in den Bereichen der Nahrungsmittel, Kleider- und Lederprodukte, wie Ostmakedonien und Thrakien, Zentralmakedonien, Sterea Ellada und Kreta. Den Investitionsanreizen ist eine besondere Rolle zuzuschreiben, denn trotz Probleme und Mißerfolge wurden produktive Investitionen in der Peripherie getätigt, die eine entsprechende Zunahme der Produktion, der Beschäftigung und der Einkommen in den leistungsschwächeren Regionen zur Folge hatten. Der erhöhte Anteil der Peripherie an den öffentlichen Investitionen im Zusammenhang mit einer Reihe von staatlichen Maßnahmen zugunsten der Peripherie, wie die Gründung von Universitäten und Gesundheitszentren, bedeutete neben den direkten Auswirkungen in den Regionen auch eine Steigerung ihrer Attraktivität. Die Transferleistungen im Rahmen der Agrarpolitik der Gemeinschaft durch die Abteilung Garantie des Europäischen Ausrichtungs- und Garantiefonds für die Landwirtschaft zugunsten der griechischen Peripherie stützten schließlich das Einkommen und die Beschäftigung in den ländlichen Regionen beträchtlich.[68]

Eine Aussage nach dem Gewicht der verschiedenen Faktoren läßt sich allerdings nicht wissenschaftlich verifizieren. Nach den letzten Erkenntnissen der For-

---

[67] Vgl. Athanasiou, L. A./Kannelopoulou, K. N/Poupou, I. M.: Konvergenz, Divergenz und Regionalpolitik, Athen, 1995, (gr.), S. 14.

[68] Ebenda, S. 14 ff. Zu letzterem Punkt siehe auch Paschos, P.: Einkommenswirkungen der EG-Agrarpolitik in Griechenland, in: Jahrbücher für Nationalökonomie und Statistik, Bd. 206, Heft 2, Stuttgart, 1989, S. 117 ff.

schung führen verschiedene Wege zu "local success stories".[69] Die positiven Entwicklungen in der Peripherie können teilweise als Erfolge der nationalen und der gemeinschaftlichen Regionalpolitik verbucht werden. Andererseits sind sie zum großen Teil auf die Sättigung von Athen und Thessaloniki zurückzuführen und weniger als Ausdruck eines selbständigen Entwicklungsprozesses zu erklären.

Eine Analyse der Entwicklung der griechischen regionalen Unterschiede auf der Ebene der Nomoi weist darüber hinaus auf die zunehmende Tendenz der intraregionalen Disparitäten hin, was die positiven Ergebnisse auf der Ebene der Regionen überschattet.[70] Von der geographischen Erweiterung des Entwicklungsprozesses profitierten hauptsächlich die dynamischen Gebiete innerhalb jeder Region, während sich die Abschwächung und Degradierung der problematischen Gebiete weiter fortsetzte.

Das griechische Regionalproblem kommt jedoch erheblich intensiver zum Ausdruck, wenn der Betrachtungshorizont der Analyse die nationalen Grenzen überschreitet und die Europäische Gemeinschaft als Bezugsrahmen herangezogen wird.

Im dritten periodischen Bericht über die sozioökonomische Lage und Entwicklung der Regionen der Gemeinschaft wurde eine Kategorisierung der Regionen nach der Intensität ihrer Probleme aufgrund eines synthetischen Indexes vorgenommen, der die Schlüsselgrößen ihrer wirtschaftlichen Leistung und Arbeitsmarktsituation beurteilte. Die neun griechischen Regionen wurden innerhalb der 36 Positionen mit den niedrigsten Werten eingestuft (insgesamt 160 Regionen der Ebene NUTS II), wobei niedrige Werte auf besonders schwerwiegende Probleme hinwiesen. Thrakien mit 50,5, Ipeiros mit 54,4, Westliches Festland und Peloponnes mit 56,9, Thessalien mit 57,2, Kreta mit 58,4, Ostmakedonien mit 59,0, Östliches Festland und Inseln mit 61,9, Zentral- und Westmakedonien mit

---

[69] Vgl. "Cohesion and the Development Challenge Facing the Lagging Regions", a.a.O., S. 12 f. und 45 f. sowie 52 f.

[70] Vgl. die Angaben in Tabelle B.2 "Grunddaten nach Nomoi und Regionen", in: KEPE: Berichte zum Fünfjahresplan zur wirtschaftlichen und sozialen Entwicklung 1988-1993, Bd. 24: Regionalpolitik, a.a.O., S. 238 ff. (Anhang). Diese divergierende Entwicklung bestätigt auch N. Theodosakis für den Zeitraum 1961-1981 (vgl. Theodosakis, N., a.a.O., S. 92 ff.).

63,0 und Ostägäische Inseln mit 67,1 lagen weit unter dem Gemeinschaftsdurchschnitt (=100).[71]
Aber auch von den zwei darauffolgenden Berichten über die sozioökonomische Lage und Entwicklung der Regionen der Gemeinschaft in den Jahren 1991 und 1994 wurde eine besonders problematische Situation in den griechischen Regionen anhand fast aller Indikatoren festgestellt und bestätigt. Besonders offensichtlich ist die schwache Leistung der Regionen bei der Beurteilung der Einkommenslage, die das entscheidende Kriterium für ihre Einbeziehung in die Förderung des Ziels Nr. 1 darstellte. Im Zeitraum 1983-1993 wuchs das BIP pro Kopf in Griechenland jährlich um 1,8 % und blieb somit sowohl weit hinter dem Wachstum in den anderen Kohäsionsländern (EUR4=2,9%) als auch hinter dem Wachstum in der Gemeinschaft insgesamt (EUR15=2,5 %) zurück.[72] Im Jahr 1993 betrug das BIP pro Kopf Griechenlands (in KKS) gerade 64,5 % des BIP pro Kopf der Gemeinschaft.[73] Alle 13 griechischen Regionen lagen hinsichtlich des BIP pro Kopf im gesamten Zeitraum 1981-1993 weit unter dem Gemeinschaftsdurchschnitt. Neun von dreizehn griechischen Regionen befanden sich nach diesem Kriterium im Jahr 1983 in der Gruppe der 25 ärmsten Regionen der Gemeinschaft. Ein Vergleich zwischen 1983 und 1993 ergibt, daß nur zwei Regionen, nämlich Westmakedonien und Zentralmakedonien, diese Kategorie verlassen konnten. Alle sieben anderen Regionen befanden sich ebenfalls 1993 in den niedrigsten Einkommensstufen, wobei kleine Verschiebungen in der Reihenfolge stattfanden. Ipeiros rutschte sogar unter die letzten zehn Regionen, Nordägäis war nicht in der Lage, ihre Position zu verbessern und blieb in dieser Gruppe. Westgriechenland erreichte gerade die vierzehnte Stelle und wäre als dritte griechische Region unter die zehn ärmsten gefallen, wenn vier der fünf

---

[71] Vgl. die Angaben in Tabelle 2.2.1-D.1 "Synthetischer Index zur Darstellung der Intensität der Regionalprobleme in der Gemeinschaft", in: "Die Regionen der erweiterten Gemeinschaft, Dritter periodischer Bericht über die sozioökonomische Lage und Entwicklung der Regionen der Gemeinschaft", Kommission der Europäischen Gemeinschaften, Amt für amtliche Veröffentlichungen der Europäischen Gemeinschaften, Luxemburg, 1987, S. 62 (Anhang). Siehe auch S. 21 ff. und zur Berechnung des Indexes S. 53 ff. (Anhang).

[72] Vgl. die Angaben in Tabelle 4 "Wachstum des BIP pro Kopf in den Kohäsionsländern, 1983-1993", in: "Erster Bericht über den wirtschaftlichen und sozialen Zusammenhalt 1996", a.a.O., S. 133, (Statistischer Anhang).

[73] Ebenda.

neuen deutschen Bundesländer nicht eine schlechtere Position eingenommen hätten.[74] Was die Arbeitslosigkeit anbelangt, haben die griechischen Regionen wesentlich besser abgeschnitten. Im Jahr 1993 betrug die Arbeitslosigkeit in Griechenland 9,4 % und befand sich somit unter dem Gemeinschaftsdurchschnitt (=10,6%).[75] Drei griechische Regionen, nämlich Ionische Inseln, Südägäis und Kreta, waren sogar 1995 unter den zehn von der Arbeitslosigkeit am wenigsten betroffenen Regionen der Gemeinschaft. Kreta befand sich im Jahr 1983 als einzige griechische Region in der Gruppe der 25 am besten plazierten Regionen der Gemeinschaft.[76]

---

[74] Vgl. die Angaben der Tabelle 5 "BIP pro Kopf in den reichsten und ärmsten Regionen der Europäischen Union 1983 und 1993", in: "Erster Bericht über den wirtschaftlichen und sozialen Zusammenhalt 1996", a.a.O, S. 134, (Statistischer Anhang).

[75] Vgl. die Angaben in Tabelle "Die Arbeitslosigkeit in den Regionen der Europäischen Union im Jahre 1994", in: "Statistik kurzgefaßt, Regionen 1995/2", Eurostat, 1995, S. 2 f.

[76] Vgl. die Angaben in Tabelle 8 "Arbeitslosigkeit in den am stärksten und am wenigsten betroffenen Regionen der Europäischen Union 1983 und 1993", in: "Erster Bericht über den wirtschaftlichen und sozialen Zusammenhalt 1996", a.a.O., S. 136 (Statistischer Anhang).

1.3 Erklärungsfaktoren der Entstehung und Entwicklung des griechischen Regionalproblems

Die Aufstellung eines Schemas zur Erklärung der Entstehung und Entwicklung des griechischen Regionalproblems erfordert die Berücksichtigung einer Vielzahl von geographischen, historischen, politischen, sozioökonomischen und kulturellen Parametern sowie ihrer komplexen Zusammenhänge und Wechselwirkungen, wobei die Gewichtung der in Betracht gezogenen Faktoren auf die Erkenntnismethoden der jeweiligen theoretischen Ansätze ankommt. Einen gemeinsamen Topos der verschiedenen wissenschaftlichen Arbeiten bildeten dennoch die Prozesse der "kumulativen Verkettung" und der "zirkulären Verursachung", die zu "Backwash-effekten" in den weniger entwickelten Regionen des Landes führten.[77]

In diesem Sinn stellte Th. Ikonomu eine Ursachen-Folgen-Typologie der griechischen Regionalproblematik auf und beschrieb anhand einer Reihe von historischen, geomorphologischen, gesellschaftlichen, wirtschaftlichen, politischen und mentalitätsbedingten Faktoren ein Ursachen-Folgen-Ursachen-Kontinuum, das zu einer Spirale der regionalen Unterentwicklung geführt habe.[78]

Einen Circulus vitiosus im Entwicklungsprozeß Griechenlands schilderte auch D. Macheras in seiner statischen, hauptsächlich ökonomisch orientierten Betrachtung des regionalen Entwicklungsgefälles in Griechenland. Nach dieser Erklärung sei das Gefälle zwischen den verschiedenen Regionen beim regionalen BIP pro Kopf auf die Diskrepanz der Produktivität auf regionaler Ebene zurückzuführen. Diese sei wiederum von den regionalen Unterschieden hinsichtlich der sektoralen Wirtschaftsstruktur, der Erwerbs- und Arbeitslosenquote, des Humankapitals, der Unternehmensgröße und der Kapitalausstattung im Zusammenhang mit der Investitionstätigkeit der Unternehmen abhängig. Der Stand der materiellen Infrastruktur, die Lage im Transport- und Verkehrswesen und die Entfernung der einzelnen Regionen von den Hauptzentren der wirtschaftlichen Tätigkeit (Athen und Thessaloniki) seien weitere Erklärungsfaktoren der Entstehung und Vergrößerung der regionalen Ungleichgewichte. Darüber hinaus habe das

[77] Zu diesen Begriffen siehe Myrdal, G.: Ökonomische Theorie und unterentwickelte Regionen, Frankfurt am Main, 1973, S. 24 ff.

[78] Siehe Ikonomu, P. Th., a.a.O., S. 129 ff.

griechische Regionalproblem durch den stark zentralistischen Aufbau der Verwaltung und durch die geographische Orientierung der staatlichen Aktivitäten zugunsten der entwickelten Zentren des Landes massiv zugenommen.[79]

Aufgrund der Besonderheiten der nationalen und wirtschaftspolitischen Entwicklung Griechenlands bietet eine historisch bedingte Systematisierung der wesentlichen Auslöser der regionalen Strukturierung des Landes einen vollständigeren und vorteilhafteren Überblick. Sinnvoll erscheint hiebei eine Einteilung des Zeitraums von der Gründung des neugriechischen Staates bis zur Gegenwart in vier Abschnitte: (a) 1830-1880, (b) 1880-1923, (c) 1923-1950, (d) 1950 bis heute.[80]

(a) 1830-1880

Diese Phase wurde durch zwei Faktoren geprägt, die die weitere griechische Entwicklung weitgehend vorbestimmten. Es handelt sich zum einen um die nach dem griechisch-türkischen Befreiungskrieg von 1821-1829 erfolgte Gründung des griechischen Nationalstaates in einem sehr begrenzten Territorium, das das Festland bis zu einer Nordgrenze zwischen dem Golf von Volos und dem Ambrakischem Golf, die nördlichen Sporaden, Euböa, die Inseln im Saronischen Golf und die Kykladen umfaßte und eine ziemlich ungünstige demographische Struktur aufwies. Zum anderen schufen die Errichtung eines stark zentralistischen Regierungs- und Verwaltungssystems, gekennzeichnet durch ein Klientelsystem mit einem komplizierten Netzwerk von Patronage[81], und die endgültige

---

[79] Vgl. Macheras, D., a.a.O., S. 135 ff.

[80] Vgl. die von A. Argyris vorgenommene Zeiteinteilung, in: Argyris, A.: Griechenlands regionale Wirtschaftsentwicklung (I) ..., a.a.O., S. 24 ff. und den leicht differenzierten Vorschlag in: Kimm, I., a.a.O., S. 45 ff., wo die Periode 1940-1950 eine zusätzliche Unterteilung darstellte.

[81] Zu der bis heute aktuellen Problematik des Klientelismus siehe unter anderem Tsoukalas, K.: Soziale Entwicklung und Staat. Die Organisation des öffentlichen Sektors in Griechenland, 2. Aufl., Athen, 1989, (gr.), S. 259 ff., sowie ders.: Über die Problematik der politischen Klientel im Griechenland des neunzehnten Jahrhunderts, in: Kontogiorgis G. (Hrsg.): Gesellschaftliche und politische Kräfte in Griechenland, Athen, 1977, (gr.), S. 73 ff.; Manousakis G. M: Entstehung und Wandlung des Klientelsystems in Griechenland, in: Südosteuropa Mitteilungen, Jg. 33, Heft 1, München, 1993, S. 61 ff.; Ganslandt, H. R.: Politische Kultur und politisches System in Griechenland, in: Aus Politik und Zeitgeschichte, Beilage

Wahl Athens als Hauptstadt und Regierungssitz die ersten Voraussetzungen für eine Polarisation. Dazu trug auch die von der türkischen Besatzung hinterlassene wirtschaftliche Situation und die verzerrte Wirtschaftsstruktur Griechenlands bei, da das absolute Fehlen von Industrialisierung im Zusammenhang mit dem Übergewicht eines landwirtschaftlichen Sektors mit sehr geringer Produktivität, der Infrastrukturmangel - besonders im Transportwesen auf dem Festland - und die relativ entwickelten Sektoren der Schiffahrt und des Handels zur Lenkung der Investitionen in den tertiären Sektor und zur weiteren punktuellen Differenzierung der griechischen Raumstruktur führten.

(b) 1880-1923

Die infolge militärischer und diplomatischer Unternehmungen erkämpfte Erweiterung des griechischen Territoriums und die nationale Konsolidierung kennzeichneten diesen dramatischen Zeitraum der neugriechischen Geschichte, der mit der sogenannten "kleinasiatischen Katastrophe" im Jahre 1922 und dem Vertrag von Lausanne endete. Dem im Jahr 1864 erreichten Anschluß der bis dahin unter britischem Protektorat stehenden Ionischen Inseln folgten 1881 die Angliederung Thessaliens und als Gewinn der Balkankriege von 1912-1913 die Befreiung von Ipeiros und Makedonien (bis zur heutigen Nordgrenze und bis zu einer Ostgrenze auf der Höhe von Thasos) sowie die Vereinigung der Insel Kreta mit Griechenland, die bereits 1898 unter dem Protektorat der Großmächte einen griechischen Gouverneur erhalten hatte. Schließlich erhielt Griechenland nach dem Lausanner Vertrag von 1923 seine heutigen Grenzen mit Ausnahme des Dodekanes, der im Jahr 1947 von italienischem in griechischen Besitz überging.

Diese in Etappen erfolgte territoriale Erweiterung und die Unsicherheit über die endgültigen Staatsgrenzen beeinträchtigten ernsthaft den demographischen und wirtschaftlichen Entwicklungsprozeß Griechenlands und waren ein deutliches Hemmnis seiner homogenen Raumentwicklung.

Parallel zu diesen Entwicklungen wurde der Polarisierungsprozeß durch gewich-

---

zur Wochenzeitung "Das Parlament", B 51/90, Bonn, 1990, S. 30 ff.; Lyrintzis, Ch.: Political Parties in Post-Junta Greece: A Case of "Bureaucratic Clientelism"?, in: West European Politics, Vol. 7, No. 2, London, 1984, S. 100 ff.

tige Infrastrukturinvestitionen in der Athener Region - so der Ausbau eines radialen Straßen- und Eisenbahnnetzes mit Zentrum Athen, der Ausbau der Hafenanlagen von Piräus und die Öffnung des Kanals von Korinth - erheblich verstärkt, da die mit einem weiteren entscheidenden Standortvorteil ausgerüstete Hauptstadt fortan im Zuge der beginnenden Industrialisierung auch im Wirtschaftsleben dominieren konnte. Indikativ für diesen Prozeß ist die ungehinderte und trotz der Emigration sprunghafte Erhöhung der Bevölkerungskonzentration in Athen innerhalb dieser Periode (von 65.500 Einwohnern im Jahre 1879 auf etwa 453.000 Einwohner im Jahre 1920).[82] Als ein Gegengewicht zu Athen entwickelte sich in dieser Periode das zweitgrößte urbane Zentrum, Thessaloniki - nicht zuletzt wegen seiner Hafenlage und des Anschlusses an das nationale und später an das internationale Eisenbahnnetz - mit 90.000 Einwohnern im Jahr 1880 und rund 175.000 Einwohnern im Jahr 1920[83] zu einem Wirtschaftszentrum überregionaler Bedeutung im nordgriechischen Raum. Aufgrund der gegebenen Relationen und der stark beschränkten Beziehungen zu den benachbarten Ländern konnte allerdings Thessaloniki mit Athen nicht mithalten.

(c) 1923-1950

Der im Gefolge der Niederlage der griechischen Truppen im griechisch-türkischen Krieg von 1919-1922 zwangsweise stattgefundene Bevölkerungsaustausch führte zu der Niederlassung von ca. 1,5 Mio. vertriebenen Griechen aus Kleinasien größtenteils in Athen und Thessaloniki und hierdurch zu einer weiteren Belastung der räumlichen Bevölkerungsstruktur.[84] Im Jahr 1928 betrug die Einwohnerzahl von Athen 802.000 und von Thessaloniki 251.254.[85] Dieser explosionsartige Bevölkerungszuwachs stand in direkter Verbindung mit der begin-

---

[82] Diese statistischen Angaben wurden dem Aufsatz von Argyris, A.: Griechenlands regionale Wirtschaftspolitik (I) ..., a.a.O., S. 25 entnommen.

[83] Ebenda.

[84] Zu der regionalen Verteilung der kleinasiatischen Flüchtlinge siehe auch Wenturis, N.: Die soziopolitischen und ökonomischen Strukturen Griechenlands im Hinblick auf seine Integration in die EG. Eine Modell-Skizze von Kern-Peripherie Relationen, Frankfurt am Main u.a., 1977, S. 47.

[85] Siehe Anm. 82.

nenden Industrialisierung, da Athen nicht nur das Entscheidungszentrum des Verwaltungsapparates und die infrastrukturell am besten ausgestattete Region des Landes darstellte, sondern auch über das größte Arbeitskräftereservoirs und den größten Absatzmarkt für die fast ausnahmslos an Konsumgütern orientierte Industrie verfügte. Diese beiden Standortvorteile trafen jedoch auch - obwohl in geringerem Maße - für Thessaloniki zu. Mit wenigen Ausnahmen vermochte also die Athener Region sowohl jede Industriegründung als auch das in Infrastruktureinrichtungen und im Bergbau angelegte ausländische Kapital anzuziehen.
Der zweite Weltkrieg und der griechische Bürgerkrieg von 1946-1949 bedeuteten erneut eine drastische Verschlechterung der Verteilung der Bevölkerung, da sie zur Zerstörung der Wirtschaft sowie zur Verwüstung des ländlichen Raums führten und eine Binnenwanderung zugunsten der städtischen Zentren, vor allem aber zugunsten von Athen und Thessaloniki, auslösten.

(d) 1950 bis heute

Die oben beschriebenen historischen Voraussetzungen der Polarisation und der disparitären Entwicklung haben in verschiedenen Formen - nicht deterministisch, dennoch substantiell und nachhaltig - die sich in der besonders sensiblen Phase des "take-off" befindende griechische Nachkriegswirtschaft geprägt. Die Transformation einer "im wesentlichen agrarischen und kaufmännischen Gesellschaft mit rudimentärer Industrie und stagnierendem Handwerk in eine 'newly industrializing' Ökonomie"[86] wurde so trotz der rasanten und eindrucksvollen Entwicklung der wichtigsten makroökonomischen Größen der griechischen Wirtschaft in der Periode 1953-1974 von Verzerrungen und gewichtigen negativen regionalen Auswirkungen, aber auch von Versäumnissen und verfehlten Entscheidungen begleitet, die schließlich zu der heutigen Form des griechischen Regionalproblems führten.[87]

---

[86] Kasakos, P.: Entwicklungsprobleme und wirtschaftspolitische Optionen in Griechenland der achtziger Jahre, in: Aus Politik und Zeitgeschichte, Beilage zur Wochenzeitung "Das Parlament", B 14-15/88, Bonn, 1988, S. 36.

[87] Hierzu siehe unter anderem Sakkas, D., a.a.O., S. 229 ff.; Soldatos, G. T.: The post-war Greek Economy: Politics and Economics, in: Südosteuropa, Jg. 40, Heft 5, München, 1991,

Der wirtschaftliche Strukturwandel ging mit einer Reihe negativer Entwicklungen einher. Hierzu gehörten die Ausweitung des sekundären und tertiären Sektors sowie die gleichzeitige Schrumpfung des landwirtschaftlichen Sektors und seiner traditionellen Rolle; die gewaltige Emigration und Immigration von Arbeitskräften sowie die Entvölkerung von großen Landstrichen und hauptsächlich von Grenz-, Berg- und Inselgebieten mit paralleler Bevölkerungskonzentration und Herausbildung von neuen Klassen in den größten Stadtzentren - vorwiegend jedoch im Großraum Athen und Thessaloniki; die Konzentration des größten Teils der Wirtschaftstätigkeiten des Landes in Athen und die Vernachlässigung der Peripherie; das Auftreten einer stark expandierenden Schattenwirtschaft;[88] die Erhaltung und Belebung der Volkswirtschaft und der regionalen Kaufkraft durch Geldtransfers, die zur Trennung von Lebensraum und Wirtschaftsraum führten.[89]

Das Streben nach hohen Wachstumsraten und Währungsstabilität war die oberste Maxime der angewandten Entwicklungspolitik dieser Periode, deren Kernstück wiederum die angestrebte Industrialisierung darstellte. Die räumliche Dimension der Entwicklung wurde daher vernachlässigt - nicht zuletzt sowohl wegen der Erwartung, daß die Korrektur der regionalen Ungleichgewichte in einer späteren Phase durch die Ausbreitung der Entwicklung auch auf die Peripherie eintreten würde, als auch wegen der Überzeugung, daß die wirtschaftliche Entwicklung der ungehinderten Standortwahl der Privatwirtschaft überlassen werden sollte. Eine verhängnisvolle Konsequenz dieser Überzeugung war auch die Politik der regional undifferenzierten Investitionsanreize und Subventionen für die Industrie, da schwache Strukturen vor Rationalisierungszwängen geschützt wurden und die

---

S. 224 ff.; Sakellaropoulos, Th.: Staat und Wirtschaft in Griechenland 1950-1980, Diss., Berlin, 1983.

[88] Zu der immer noch aktuellen und akuten Problematik der Schattenwirtschaft (ungefähr 30% des BIP) und ihrer entwicklungshemmenden Rolle siehe Pavlopoulos, P.: Die Schattenwirtschaft in Griechenland, Athen, 1987, (gr.) sowie Kanellopoulos, C.: Schattenwirtschaft in Griechenland. Veranschaulichungen offizieller Daten, Athen, 1990, (gr.).

[89] Zu den Konsequenzen des Konflikts zwischen Lebensraum und Wirtschaftsraum siehe Friedmann, I.: Life Space and Economic Space: Contradictions in Regional Development, in: Stadt und Region (griechische Zeitschrift), Jg. 2, Heft 3, Athen, 1982, S. 73 ff.

Attraktivität des Zentrums weiter wuchs.[90] Die zögernde Änderung dieses Entwicklungsdogmas und die zunehmende Verfolgung regionalpolitischer Ziele seit Mitte der sechziger Jahre konnten die Tendenz der Vergrößerung der Unterschiede retardieren und in manchen Fällen sogar rückgängig machen, vermochten dennoch angesichts der gegebenen Situation keine dynamischen Lösungen für das griechische Regionalproblem herbeizuführen.[91] Die Gründe müssen jedoch auch in den Mängeln der angewandten Regionalpolitik gesucht werden. Zu nennen sind hier das Fehlen einer konstanten Strategie und klarer regionalpolitischer Zielsetzungen; das Ausbleiben von Studien über die Entwicklungsmöglichkeiten und über die komparativen Vorteile der Regionen; der verspätete Einsatz integrierter Entwicklungsprogramme; die unbedeutende Rolle der örtlichen Selbstverwaltung; gewisse organisatorische Schwächen; die Konkurrenz regionaler Interessen und die systemimmanenten Widerstände gegen die Dezentralisationsversuche im Zusammenhang mit der starken Abhängigkeit des Staates vom in- und ausländischen Kapital in den fünfziger und sechziger Jahren und vor allem in der Zeit der Militärdiktatur.

Zu den realen Problemen der Politik der Nachkriegszeit ist auch das aufgrund der Knappheit der verfügbaren finanziellen Mittel hervorgetretene Dilemma ihrer räumlichen Verteilung zuzuschreiben, da der sozialpolitisch zwingende und eigentlich gerechte Einsatz von Mitteln in Regionen mit akuten Bedürfnissen gleichzeitig die Entziehung der Entwicklungsmöglichkeiten von anderen bedeutete. Dieser Interessenkonflikt wurde zugunsten der entwicklungsfähigen Regionen entschieden, wobei die Spannungen durch die Schaffung von grundlegender Infrastruktur und durch gelegentliche entwicklungspolitische Maßnahmen in der Peripherie abgemildert wurden.

Einen starken Polarisierungseffekt bewirkte schließlich die Investitionstätigkeit

---

[90] Siehe auch Argyris, A.: Griechenlands regionale Wirtschaftsentwicklung (I) ..., a.a.O., S. 34 f.

[91] Charakteristisch ist in diesem Sinne die aufgrund der betriebenen Entwicklungspolitik von Demathas und Serafetinidis unternommene Differenzierung zwischen der "Phase des Wachstums zu Lasten der regionalen Entwicklung" (1953 bis 1974) und der "Phase des Wachstums durch die regionale Entwicklung" (seit 1974) (vgl. Demathas, Z./Serafetinidis, G.: Structural Problems and Policies of Southern EEC Regions. The Case of Greece, 1989 (Auszug in griechischer Sprache, Institute of Regional Science of the Panteios University, Athen, 1993, o. S.).

des ausländischen Kapitals in Griechenland, da ein großer Teil der Industrialisierung - und zwar die Entwicklung der modernen, technologisch fortgeschrittenen und expandierenden Industriezweige - von diesem Kapital getragen wurde, das fast ausschließlich das schon entwickelte Zentrum bevorzugte.[92]

Vor dem Hintergrund der erheblichen Diskrepanz zwischen den Werten der sozioökonomischen Indikatoren der griechischen Regionen und den entsprechenden Durchschnitten der Gemeinschaft sind neben den aufgeführten Hemmnissen und Verzerrungen des Entwicklungsprozesses des Landes weitere Faktoren in das Erklärungsschema dieser disparitären Entwicklung aufzunehmen. Dazu gehören: (a) die historisch bedingte Ausgangslage, wie der verspätete Einsatz des Industrialisierungsprozesses in Griechenland und der technologische Rückstand im Zusammenhang mit der seit der zweiten Hälfte des 19. Jahrhunderts praktizierten Wirtschaftspolitik, deren Konsequenzen die periphere Stellung des Landes in der internationalen Arbeitsteilung sowie die Schaffung von wirtschaftlichen Abhängigkeiten und strukturellen Ungleichgewichten waren;[93] (b) ungünstige geomorphologische Bedingungen und geopolitische Nachteile, wie eine periphere Lage in bezug auf die Europäische Gemeinschaft und ein gespanntes Verhältnis zu den Nachbarstaaten; (c) komparative Nachteile, die mit der geringen Produktivität, mit der unzureichenden materiellen und immateriellen Infrastruktur, mit dem technologischen Rückstand, mit den geringen Ausgaben im Bereich der Forschung und Technologie, mit dem Innovationsmangel und mit der geringen Attraktivität der griechischen Regionen für die inländischen und ausländischen Investitionen zusammenhängen, und welche eine geringe Wettbewerbsfähigkeit dieser Regionen zur Folge haben; (d) gewisse negative, durch den Beitritt des Landes in die Gemeinschaft bzw. durch die Teilnahme verursachte Effekte, wie

---

[92] Siehe unter anderem: Georgantas, Z. u.a.: Ausländische Investitionen in Griechenland, Athen, 1986, (gr.). Diese Tätigkeit wurde in der wissenschaftlichen Literatur unter dem Aspekt der abhängigen Entwicklung Griechenlands behandelt. Hierzu siehe auch: Stamatopoulos, D.: Industrialisierung und Machtstrategie in Griechenland. Erscheinungen abhängiger Entwicklung, Athen, 1989, (gr.); Fotopoulos, T.: Die abhängige Entwicklung. Der griechische Fall, Athen, 1985, (gr.); Kaltsounis, A.,: Probleme der staatlichen Planung in Griechenland, a.a.O., S. 61 ff. sowie Kaltsounis, A.: Entwicklungsmöglichkeiten eines strukturschwachen Gebietes der EG, exemplifiziert an Nomos Ioannina, Griechenland. Ein Beitrag zur alternativen Regionalplanung, a.a.O., S. 67 ff.

[93] Hierzu siehe Sakkas, D., a.a.O., S. 55 ff. und insbesondere S. 133 ff.

die dramatische Verschlechterung der Handelsbilanz oder die Verdrängung vieler griechischer Unternehmen;[94] (e) die passive Haltung Griechenlands gegenüber den Herausforderungen der Europäischen Integration und das Fehlen strategischer Optionen und Orientierungen[95] sowie das Anstreben einer auf kurzfristig angelegten komparativen Kostenvorteilen basierenden und somit ziemlich anfälligen inter-industriellen Spezialisierung, die darüber hinaus mit nur begrenztem Erfolg umgesetzt werden konnte;[96] (f) ernsthafte makroökonomische Probleme - vor allem eine außerordentlich hohe Staatsverschuldung, erhöhte Inflation und monetäre Instabilität -, die den Aufholungsprozeß des Landes beeinträchtigten und denen im Hinblick auf die dritte Phase der Wirtschafts- und Währungsunion ein besonders negatives Gewicht beizumessen ist;[97]

Die in der Periode 1981-1989 von den sozialistischen Regierungen betriebene Wirtschaftpolitik vermochte weder die Sisyphus-Aufgabe zu lösen, wachstums- und sozialpolitische Ziele zu erreichen, ohne gleichzeitig der Inflation und dem öffentlichen Defizit Vorschub zu leisten[98], noch war sie in der Lage, die Voraussetzungen zu schaffen, die für den Aufholungsprozeß der griechischen Volks-

---

[94] Siehe Giannitsis, T.: Economic Integration and Development: The Experience of a Newly Industrializing Economy (Greece 1981-1987), in: Rivista di Scienze Economiche e Commerciali, Vol. 38, No. 1, 1991, S. 55 ff.; Axt, H.-J.: The Costs and Benefits of the Greek EC-membership, a.a.O., S. 249 ff.; Axt, H.-J.: Griechenland und die Europäische Gemeinschaft. Erfahrungen mit der Mitgliedschaft und Aussichten für 1992, a.a.O., S. 127 ff.

[95] Siehe Lyberaki, A., a.a.O., S. 106 f.

[96] Vgl. Kapsocavidis, B., a.a.O. sowie Axt, H.-J.: Southern Europe Facing the Single Market's Completion, a.a.O., S. 201. Zu der Problematik der intra- und inter-industriellen Spezialisierung in der Gemeinschaft siehe auch Quevit, M.: The Regional Impact of the Internal Market: A Comparative Analysis of Traditional Industrial Regions and Lagging Regions, in: Regional Studies, Vol. 26, No. 4, Oxford, 1992, S. 355 ff.

[97] Vor dem Hintergrund der Wirtschafts- und Währungsunion unterstrich G. Werner das Dilemma der strukturschwachen Mitgliedstaaten zwischen einer restriktiven, zur Erfüllung der Beitrittsvoraussetzungen geeigneten Haushaltspolitik und einer ausgabenorientierten Strukturpolitik, die für den Abbau der Disparitäten und den Konvergenzprozeß als erforderlich erscheint (vgl. Werner, G.: Regionalpolitische Konsequenzen der europäischen Integration, in: Wirtschaftsdienst, Jg. 72, Heft 11, Hamburg, 1992, S. 589).

[98] Kasakos, P.: Entwicklungsprobleme und wirtschaftspolitische Optionen in Griechenland der achtziger Jahre, a.a.O., S. 41.

wirtschaft, die Konvergenz mit den Volkswirtschaften der anderen Mitgliedstaaten der Europäischen Gemeinschaft und den Abbau der Regionaldisparitäten notwendig waren.[99] Trotz der angekündigten Reformen konnten die Lasten der Vergangenheit und die vererbten strukturellen Hindernisse nicht aufgehoben werden. Die linksorientierte neokeynesianische wirtschaftspolitische Richtung der "PASOK" erwies sich hierbei als inadäquat, darüber hinaus als inkonsequent und wählerschaftsabhängig.[100]
Aufgrund des massiven Widerstands breiter Bevölkerungsschichten und einer knappen parlamentarischen Mehrheit, die zu den permanenten Sachzwängen der griechischen Volkswirtschaft hinzukamen, konnte aber auch die darauffolgende konservative Regierung der "Nea Demokratia" weder ihren neoliberalen programmatischen Forderungen und Modernisierungszielen gerecht werden noch die Aufgabe der Verringerung des Abstands zu den anderen Mitgliedstaaten bewältigen.[101]

---

[99] Hierzu vgl. Axt, H.-J.: Modernisierung durch EG-Mitgliedschaft? Portugal, Spanien und Griechenland im Vergleich, a.a.O., S. 213 ff. Einen negativen Beitrag zu den Modernisierungsdefiziten Griechenlands sieht Axt außerdem in der ambivalenten Haltung der PASOK gegenüber der Europäischen Gemeinschaft (ebenda, S. 212 und ausführlicher dazu Kasakos, P.: Die integrationspolitischen Initiativen der 80er Jahre und die griechische Europa-Politik, a.a.O., S. 94 ff.).

[100] Zu der Wirtschaftspolitik der PASOK im Zeitraum 1981-1989 siehe unter anderem OECD: Economic Surveys - Greece, 1981 bis 1989 (9. Bd.), Paris, 1982 bis 1990; Europäische Wirtschaft, Berichte über die nationalen Wirtschaften - Griechenland 1981 bis 1989 (9. Bd.), Kommission der Europäischen Gemeinschaften, Amt für amtliche Veröffentlichungen der Europäischen Gemeinschaften, Luxemburg, 1982 bis 1990; Giakoumis, P., a.a.O., S. 53 ff.; Kasakos, P.: Entwicklungsprobleme und wirtschaftspolitische Optionen in Griechenland der achtziger Jahre, a.a.O., S. 39 ff.; Makaronidis, A.: Aktuelle wirtschaftspolitische Fragen in Griechenland, in: Südosteuropa Mitteilungen, Jg. 28, Heft 3, München, 1988, S. 252 ff. Hinsichtlich der PASOK-Wählerschaft siehe auch Axt, H.-J.: 2,7 Millionen fanatische Griechen? Oder warum 40 % der Wähler noch immer Papandreou bevorzugen?, in: Südosteuropa, Jg. 39, Heft 2, München, 1990, S. 119 ff.

[101] Zu der Wirtschaftspolitik der Nea Dimokratia im Zeitraum 1990-1993 siehe unter anderem OECD: Economic Surveys - Greece, 1990 bis 1993 (4. Bd.), Paris, 1991 bis 1994; Europäische Wirtschaft, Berichte über die nationalen Wirtschaften - Griechenland 1990 bis 1993 (4. Bd.), Kommission der Europäischen Gemeinschaften, Amt für amtliche Veröffentlichungen der Europäischen Gemeinschaften, Luxemburg, 1991 bis 1994.

2 Das regionalpolitische System in Griechenland vor und nach dem griechischen Beitritt in die Europäischen Gemeinschaften

2.1 Ziele und strategische Konzepte der Regionalpolitik in Griechenland. Eine Periodisierung

Als Hauptdeterminanten der Regionalpolitik in Griechenland gelten eine Reihe von Gestaltungsfaktoren der Strategie zur Regionalentwicklung sowie die Grundprinzipien und Ziele des regionalpolitischen Systems. Diese befinden sich in einem engen und komplizierten dialektischen Zusammenhang untereinander, der auch die Grenzen und somit die Spielräume des gesamten Systems vorschreibt. Zu den bedeutensten Faktoren der Strategie zur Regionalentwicklung in Griechenland zählen: (a) der Entwicklungsstand des Landes; (b) die besonderen Merkmale des Regionalproblems des Landes sowie das Ausmaß und die Intensität der regionalen Disparitäten; (c) die sozioökonomische Struktur der Regionen; (d) die geopolitischen und geomorphologischen Gegebenheiten der Regionen und ihre geographische Größe; (e) die Verteilung der Bevölkerung und der Wirtschaftsaktivitäten im Raum; (f) die ökonomische Situation des Landes und die verfügbaren finanziellen Mittel; (g) die politischen und ökonomischen Strukturen und Herausforderungen des unmittelbaren und weiteren internationalen Umfelds; (h) die vorherrschenden Vorstellungen über das Raumoptimum, die Ansichten und Visionen der politischen Führung und der Einfluß der verschiedenen Interessengruppen; (i) die Zielsetzungen der Wirtschafts- und Regionalpolitik.[102]

Das Gewicht dieser Faktoren variierte im Zeitablauf. So rückte beispielsweise die europäische Arbeitsteilung nach dem Beitritt des Landes in die Europäischen Gemeinschaften zunehmend ins Interesse der Planung - eine Spezialisierung oder Strategien, die diesen Entwicklungen Rechnung tragen würden, konnten allerdings aus verschiedenen Gründen nicht erfolgreich umgesetzt werden. Und während die geomorphologischen Gegebenheiten Konstanten des Systems bilden, änderten sich die geopolitischen Rahmenbedingungen und somit die entwicklungspolitischen Möglichkeiten für das Land bzw. für die einzelnen Regionen (etwa durch die Entwicklungen im Balkanraum oder in Osteuropa).

---

[102] Hierzu vgl. auch Papadaskalopoulos, A. D., a.a.O., S. 49.

Die Untersuchung der proklamierten allgemeinen Zielsetzungen der griechischen Regionalpolitik hebt die Umverteilung des Einkommens und des Wohlstandes zwischen den verschiedenen Bevölkerungsgruppen und Regionen des Landes sowie die Förderung der wirtschaftlichen und sozialen Entwicklung innerhalb eines stabilen makroökonomischen Rahmens als eine doppelte Aufgabe des Systems hervor, wobei die einzuräumenden Prioritäten mit der Dringlichkeit der Regional- und Strukturprobleme und mit den jeweiligen politischen und ökonomischen Konstellationen zusammenhingen.
Das griechische regionalpolitische System basiert auf vier übergeordneten Grundsätzen bzw. Zielen.[103] Es handelt sich um: (a) die Entwicklung der Regionen, die als Verbesserung des Einkommens, der Produktivität, der wirtschaftlichen Stabilität und des allgemeinen Wohlstandes definiert wird; (b) die Gleichheit oder Gerechtigkeit, die mit der Forderung nach Gleichheit der Chancen verbunden ist und sich auf die Teilnahme am Wohlstand sowie auf die Beschäftigung bezieht; (c) die Dezentralisierung, die die Forderung nach einer optimalen Verteilung der Bevölkerung und der Wirtschaftsaktivitäten im Raum sowie nach Dezentralisierung der Administration und nach Ausbau der örtlichen Selbstverwaltung enthält und somit mit der Forderung nach Rationalisierung und Wirtschaftlichkeit verknüpft ist; (d) den Umweltschutz und die Erhaltung der Ökosysteme sowie die Pflege und Erhaltung der Kulturlandschaft.[104]

Der Auftrag zur regionalpolitischen Tätigkeit des Staates in Griechenland ist in der griechischen Verfassung verankert. Zu den Verfassungsgrundlagen gehören die Festlegung der Planung; das Vorantreiben der Regionalentwicklung und die Förderung der Wirtschaft in den benachteiligten Gebieten; der Aufbau der

---

[103] Hinsichtlich der Grundsätze, Ziele und Konzeptionen des griechischen regionalpolitischen Systems wurde zutreffend von E. Grammatikopoulou angemerkt, daß aus den Quellen zum System der Raumplanung meistens nicht deutlich ablesbar sei, ob sie Vorgaben, hervorgehobene Gegenstände oder Ergebnisse der Raumplanungsvorgänge bezeichnen (Grammatikopouplou, E., a.a.O., S. 72 f.). Insofern erweist sich eine Einordnung der verschiedenen Arten von Zielvorstellungen als besonders problematisch.

[104] Die Zusammenlegung von umweltpolitischen und kulturellen Forderungen in den Fünfjahresplänen zur wirtschaftlichen und sozialen Entwicklung und in den Regionalentwicklungsprogrammen ist indikativ für die Wahrnehmung der Umwelt und der Kulturlandschaft als eine Einheit. Die umwelt- und kulturpolitische Dimension der griechischen Regionalpolitik traten jedoch erst später in diesen Programmen auf.

Staatsverwaltung nach dem Dezentralisierungsprinzip; die mehrstufige Selbstverwaltung; die Erhaltung der Umwelt und der kulturellen Umgebung; die staatliche Regelung und Kontrolle der Raumordnung.[105]

Schon relativ früh haben sich die übergeordneten Grundsätze und Ziele des Systems sowie die Verfassungsgrundlagen der Regionalpolitik in Griechenland herausgebildet. Im Hinblick auf die allgemeinen Ziele und Grundsätze des griechischen regionalpolitischen Systems ist eine qualitative Verbesserung festzustellen, da Unvollständigkeiten und Unzulänglichkeiten der anfänglichen Programme in einer späteren Phase behoben werden konnten, wie beispielsweise durch die Berücksichtigung der umwelt- oder der kulturpolitischen Dimension.
Die in den Programmen anzustrebenden Ziele standen jedoch oft in deutlicher Diskrepanz zu den entwicklungspolitischen Auffassungen und zu den tatsächlich verfolgten Prioritäten, so daß bei jeder konfliktären Situation erstere zurückgestellt wurden und somit leere Formeln blieben.

Obwohl die normative Kontinuität des griechischen regionalpolitischen Systems auf der Ebene der übergeordneten Ziele und die Koexistenz nicht abgeschlossener und neuer Entwicklungsstrategien und Konzepten immanente Schwächen einer periodischen Erfassung seiner Ziele, Konzepte und Mittel darstellen, so daß zwangsläufig gewisse Überlappungen und Überschneidungen auftreten, lassen sich bei der Betrachtung der Nachkriegszeit drei Phasen unterscheiden: (a) 1945-1960, (b) 1960-1981, (c) 1981 bis heute.[106]

---

[105] Siehe Artikel 106 Absatz 1 und 2, Artikel 101, 102 und 24 Absatz 1, 2 und 3 der griechischen Verfassung von 1986. Diese Bestimmungen sind identisch mit denen der revidierten Verfassung von 1975.

[106] Die von E. Andrikopoulou-Kafkala und O. Gioti-Papadaki vorgenommene Betrachtung des Jahres 1974 als Anfangspunkt einer neuen Phase in der Entwicklung des griechischen regionalpolitischen Systems (vgl. Andrikopoulou-Kafkala, E.: Staatliche Intervention und Regionen. Die Reglementierung des regionalen Raums in Griechenland, a.a.O., S. 90 und Gioti-Papadaki, a.a.O., S. 45 f.) erscheint hier nur teilweise gerechtfertigt, da trotz der erfolgten Regionalisierung der Ziele und der Einführung von raumordnungspolitischen Vorstellungen in die Planung, keine grundlegende Änderung hinsichtlich der Ziele, der Konzeptionen und der Mittel festzustellen ist. Diese zeitliche Einteilung scheint eher willkürlich mit der Wiederherstellung der Demokratie in Griechenland in Verbindung gebracht worden zu sein sowie durch den Zeithorizont der Arbeiten (bei Andrikopoulou-Kafkala bis 1981 und bei Gioti-Papadaki bis 1988) geprägt.

(a) Die Phase der Abwesenheit von spezifischen regionalpolitischen Zielsetzungen (1945-1960)

Diese Phase wurde durch den Wiederaufbau des Landes und das Anstreben einer Reihe von gesamtwirtschaftlichen Zielen gekennzeichnet. Eine erklärte oder erkennbare Strategie zur Regionalentwicklung war hier nicht vorhanden. Angesichts der sozioökonomischen und politischen Gegebenheiten, der realen wirtschaftspolitischen Spielräume und der vorherrschenden entwicklungspolitischen Denkweise fanden die Aktivitäten dieser Periode ohne explizit ausformulierte regionalpolitische Zielsetzungen statt, hatten eine spontanen Charakter und waren voneinander unabhängig.
Soweit eine gezielte regionalpolitische Tätigkeit in der Periode überhaupt erfolgte, beschränkte sie sich auf punktuelle Maßnahmen. Zu nennen sind Planungstätigkeiten mit regionaler Zielsetzung, wie die Aufstellung von Fünfjahresplänen für bestimmte Regionen (Programm für Ipeiros, Programm für sieben Berg- und Inselgebiete und Programm für den Westpeloponnes), aber auch institutionelle Regelungen im Sinne einer Reihe von gesetzlichen Maßnahmen zum Schutz und zur Stärkung der in der Peripherie angesiedelten Industrieeinheiten, die hauptsächlich steuerliche Erleichterungen betrafen.
Berücksichtigt man darüber hinaus die Tatsache, daß die wirtschaftlichen und anderen Aktivitäten des Staates einen räumlichen Bezug haben, so sind einige indirekte regionale Effekte der betriebenen Politik nicht als gering zu bewerten. Bedeutende regionale Auswirkungen sind insofern den Investitionen von öffentlichen Versorgungsunternehmen zuzuschreiben (z.B. den Interventionen der Öffentlichen Elektrizitätsgesellschaft oder des Amtes für das Fernmeldewesen Griechenlands), die zwar nicht im Rahmen eines Programms zur Regionalentwicklung getätigt wurden, aber die griechische Raumstruktur auf mehreren Ebenen beeinflussen konnten.

(b) Die Phase des Primates der gesamtwirtschaftlichen Zielsetzungen (1960-1981)

Diese zweite Phase war mit der sukzessiven Berücksichtigung regionaler Zielsetzungen verbunden, was als Ergebnis der allmählichen Wahrnehmung der tatsächlichen Dimensionen und der Intensität des regionalen Problems zu betrachten ist.

Während der erste Fünfjahresplan zur wirtschaftlichen Entwicklung des Landes (1960-1964) in erster Linie nach ausgleichsorientierten Gesichtspunkten ausgerichtet war und das Zwei-Regionen-Modell (Zentrum-Peripherie) verfolgte, wurde die Wachstumspolstrategie der Periode 1965-1981 als eine Politik mit vorwiegend allokativen, aber auch mit distributiven und lebensqualitätsorientierten Zielsetzungen im Rahmen eines "Top-down"-Ansatzes angesehen.
Institutionelle Regelungen, wie zum Beispiel die Regionalisierung des Landes, die Fünfjahrespläne zur wirtschaftlichen und sozialen Entwicklung, die Errichtung einer geeigneten Organisationsstruktur, die Gründung des Zentrums für Planung und Wirtschaftsforschung (KEPE), die Gründung der Griechischen Bank für Industrielle Entwicklung, bedeuteten eine zunehmende Aktivität des Staates im regionalpolitischen Bereich. Das Instrumentarium der regionalpolitischen Interventionen dieser Periode stellte eine Reihe von Innovationen dar. Hierzu gehörten die Schaffung von Industriezonen und später von Industriegebieten; die Politik der Anreize zur Regionalentwicklung durch die zonale Untergliederung des Landes in Gebiete unterschiedlichen Förderungsgrades in bezug auf Investitionen verschiedener Art; die raumordnungspolitische Konzeption der hierarchischen Gliederung der zentralen Orte nach einem oligopolen Modell und die Politik der "Rivalenstädte" (zu Athen).

(c) Die Phase der zunehmenden Berücksichtigung von regionalpolitischen Zielsetzungen und der Intensivierung der regionalpolitischen Aktivitäten (1981 bis heute)

Der Auffassungswandel hinsichtlich des Gewichts der regionalpolitischen Zielsetzungen ergibt sich aus der intensiven und spezifischen Regionalplanung. Diese kristallisierte sich in den Regionalentwicklungsprogrammen und -plänen heraus, die parallel zu den Fünfjahresplänen zur wirtschaftlichen und sozialen Entwicklung aufgestellt wurden. Die Planung verstand sich nicht mehr als indikativ, sondern als ein konkretes Aktivitätsprogramm, das auch die Auflagen und Bedingungen des regional- bzw. strukturpolitischen Systems der Gemeinschaft erfüllen sollte.
Das regionalpolitische System wurde sowohl durch distributive als auch durch allokative Forderungen gekennzeichnet, jedoch mit einem ausgeprägten Vorrang ersterer bis 1989, der auf die Konzeptionen und Visionen der sozialistischen

Regierungspolitik zurückzuführen war. Dabei wurde eine gleichgewichtige Entwicklung angestrebt. Diese Vorgabe spiegelt sich auch in den raumordnerischen Orientierungen der Periode an einem möglichst polypolen Modell wider.
Das strategische Konzept der Periode 1981-1993 war die "Entwicklung von unten" im Rahmen eines "Bottom-up"-Ansatzes, desen wichtigstes Instrumentarium die endogene, "integrierte" Entwicklung, die Dezentralisierung, der Ausbau der örtlichen Selbstverwaltung und die Übertragung von Kompetenzen auf die Peripherie sowie die Einführung der "demokratischen Planung" bildeten. Die Förderung der lokalen Initiativen, die Gründung der Träger Örtlicher Selbstverwaltung (OTA) und die Gründung von Kommunalunternehmen und Agrargenossenschaften stellten einige der Innovationen dar, die zur Implementierung dieser Strategie eingesetzt wurden.
Die Harmonisierung des griechischen regionalpolitischen Systems mit der Regionalpolitik der Europäischen Gemeinschaft führte darüber hinaus zur Anpassung der Gesetzgebung im Bereich der Anreize zur Regionalentwicklung mit der Gewährung von staatlichen Beihilfen (Gesetze Nr. 1116/81, 1262/82 und darauffolgende Modifizierungen).
Die eingeschlagene regionalpolitische Richtung blieb auch nach 1989 erhalten, orientierte sich jedoch seit der Reform der Strukturfonds der Gemeinschaft stärker an qualitativ hochwertigeren Formen sowie an den neuen Gegebenheiten und Anforderungen. Hierbei wurden die neuen theoretischen Erkenntnisse und die Grundlinien der Regionalpolitik der Gemeinschaft weitgehend übernommen: Wiederherstellung und Erhaltung der Stabilität der makroökonomischen Größen als Voraussetzung für die Verbesserung des Investitionsklimas; Anstreben einer Synergie zwischen den nationalen entwicklungspolitischen Zielsetzungen und den regionalpolitischen Aufgaben; Förderung von produktiven Investitionen; Ausbau der wirtschaftsnahen Infrastruktur; Anbindung des Landes an die Transeuropäischen Netze; Bessere Qualifizierung des Humankapitals; Förderung von modernen, dynamischen Wirtschaftsaktivitäten und neuen Technologien; Förderung der Forschung und Technologie; Gründung von Technologieparks; Erhöhung der Effektivität des Verwaltungsapparates.[107]
Eine vorrangige Rolle wurde hierbei einer Reihe von Großprojekten im Bereich

---

[107] Siehe Wirtschaftsministerium: Regionalentwicklungsplan 1989-1993, Athen, 1989 und Regionalentwicklungsplan 1994-1999, a.a.O.

der Infrastruktur (z.B. Athener Metro, Erdgasvorhaben) sowie der mit den transeuropäischen Netzen verbundenen Infrastruktur beigemessen. Die im zweiten Regionalentwicklungsplan 1994-1999 enthaltene Forderung zur Nutzung von geopolitischen Vorteilen stellte schließlich einen neuen dynamischen Ansatz der griechischen Strategie zur Regionalentwicklung dar.[108]

Insgesamt ist festzustellen, daß das griechische regionalpolitische System durch eine zielgerichtete Planungsauffassung mit einem stark ausgeprägten interventionistischen Charakter gekennzeichnet war, während seine Steuerungsaufgaben trotz des erhöhten Bedarfs nach Steuerungsmaßnahmen deutlich in den Hintergrund traten.[109] Diese Orientierung des Systems verstärkte sich nach dem Beitritt des Landes in die Gemeinschaft durch die Wahrnehmung der Finanzierungsmöglichkeiten im Rahmen der gemeinschaftlichen Strukturpolitik. Da der Erfolg dieser Politik jedoch mit der Erhaltung von staatlichen und gemeinschaftlichen Geldzuwendungen über längere Zeit zusammenhängt, also mit von außen kommenden mittelintensiven Entwicklungsimpulsen, die auf Dauer weder möglich noch vertretbar sind, wurden zunehmend Steuerungselemente berücksichtigt. Diese befinden sich in einer komplementären Beziehung zu ersteren und sind konform mit den neuesten theoretischen Erkenntnissen in diesem Bereich.[110]
Planungsmethodisch war die griechische Regionalpolitik dem "inkrementalen Konzept" zuzuordnen, sie nahm jedoch vor allem im Rahmen der reformierten

---

[108] Das Herauswachsen einer neuen Mittelmeerrolle für Athen und einer neuen Balkanrolle für Thessaloniki sollte hierbei jedoch nicht als Element einer Politik der "nodal development" interpretiert werden (siehe Regional Development Institute: Regional Prospects in Greece, a.a.O., S. 23). Vielmehr bedeutete es die Wahrnehmung einer lange vernachlässigten Möglichkeit und die Suche nach neuen Aufgaben für diese zwei Städte, die eine kritische Phase ihrer Entwicklung erreicht haben, dringend Erneuerung benötigen und die realen Voraussetzungen für diese Rolle erfüllen. Insofern sollte es eher als die Forderung nach Ausnutzung der komparativen Vorteile der verschiedenen Gebiete und Regionen des Landes im Rahmen eines differenzierenden, problemadäquaten entwicklungspolitischen Ansatzes betrachtet werden.

[109] Hierzu vgl. auch Grammatikopoulou, E., a.a.O., S. 96.

[110] Siehe unter anderem Europa 2000: Perspektiven der künftigen Raumordnung der Gemeinschaft, Kommission der Europäischen Gemeinschaften, Amt für amtliche Veröffentlichungen der Europäischen Gemeinschaften, Luxemburg, 1991; Europa 2000 +: Europäische Zusammenarbeit bei der Raumentwicklung, Kommission der Europäischen Gemeinschaften, Amt für amtliche Veröffentlichungen der Europäischen Gemeinschaften, Luxemburg, 1995.

gemeinschaftlichen Regionalpolitik einige Elemente des "synoptischen Konzeptes" an, wie die Forderung nach exakter Beschreibung und Begründung der Ziele, eine verbindliche Erfüllungspflicht für die Planungsträger und die Forderung nach genauer Überprüfung der Mittel und Maßnahmen innerhalb des Planungsprozesses.[111]

Bei der Beurteilung des Zielsystems und der Konzeptionierung der griechischen Regionalpolitik läßt sich feststellen, daß die jeweils neuen theoretischen Erkenntnisse in diesem Bereich trotz gewisser Verzögerungen bei der Planung berücksichtigt bzw. in die Planung mitintegriert werden konnten. Die Aufstellung von Konzeptionen und die Zielformulierung garantierten allerdings bis zum Beitritt des Landes in die Europäischen Gemeinschaften und somit bis zur Anpassung des Systems an die gemeinschaftlichen Anforderungen kaum eine verbindliche und konkrete operationelle Umsetzung. Ebensowenig konnte eine längerfristige Planung oder eine Kontinuität gewährleistet werden, so daß I. Kimm zur folgenden Feststellung kam: "Vielmehr scheint sie [die griechische Regionalpolitik] darauf ausgelegt zu sein, bei kurzfristigem Entscheidungshorizont der Entscheidungsträger, das Wachstumsziel mit den geringsten politischen Kosten zu verwirklichen, indem diese ihren Entscheidungsspielraum zugunsten einer überprüfbaren Steuerung des räumlichen Entwicklungsprozesses aufrecht erhielten."[112] Diese Problematik betraf allerdings eine grundlegende Schwäche der griechischen Regionalpolitik, nämlich die Betrachtung nicht nur der übergeordneten Ziele, sondern auch der Ziele im Einzelfall vorwiegend als politische Vorgaben, die selbst nicht Gegenstand der Planung waren und somit zu einer suboptimalen Problembewältigung führten.[113] Erst nach 1981 konnten diese grundlegenden Defizite des Systems behoben werden, wobei der entscheidende Schritt mit dem Regionalentwicklungsplan bzw. dem Gemeinschaftlichen Förderkonzept 1988-1993 erfolgte. Gewisse Sklerosen und Trägheiten blieben jedoch erhalten und sorgten für Probleme und Verzögerungen.

---

[111] Hinsichtlich dieser Methoden siehe Piramelidou, A., a.a.O., S. 27 ff.

[112] Kimm, I., a.a.O., S. 204.

[113] Vgl. Grammatikopoulou, E., a.a.O., S. 96.

2.2 Die Entwicklungsprogramme als Bezugsrahmen der regionalpolitischen Tätigkeit in Griechenland

2.2.1 Einführende Betrachtungen hinsichtlich der Programmplanung in Griechenland

Die Planung der Entwicklung hat sich schon in der Phase der Reorganisation und des Wiederaufbaus des Landes direkt nach dem Zweiten Weltkrieg als eine dirigistische Funktion des Staates herausgebildet.
Die zentralistische Ausprägung der Organisationstruktur des Staates sowie die durchgesetzte entwicklungspolitische Auffassung über das Primat der gesamtwirtschaftlichen Ziele und eines "Top-down"-Ansatzes bestimmten Modell, Form und Orientierung der Planung. Dies bedeutete zum einen die konsequente und kontinuierliche Verfolgung einer Strategie, wonach die allgemeinen makroökonomischen Ziele (nationale Ebene), die sektoralen Ziele und die Ziele für jeden Wirtschaftszweig (nationale Ebene nach Wirtschaftssektoren und -zweigen) und schließlich die Ziele nach Regionen (regionale Ebene) in dieser Reihenfolge und Priorität bestimmt und spezifiziert wurden. Zum anderen erfolgte dadurch eine starke Konzentration der Bemühungen auf die Erstellung und Durchführung der Fünfjahresprogramme für die wirtschaftliche und soziale Entwicklung - und dies, wie E. Grammatikopoulou unterstreicht, trotz der Fülle der Programme, nahezu für jeden räumlich oder inhaltlich abgegrenzten Aufgabenbereich.[114]
Dieser Planungsansatz wurde jedoch Mitte der achtziger Jahre von der demokratischen Planung abgelöst. Letzterer liegt ein partizipatorisches Modell mit entgegengesetzter Orientierung zugrunde, womit Problemnähe und demokratische Legitimation angestrebt wurde.[115]
Eine rechtliche Grundlage für das Planungsverfahren wurde erst mit dem Gesetz

---

[114] Grammatikopoulou, E., a.a.O., S. 53.

[115] Hinsichtlich dieser zwei Planungsansätze siehe Kasakos, P.: Lektionen zur Regionalentwicklung, a.a.O., S. 179 ff.; Pagakis, L. Gr.: Organisation und Verwaltung der Regionalplanung, Athen, Komotini, S. 76 ff. Insbesondere hinsichtlich der demokratischen Planung siehe Wirtschaftsministerium, KEPE: Fünfjahresplan zur wirtschaftlichen und sozialen Entwicklung 1983-1987, a.a.O., S. 23 ff. und Sidiropoulos, I.: Verwaltungsdezentralisierung und Planung der Regionalentwicklung: Die internationalen Erfahrungen und die griechische Praxis, in: Institut für regionale Entwicklung: Festschrift, Athen, 1992, (gr.), S. 99 ff.

Nr. 503/1976 geschaffen. Zehn Jahre später wurde sie mit dem Gesetz Nr. 1622/1986, welches die eingeschlagene Richtung der Gesetze Nr. 1416/1984 und 1787/1984 fortsetzte, ergänzte und modifizierte, grundlegend geändert. Mit den Regelungen von 1986 wurde ein umfassendes Planungssystem aufgebaut, das ein kooperatives Verfahren zwischen Zentralregierung, Region und örtlicher Selbstverwaltung einführte und konkrete Anforderungen an die Planung hinsichtlich der genauen Bestimmung der vorgesehenen Maßnahmen, der notwendigen Mittel und der Finanzierung, der zeitlichen Abfolge usw. stellte.[116]

Eine erhebliche Einschränkung der Planung in Griechenland betraf den Kontinuitätsmangel der mittelfristig angelegten Planung, der unter anderem mit dem Fehlen einer längerfristigen Konzeptionierung und Planung sowie mit den politischen Eingriffen der jeweiligen Regierungen zusammenhing. Der häufige Abbruch der Programme vor Beendigung ihrer Laufzeit und die sich über längere Zeiträume erstreckende Abwesenheit von Entwicklungsplänen ist als Konsequenz dieses Mangels zu betrachten.

Andererseits besaß die Planung sowohl zeitlich als auch hinsichtlich der Ziele einen indikativen Charakter, wobei den in den Programmen festgelegten Zielen eine höhere Verbindlichkeit zukam als der Einhaltung von den mit der Finanzierung und Durchführung der Programme verbundenen Zeitabläufen. Dies ist in Anbetracht der allgemeinen wirtschaftspolitischen Zielsetzungen und der politischen Vorgaben der Planung verständlich, bedeutete jedoch praktisch das Fehlen jeglicher Operationalität für die in den Programmen enthaltenen Maßnahmen.

Bei der Überprüfung der aufgestellten Programme ist außerdem eine Reihe von Schwächen, Problemen und Defiziten festzustellen. Diese betrafen die mangelnde Vorbereitung der Programme hinsichtlich des statistischen Materials und der nötigen empirischen oder analytischen Studien - also die mangelnde Unterstützung der Planung -, aber auch die mangelnde Durchführung der Programme, die mit dem Anstreben nicht realisierbarer Ziele, dem Fehlen von Zwischenzielen und operationellen Programmen, den mangelnden Durchsetzungsmöglichkeiten

---

[116] Hierzu siehe für eine ausführliche Darstellung des Systems Athanassopoulos, G. K.: Das Entwicklungssystem im Raum im Rahmen der Dezentralisierung und der regionalen Verwaltung, in: Institut für regionale Entwicklung: Festschrift, Athen, 1992, (gr.), S. 172 ff.

und dem Fehlen an Kontroll- und Revisionsmechanismen zusammenhingen.[117] Im Rahmen der Regionalentwicklungspläne bzw. Gemeinschaftlichen Förderkonzepte 1989-1993 und 1994-1999 konnten viele der oben genannten Schwächen und Defizite behoben werden, zum größten Teil als Ergebnis des Modernisierungs- und Anpassungsdrucks, den die Regionalpolitik der Gemeinschaft auf das griechische System ausübte.

2.2.2 Die Fünfjahrespläne zur wirtschaftlichen und sozialen Entwicklung 1960-1992 und die Regionalentwicklungsprogramme 1981-1993[118]

Innerhalb des Zeitraums von 1960 bis 1993 wurden acht Fünfjahrespläne zur wirtschaftlichen und sozialen Entwicklung, ein Modellplan zur langfristigen Entwicklung Griechenlands mit einer Zeitdauer von fünfzehn Jahren und zwei Programme mit ausschließlich regionalen Zielsetzungen erstellt, wobei der Regionalentwicklungsplan 1989-1993 als Vorlage für die Aufstellung des ersten Gemeinschaftlichen Förderkonzepts für Griechenland angewandt wurde. Da die Fünfjahrespläne zur wirtschaftlichen und sozialen Entwicklung und die Regionalentwicklungspläne den Bezugsrahmen der regionalpolitischen Intervention bildeten, erscheint die Darstellung der darin enthaltenen Ziele und Strategien für die Beurteilung des griechischen regionalpolitischen Systems als unerläßlich.

(a) Fünfjahresplan zur wirtschaftlichen Entwicklung des Landes 1960-1964

Die Entwicklungsplanung in Griechenland begann faktisch erst im Jahre 1960 mit dem von den zuständigen Stellen des Koordinationsministeriums ausgearbeiteten "Fünfjahresplan zur wirtschaftlichen Entwicklung des Landes 1960-1964". Dieser Plan leitete aber auch offiziell den Anfang der Planungstätigkeit im Bereich der Regionalentwicklung ein, die unter dem Druck der zunehmenden Regionaldisparitäten und ihrer verzerrenden Auswirkungen für die wirtschaftliche Entwicklung des Landes insgesamt notwendig erschien. In einem sehr knapp

---

[117] Für diese Beurteilung wurden zum großen Teil die von C. Karabatsou-Pachaki aufgestellten Kriterien berücksichtigt (siehe Karabatsou-Pachaki, C.: Aufstellungsprinzipien und Evaluationskriterien für die Regionalprogramme, Athen, 1992, (gr.), S. 17 ff.).

[118] Für die Anfertigung dieses Kapitels wurden die Texte der Programme berücksichtigt.

und ziemlich allgemein - indikativ für den beigemessenen Stellenwert der Bemühungen im Rahmen des gesamtwirtschaftlichen Ansatzes - formulierten Kapitel über die "Politik zur Regionalentwicklung"[119] wurde die griechische Regionalproblematik dargestellt und die Intention zum Abbau der Hindernisse und Engpässe der homogenen Entwicklung des Landes festgehalten.
Die in diesem Plan enthaltene Strategie kristallisierte sich einerseits auf der Grundlage einer untergeordneten Rolle der Politik zur Regionalentwicklung heraus, die im Falle der Gefährdung der gesamtwirtschaftlichen Entwicklung hätte zurückgestellt werden müssen. Andererseits wurde sie von den objektiven sozioökonomischen Problemen und Mängeln bestimmt sowie von der Auffassung geprägt, daß für deren Überwindung der staatliche Sektor und die staatliche Investitionspolitik notwendige und problemadäquate Mittel seien.
Zur Erreichung des Ziels der Regionalentwicklung wurden die Schaffung von "starken regionalen Wirtschaftszentren" nach den Kriterien der verfügbaren Ressourcen und des wirtschaftlichen Umfelds sowie die Verteilung der öffentlichen Investitionsmittel gemäß den Bedürfnissen der verschiedenen Regionen als geeignete Strategien postuliert. Hierbei forderte der Plan die Vermeidung von öffentlichen Investitionen mit geringer Effektivität und die Konzentration der Bemühungen nicht in jenen Gebieten, die einen hohen demographischen Druck aufwiesen, sondern dort, wo die höchste Wirtschaftlichkeit zu erwarten war.
Zu den Subzielen dieses ersten Plans gehörten die Erschließung der regionalen Ressourcen, die Verbesserung der regionalen Infrastruktur, die Intensivierung der landwirtschaftlichen Produktion, die Dezentralisierung der nicht-landwirtschaftlichen Aktivitäten, die Ansiedlung von Industrieeinheiten in der Provinz, die Förderung der Privatinitiative durch staatliche Investitionen und Anreize und die direkte staatliche Einflußnahme auf den Tourismus.
Eine kritische Betrachtung der Hauptrichtungen und der Zielsetzungen des Fünfjahresplanes zur wirtschaftlichen Entwicklung des Landes 1960-1964 führt zu der Feststellung einer unrealistischen Einschätzung der vorhandenen sektoralen und regionalen Entwicklungsmöglichkeiten. Darüber hinaus befand sich die geforderte gleichgewichtige Entwicklung in einem eklatanten Widerspruch zu dem übergeordneten Konzept der "gesamtwirtschaftlichen Entwicklung um jeden

[119] Koordinationsministerium: Fünfjahresplan zur wirtschaftlichen Entwicklung des Landes 1960-1964, Athen, 1960, S. 96 f.

Preis" und zu den tatsächlich ergriffenen Maßnahmen. Das Fehlen einer Quantifizierung der Regionaldisparitäten und der Konkretisierung von regionalpolitischen Maßnahmen bedeutete schließlich eine vage formulierte Regionalpolitik nach bedarfsorientierten Kriterien und trug somit eher zur Förderung "spontaner Konzentrationstendenzen nach dem Prinzip des worst first"[120] bei als zu deren Lenkung.

(b) Programmplan zur wirtschaftlichen Entwicklung Griechenlands 1966-1970

In diesem vom Zentrum für Planung und Wirtschaftsforschung konzipierten Programmplan wurde der Regionalentwicklung des Landes eine größere Bedeutung beigemessen, was auch aus dem Umfang des Kapitels über die "Politik zur Regionalentwicklung" ersichtlich wird.[121] Die Einbeziehung von rationellen Grundsätzen für die Regionalplanung und die Industrieansiedlung sowie die Regionalisierung des Programms wurden hier als prioritäre Schritte in der Regionalplanung des Landes vorausgeschickt.

Das Regionalproblem wurde in den beträchtlichen regionalen Disparitäten bei der Verteilung der produktiven Tätigkeiten, des Einkommens und des Lebensstandards aufgrund von bestimmten Indikatoren lokalisiert, während die stark dualistischen Strukturen der griechischen Wirtschaft und die Diskrepanz zwischen Athen und dem Rest des Landes mit Nachdruck unterstrichen wurden. Die wichtigsten der hervorgehobenen Erklärungsfaktoren bezogen sich auf die niedrige Produktivität des Agrarsektors, auf die übermäßige Konzentration der Industrie und der anderen Wirtschaftstätigkeiten mit hoher Produktivität in Athen, auf die Attraktivität des Zentrums und auf die betriebene Zollpolitik zugunsten der einheimischen Industrie.

Als Ziele der Regionalpolitik fungierten die Ausnutzung und Entwicklung der regionalen Ressourcen, der Abbau der Regionaldisparitäten hinsichtlich des Einkommens und des Lebensstandards, die Schaffung der notwendigen Bedingungen für eine eigenständige Entwicklung der regionalen Volkswirtschaften, die

---

[120] Kimm, I., a.a.O., S. 201.

[121] KEPE: Programmplan zur wirtschaftlichen Entwicklung Griechenlands 1966-1970, Athen, 1965, S. 171-185.

kontrollierte demographische Bewegung aus Regionen mit geringen Entwicklungsmöglichkeiten und die Schaffung eines hierarchischen Systems von Städten und Agrarzentren mit ausreichender Infrastrukturausstattung.
Die Strategie zur Verwirklichung dieser Ziele basierte auf fünf Grundsätzen. Diese betrafen: (a) die Harmonisierung und Koordinierung zwischen den nationalen, gesamtwirtschaftlichen und den regionalen Zielen, wobei ersteren ein deutlicher Vorrang eingeräumt wurde; (b) die Rationalisierung der staatlichen Politik zugunsten der Regionalentwicklung im Sinne einer möglichst "neutralen" und komplementären Intervention, focusiert auf die Infrastrukturausstattung, wobei eine besondere Rolle den Industriezonen und einer Reihe von regionalen Ausbildungszentren zukommen sollte; (c) die Verbesserung der Einkommensverteilung hauptsächlich durch erhöhte Sozialleistungen in den Regionen und durch direkte Geldübertragungen (z.B. Renten), aber auch durch die Migration; (d) die Schaffung der notwendigen Voraussetzungen für eine rasche und reibungslose Entwicklung in den Regionen durch ihren sozioökonomischen Strukturwandel, durch die Förderung der Basis- und Sozialinfrastruktur und schließlich durch die Dezentralisierung der wirtschaftlichen Aktivitäten aufgrund eines Systems von Anreizen und Gegenanreizen; (e) verschiedene institutionelle Regelungen, wie die Einteilung des Landes in fünf Regionen, die Gründung von regionalen Entwicklungsämtern und die Gründung eines "Nationalen Ausschusses für die Regionalentwicklung".
Hinsichtlich der angestrebten Ziele ist hier insgesamt eine deutliche und substantielle qualitative Verbesserung im Vergleich zu dem vorangegangenen Entwicklungsplan festzustellen, die sich insbesondere auf die Subziele konzentrierte. Der absolute Vorrang der übergeordneten gesamtwirtschaftlichen Ziele, der allgemeine Charakter der Maßnahmen und das Fehlen einer Regionalisierung der Analyse und der Ziele zählten zu den Schwächen des Plans.
Die politische Situation in Griechenland erlaubte die Verwirklichung der erklärten Ziele nicht. Der Plan wurde nach dem Putsch im April 1967 von der Militärregierung nicht weiter verfolgt.

(c) Programm zur wirtschaftlichen Entwicklung Griechenlands 1968-1972

Das Programm zur wirtschaftlichen Entwicklung Griechenlands 1968-1972 ersetzte zwar den Programmplan 1966-1970 vor der Beendigung seiner Laufzeit, unterschied sich jedoch kaum von diesem Plan[122], so daß das Kapitel über die "Politik zu Regionalentwicklung"[123] die dort dargestellte Problematik und die in seinem Rahmen ausgearbeiteten Orientierungen und strategischen Konzeptionen wiederholte. Ein neues Element bildete die Unterteilung des griechischen Nationalraumes in sieben Planungsregionen mit städtischen Zentren, denen die Funktion von Entwicklungszentren zugedacht wurde.

(d) Programm zur wirtschaftlichen und sozialen Entwicklung 1976-1980

Das zwei Jahre nach der Wiederherstellung der Demokratie von den zuständigen Stellen des Koordinationsministeriums und dem Zentrum für Planung und Wirtschaftsforschung erstellte Programm zur wirtschaftlichen und sozialen Entwicklung 1976-1980 wurde vom Parlament in der Form der Präliminarien angenommen. Das Programm wurde mit einer Reihe von Begleitstudien vervollständigt, von denen eine die Regionalentwicklung und eine die Raumordnung betraf.
Zu den langfristig angelegten Zielen des Programms hinsichtlich der Regionalentwicklung zählten die Verbesserung der räumlichen Verteilung der wirtschaftlichen Aktivitäten und die Beschleunigung der Entwicklung in den Gebieten außerhalb der zwei großen Wirtschaftszentren des Landes, nämlich Athen und Thessaloniki. Parallel zu den ökonomischen und teilweise sozialen Zielsetzungen wurden im Programm - obwohl ziemlich allgemein - auch soziokulturelle und umweltpolitische Ziele in Erwägung gezogen.
Im Zentrum der erarbeiteten strategischen Konzepte befanden sich zwei komplementäre Grundsätze: (a) die Vermeidung der übermäßigen räumlichen Streuung der Bevölkerung und eine gezielte Förderung der Bevölkerungskonzentration unter Betrachtung der verfügbaren Ressourcen und der Entwicklungstendenzen; (b) eine umfassende Beurteilung der räumlichen Verteilung der wirtschaftlichen Aktivitäten und die Förderung ihrer Konzentration aufgrund der

---

[122] Eigene programmatische Forderungen stellte die Militärregierung erst mit dem Modellplan zur langfristigen Entwicklung Griechenlands 1973-1987 und dem Programm zur Entwicklung Griechenlands 1973-1977. Bevor sie jedoch in Kraft treten konnten, führte der Sturz der Militärregierung dazu, sie aufzugeben und neue Programme zu entwerfen, so daß sie keine praktische Bedeutung für die Regionalpolitik hatten.

[123] Koordinationsministerium: Programm zur wirtschaftlichen Entwicklung Griechenlands 1968-1972, Athen, 1968, S. 41-48.

verfügbaren Ressourcen, der Entwicklungsmöglichkeiten und -tendenzen sowie unter Berücksichtigung der komparativen Vorteile der verschiedenen Gebiete.
Im ersten Teil der Studie über die Regionalentwicklung wurden die Regionaldisparitäten und ihre Ursachen analysiert, die in der Vergangenheit betriebene Politik und die ergriffenen Maßnahmen bewertet und schließlich die Zielsetzungen, die Strategien und die Mittel der neuen Regionalpolitik festgehalten.
Hinsichtlich der allgemeinen Zielsetzungen unterschied sich das Programm nicht wesentlich von den vorangegangenen Programmen, wobei die Notwendigkeit der Harmonisierung und Koordinierung zwischen den nationalen, gesamtwirtschaftlichen und den regionalen Zielen nachdrücklich wiederholt wurde. Die Einteilung des Landes in neun Planungsregionen war hier ein neues Element.
Das im Programm und in der Studie über die Regionalentwicklung enthaltene Entwicklungskonzept wurde durch die Studie über die Raumordnungspolitik ergänzt. Die Orientierungen dieser Politik betrafen zum einen die Schaffung eines hierarchischen Siedlungssystems mit Zentren unterschiedlicher Funktionen und Prioritäten und zum anderen institutionelle, organisatorische und administrative Änderungen, wie die Reorganisation und Dezentralisierung der Verwaltung oder die Stärkung der örtlichen Selbstverwaltung.
Die ökonomischen Entwicklungen während der ersten zwei Jahre der Laufzeit des Programms sowie die Notwendigkeit der Vorbereitung auf den Beitritt des Landes in die Europäischen Gemeinschaften führten die Regierung dazu, dieses Programm abzubrechen und ein neues für die Periode 1978-1982 aufzustellen.

(e) Programm zur wirtschaftlichen und sozialen Entwicklung 1978-1982

Das vom Zentrum für Planung und Wirtschaftsforschung erstellte Programm zur wirtschaftlichen und sozialen Entwicklung 1978-1982 wurde, ebenso wie das vorangegangene Programm, in der Form der Präliminarien vom Parlament im Jahr 1979 angenommen. Zentrale Prämissen des Programms stellten die Vorbereitung für den Beitritt des Landes in die Europäischen Gemeinschaften und die Anpassung an die gemeinschaftliche Ordnung dar. Im letzten Kapitel des Programms wurden unter dem Titel "Raumordnung und Lebensqualität"[124] die

---

[124] Koordinationsministerium, KEPE: Programm zur wirtschaftlichen und sozialen Entwicklung 1978-1982, Athen, 1979, S. 107-117.

Politik zur Regionalentwicklung und die Raumordnungspolitik dargelegt sowie die Faktoren analysiert, die zur Verbesserung der Lebensqualität beitragen sollten.
Die allgemeinen Zielsetzungen des Programms betrafen die Schaffung von günstigen Bedingungen für die Regionalentwicklung durch die Gewährung von verschiedenen Anreizen; eine Reihe von Programmen zur Entwicklung der wirtschaftsnahen und sozialen Infrastruktur; die Bildung eines hierarchischen Städtesystems sowie die Schaffung von Entwicklungspolen und die Förderung und Entwicklung der mittleren und kleineren Städte; die Förderung der Spezialisierung unter Berücksichtigung der verfügbaren regionalen Ressourcen und der komparativen Vorteile der Gebiete; die Verbesserung der sozioökonomischen Situation der Agrargebiete; die Förderung von mittleren und großen Industrieeinheiten; die Förderung von regionalen und lokalen Entwicklungsträgern; die Dezentralisierung und die Unterstützung der örtlichen Selbstverwaltung.

(f) Regionales Entwicklungsprogramm 1981-1985

Das von dem Koordinationsministerium und dem Zentrum für Planung und WirtschaftsImplforschung erstellte regionale Entwicklungsprogramm 1981-1985 war das erste Entwicklungsprogramm mit einem ausschließlich regionalen Charakter und verdankte seine Existenz dem bevorstehenden Beitritt des Landes in die Europäischen Gemeinschaften und den durch den Europäischen Fonds für regionale Entwicklung eröffneten Finanzierungsmöglichkeiten aus dem gemeinschaftlichen Haushalt. Grundprämissen des Programms waren die Gewinnmaximierung durch den Beitritt und die Minimierung der Konsequenzen aus der starken Konkurrenz von gemeinschaftlichen Produkten.
Das Programm bestand aus zwei Teilen. In dem auf die allgemeine Regionalpolitik bezogenen ersten Teil wurden die Hauptziele der Politik zur Regionalentwicklung dargestellt, das Regionalproblem analysiert, die nationale Entwicklungspolitik sowie die Grundrichtungen und Strategien zur Regionalentwicklung festgehalten, die eventuellen Auswirkungen des Beitritts auf die Regionalentwicklung berücksichtigt und schließlich gewisse Schätzungen hinsichtlich der Implementierung und der Finanzierung der Maßnahmen vorgenommen. Im zweiten Teil wurden die sozioökonomischen Basisdaten der neun griechischen Regionen dargestellt, eine Analyse der Situation der Regionen vorgenommen, kon-

krete Ziele formuliert und Maßnahmen zugunsten der Regionen ausgearbeitet.
Zu den Hauptzielen dieses Programms zählten: (a) die Einschränkung der Immigration auf ein nötiges, möglichst niedriges Niveau und die Erhaltung einer lebensfähigen und ausreichenden demographischen Basis in den Regionen sowie die Lenkung der Immigration aus Regionen mit begrenzten Ressourcen hin zu Nachbarregionen mit besseren Entwicklungsmöglichkeiten; (b) die rasche Erhöhung des Lebensstandards in den ärmeren Gebieten und der Abbau der sozioökonomischen Regionaldisparitäten; (c) die Erhaltung bzw. die Schaffung eines ausreichenden Beschäftigungsniveaus und die Erhöhung der Entwicklungsrhythmen in allen Regionen.
Auf der Grundlage der Überzeugung, daß die Unterstützung der Problemregionen durch eine permanente Übertragung von Finanzmitteln weder möglich noch sinnvoll ist, konzentrierte sich das Programm bei der Verfolgung dieser Ziele einerseits auf die Betrachtung jeder einzelnen Region als Gesamtheit und auf die Förderung ihrer ökonomischen Entwicklung auf einer möglichst eigenständigen Basis, andererseits auf die Förderung von Regionen mit begrenzten Ressourcen und beschränkten Entwicklungsmöglichkeiten, so daß der in diesen Gebieten erhaltenen Bevölkerung ein angemessener und hinreichender Lebensstandard sichergestellt werden könnte.
Die strategischen Richtungen des Programms hinsichtlich der Politik zur Regionalentwicklung betrafen: (a) die Stärkung von wirtschaftlichen Aktivitäten mit vergleichsweise hoher Produktivität und raschen Wachstumsperspektiven mit Ausnahme von Problemregionen oder -gebieten mit geringen Entwicklungsmöglichkeiten; (b) die Förderung von lokalen Initiativen; (c) die Verbesserung der Basisinfrastruktur in den Regionen und vor allem in Zielgebieten von neuen Aktivitäten; (d) die Dezentralisierung und Reorganisation der Administration sowie eine enge Zusammenarbeit mit den lokalen Entwicklungsträgern und den produktiven Schichten der Bevölkerung; (e) die Rationalisierung der Verteilung der wirtschaftlichen Aktivitäten, wobei die übermäßige Streuung der Aktivitäten in der Hoffnung einer gleichzeitigen Erhöhung des Lebensstandards in allen Regionen und Gebieten des Landes als unrealistisch und ineffektiv betrachtet wurde; (f) die langfristige Orientierung der Entscheidungen und der Verwendung der Mittel für die Regionalpolitik; (g) den Umweltschutz.
Diese strategischen Richtungen wurden durch Entscheidungen im Bereich der Raumordnung ergänzt, die sich primär auf die Entwicklung der wirtschaftsnahen

und sozialen Infrastrukturausstattung in einer begrenzten Zahl von wichtigen regionalen Entwicklungszentren und auf die Gewährung der nötigen finanziellen Mittel zur Unterstützung der dort unternommenen Entwicklungsbemühungen konzentrierten. Die Städte Volos, Larissa, Herakleion, Kavalla, Kozani, Ptolemaida und Ioannina wurden dafür ausgewählt, während für Thrakien, Westkreta und Ipeiros die Absicht zur Vorbereitung von diesbezüglichen Studien erklärt wurde. Gleichzeitig sollten aber auch mehrere kleine und mittlere Provinzstädte in dieser Hinsicht unterstützt werden.
Im Programm wurde auf die enge Interdependenz zwischen den Regionen und auf die Notwendigkeit ihrer harmonischen Entwicklung miteinander hingewiesen. Aber auch die Notwendigkeit der Kompatibilität der regionalpolitischen mit den nationalen, gesamtwirtschaftlichen Zielen wurde hier hervorgehoben, wobei die Verwirklichung letzterer auch als Voraussetzung für eine erfolgreiche Regionalentwicklung verstanden wurde.
Eine große Bedeutung wurde den regionalen Entwicklungsanreizen, der Politik zugunsten der Problemgebiete und den regionalen Auswirkungen durch die Ausübung von sektoralen Politiken beigemessen.
Eine wichtige Innovation erfolgte durch die mit diesem Programm eingeführte mehrjährige Finanzierungsplanung, obwohl es sich hier eher um Schätzungen mit einem indikativen Charakter handelte.

(g) Fünfjahresplan zur wirtschaftlichen und sozialen Entwicklung 1983-1987

Der Fünfjahresplan zur wirtschaftlichen und sozialen Entwicklung 1983-1987 war das erste Programm, das von der aus den Wahlen von 1981 hervorgegangenen sozialistischen Regierung entworfen wurde. Dieser Fünfjahresplan bestand einerseits aus den Präliminarien, wo die Hauptziele, die gesamtwirtschaftliche Richtung und die Strategie zur Verwirklichung der Ziele dargestellt wurden, andererseits aus dem endgültigen Bericht, der die Politikmaßnahmen konkretisierte und spezifizierte. Die regionalpolitische Problematik wurde im Kapitel über die "Regional- und Raumordnungspolitik" der Präliminarien behandelt, während der endgültige Bericht kein spezielles Kapitel enthielt, so daß sich diese Politik aus den sektoralen Politiken und aus der Analyse nach Regionen ergab. Zu den allgemeinen Zielen der Regionalpolitik zählten der Abbau der Regionaldisparitäten, die demographische Umverteilung und Umordnung im gesamten griechischen Territorium, die Umstrukturierung der Produktionssektoren, die Erschließung und Entwicklung der vorhandenen Ressourcen, die soziokulturelle Entfaltung und der Umweltschutz. Im Rahmen dieser allgemeinen Ziele betrafen die langfristigen Ziele der Regionalpolitik die rationelle und gleichgewichtige Nutzung der Ressourcen und die Entwicklung von Wirtschaftsaktivitäten im Raum in einer Art und Weise, die einen effektiven wirtschaftlichen Entwicklungsprozeß und den Abbau der Disparitäten zwischen Zentrum und Peripherie, zwischen den Regionen und zwischen den urbanen Zentren und dem Agrarraum sicherstellen würde. Diese Zielsetzungen wurden von zwei raumordnungspolitischen Aufgaben untermauert: (a) das Aufhalten der Vergrößerungstendenzen von Athen und von anderen großen urbanen Zentren, die eine verzerrende Wirkung auf ihr Umland, auf die benachbarten urbanen Zentren und auf das gesamte Land hatten; (b) die Förderung und Stärkung von mittleren und fallabhängig von kleineren urbanen Zentren sowie von einer Reihe semi-urbaner Zentren mit einer Vermittlerfunktion zwischen den größeren Zentren und dem agrarischen Hinterland. Die Versorgung aller Regionen des Landes mit Basisinfrastrukturen und soziokulturellen Dienstleistungen sowie die Dezentralisierung der Verwaltung wurden hierbei als dringend notwendig erachtet.

Die in diesem Programm entwickelte Strategie basierte auf einer Reihe von innovativen Grundsätzen, die sowohl Mittel als auch Zwischenziele darstellten. Dazu gehörten die demokratische Planung und die aktive Bürgerbeteiligung; die Dezentralisierung und die Förderung der örtlichen Selbstverwaltung; die Förderung des endogenen Entwicklungspotentials und der selbständigen sozioökonomischen Entwicklung sowie die Förderung von integrierten Aktivitätskomplexen; eine koordinierte und kohärente angebotsorientierte Entwicklungspolitik; die Schaffung von neuen Investitions- und Entwicklungsträgern auf lokaler Basis (z.B. Genossenschaften, Kommunalunternehmen, Träger örtlicher Selbstverwaltung); die Gewährung von Entwicklungsanreizen und eine vielseitige Unterstützung der Investitionsträger, etwa durch die Gesetzgebung hinsichtlich der Entwicklungsanreize, die Politik der Gründung von Industriegebieten und Handwerkszentren, eine Förderung der kleinen und mittleren Industrieeinheiten, die Programm- und Entwicklungsverträge, die Griechische Bank für Industrielle Entwicklung und die Griechische Agrarbank.

(h) Fünfjahresplan zur wirtschaftlichen und sozialen Entwicklung 1988-1992

Der Fünfjahresplan zur wirtschaftlichen und sozialen Entwicklung erreichte nur die Phase der Präliminarien, da innenpolitische Entwicklungen seine endgültige Verabschiedung nicht erlaubten. Die regionalpolitische Problematik des Programms, deren Hauptziele und Orientierungen sich eigentlich von denen des vorangegangenen Programms nicht substantiell unterschieden, wurde ausführlich in dem vom Zentrum für Planung und Wirtschaftsforschung angefertigten Bericht "Regionalpolitik" aufgeführt.

Der Bericht bestand aus zwei Teilen. Im ersten Teil wurden das Regionalproblem, die Bewertung der Regionalpolitik im Rahmen des vorangegangenen Programms, die Hauptrichtungen und Zielsetzungen der Regionalpolitik und schließlich die politischen Maßnahmen zu ihrer Verwirklichung dargestellt. Im zweiten Teil wurde eine Regionalisierung der Analyse, der Ziele und der Maßnahmen aufgrund einer Unterteilung des Landes in dreizehn Regionen vorgenommen. Ähnlich wie in den vorangegangenen Programmen bestand die Aufgabe dieses Programms darin, eine rationelle Nutzung der Ressourcen und eine Verteilung der Wirtschaftsaktivitäten zu erreichen, so daß eine möglichst effektive ökonomische Entwicklung, der allmähliche Abbau der Regionaldisparitäten bezüglich des Einkommens, der Beschäftigung und des Wohlstandes, sowie der Schutz der natürlichen und kulturellen Ressourcen des Landes sichergestellt werden. Die programmatischen Forderungen der Regionalpolitik strebten somit die Schaffung von gleichwertigen, aber auch differenzierten, an die Besonderheiten der Regionen angepaßten sozioökonomischen Lebensbedingungen und Chancen an. Die Hauptziele der Regionalpolitik sind unter folgenden Punkten zusammenzufassen: (a) die Förderung der Dezentralisierung und der demokratischen Planung bzw. die Fortsetzung der Bemühungen im Bereich der örtlichen Selbstverwaltung und der partizipatorischen Prozesse sowie die Verfestigung, der Ausbau und die Koordinierung der neugegründeten Organe und Institutionen; (b) der Abbau der Intensität der Regionaldisparitäten im Rahmen eines umfassenden Ansatzes zur Förderung der endogenen Entwicklung, wobei die stark benachteiligten Gebiete Vorrang genießen sollten; (c) die Erweiterung der Anzahl der dynamischen Gebiete und Regionen, vor allem durch den Ausbau der wirtschaftsnahen Infrastrukturausstattung und durch den Zusammenschluß der weniger entwickelten

Regionen und Gebiete mit anderen, die einen höheren Entwicklungsstand aufweisen, in Nodalzusammenhängen; (d) die Neuorientierung der Entwicklungsstrategien für die entwickelten Gebiete durch die Anpassung an die neuen Verhältnisse und Herausforderungen, durch den technologischen Fortschritt, durch die Spezialisierung auf moderne und konkurrenzfähige ökonomische Aktivitäten usw. und durch die Verbesserung der Lebensqualität; (e) die Planung der Finanzierung der Maßnahmen im Rahmen dieses Programms.

Darüber hinaus wurde im Programm eine Reihe von spezifischen demographischen, ökonomischen, soziokulturellen, raumordnerischen und ökologischen Zielen einbezogen. Zu den demographischen Zielen zählten die Wiederherstellung und Erhaltung einer gesunden Alterspyramide der Bevölkerung sowie die Sicherstellung einer zufriedenstellenden demographischen Basis in den Regionen, vor allem in den Grenzgebieten. Die ökonomischen Ziele konzentrierten sich auf die Schaffung einer stabilen Wirtschaftstruktur, die Förderung der produktiven Sektoren, eine ausbalancierte Entwicklung der verschiedenen Wirtschaftssektoren und -zweige durch die regionale Vertikalisierung der Produktion und die optimale Nutzung der natürlichen Ressourcen und des Arbeitskräftepotentials der Regionen. Eine große Bedeutung wurde parallel zu diesen Forderungen den soziokulturellen Zielen beigemessen, da die soziokulturelle Dynamik der Regionen als Voraussetzung der eigenständigen Regionalentwicklung und des Entwicklungsprozesses im allgemeinen betrachtet wurde. Die Rehabilitation und der Schutz der Umwelt, die Harmonisierung der Entwicklungs- mit der Umweltpolitik und das Anstreben einer gesunden Siedlungsstruktur ergänzten schließlich diese Ziele.

Die Maßnahmen zur Erreichung dieser Ziele betrafen die Ergänzung und Stärkung der Dezentralisierung sowie die Aufwertung der örtlichen Selbstverwaltung, die Erweiterung der Nutzungsmöglichkeiten der modernen Technologie, die Verbesserung des Investitionsklimas in den Regionen, die Entwicklung der Raumordnung und des Umweltschutzes. Bei der Berücksichtigung der Maßnahmen wurden neben den dargelegten Zielsetzungen verschiedene Faktoren in Betracht gezogen. Dazu gehörten die komparativen Vorteile und die Grundbedürfnisse der Regionen; die ernsten und akuten Umweltprobleme, die Konzentration auf eine kleinere Anzahl von hierarchischen Zielen zur Bewältigung der kritischen Regionalprobleme; die verstärkte Beteiligung von Privatinvestitionen und die Stärkung der Interdependenzen zwischen dem öffentlichen und dem privaten Sektor; die laufenden Maßnahmen und die sogenannten "Großprojekte", die Regionalpolitik der Europäischen Gemeinschaft und die damit verbundenen Finanzierungsmöglichkeiten.

(i) Regionalentwicklungsplan 1989-1993

Der in Umsetzung der Bestimmungen der Strukturfondsverordnungen von 1988 vom Wirtschaftsministerium aufgestellte Regionalentwicklungsplan 1989-1993 basierte auf den Feststellungen, Orientierungen und Zielsetzungen des Fünfjahresplans zur wirtschaftlichen und sozialen Entwicklung 1988-1992. Als Hauptanliegen dieses Plans wurde die Vorbereitung der griechischen Volkswirtschaft und der griechischen Regionen auf die Vollendung des Binnenmarktes und ihre Anpassung an die neuen Verhältnisse sowie die Schaffung der Grundvoraussetzungen zur Erreichung der Konvergenz- und Kohäsionsziele in der Gemeinschaft erklärt.

Der Plan bestand aus zwei Teilen. Im ersten Teil wurden die Situation der griechischen Regionen und das griechische Regionalproblem dargestellt, die Hauptrichtungen und Zielsetzungen der Regionalpolitik für die Periode 1989-1993 festgelegt, die Konkretisierung der Aktionsbereiche zur Verwirklichung dieser Politik vorgenommen, die nötigen quantitativen Angaben sowie makroökonomische Schätzungen und Finanzierungsvorausschätzungen einbezogen. Hinsichtlich der Maßnahmen und Aktionen, die Gegenstand einer Kofinanzierung durch die Europäische Gemeinschaft sein sollten, wurden schließlich die Interventionsformen, die Höhe des gemeinschaftlichen Beitrags und die Finanzierungsquellen festgehalten. Unter Berücksichtigung der griechischen Regionalproblematik und der Orientierungen der nationalen Regionalpolitik wurden im zweiten Teil des Regionalentwicklungsplans die besonderen Probleme jeder einzelnen Region analysiert, ihre Entwicklungsmöglichkeiten und -perspektiven skizziert, die Interventionsbereiche konkretisiert und die nötigen nationalen und gemeinschaftlichen finanziellen Mittel vorausgeschätzt.

Die Prioritäten der Strategie zur Regionalentwicklung galten zwei Zielen. Zum einen dem Ziel der Aufwertung der Lage Griechenlands in der gemeinschaftlichen und internationalen Arbeitsteilung durch die Ergänzung und Modernisierung der wirtschaftlichen Infrastruktur, durch die Förderung von Investitionen in Wirtschaftssektoren mit hoher Produktivität und Wettbewerbsfähigkeit, durch den Ausbau der Forschungs- und Technologiepolitik, durch die Förderung der beruflichen Ausbildung und schließlich durch die Verbesserung der marktrelevanten Dienstleistungen und die Effizienzsteigerung der Verwaltung. Zum anderen dem Ziel der Verbesserung des Lebensstandards durch die Erweiterung der sozialen Infrastruktur, durch eine gerechtere Verteilung der positiven Effekte des Wirtschaftswachstums zwischen den verschiedenen Bevölkerungsgruppen und Gebieten, durch die Bekämpfung der Arbeitslosigkeit, durch die Erhöhung des allgemeinen Bildungsniveaus sowie durch den Umweltschutz, den Schutz der natürlichen Ressourcen und die Erhaltung der kulturellen Identität der Bevölkerung.

Die Adäquanz der geographischen Ebene zur Verwirklichung dieser Ziele sowie ihre Differenzierung wurden im Plan nach den komparativen Vorteilen der Gebiete und nach dem akuten Charakter der Entwicklungs- und Lebensstandardsdefizite entschieden.

Auf nationaler Ebene wurden folgende Ziele berücksichtigt: (a) der Abbau der Intensität der Regionaldisparitäten durch die Ausnutzung von komparativen Vorteilen, die Förderung von geeigneten Aktivitäten und Wirtschaftssektoren und den Ausbau der Infrastrukturausstattung; (b) die Erweiterung der Anzahl der dynamischen Gebiete und Regionen und die Beschleunigung ihres Wachstums durch gezielte Interventionen zur Aktivierung der vorhandenen Ressourcen, die Ausnutzung ihrer komparativen Vorteile, den Ausbau einer geeigneten wirtschaftsnahen Infrastruktur, die Förderung der beruflichen Ausbildung entsprechend den jeweiligen Bedürfnissen der Gebiete und die Aufwertung der Lebensräume in den urbanen und semi-urbanen Zentren; (c) die Anpassung der entwickelten Gebiete an moderne und konkurrenzfähige Aktivitäten und die Erholung von den Konsequenzen der Überkonzentration; (d) die Erhöhung der Effizienz der Verwaltung im Rahmen der voranschreitenden Dezentralisierung sowie eine engere Zusammenarbeit zwischen zentraler und dezentraler Verwaltung und zwischen lokalen Entwicklungsträgern und produktiven Schichten.

Zur Erreichung der Ziele des nationalen Teils des Regionalentwicklungsplans wurden Interventionen im Rahmen von drei Aktionsbereichen konzipiert: (a) Regionalentwicklung, wobei die Sektoren Energie, Telekommunikation, Transportwesen, städtische Verkehrsnetze, Industrie und Handwerk, örtliche Selbstverwaltung, Forschung und Technologie und Umwelt berücksichtigt wurden; (b) Berufliche Ausbildung - Beschäftigung, wobei das Gewicht zum einen auf die Einarbeitung der Beschäftigten in den neuen Technologien und den neuen Produkten sowie auf die Verwaltung, die Organisation und die Umstrukturierung der Unternehmen, zum zweiten auf die Vorbereitung der Berufsanfänger auf die Anforderungen des Arbeitsmarktes und auf die Anpassung ihrer Qualifikation an die technologischen Entwicklungen und zum dritten auf die Subventionierung der Beschäftigung zum Abbau der Arbeitslosigkeit gelegt wurde; (c) Entwicklung des primären Sektors, wobei Interventionen in der Landwirtschaft, der Viehzucht, der Forstwirtschaft und der Fischerei berücksichtigt wurden.

2.3 Das regionalpolitische Instrumentarium in Griechenland

Obwohl jegliche Tätigkeit des Staates zwangsläufig einen räumlichen Bezug hat und im weiten Sinne als Instrument zur Bewältigung regionalpolitischer Ziele und Aufgaben angesehen werden kann, sind im Rahmen der vorliegenden Arbeit unter dem Begriff "regionalpolitisches Instrumentarium" die Instrumente mit explizit regionalpolitischen Zielsetzungen und Wirkungen zu subsumieren. Dazu gehören die Gliederung des Landes in regionale Einheiten, die öffentliche Investitionspolitik, die Politik der Anreize zur Regionalentwicklung, die Politik der Gründung von Industriegebieten und die Politik zur Förderung der Dezentralisierung und der örtlichen Selbstverwaltung.

2.3.1 Die Gliederung des Landes in regionale Einheiten[125]

Die Wahrnehmung von räumlichen Zusammenhängen und Situationen im Rahmen der Regionalisierung einer sozioökonomischen Einheit stellt eine unentbehrliche Grundlage für die Ausarbeitung und Implementierung von gezielten Entwicklungsstrategien dar. Somit ist die Bedeutung der Regionalisierung als regionalpolitisches Instrument offensichtlich.
Obwohl die Regionalisierung des griechischen Raums schon relativ früh erfolgte, konnte sie sich auf Planungsebene erst Ende der siebziger Jahre durchsetzen, so daß die bis dahin im Rahmen der aufgestellten Entwicklungsprogramme gebildeten Regionen keine andere reale Funktion hatten als die der statistischen Erfassung. Diese stark eingeschränkte Rolle der Regionen war mit dem zentralistischen Organisationsaufbau des Staates und mit den vorherrschenden wirtschaftspolitischen Auffassungen über einen "Top-down"-Entwicklungsansatz sowie mit den tatsächlichen strukturellen Hemmnissen und Engpässen des Landes verbunden.
Der zunehmende Bedarf an räumlich differenzierten und problemgerechten Interventionen, die fortschreitende Dezentralisierung und der Auffassungswandel in der Entwicklungsstrategie führten zu der Einführung von Planungsregionen,

[125] In diesem Kapitel wird auf die Darstellung der vorgenommenen Regionalisierungen des griechischen Raums nicht näher eingegangen, da diese bereits in Kapitel 1.1 dieses Teils der Arbeit erfolgt ist.

deren Bedeutung für die Regionalentwicklung mit der Änderung des institutionellen Rahmens durch die Verabschiedung des Gesetzes Nr. 1622/86 und mit der Aufstellung der Regionalentwicklungspläne bzw. mit der Genehmigung der Gemeinschaftlichen Förderkonzepte ihren Höhepunkt erfuhr. Gleichzeitig erfolgte eine oft modifizierte zonale Untergliederung des Landes in Gebiete unterschiedlichen Förderungsgrades für die Privatinvestitionen, die die Entwicklung der Peripherie und den Abbau der Regionaldisparitäten anstrebte.[126]

Die relativ späte Einsetzung, die Kurzlebigkeit und die häufigen Änderungen der vorgenommenen Einteilungen, die geringe Beachtung der nodalen Zusammenhänge, die große Heterogenität der zusammengefaßten Gebiete, die Zaghaftigkeit bei der Übertragung von Kompetenzen auf die regionale Ebene sind als einige Kritikpunkte hinsichtlich dieses Instruments vorzutragen.

2.3.2 Die öffentliche Investitionspolitik

Als übergeordnete Ziele der öffentlichen Investitionspolitik in Griechenland gelten die Förderung der wirtschaftlichen und sozialen Entwicklung unter Bewahrung der makroökonomischen Stabilität sowie die Verbesserung der Verteilung des Einkommens und des Wohlstandes zwischen den verschiedenen Bevölkerungsgruppen und Regionen des Landes.

Diese Ziele wurden im Rahmen der Bewältigung von zwei Aufgaben angestrebt. Einerseits durch die Schaffung der nötigen Voraussetzungen und Bedingungen sowie eines günstigen makroökonomischen Klimas für die Investitionstätigkeit des privaten Sektors, andererseits durch die Realisierung von konkreten Investitionsplänen und Programmen des öffentlichen Sektors.

Es ist offensichtlich, daß die Bedeutung der öffentlichen Investitionspolitik in ihrer Komplementarität mit der Investitionstätigkeit des privaten Sektors liegt. Gleichzeitig ist aber auch die regionale Relevanz der öffentlichen Investitionspolitik hervorzuheben, da die Schaffung von immobilen Wachstumsdeterminanten im Raum zwar keine automatischen Effekte für die Regionalentwicklung erzielt, jedoch eine Umstrukturierung des Raumgefüges in Form von Standortvorteilen für die Unternehmen herbeiführt und so eine gezielte staatliche Intervention zur Lenkung von räumlichen Entwicklungen darstellt.

---

[126] Siehe Kapitel 2.3.3 dieses Teils der Arbeit.

Den institutionell-organisatorischen Rahmen der öffentlichen Investitionspolitik in Griechenland bilden einerseits der Haushaltsplan für die Öffentlichen Investitionen, in dem das Programm für Öffentliche Investitionen festgelegt wird, andererseits die Haushaltspläne der Öffentlichen Unternehmen und Körperschaften. Sowohl der Haushaltsplan für die Öffentlichen Investitionen als auch die Haushaltspläne der Öffentlichen Unternehmen und Körperschaften als Teile des Allgemeinen Öffentlichen Haushaltsplans werden auf Jahresbasis aufgestellt und haben parallel zu der Finanzierungsdimension und der verwaltungstechnischen Funktion eine deutliche Planungsfunktion[127], die sie mit Implementierungsprogrammen im Sinne von C. Karabatsou-Pachaki gleichstellt.[128]
Die öffentliche Investitionspolitik konzentrierte sich bis Anfang der 50er Jahre auf die Behebung der Kriegsschäden und auf den Wiederaufbau des Landes, was fast ausschließlich mit ausländischer Hilfe bewirkt wurde. Ab Mitte der 50er Jahre erfolgte eine zunehmende Erhöhung der öffentlichen Investitionen, die sich an der wirtschaftsnahen und sozialen Infrastruktur orientierten, sowie die Ausdehnung der staatlichen Aktivitäten im Bereich der öffentlichen Versorgung (Elektrizitätsversorgung, Telekommunikation, Wasserversorgung usw.). Gleichzeitig ergriff der Staat die Initiative in wichtigen Wirtschaftsbereichen, die für die Unternehmen uninteressant waren, weil sie entweder ein zu großes Investitionsrisiko für den Privatsektor darstellten oder hohes Investitionskapital voraussetzten (Nutzung von Bauxitvorkommen, Ölraffinerien, Düngemittelindustrie usw.). Beim Versuch, einen Wirtschaftskollaps vorzubeugen, expandierten die Aktivitäten des Staates unter dem Druck der Wirtschaftskrisen in den siebziger Jahren, so daß ein großer Teil der wirtschaftlichen Aktivitäten unter die Kontrolle des Staates kam. Ihren Höhepunkt erreichte diese wirtschaftspolitische Entwicklung in der ersten Hälfte der achtziger Jahre mit dem Sanierungs- und Umstrukturierungsversuch einer großen Zahl von hochverschuldeten Unternehmen. Diese Politik führte jedoch zu einer Desorientierung der öffentlichen Ausgaben und verursachte im Zusammenhang mit der anhaltenden Rezession

[127] Hinsichtlich dieser Funktion des Haushaltsplanes für öffentliche Investitionen siehe Koutoulakos, I.: Die Investitionspolitik und das Programm für Öffentliche Investitionen, in: Die öffentlichen Finanzen in Griechenland, hrsg. von Tatsos, N., Athen, 1991, (gr.), S. 102 ff.

[128] Hinsichtlich dieser Art von Programmen siehe Karabatsou-Pachaki, C., a.a.O., S. 22.

Anfang der achtziger Jahre, die zu den strukturellen Problemen der griechischen Wirtschaft hinzukam, eine drastische Verringerung der zur Verfügung stehenden öffentlichen Mittel. Vor diesem Hintergrund wurde die in der "PASOK"-Programmatik als prioritär eingestufte Politik zur Regionalentwicklung aufgrund einer restriktiven Fiskalpolitik nach 1985 zu einer deutlichen Abweichung von den hochgesteckten Zielen gezwungen.[129]

Zentrale regionalpolitische Richtungen der öffentlichen Investitionspolitik in den achtziger Jahren waren die Lenkung der öffentlichen Ausgaben in die Peripherie - und zwar hauptsächlich im Bereich der technischen Infrastruktur (wie z.B. Verkehr, Energie), der Dienstleistungen und der sozialen Infrastruktur (Hochschulen und Universitäten, Forschungsanstalten, Krankenhäuser usw.) - sowie die Anziehung von privaten Investitionen in die Peripherie durch die Gewährung von direkten Zuwendungen im Rahmen der Politik der Anreize zur Regionalentwicklung. Darüber hinaus fand die Unterstützung des landwirtschaftlichen Einkommens eine erhebliche Beachtung.

Ein grundlegendes Merkmal der öffentlichen Investitionspolitik dieser Periode war das Bestreben, die begrenzten Finanzmittel auf die von den Strukturfonds der Europäischen Gemeinschaft mitfinanzierten sektoralen und regionalen Programme (z.B. STAR, VALOREN, IMP usw.) und Vorhaben zu konzentrieren.

Im Zeitraum 1989-1993 konzentrierte sich das Programm für Öffentliche Investitionen hauptsächlich auf die im Regionalentwicklungsplan bzw. im Gemeinschaftlichen Förderkonzept vorgesehenen Maßnahmen. Die öffentliche Investitionspolitik dieser Periode wurde von zwei Konstanten determiniert. Zum einen von dem Gebot der Einschränkung des öffentlichen Defizits, zum anderen von dem Streben nach Maximierung der Aufnahmefähigkeit des Landes hinsichtlich der Finanzmittel aus der Europäischen Gemeinschaft.

Seit dem Beitritt des Landes in die Europäische Gemeinschaft wurde ein erheblicher Teil der Ausgaben des Programms für Öffentliche Investitionen durch gemeinschaftliche Mittel finanziert. Die Beteiligung dieser Unterstützung an den Ausgaben des Programms für Öffentliche Investitionen erreichte beispielsweise

---

[129] Hierzu siehe unter anderem Psycharis, J.: Die Regionalpolitik in den 80er Jahren: Ihre vorrangige Berücksichtigung und ihre Zurückstellung, in: Institut für regionale Entwicklung: Festschrift, Athen, 1992, (gr.), S. 141 ff.

für das Jahr 1986 9,7 %, jedoch für das Jahr 1990 17,2 %.[130] Das besondere Gewicht dieser Unterstützung kommt tatsächlich zum Ausdruck, wenn die Ausgaben des Finanzierungsplans des Gemeinschaftlichen Förderkonzepts in Betracht gezogen werden. So machten die gemeinschaftlichen Mittel 55,3 % der öffentlichen Ausgaben aus und deckten somit 49,7 % der veranschlagten Kosten für die Strukturpolitik in der Periode 1989-1993.[131]

Eine kritische Beurteilung der Wirksamkeit der öffentlichen Investitionspolitik in Griechenland offenbart die Tatsache, daß ihre erhoffte regionalpolitische Wirkung trotz positiver Ergebnisse, die sich hauptsächlich auf die Übertragung erheblicher finanzieller Mittel in die Peripherie, die Stärkung von traditionellen produktiven Aktivitäten und die Erhöhung des regionalen Einkommens und des Lebensstandards konzentrierten, weitgehend ausblieb.

Die Gründe hierfür sind in einer Reihe von Schwächen und Hemmnissen dieser Politik zu suchen. Dazu zählen die eingeschlagene wirtschaftspolitische Richtung; die fehlende Koordinierung und Kommunikation zwischen dem öffentlichen und dem privaten Sektor; die überwiegend nach sektoralen Gesichtspunkten erfolgte Aufstellung von Investitionsprogrammen; das Fehlen einer regionalpolitischen Implikation der aufgenommenen Maßnahmen im Sinne einer gezielten Raumstrukturierung; die Berücksichtigung von Maßnahmen nach rein bedarfsorientierten Kriterien und oft aus wahltaktischen Gründen; das Fehlen einer wissenschaftlichen Basis und der nötigen Vorbereitung der Projekte; die große Anzahl von Vorhaben und Maßnahmen mit fiktiven Finanzierungsplänen und die Erweiterung ihres anfänglichen Gegenstandes, wobei enorme Kostenüberziehungen entstanden; die Einbeziehung einer großen Anzahl von Projekten und Maßnahmen und die darauffolgende Zersplitterung der zur Verfügung stehenden Mittel; das Fehlen von konkreten Zeitplänen; organisatorische Schwächen und Koordinierungsprobleme auf horizontaler und vertikaler Ebene.

Seit Anfang der achtziger Jahre erfolgte jedoch eine Reihe von Verbesserungen in der öffentlichen Investitionspolitik. Zum einen im Zuge der Reformen, die die "PASOK" zur Realisierung ihrer programmatischen Forderungen vornahm, zum anderen als Ergebnis des Modernisierungsdrucks aus der Interaktion zwischen

---

[130] Koutoulakos, I., a.a.O., S. 111.

[131] Vgl. die Angaben in Tabelle 18 "GFK-Finanzierungsplan (Gesamtkosten) - Zusammenfassende Tabelle" im Anhang der Arbeit.

Griechenland und der Europäischen Gemeinschaft. Hierzu zählten die Dezentralisierung von Kompetenzen und Mitteln; die Schaffung eines neuen institutionellen Rahmens für die Planung der Regionalentwicklung mit dem Gesetz Nr. 1622/86; die Reorganisation des Verwaltungsapparates des Wirtschaftsministeriums auf zentraler und regionaler Ebene; die Ausübung der öffentlichen Investitionspolitik aufgrund von konkreten Regionalentwicklungsplänen bzw. aufgrund von Gemeinschaftlichen Förderkonzepten und unter Berücksichtigung der mit der Strukturfondsreform der Gemeinschaft eingeführten Grundsätze (Konzentration, Koordinierung usw.); die Verbindlichkeit und Operationalität der in den Programmen festgelegten Ziele; die Genehmigung von Sonderbeschlüssen hinsichtlich der von der Gemeinschaft mitfinanzierten Maßnahmen zur Realisierung des Programms für Öffentliche Investitionen (SAE/2 bzw. SANT/2); die Gründung von Begleitausschüssen für die im Gemeinschaftlichen Förderkonzept enthaltenen Programme; die Umorientierung der Prioritäten zugunsten der wirtschaftsnahen Infrastruktur.

Diese Elemente hoben viele der oben erwähnten Schwächen auf und bewirkten einen qualitativen Sprung im Bereich der Regionalentwicklung.

2.3.3 Die Politik der Anreize zur Regionalentwicklung[132]

Elementarer Bestandteil der Entwicklungsstrategie in Griechenland war die Politik der Anreize zur Regionalentwicklung. Sie zielte auf die Kompensation von Standortnachteilen für die Privatinvestitionen in der Peripherie ab, die zur Dezentralisierung der Industrieaktivitäten und zur Unterstützung von neuen Investitionen in den benachteiligten Regionen führen sollte.

Die sektorspezifische Orientierung der Anreize an dem verarbeitenden Gewerbe und dem Bergbau bis in die siebziger Jahre hinein erwies sich als konform mit den vorherrschenden entwicklungspolitischen Auffassungen der Periode, deren

---

[132] Bei der Behandlung dieser Thematik verzichtet das vorliegende Kapitel bewußt auf die Darstellung der relevanten Gesetzgebung, die Gegenstand von speziellen und umfassenden wissenschaftlichen Arbeiten war (siehe unter anderem Lemonias, E., a.a.O., Athanassopoulos, G. K.: Die finanziellen Anreize im institutionellen Rahmen der Regionalentwicklung in Griechenland Bd. I und II, a.a.O.

Kernstück die Industrialisierung war.[133] Die Wahrnehmung der Entwicklungsmöglichkeiten in anderen Sektoren und Branchen führten jedoch zu einer sukzessiven Ausweitung und Differenzierung dieser Orientierung.
Außerdem hat sich in den letzten 25 Jahren ein Übergang von steuerlichen Anreizen hin zu Finanzierungsbegünstigungen vollzogen.[134] Die Anreize zur Regionalentwicklung beschränkten sich bis 1971 auf steuerliche Begünstigungen. Diese konzentrierten sich auf hohe Abschreibungssätze, die Befreiung eines Teils der Gewinne von der Besteuerung zwecks einer Rücklagenbildung oder Reinvestition, die Befreiung von Lohnsummensteuern, die Senkung des Umsatzsteuersatzes und die Befreiung der Produktionsanlagen von Zollabgaben. Im Laufe der siebziger Jahre wurden sie durch die Gewährung von Finanzierungsvergünstigungen ergänzt, wie Zinssatzsenkungen, direkte Investitionsbeihilfen als Teilnahme an den Baukosten, Zuschüsse, und Vergabe zinsloser Darlehen.[135] Seit Anfang der achtziger Jahre wurden sie schließlich an die gemeinschaftliche Anreizpolitik angepaßt, was die Gewährung von Finanzierungsvergünstigungen (Investitionsbeihilfen, Zinszuschüsse), aber auch steuerliche Erleichterungen bedeutete. Gleichzeitig erfolgte eine zonale Untergliederung des griechischen Raums hinsichtlich der Gewährung von regionalen Anreizen unterschiedlichen Förderungsgrades, die häufigen Modifizierungen unterzogen wurde.[136]
Aus der Betrachtung der Politik der Anreize zur Regionalentwicklung im Zeitablauf läßt sich ein deutlicher Fortschritt in der Konzeptionierung und Imple-

---

[133] So subsumierte O. Gioti-Papadaki die in der Periode 1949-1955 gewährten Anreize unter dem Titel "Gesetzgebung für die Stärkung der Provinzindustrie" (siehe Gioti-Papadaki, O., a.a.O., S. 81 f.).

[134] Hinsichtlich der Vorteile und Nachteile dieser Art von Anreizen siehe Lemonias, E., a.a.O., S. 18 ff.

[135] A. Argyris teilte die griechische Politik der Anreize zur Regionalentwicklung bis 1981 in drei Phasen ein: 1949-1960, 1961-1971, 1971-1981 (siehe Argyris, A.: Griechenlands regionale Wirtschaftsentwicklung (I) ..., a.a.O., S. 30 ff.).

[136] Somit entstanden zwei Gebietskategorien aufgrund des Gesetzes Nr. 949/1949, drei aufgrund des Gesetzes Nr. 1078/1971, vier aufgrund des Gesetzes Nr. 1312/1972, fünf aufgrund des Gesetzes Nr. 289/1976, Korrekturen innerhalb dieser Einteilung aufgrund des Gesetzes Nr. 849/1978, drei Kategorien aufgrund des Gesetzes Nr. 1116/1981, vier aufgrund des Gesetzes Nr. 1262/1982, fünf aufgrund des Gesetzes Nr. 1892/1990). Parallel dazu wurden seit 1972 mit jeder neuen Regelung weitere Gebietskategorisierungen vorgenommen, die die touristischen Aktivitäten betrafen.

mentierung der Anreize zur Regionalentwicklung erkennen. Dazu gehören die Überwindung der Fragmentierung des institutionellen Rahmens, die sektorale und regionale Differenzierung, eine stärkere Berücksichtigung der Grundsätze der Flexibilität und Selektivität, die Erhöhung der Transparenz, die Anpassung des Anreizsystems an die neuen wissenschaftlichen Erkenntnisse der Standorttheorie und an die neuen sozioökonomischen Gegebenheiten. Ein wesentlicher Teil dieser Fortschritte ist der regionalpolitischen Tätigkeit der Europäischen Gemeinschaft in Griechenland zuzuschreiben. Die bedeutendste Auswirkung des Beitritts in die Gemeinschaft war jedoch der Übergang zu neuen Anreizen, so daß die gemeinschaftliche Unterstützung und die nationalen Entwicklungsbemühungen, anders als in der Vergangenheit, gezielt auf die Förderung von neuen Investitionen setzten und eine neue Förderphilosophie in Griechenland herbeiführten. Darüber hinaus ermöglichte die finanzielle Unterstützung der Gemeinschaft die Tätigung von Privatinvestitionen, die ohne diesen Beitrag wahrscheinlich nicht hätten stattfinden können.

Obwohl die Bewertung der Wirksamkeit des Systems der Anreize zur Regionalentwicklung in Griechenland sich als besonders problematisch erweist[137], ist festzustellen, daß trotz der aufgeführten Fortschritte die Politik der Anreize zur Regionalentwicklung nicht vermochte, die erhofften Ergebnisse zu erbringen. Investitionen wurden zwar in die Peripherie gelenkt, insgesamt profitierten jedoch von der Politik der Anreize zur Regionalentwicklung die relativ entwickelten und vor allem die zu Athen und Thessaloniki benachbarten Regionen, hauptsächlich jedoch die dynamischen und entwickelten Zentren in diesen Regionen, deren komparative Standortvorteile von den räumlich undifferenzierten oder unzureichend differenzierten Anreizen innerhalb der Förderzonen nicht kompensiert wurden. Darüber hinaus führten die gewährten Anreize meistens zu risikoarmen Investitionen in traditionellen Sektoren und Branchen mit niedriger Produktivität. Andererseits waren die Erfolgsaussichten für manche Investitionen von vorneherein gering, da Standortnachteile von den Unternehmern unterschätzt wurden oder in manchen Fällen sogar unehrliches Verhalten von Unternehmern bzw. Unternehmensgründern vorkam. Von der großen Menge der genehmigten Investitionen

---

[137] So wies L. Labrianidis auf die objektiven Schwierigkeiten hin, die mit der Messung der direkten und indirekten Kosten und Nutzen der Anreize zur Regionalentwicklung in Griechenland zusammenhängen (siehe Labrianidis, L.: Die Anreize zur Regionalentwicklung, in: Oikonomikos Tachydromos vom 10.2.1994, Athen, 1994, (gr.), S. 71).

wurde schließlich nur ein geringer Teil realisiert[138], was oft auf die großen zeitlichen Verzögerungen zwischen dem Zeitpunkt des Investitionsantrags und der Genehmigung bzw. dem Realisierungsanfang und somit auf die Änderung der Investitionsbedingungen (z.B. Erhöhung der Kosten) zurückzuführen ist. Nicht zuletzt stand die den Anreizen zur Regionalentwicklung beigemessene Rolle in einem offensichtlichen Mißverhältnis zu den strategischen entwicklungspolitischen Entscheidungen zwischen produktiven Investitionen und Investitionen für Infrastrukturen. Das verursachte eine erhebliche Zurückstellung ersterer bei der Teilnahme an den Verpflichtungsermächtigungen des Europäischen Fonds für regionale Entwicklung zugunsten letzterer, hauptsächlich aufgrund der Bemühungen, eine hohe Aufnahmefähigkeit des Landes an EG-Mitteln sicherzustellen.[139]

Die Gründe für den begrenzten Erfolg dieser Politik konzentrieren sich auf eine Reihe von Schwächen und Problemen, die sich innerhalb, aber auch außerhalb des Anreizsystems befanden. Dazu gehörten die prioritäre Verfolgung von entgegengesetzten gesamtwirtschaftlichen Zielen im Zusammenhang mit einer negativen Haltung der Industrielobby; der geringe Interdependenz- und Kommunikationsgrad zwischen der Planung, der öffentlichen Investitionspolitik und der Politik der Anreize zur Regionalentwicklung und somit das Fehlen von Synergieeffekten im Rahmen einer konkreten Strategie zur Regionalentwicklung; das Fehlen von mittragenden Politiken und Maßnahmen; die Fragmentierung und Komplexität des institutionellen Rahmens des Anreizsystems sowie seine häufigen Änderungen; die Vernachlässigung von funktionalen Zusammenhängen bei der Bildung der Förderungszonen; organisatorische Mängel, Schwächen und Ineffizienzen; die Berücksichtigung von wirtschaftsfremden Kriterien bei der Genehmigung von Investitionen; das Fehlen von Gegenanreizen für die entwickelten Gebiete und Zentren des Landes; die problematischen makroökonomischen Entwicklungen und das schlechte Investitionsklima.

---

[138] Hierzu vgl. die nach Gesetz aufgegliederten Angaben hinsichtlich der gewährten Finanzierungsanreize, in: Athanassopoulos, G. K.: Die finanziellen Anreize im institutionellen Rahmen der Regionalentwicklung in Griechenland, Bd. II, a.a.O., S. 5 ff.

[139] Hierzu siehe Kasakos, P., a.a.O., S. 29 ff.

2.3.4 Die Politik der Gründung von Industriegebieten

Parallel zu der Förderung der Industrie und des Handwerks durch die Politik der Anreize zur Regionalentwicklung wurde seit 1964 das strategische Konzept der Industriegebiete verfolgt.
Diese mit Anreizen für Industrie- und handwerkliche Betriebe versehenen Gebiete umfassen genau festgelegte Flächen, die mit städtebaulicher Planung, geeigneter Infrastruktur und Dienstleistungen ausgestattet sind.[140] Die Politik der Gründung von Industriegebieten in Griechenland wurde anfänglich als Implementierung des in der Standorttheorie der sechziger und siebziger Jahre dominanten Konzepts der Entwicklungspole[141] initiiert und später mit raumordnungspolitischen Vorstellungen in Verbindung gebracht. Anhand der Zielsetzungen lassen sich hier drei Phasen deutlich unterscheiden: (a) die mit der Verabschiedung des Gesetzes Nr. 4458/65 eingeleitete "Phase der Polar-Konzentration" zwischen 1965 und 1976, in welcher 10 Industriegebiete in großen urbanen Zentren des Landes gegründet wurden; (b) die mit der Verabschiedung des Gesetzes Nr. 742/77 eingeleitete "Phase der begrenzten Streuung" zwischen 1977 und 1985, in der 20 weitere, kleinere urbane Zentren in das Programm für die Industriegebiete einbezogen wurden; (c) die durch das Präsidialdekret Nr. 136/1986 eingeführte "Phase der totalen Streuung", in der die Gründung eines Industriegebiets in jedem Nomos des Landes vorgesehen ist.[142] Insgesamt wurden jedoch durch die Realisierung des Konzeptes der Industriegebiete in jeder

---

[140] Hinsichtlich der Definition und der Entwicklung der Strategie der Industriegebiete siehe Vliamos, I. S.: Die Industriegebiete und die regionale Industriepolitik in Griechenland, a.a.O., S. 64 ff.; Konsolas, N.: Regionale Wirtschaftspolitik I ..., a.a.O., S. 402 f. sowie S. 436 f. (Anm. 13) bezüglich der Unterscheidung zwischen dem "Industriegebiet" und der "Industriezone" nach Gesetz Nr. 3206/55.

[141] Hinsichtlich der Theorie der Entwicklungspole siehe Hansen, N. M. (Hrsg.): Growth Centers in the Regional Development, New York, London, 1972; Kuklinski, A. (Hrsg.): Growth Poles and Growth Centers in Regional Planing, Paris, The Hague, 1972. Zur Implementierung dieser Theorie in Griechenland siehe Argyris, A.: Griechenlands regionale Wirtschaftsentwicklung (II). Die Strategie der "Entwicklungspole" (-zentren) und die Politik der "Gegner- oder Rivalenstädte", in: Südosteuropa Mitteilungen, Jg. 23, Heft 2, München, 1983, S. 18 ff.

[142] Vgl. Vliamos, I. S.: Die Industriegebiete und die regionale Industriepolitik in Griechenland, a.a.O., S. 61 ff.

dieser drei Phasen die schon im Text des Gesetzvorschlages vom 30. November 1964 enthaltenen Ziele der Industrialisierung, der Regionalentwicklung und der Dezentralisierung angestrebt. Somit wurde versucht, externe Effekte und Skalenerträge zu erreichen, die sowohl den in den Industriegebieten angesiedelten Unternehmen als auch der gesamten Volkswirtschaft zugute kommen sollten. Eine Lenkung der Neuansiedlungen und die Umsiedlung von alten Industrieeinheiten und handwerklichen Betrieben sowie die Anziehung von ausländischen Investitionen wurden als konkrete, realistische und umweltbewußte Strategien zur Beeinflussung des Raumgefüges angesehen. Nach Angaben vom KEPE existierten im Jahr 1996 24 Industriegebiete, in denen etwa 1000 Betriebe mit 22.000 Beschäftigten angesiedelt waren.[143]

Die Verwirklichung der Politik der Gründung von Industriegebieten wurde von Schwierigkeiten und großen zeitlichen Verzögerungen geprägt, die ihren Erfolg weitgehend einschränkten. Zu den schwerwiegendsten Ursachen der aufgetretenen Probleme gehörte das Fehlen von Begleit- und Ergänzungsmaßnahmen, die eine Beschleunigung der Prozeduren hinsichtlich des Bodenerwerbs der festgelegten Industriegebiete (meistens durch Enteignung) sowie hinsichtlich der Ausrüstung mit den vorgesehenen Infrastrukturen hätten ermöglichen können[144], welche nur teilweise mit der Verabschiedung des Gesetzes Nr. 742/77 behoben werden konnten. Als weitere Faktoren mit einer negativen Wirkung sind hier festzuhalten: die geringe Korrespondenz zwischen der Politik der Gründung von Industriegebieten und der Politik der Anreize zur Regionalentwicklung; organisatorische Schwächen und eine geringe Unterstützung durch die Administration; das Fehlen von Gegenanreizen zur Verhinderung der Ansiedlung von Betrieben außerhalb der Industriegebiete oder der Umsiedlung von Betrieben innerhalb desselben Anreizgebiets; die häufige Ansiedlung von arbeitsintensiven und an

---

[143] KEPE: Beobachtung '96: Strukturpolitiken in der Europäischen Union und in Griechenland, Bd. I, Athen, 1997, (gr.), S. 6-18 f.

[144] Die sehr langsamen Implementierungsrhythmen waren mit objektiven Schwierigkeiten verbunden. P. Kasakos wies charakteristisch darauf hin, daß allein die Aufzählung der einzelnen Stadien der Gründung und Fertigstellung eines Industriegebiets (Festlegung, Landvermessung, Bodenerwerb, Parzellierung, städtebauliche Planung, Straßenbau, Energie- und Wasserversorgung, Kanalisation, Versorgung mit anderen Infrastrukturen, Ansiedlung der Betriebe) ein aufschlußreiches Bild dieser Schwierigkeiten und der hierfür benötigten Zeiträume bietet (Kasakos, P.: Lektionen zur regionalen Entwicklung, a.a.O., S. 141).

traditionellen Branchen und Konsumprodukten orientierten Betrieben; die Berücksichtigung von wirtschaftsfremden Kriterien bei der Auswahl der Lage der Industriegebiete; das Fehlen von sektoralen Konzentrationen und Zusammenhängen; die Einrichtung der Industriegebiete in einer relativ späten Phase der Entwicklung Griechenlands bei einer fest konsolidierten räumlichen Verteilung der Industrieaktivitäten.

Die Politik der Gründung von Industriegebieten erhielt im Zuge der Regionalpolitik der Gemeinschaft in Griechenland eine substantielle finanzielle Unterstützung. Diese wurde anhand der im Gemeinschaftlichen Förderkonzept 1989-1993 vorgesehenen Interventionen intensiviert und im Rahmen des darauffolgenden Förderkonzepts fortgesetzt.

Insgesamt ist festzustellen, daß die Politik der Gründung von Industriegebieten sowohl hinsichtlich der Förderung der Industrie und des Handwerks als auch als regionalpolitisches Instrument eine geringe Wirkung aufweisen konnte.[145] Die Konzentration der Industrieaktivitäten und der nicht-traditionellen Industriebranchen in den Industriegebieten der großen urbanen Zentren sowie die geringe Attraktivität der meisten Industriegebiete in den kleineren Städten sind einige Zeichen für den begrenzten Erfolg dieser Politik. Bei der Beurteilung der Politik der Gründung von Industriegebieten ist allerdings zu beachten, daß sich ihre Ergebnisse längerfristig bemerkbar machen.

2.3.5 Die Politik zur Förderung der Dezentralisierung und der örtlichen Selbstverwaltung[146]

In den letzten Jahren stellte die Überwindung der stark zentralistischen Verwal-

---

[145] Zur quantitativen Erfassung der Auswirkungen der Industriegebiete siehe Vliamos, I. S.: Die Industriegebiete und die regionale Industriepolitik in Griechenland, a.a.O., S. 109 ff. Vgl. auch die Ergebnisse der Analyse von P. Alexakis und V. Katrivesis, in: Alexakis, P./Katrivesis, V., a.a.O., S. 81 ff.

[146] Im Jahr 1997 erfolgte mit dem sogenannten "Kapodistrias-Plan" eine bedeutende Reform des Systems. Da sich diese jedoch außerhalb der Betrachtungszeit der vorliegenden Arbeit ereignete, ist sie hier nicht berücksichtigt worden. Festzuhalten ist allerdings die konstante Verbesserung des Systems und die eindeutige Konformität der Entwicklungen, die auch bei der Reform von 1986 festgestellt werden konnten.

tungsstrukturen durch die Förderung der Dezentralisierung und der örtlichen Selbstverwaltung ein grundlegendes Element der Strategie zur Regionalentwicklung in Griechenland dar. Seit Anfang der achtziger Jahre orientierte sich die Politik zunehmend an partizipatorischen Mitteln und Prozessen, wie die demokratische Planung und die Bürgerbeteiligung.

Wichtige Initiativen auf der institutionellen Ebene[147] führten zu einer Reihe von Neuerungen im Bereich der Regionalentwicklung. Hierzu gehörten unter anderem die Stärkung der Kompetenzen der örtlichen Selbstverwaltung und ihrer wirtschaftlichen Selbständigkeit; die Schaffung einer dritten, regionalen Ebene im Planungsbereich neben der Gemeinde- und der Nomos-Ebene; die Übertragung finanzieller Mittel und Kompetenzen von der zentralen Verwaltung auf die Nomos-Räte und somit die Schaffung der örtlichen Selbstverwaltung zweiten Grades; die Möglichkeit der Zusammenlegung von Kleingemeinden zur Bildung größerer Einheiten. Somit wurde ein mehrstufiges Verwaltungssystem geschaffen, das aus einer zentralen Ebene (Ministerien, Öffentliche Unternehmen und Körperschaften, Staatliche Banken, Anstalten des öffentlichen Rechts), einer regionalen Ebene (Regionen und präfekturale Verwaltung)[148] und einer lokalen Ebene (örtliche Selbstverwaltung erster Stufe, d.h. Gemeinden und Kommunen,

---

[147] Zu nennen sind hierbei das Gesetz Nr. 1352/82 "Über die Ausübung der Regionalpolitik und die Einrichtung von Volksvertretungen in den Nomoi", das Gesetz Nr. 1416/84 "Zur Änderung und Ergänzung der Bestimmungen der Gemeinde- und Kommunalgesetzgebung zur Stärkung der Dezentralisierung und der örtlichen Selbstverwaltung", das Gesetz Nr. 1622/86 "Über die örtliche Selbstverwaltung, die regionale Entwicklung und die demokratische Programmierung", das Gesetz Nr. 1832/89 "Zur Änderung und Ergänzung der Gesetzgebung über die örtliche Selbstverwaltung, die Dezentralisierung und andere Bestimmungen", das Gesetz Nr. 1892/90 "Über die Modernisierung und die Entwicklung sowie andere Bestimmungen" und das Gesetz Nr. 1900/91 "Zur Änderung und Ergänzung der Bestimmungen des Gemeinde- und Kommunalgesetzbuches (Präsidialdekret Nr. 323/89), der örtlichen Selbstverwaltung zweiten Grades (Gesetz Nr. 1622/86), der Einnahmen von Gemeinden und Kommunen sowie andere Bestimmungen".

[148] Weder die Region mit den zwei Stufen der örtlichen Selbstverwaltung noch diese zwei Stufen miteinander sind im Rahmen einer hierarchischen Ordnung verbunden. Ihre Beziehung ist lediglich funktioneller Natur und betrifft die Kooperation der verschiedenen Ebenen im Rahmen der Bewältigung ihrer Planungsaufgaben (vgl. Gesetz Nr. 1622/86, Artikel 21 Absatz 4). Aber auch zwischen dem Generalsekretär der Region und dem Nomarchen gibt es keine hierarchische Beziehung, wie das Erklärungsrundschreiben Nr. 58090 des Innenministeriums vom 31.8.1987 ausdrücklich erläuterte (S. 6 f.).

und zweiter Stufe, d.h. Präfekturen oder Nomoi)[149] besteht.[150]
Trotz der Intensivierung der Bemühungen im Bereich der Dezentralisierung und der örtlichen Selbstverwaltung sind ernsthafte Lücken in der Gesetzgebung und Funktionsweise der neuen Einrichtungen sowie gewisse Organisationsmängel festzustellen, die einerseits die Vervollständigung, Konkretisierung und Spezifizierung des institutionellen Rahmens betrafen, andererseits mit der mangelnden Unterstützung des "lokalen Staates" und der örtlichen Selbstverwaltung mit qualifizierten Fachkräften, geeigneter technischer Ausrüstung und ausreichenden Finanzmitteln zusammenhingen. Hierzu sind auch die Verzögerungen zu zählen, die beim Aufbau und bei der Organisation beobachtet wurden, bis sich das System einspielen konnte.[151] Die Konsequenzen dieser Probleme spiegelten sich sowohl in der Planung als auch in der Verwirklichung der Maßnahmen auf Nomos- und Regionalebene wider und verursachten eine suboptimale Politikformulierung und eine hypotonische Zielerfüllung.
Im Rahmen des Gemeinschaftlichen Förderkonzepts 1989-1993 wurde eine Reihe von Zielen angestrebt, die die Dezentralisierung und die örtliche Selbstverwaltung betrafen. Hierzu gehörten die Modernisierung der organisatorischen und funktionellen Strukturen der örtlichen Selbstverwaltung; das engere Heranführen und die Anbindung ihrer Träger an die gesamten Entwicklungsbemühungen und -prozesse im Land; die Schaffung der nötigen Voraussetzungen für die Ausnut-

[149] Der rechtliche Rahmen, die Organe und die Kompetenzen dieser zwei Stufen der örtlichen Selbstverwaltung wurden ausführlich in: KEPE: Berichte zum Fünfjahresplan zur wirtschaftlichen und sozialen Entwicklung 1988-1992, Bd. 18: Örtliche Selbstverwaltung, a.a.O., S. 32 ff. und 107 ff. dargestellt. Siehe auch weiter Kapitel 2.4.

[150] Hinsichtlich der Kompetenzen und der Rolle der verschiedenen Ebenen bei der Regionalplanung und -implementierung siehe weiter Kapitel 3.2.4 der vorliegenden Arbeit. Desweiteren siehe Athanassopoulos, K. G.: Das Entwicklungssystem im Raum im Rahmen der Dezentralisierung und der regionalen Verwaltung, a.a.O., S. 178 ff.; Sidiropoulos, I., a.a.O., S. 94 ff.; Pagakis, L. Gr., a.a.O., S. 58 ff.

[151] So wies beispielsweise der Regionalentwicklungsplan 1994-1999 auf einige Verzögerungen und Schwierigkeiten der regionalen, präfekturalen (Nomos-Ebene) und lokalen (Gemeinde-Ebene) Träger der Regionalplanung und -politik bezüglich der Realisierung der Regelungen des Gesetzes Nr.1622/86 hin (siehe Wirtschaftsministerium: Regionalentwicklungsplan 1994-1999, a.a.O., S. 25 f.).

zung des endogenen Entwicklungspotentials und für die lokale Entwicklung.[152] Angesichts der registrierten Bedürfnisse erscheinen diese Ziele parallel zum Ziel der Ergänzung und Modifizierung des rechtlichen Rahmens problemadäquat und situationsgerecht.

[152] Hinsichtlich der programmatischen Intentionen siehe auch Wirtschaftsministerium: Regionalentwicklungsplan 1989-1993, a.a.O., S. 30 und ausführlicher KEPE: Berichte zum Fünfjahresplan zur wirtschaftlichen und sozialen Entwicklung 1988-1992, Bd. 24: Regionalpolitik, a.a.O., S. 88 f.

2.4 Die Organisationsstruktur des griechischen regionalpolitischen Systems

Die sukzessive Überwindung der stark zentralistischen Organisations- und Verwaltungsstrukturen des staatlichen Apparates durch die Schaffung von dezentralen Verwaltungsstellen mit erweiterten Zuständigkeiten und Kompetenzen sowie durch die Einführung von Institutionen und Prozessen partizipatorischen Charakters bildete seit Anfang der achtziger Jahre eine zentrale Determinante der institutionell-organisatorischen Entwicklung des regionalpolitischen Systems. Diese Entwicklung ist auf den Zusammenschluß einer Reihe von Faktoren zurückzuführen. Zu nennen sind hier die Ineffizienz der traditionellen Mechanismen und Strukturen und die Forderung nach Überwindung der defensiven Rolle der Verwaltung; das zunehmende Unbehagen in der Peripherie im Zusammenhang mit der Herauskristallisierung eines regionalen und lokalen Bewußtseins; die Erhöhung des Demokratisierungsdrucks und die Forderung nach Selbst- bzw. Mitbestimmung; der Wandel in den entwicklungspolitischen Auffassungen und Dogmen zugunsten von "Bottom up"-Ansätzen - unter anderem durch neue theoretische Erkenntnisse im Bereich der Regionalpolitik; die Änderungen in der internationalen Umgebung und die damit verbundenen Herausforderungen.

Insofern sollte die mit der Verabschiedung des Gesetzes Nr. 1622/1986 "Die örtliche Selbstverwaltung, die regionale Entwicklung und die demokratische Planung" stattgefundene "friedliche Revolution"[153] als das Erfolgsergebnis eines langjährigen Prozesses betrachtet werden. Den Kern dieses Gesetzes bildeten zwei Grundkonzeptionen. Die erste betraf die Einheitlichkeit und die Kohärenz der Staatsfunktionen in vertikaler Hinsicht im Zusammenhang mit der organisatorischen Differenzierung und der genauen Abgrenzung der verschiedenen Ebenen. Die zweite bezog sich auf das Bestreben nach Erhöhung der Problemadäquanz und der Effizienz der Bemühungen sowie auf die Notwendigkeit der Bürgernähe und der demokratischen Legitimation der staatlichen Planung und der Implementierung der Maßnahmen durch Teilnahme am Entscheidungsprozeß und an der Ausführung.
Aufgrund dessen wurde das griechische Verwaltungssystem in vier Ebenen gegliedert: zentrale Ebene, regionale Ebene, Nomos-Ebene, Gemeinde-Ebene.

---

[153] So im Text des Gesetzesentwurfes für das Gesetz Nr. 1622/1986, S. 1.

Während sich die dezentrale Vollzugsverwaltung primär auf die drei ersten Ebenen konzentrierte, so daß die Gemeinde-Ebene nur teilweise in dieses System eingebunden wurde, umfaßte die örtliche Selbstverwaltung die zwei letzten Ebenen.[154] Die planende Verwaltung basierte auf der Ebene der zentralen Verwaltung, der regionalen Ebene und der präfekturalen Ebene. Hierbei kam innerhalb des Systems der demokratischen Planung den im Gesetz Nr. 1622/1986 vorgesehenen Region- und Nomos-Räten eine tragende Rolle zu. Den Gemeinde-Räten wurde hier nur geringe Bedeutung beigemessen.

Schematisch ist die mit der Regionalplanung und -politik betraute griechische Verwaltung wie folgt darzustellen:

I. Zentrale Verwaltung

- Regierung und Regierungsorgane (Regierungsrat, Regierungsrat für Außenpolitik und Nationale Verteidigung, Oberster Rat für Wirtschaftspolitik, Rat von Wirtschaftsexperten)
- Wirtschaftsministerium und andere Ministerien
- Öffentliche Unternehmen und Körperschaften
- Staatliche Banken (z.B. Griechische Bank für industrielle Entwicklung, Agrarbank Griechenlands)
- Anstalten des öffentlichen Rechts

II. Regionale Verwaltung

- Generalsekretär der Region in jeder der 13 Regionen des Präsidialdekrets Nr. 51 vom 6.3.1987
- Ministerium für Nordgriechenland und Ministerium für die Ägäis
- Regionale Behörden der Ministerien (Direktionen für die Regionalentwicklung, Interpräfekturale Ämter und Dienste verschiedener Ministerien)

III. Präfekturale Verwaltung

- Nomarchia
- Eparchia

---

[154] Im Text des Gesetzesentwurfes für das Gesetz Nr. 1622/86 wurde ausdrücklich darauf hingewiesen, daß die Region "... keine Stufe der örtlichen Selbstverwaltung im rechtlichen Sinn bildet, sondern eine Stufe im Rahmen der regionalen Dezentralisierung des öffentlichen Sektors sowie im Rahmen der Vervollständigung der demokratischen Planung." (S. 2, eigene Übersetzung).

Andererseits ist die Organisation der Entwicklung im Rahmen der planenden Verwaltung auf den verschiedenen Ebenen in Griechenland dem folgenden Schema zu entnehmen:

I. Zentrale Ebene

- Zentralverwaltung (wie oben) / mittelfristige nationale Entwicklungsprogramme, jährliche nationale Entwicklungsprogramme, Programm für Öffentliche Investitionen

II. Regionale Ebene

- Region-Rat für jede der dreizehn Regionen / mittelfristige regionale Entwicklungsprogramme, jährliche regionale Entwicklungsprogramme

III. Ebene der örtlichen Selbstverwaltung

A. Erste Stufe der örtlichen Selbstverwaltung

Gemeinde, Kommunen, Neue Gemeinden (Zusammenschlüsse von Gemeinden und Kommunen), d.h. Träger der Örtlichen Selbstverwaltung erster Stufe

- lokale Räte / mittelfristige lokale Entwicklungsprogramme, jährliche lokale Entwicklungsprogramme

B. Zweite Stufe der örtlichen Selbstverwaltung

Präfekturale Selbstverwaltungen, d.h. Träger der Örtlichen Selbstverwaltung zweiter Stufe

- Nomos-Räte / mittelfristige präfekturale Entwicklungsprogramme, jährliche präfekturale Entwicklungsprogramme

Auf regionaler Ebene koexistieren also eine interpräfekturale Verwaltung, d.h. der Generalsekretär der Region, der als direkter Vertreter der Regierung die höchste Instanz aller Regionalbehörden darstellt und zuständig für die Politik und die Funktionen des Staates in der Region ist, und ein Planungsorgan, d.h. der Region-Rat, der aus dem Generalsekretär der Region, den Nomarchen der in den Regionen umfaßten Nomoi, den Vorsitzenden der präfekturalen Selbstverwaltungen dieser Nomoi und einem Vertreter der lokalen Vereinigungen von Gemeinden und Kommunen aus jedem Nomos der Region besteht. Über seine Planungskompetenzen und -funktionen hinaus[155] verfügt der Region-Rat über Befugnisse hinsichtlich der Verteilung der Verpflichtungsermächtigungen des

---

[155] Hierzu siehe konkret Artikel 63 des Gesetz Nr. 1622/86. Hinsichtlich der Aufstellung der Entwicklungsprogramme siehe auch Artikel 72 und 73.

Programms für Öffentliche Investitionen für Maßnahmen mit präfekturalem und lokalem Bezug. Im Rahmen seiner Aufgaben und Aktivitäten wird der Region-Rat vom Amt für Regionalentwicklung des Wirtschaftsministeriums, den staatlichen Körperschaften und den Regionalbehörden unterstützt.
Auf Nomos-Ebene ist sowohl die präfekturale Verwaltung vorhanden, die durch die Nomarchia ausgeübt wird als auch eine präfekturale Selbstverwaltung mit dem selben Namen und Sitz. Die präfekturale Selbstverwaltung besteht aus dem Nomos-Rat, dem Nomos-Ausschuß und dem Vorsitzenden des Nomos-Rates. Auf der Ebene des Nomos treffen dezentralisierte staatliche Verwaltung und örtliche Selbstverwaltung zusammen. Das bedeutet praktisch, daß hier Erstellung und Ausführung der Maßnahmen erfolgen. Der Nomos-Rat hat hauptsächlich beratende und begutachtende Funktionen, er kontrolliert jedoch einen Haushalt und verteilt die ihm gewährten Verpflichtungsermächtigungen unter die Gemeinden und Kommunen.

Mit dem Beitritt des Landes in die Europäischen Gemeinschaften wurde ebenfalls Anfang der achtziger Jahre eine weitere zentrale Determinante des Systems geschaffen, da die Ausnutzung der im Rahmen der Strukturpolitik der Gemeinschaft erschlossenen Möglichkeiten für das Land und die Regionen - sowohl als aktive Teilnahme an der Herauskristallisierung der gemeinschaftlichen Politik als auch als Implementierung der Politik und vor allem als Wahrnehmung der Finanzierungsmöglichkeiten - mit der Umstrukturierung und Anpassung der betreffenden organisatorischen Instanzen und Träger an die gemeinschaftlichen Anforderungen verbunden wurde.
Das zunehmende Gewicht der gemeinschaftlichen Regionalpolitik im griechischen regionalpolitischen System spiegelt sich deutlich in den Änderungen der Organisationsstruktur des Wirtschaftsministeriums wider. Mit diesen Änderungen wurden Stellen (Direktionen, Abteilungen, Büros usw.) geschaffen, die speziell mit den neuen Aufgabenbereichen betraut wurden.[156] Jede Modifizierung, die gleichzeitig eine Differenzierung des administrativen Systems darstellte, ist als Bemühung nachzuvollziehen, die funktionellen Defizite des griechischen regio-

[156] Hierzu vgl. die Organisationspläne des Ministeriums anhand der Präsidialdekrete Nr. 816/77 vom 14.10.1977, Nr. 545/88 vom 16.11.1988, Nr. 394/91 vom 25.10.1991, und Nr. 138/93 vom 14.4.1993.

nalpolitischen Systems abzubauen und eine Erhöhung der Effizienz der Administration zu erreichen. Ähnliche Änderungen und Anpassungen wurden jedoch auch in anderen Ministerien mit regionalpolitischen Aufgabenbereichen vorgenommen, die bei der Ausübung ihrer Tätigkeit mit dem gemeinschaftlichen System in Berührung kamen (z.B. Ministerium für Landwirtschaft, Ministerium für Raumordnung und öffentliche Bauten, Ministerium für Umwelt). Charakteristisch war hierbei die Gründung von "staff units" horizontaler Ausrichtung zur Bearbeitung von gemeinschaftlichen Themen und zur Unterstützung der Verwaltung innerhalb der Ministerien. Diese nahmen entweder die Form von selbständigen Teilbürokratien (z.B. Generaldirektionen für die Beziehungen mit den Europäischen Gemeinschaften, die einem Minister oder einem Staatssekretär direkt unterstellt waren) oder die Form von Abteilungen innerhalb der vorhandenen Generaldirektionen ein.[157]

Gleichzeitig führte der Beitritt zu der Frage der Vertretung der Interessen der verschiedenen Bürokratien in den gemeinschaftlichen Gremien. Die Bewältigung dieser Aufgabe im Rahmen des Gesetzes Nr. 1104/80 erscheint kaum problemadäquat. Die Beauftragung des Außenministeriums mit der außenpolitischen Vertretung unter der Betrachtung dieser Aufgabe als eine explizit diplomatische Funktion und die undeutliche Verteilung der Koordinierungsaufgaben zwischen dem Koordinationsministerium und dem Außenministerium schufen einen institutionellen Rahmen, der die Konkurrenz zwischen den Minesterialadministrationen Nahrung gab und Konflikte bereitete, so daß das System nur mit ad hoc-Entscheidungen und Improvisationen funktionieren konnte.[158] Diese Probleme blieben trotz gewisser Verbesserungen weitgehend ungelöst.

Die Entwicklung der gemeinschaftlichen Regionalpolitik und ihre Implementierung in Griechenland waren schließlich mit der zunehmenden Berücksichtigung von regionalen und lokalen Interessen und Problemen und mit der Entwicklung eines institutionell-organisatorischen Systems auf dezentraler und selbstverwaltender Basis verbunden.

---

[157] Zu dieser administrativen Entwicklung und zu den damit verbundenen Koordinierungsproblemen siehe Makrydimitris, A./Passas, A.: Die griechische Verwaltung und die Koordinierung der Europa-Politik, Athen, 1993, (gr.), S. 26 ff.

[158] Zu den verschiedenen Schemata der Regierungen der "PASOK" und der "Nea Demokratia" zur Überwindung dieses Modells siehe ebenda, S. 22 ff.

Obwohl diese zwei Entwicklungen in bezug auf ihren Ablauf und auf ihre Wirkungen auf den ersten Blick unabhängig voneinander erscheinen, kam der enge Zusammenhang dieser beiden Determinanten mit der Implementierung der reformierten Strukturpolitik der Gemeinschaft von 1988 im Rahmen der Partnerschaft zum Ausdruck. Diese Implementierung war möglich, weil das notwendige institutionell-organisatorische Instrumentarium zum großen Teil vorhanden war. Die Berücksichtigung und der Einsatz der neugeschaffenen Institutionen führte wiederum zu ihrer Stärkung und Weiterentwicklung.

Aus der Gesamtbetrachtung der Organisationsstruktur und der Funktion des griechischen regionalpolitischen Systems sind organisatorische und administrative Defizite festzustellen, die sowohl die Qualität (Planungsaufgabe) als auch die Effizienz (Vollzugsaufgabe) der unternommenen Bemühungen zum Abbau der Regionaldisparitäten und zur Regionalentwicklung in hohem Maße beeinträchtigten. Diese Defizite waren zwar zwangsläufig eng mit den allgemeinen Schwächen, Problemen und Fehlentwicklungen der staatlichen Organisation und der Administration verbunden[159], sie wiesen aber auch einen policy-spezifischen Charakter auf.

Zentrale Probleme bildeten insofern der Mangel an Stabilität und die erhöhte Unsicherheit aufgrund der häufigen Änderungen des institutionellen Rahmens als Ergebnis von Modifizierungen von vorläufigen oder/und nicht geeignet vorbereiteten Regelungen oder aufgrund von abrupten Änderungen des Systems als Folge eines Regierungswechsels. Dieser Unsicherheitsfaktor wirkte sich verwirrend und meistens abschreckend auf die private Initiative aus, verstärkte entgegen den erklärten Absichten die Tendenzen zur spontanen Konzentration im Raum und trug schließlich zu der Entwicklung einer kurzfristigen und opportunistischen Sichtweise der Unternehmer bei.

Ein weiteres verheerendes organisatorisches Problem stellte die mangelnde Koordination auf vertikaler und horizontaler Ebene dar, was praktisch die Unfähigkeit der Träger des griechischen regionalpolitischen Systems bedeutete, konzentrierte Interventionen und Synergieeffekte zu erreichen. Vielmehr handelte es sich um

---

[159] Zu einer ausführlichen Darstellung der Schwachpunkte der griechischen Verwaltung siehe KEPE: Berichte zum Fünfjahresplan zur wirtschaftlichen und sozialen Entwicklung 1988-1992, Bd. 19: Öffentliche Verwaltung, a.a.O., S. 39 ff.

unabhängig agierende Bürokratien mit undeutlich definierten Aufgaben und sich oft überschneidenden oder sogar kollidierenden Outputs. Die dadurch aufgetretenen Konflikte und Konkurrenzen konnten häufig nur auf interpersoneller Ebene oder nach Interventionen von höheren politischen Instanzen (z.B. Minister oder Premierminister) beseitigt werden - und das auch nur nach erheblichen Anstrengungen und oft mit hohen politischen Kosten (Rücktritt von Ministern, Imageverlust der Regierung usw.).
Trotz der eingeleiteten Verwaltungsdezentralisierung und des Aufbaus der örtlichen Selbstverwaltung blieb der größte Teil der Aktivitäten der Verwaltung sowohl hinsichtlich der Politikformulierung als auch hinsichtlich der Entscheidungskompetenz auf der Ebene der Zentralverwaltung konzentriert. Die Problemsituation des Landes kann jedoch innerhalb vorwiegend zentralistisch geprägter Strukturen bestenfalls mit einem zusätzlichen Aufwand bewältigt werden, da Problemlösungsvorgänge nur in den Zentralstellen vorgesehen sind.[160]
Über den allgemeinen Konsens hinsichtlich der Notwendigkeit einer Dezentralisierungspolitik und des Aufbaus von Strukturen der örtlichen Selbstverwaltung hinweg scheinen Widerstände und Zweifel der Zentralverwaltung zu bestehen, die teilweise mit den tatsächlichen Schwierigkeiten des Systems zusammenhängen, seine Aufgaben effektiv zu erfüllen.[161]
Andererseits wurden die neugeschaffenen Institutionen der örtlichen Selbstverwaltung nicht mit den nötigen Voraussetzungen für die Ausübung ihrer Tätigkeit ausgerüstet. So ist beispielsweise eine Reihe von Problemen und Schwächen auf der Nomos-Ebene zu nennen, der nach Absicht des Gesetzgebers eine Hauptrolle zukommen sollte: der Mangel an qualifizierten Personen; die Tatsache, daß die dort betriebene Politik - auch in den Fällen, wo sie unmittelbar lokale Angelegenheiten betraf - faktisch im Zuständigkeitsbereich der Zentralverwaltung blieb; die Tatsache, daß der Nomarch keine Mitspracherechte für Fragen hat, die im Zuständigkeitsbereich der Träger des erweiterten öffentlichen Sektors liegen (z.B. Öffentliche Elektrizitätsgesellschaft, Amt für das Fernmeldewesen Griechenlands); die Autonomisierungstendenzen mancher dezentraler Stellen der Ministerien aus dem einheitlichen organisatorischen Schema der Nomarchia (z.B.

[160] Vgl. Grammatikopoulou, E., a.a.O., S. 98.

[161] Dies wurde dem Verfasser gegenüber in einer Reihe von Hintergrundgesprächen im Wirtschaftsministerium wiederholt angedeutet.

Finanzämter, Ämter der Archäologischen Gesellschaft, Ämter der Öffentlichen Gesellschaft für die Zivile Luftfahrt, Postsparkassen, Gefängnisse usw.), wobei diese Tendenzen als Aufsuchen eines direkten Kontaktes von den Vorgesetzten dieser Ämter mit den zuständigen Ministerien auftreten, einerseits aufgrund ihrer psychologischen Abhängigkeit vom Zentrum, andererseits aufgrund der systematischen Erhaltung dieser Abhängigkeit vom Zentrum.[162]
Weitere Probleme betrafen die Tätigkeit der Anstalten des öffentlichen Rechts, die aufgrund des Bedarfs nach sektoraler Dezentralisierung staatlicher Aktivitäten gebildet wurden. Die hohe Anzahl der Anstalte des öffentlichen Rechts, die Anbindung an das zuständige Ministerium und das Fehlen eines zentralen Organs zur Koordinierung ihrer Aktivitäten verhinderten die Herausbildung einer einheitlichen Auffassung hinsichtlich der Bewältigung der Aufgaben und die Entwicklung einer Zusammengehörigkeit oder eines Kooperationsgeistes, so daß Verwirrungen und Konflikte bis hin zur Ministerialebene entstanden. Hinzu kam die Tatsache, daß ihre Tätigkeit nicht aufgrund festgelegter Organisations- und Planungsregeln erfolgte, sondern in hohem Maße von organisatorischen und administrativen Erfahrungen der Vergangenheit geleitet wurde. Hierbei wies die Bewältigung der Aufgaben oft einen fallabhängigen Charakter auf.[163]
Die demokratische Planung als Nachfolgersystem und Ergänzung der rationellen und der konsensualen Planung umfaßt eine politische und eine fachtechnische Dimension. Während sich die Bemühungen auf die politische Dimension konzentrierten, so daß das partizipatorische Element in den Vordergrund gestellt wurde, blieb die zweite Dimension deutlich im Hintergrund.[164] Die Unterstützung des Planungssystems wurde vernachlässigt.[165]
Auf administrativer Ebene ließ sich wiederum eine Reihe von Defiziten feststellen. Dazu gehörten die mangelnde Stabilität und die personelle Diskontinuität innerhalb des Verwaltungsapparates als Ergebnis der häufigen Regierungswechsel und der starken Abhängigkeit der Administration von der jeweiligen politi-

---

[162] Vgl. auch KEPE: Berichte zum Fünfjahresplan zur wirtschaftlichen und sozialen Entwicklung 1988-1992, Bd. 19: Öffentliche Verwaltung, a.a.O., S. 32 ff.

[163] Siehe ebenda, S. 35 ff.

[164] Hierzu siehe Sidiropoulos, I., a.a.O, S. 99 ff.

[165] Ebenda, S. 114 ff.

schen Führung sowie die unzureichende Einsetzung von qualifizierten Arbeitskräften aufgrund parteipolitischer Präferenzen; der zentralistische Administrationsaufbau, was ein Erschweren der administrativen Outputs, eine geringe Effizienz der Administration, mangelnde Flexibilität, undeutliche Kompetenzverteilung und geringe Koordinierung zwischen den verschiedenen Administrationsstellen, Unfähigkeit der unteren Administrationsstellen zur Bewältigung von komplizierten Problemlagen und Paralysierungsgefahr, Überladungsgefahr für die zentralen Stellen, lange Verwaltungswege und hohe Kommunikations- und Verwaltungskosten bedeutete; geringe Qualifikation der Beamten und Mangel an moderner technischer Infrastruktur, was zu einer suboptimalen Bewältigung der gestellten Aufgaben führte. Dabei kamen diese Defizite gerade bei den dezentralen Administrationsstellen erheblich intensiver zum Ausdruck.

Unter Berücksichtigung der organisatorischen und administrativen Verflechtungen und Interaktionen zwischen dem griechischen und dem gemeinschaftlichen regionalpolitischen System sind weitere Defizite und Anpassungsprobleme festzustellen, die die griechischen Möglichkeiten und Chancen innerhalb dieses Politikbereiches in allen Phasen und Prozessen, d.h. sowohl auf der Ebene der Formulierung der Regionalpolitik als auch auf der Implementierungsebene, erheblich einschränkten.
Der griechische Beitritt in die Europäischen Gemeinschaften hat sich nicht auf der Basis eines breiten politischen Konsens der griechischen Parteien und der Bevölkerung vollzogen, so daß die Panhellenische Sozialistische Bewegung, die einige Monate später (Oktober 1981) mit der programmatischen Forderung nach Austritt aus der Europäischen Gemeinschaft an die Regierung kam, für eine lange Zeit die Teilnahme des Landes an der Gemeinschaft in Frage stellte. Die ambivalente "PASOK"-Haltung gegenüber der europäischen Integration[166] führte jedoch zur Entwicklung von verzerrten und integrationsfeindlichen Leitbildern, wie Ethnozentrismus, defensive und finanzzentrierte Betrachtungsweise der Integration und administrative Sklerosen, sowie zu zeitlichen Verzögerungen und somit zu einer schwierigen Anpassung des griechischen Systems an die gemeinschaftliche Ordnung.

---

[166] Hierzu siehe Kasakos, P.: Die integrationspolitischen Initiativen der 80er Jahre und die griechische Europa-Politik, a.a.O., S. 94 ff.

Der durch die Politisierung der nationalen Verwaltung häufig stattgefundene Austausch des fachkundigen Personals war, abgesehen von allgemeinen und schwerwiegenden Konsequenzen für das System, auch bei der Bewältigung der mit der europäischen Regionalpolitik verbundenen Angelegenheiten des nationalen Systems ein weiteres grundlegendes Defizit. Die praktizierte Bewältigung eines großen und wichtigen Teils der gestellten Aufgaben von ad hoc beauftragten außenstehenden Fachkräften, Sonderberatern und der politischen Führung der Ministerien führte zu einer Reihe von Problemen. Dazu gehörten die Konsolidierung von Abhängigkeitsbeziehungen sowie die Verzögerung der Anpassung an die Anforderungen des gemeinschaftlichen Systems; die Abwesenheit eines "institutionellen Gedächtnisses" für eine kontinuierliche und systematische Bearbeitung der jeweiligen Fragen sowie das Ausbleiben der Herausbildung der nötigen "Reflexe", da mit dem Abzug der im Stab des entfernten politischen Vorgesetzten beschäftigten Berater auch Fachwissen und erworbene Erfahrungen verloren gingen; die Abwesenheit horizontaler (zwischen der griechischen und den anderen nationalen Verwaltungen) und vertikaler (zwischen der nationalen Verwaltung und den zuständigen gemeinschaftlichen Stellen) Kommunikationsverbindungen und Zusammenarbeitsnetze.[167] Insofern erschwerten die kurzfristigen Gewinne durch das Heranziehen von hochqualifizierten außenstehenden Fachkräften gleichzeitig die Rationalisierung, Umstrukturierung und Anpassung der Administration.

Von zentraler Bedeutung für die Beziehung zwischen dem gemeinschaftlichen und dem nationalen regionalpolitischen System war die Frage der internen Koordinierung, die sich als eine der schwierigsten organisatorischen und administrativen Aufgaben erwies. Sie betraf die Notwendigkeit zur Heraukristallisirung einheitlicher Ansichten auf allen Ebenen der nationalen Verwaltung, um bei Verhandlungen auf gemeinschaftlicher Ebene geschlossen auftreten zu können. Diese Koordinierung erfolgte jedoch bis heute nicht innerhalb eines institutionell festgelegten Rahmens aufgrund einer durchdachten Strategie zur Anpassung des Systems an die gemeinschaftliche Ordnung. Ad hoc-Regelungen, Improvisationen, konjunkturelle Faktoren, persönliche Beziehungen und Ausstrahlung der jeweiligen Minister, der Ressortleiter oder anderer politischer Personen konnten die aufgetretenen Konflikte zwischen den verschiedenen Bürokratien nicht

---

[167] Vgl. Makrydimitris, A./Passas, A., a.a.O., S. 28 f. und 35 ff.

immer beheben und beeinträchtigten die Effizienz des Systems erheblich.[168] Die Frage der Koordinierung der verschiedenen Administrationsstellen ist eng mit der Kommunikationsproblematik zwischen den gemeinschaftlichen Stellen und den Bürokratien in den Mitgliedstaaten verknüpft.[169] Die zunehmende Verflechtung zwischen der Gemeinschaft und dem Staat als Ergebnis der europäischen Integration (Internalisierung und Internationalisierung von Prozessen und Ereignissen) bedeutete gleichzeitig die Zunahme und Differenzierung der Rollen, der Aufgaben und der Herausforderungen der verschiedenen Stellen. Hierbei traten jedoch erhebliche Schwächen und Probleme hinsichtlich der Information und der Teilnahme am gemeinschaftlichen Entscheidungsprozeß auf, da die vorgesehenen und praktizierten Kommunikationsprozesse den tatsächlichen Bedürfnissen und Vorstellungen der beteiligten Bürokratien nicht entsprachen. Die aufgebaute Kommunikationsstruktur führte beispielsweise zu konfliktären Situationen zwischen dem Außenministerium und dem Wirtschaftsministerium, wobei letzteres die hierarchische Kommunikationsstruktur (EG - Ständige Griechische Vertretung bei den Europäischen Gemeinschaften (MEA) - Außenministerium - Wirtschaftsministerium - Ministerium X) als zeitraubend, veraltet und inadäquat abstempelt und somit in Frage stellt. Hierbei drücken mit zunehmender Intensität auch andere Ministerien oder untergeordnete Verwaltungsstellen ihre Unzufriedenheit aus.[170]

---

[168] Hinsichtlich der Problematik der internen Koordinierung der griechischen Verwaltung siehe ebenda, S. 38 ff.

[169] Die Kommunikationsproblematik wurde von Minakaki ausführlich behandelt (siehe Minakaki, T.: Die Kommunikation der zentralen Verwaltung mit der EG und die besondere Rolle der EG-Stellen der Ministerien in Griechenland, in: Verwaltungsenzyklopädie, Verwaltungsreform, Jg. 13, Heft 51-52, Athen, 1992, (gr.), S. 34 ff.). Hierzu siehe auch Makrydimitris, A./Passas, A., a.a.O., S. 31 ff.

[170] Vgl. Minakaki, T., a.a.O., S. 38 ff. und insbesondere 41 ff.

2.5 Der Einfluß der Regionalpolitik der Gemeinschaft auf das regionalpolitische System in Griechenland

Aus der vorangegangenen Darstellung des regionalpolitischen Systems in Griechenland ist seine ständige inhaltliche, institutionell-organisatorische und implementierungsrelevante Verbesserung und Differenzierung zur Bewältigung der gestellten Aufgaben und der zunehmenden nationalen und internationalen Herausforderungen zu konstatieren. Ähnlich wie das gemeinschaftliche regionalpolitische System erwies es innerhalb eines sukzessiven Lernprozesses die Fähigkeit zur Fortentwicklung und Anpassung an die neuen Gegebenheiten und Bedürfnisse.

Es ist dennoch vorauszuschicken, daß die erfolgten Verbesserungen eher einzelne Segmente des Systems als das System in seiner Gesamtheit betrafen, so daß die dadurch erreichte Erhöhung der Effizienz der Regionalpolitik vielmehr ersteren zuzuschreiben ist. Ein zentrales Defizit des Systems war seine Fragmentierung in isolierte Bestandteile, deren mangelnde Korrespondenz und Koordinierung Hemmnisse einer höheren Konzentration der Bemühungen und somit besserer und gezielter Synergieeffekte darstellten, während Widersprüche und konfliktäre Situationen auftraten, die im besten Fall nur mit großem Aufwand bewältigt werden konnten. Relevant ist hierbei die Verkennung und Vernachlässigung von Möglichkeiten für die regionalpolitische Intervention, die hauptsächlich auf der Basis von wirtschaftspolitischen Elementen betrieben wurde. Geringe Beachtung fand beispielsweise die Raumordnungspolitik als Steuerungsinstrument der räumlichen Entwicklungen, die erst seit Anfang der achtziger Jahre eine aktivere Rolle einnahm.[171]

In den achtziger Jahren wurde ein gewaltiger Fortschritt des griechischen regionalpolitischen Systems erreicht.

Zum einen war der erfolgte Fortschritt mit dem Übergang des entwicklungspolitischen Konzepts von einem "Top-down"-Ansatz hin zu einem "Bottom up"-Ansatz verknüpft, der einen Transformationsprozeß der griechischen sozioökonomi-

---

[171] Hierzu siehe Grammatikopoulou, E., a.a.O., S. 96 und 105 f. sowie Getimis, P.: Die Raumordnungspolitik auf regionaler Ebene. Voraussetzungen und Bewertung, in: Institut für regionale Entwicklung: Festschrift, Athen, 1992, (gr.), S. 207 ff.

schen und politischen Strukturen einleitete. Der strategische Ansatz der "Entwicklung von unten" wurde durch die Schaffung von dezentralen Verwaltungsstellen mit erweiterten Zuständigkeiten und Kompetenzen ("lokaler Staat") und durch die Einführung von Institutionen und Prozessen mit partizipatorischem Charakter (örtliche Selbstverwaltung erster und zweiter Stufe, Träger der örtlichen Selbstverwaltung, Kommunalunternehmen, Entwicklungskörperschaften mit Beteiligung der örtlichen Selbstverwaltung, Entwicklungsgesellschaften, Programm- und Entwicklungsverträge und demokratische Planung) umgesetzt. Diese von der PASOK eingeführte und betriebene Politik wurde mit gewissen Abweichungen von der darauffolgenden konservativen Regierung fortgesetzt und blieb auch nach ihrer Ablösung vorrangig. Durch die erhöhten Mitwirkungsmöglichkeiten der lokalen Ebene bei der Politikformulierung (demokratische Planung) und -implementierung (Partnerschaft, zwischengeschaltete Körperschaften usw.) erwarben Begriffe, wie "lokales Interesse", "lokales Problem" und "lokale Gesellschaft"[172], eine neue, für die Politik reale und relevante Dimension.
Zum anderen stellte die mit dem griechischen Beitritt in die Europäischen Gemeinschaften erfolgte vollständige Teilnahme des Landes an der gemeinschaftlichen Integration einen ständigen Impuls zur Fortentwicklung und Anpassung des griechischen regionalpolitischen Systems dar und sie fungierte somit als ein katalytischer exogener Bestimmungsfaktor des stattgefundenen Lernprozesses. Die massive finanzielle Unterstützung aus dem Europäischen Fonds für regionale Entwicklung bedeutete hierbei nicht unbedingt den wichtigsten gemeinschaftlichen Beitrag zum Abbau der regionalen Disparitäten und zur Regionalentwicklung. Die erhebliche Beschleunigung des Rhythmus der vorgenommenen Verbesserungen und die Einführung von innovativen Elementen in das griechische regionalpolitische System als Response auf den Anpassungs- und Modernisierungsdruck der Teilnahme sind hier als ein qualitativer Sprung zu erfassen, der Fehlentwicklungen der Vergangenheit zu korrigieren versuchte. Diese positiven Auswirkungen könnten sich aus mittel- und langfristiger Sicht bei weitem bedeutender erweisen als die ökonomischen Auswirkungen der Förderung.
Die Modernisierungseffekte des Beitritts bzw. der Teilnahme wurden allerdings in erhöhtem Maße von der ambivalenten Haltung der sozialistischen Regierun-

---

[172] Siehe Psychopedis, K./Getimis, P.: Regelung lokaler Probleme, Athen, 1989, (gr.), S. 23 ff. und 32 ff.

gen gegenüber der Europäischen Gemeinschaft sowie von den Schwächen und Unzulänglichkeiten der politischen, sozioökonomischen und administrativen Strukturen Griechenlands beeinträchtigt. Die Fortschritte beschränkten sich daher jedesmal auf ein Minimum im Rahmen einer defensiven und finanzzentrierten Betrachtungsweise des gemeinschaftlichen Integrationsprozesses, die die nationalen Erfolge in den gemeinschaftlichen Gremien an der Höhe der "erkämpften" gemeinschaftlichen Mittel messen ließ.

Ein direktes Ergebnis des gemeinschaftlichen Einflusses auf das griechische regionalpolitische System war die Einführung einer intensiven und spezifischen Regionalplanung, die mit dem regionalen Entwicklungsprogramm 1981-1985 begann und mit den Regionalentwicklungsplänen bzw. den Gemeinschaftlichen Förderkonzepten 1989-1993 und 1994-1999 fortgesetzt wurde. Die Programme verstanden sich - vor allem nach 1989 - nicht mehr als indikativ, sondern bildeten konkrete verbindliche Rahmenprogramme, die aufgrund ihrer Umsetzung in operationelle Programme tatsächliche Realisierungschancen erlangten. Aufgrund der engen zeitlichen Spielräume, die bei dem Entwurf beider Regionalentwicklungsprogramme zur Verfügung standen[173], ist allerdings die von M. Schäfers aufgestellte Hypothese hinsichtlich der Einbeziehung von planungsfremden Aufstellungskriterien[174] teilweise zu bestätigen.

---

[173] In den einführenden Bemerkungen des Regionalentwicklungsplans 1989-1993 wurde vorausgeschickt, daß die für die Aufstellung des Plans zur Verfügung stehende Zeit angesichts der vorhandenen Strukturschwächen, der neuen Programmierungsverfahren und der geringen Programmierungserfahrung der griechischen Regionen nicht ausreichend für eine vollständige, wissenschaftlich fundierte und organisatorisch makellose Arbeit gewesen sei (vgl. Wirtschaftsministerium: Regionalentwicklungsplan 1989-1993, a.a.O., S. 5 f.). Die Ende Dezember 1993 mit gewissen Modifizierungen und Ergänzungen abgeschlossene Revision des schon am 10.9.1993 eingereichten Regionalentwicklungsplans 1994-1999 bedeutete aber auch hier angesichts des gegebenen Zeitdrucks eine knappe Vorbereitungszeit - zumindest bezüglich der vorgenommenen Änderungen, die die aus den Wahlen vom Oktober 1993 entstandene sozialistische Regierung als notwendig erachtete.

[174] So vermutete Schäfers: "Sie [die Mitarbeiter der nationalen Behörden] werden zwar versuchen, die Gesamtförderung durch die EG zu maximieren ... Aber gleichzeitig verhalten sich die nationalen Beamten nach dem Gesetz des geringsten Aufwandes und verzichten auf die aufwendige, komplizierte und für sie neue wissenschaftliche Diagnose. Sie werden vielmehr die Leitlinien der Kommission studieren, um deren präferierte Entwicklungsstrategie zu identifizieren. Anschließend übernehmen sie diese Entwicklungsstrategie in die nationalen Pläne. Anhand der Fondsleitlinien lassen sich leicht ehrgeizige Programme und Projekte ...

Im Zusammenhang mit der Einführung der Regionalplanung als eigenständiges Planungsgebiet wurden bei der Interaktion zwischen der Gemeinschaft und Griechenland Politikinhalte und strategische Konzeptionen der Regionalpolitik ausgebaut oder ausgearbeitet. Während das übergeordnete Zielsystem in allen seinen Grundsätzen bzw. Zielen bestehen blieb und sogar verstärkt wurde, wurden die untergeordneten Ziele modernisiert und schrittweise angepaßt oder weiterentwickelt (Verbesserung des Humankapitals, Förderung von produktiven Investitionen, Ausbau der wirtschaftsnahen Infrastruktur, Anschluß an die transeuropäischen Netze, Förderung von modernen Wirtschaftsaktivitäten und neuen Technologien, Förderung der Forschung und der Technologie, Umweltschutz usw.). Neben der endogenen Entwicklung, dem integrierten Ansatz, der Dezentralisierung und dem Aufbau der örtlichen Selbstverwaltung bilden diese Ziele gleichzeitig jedoch die neuen strategischen Konzepte der Gemeinschaft im Bereich der Regionalentwicklung. Sie wurden leicht akzeptiert und internalisiert, nicht zuletzt über die Einsicht, daß sie wirksame Entwicklungsstrategien mit einer deutlichen Zukunftsorientierung darstellen, deren Finanzierung nur bei einer gemeinschaftlichen Unterstützung getragen werden kann.

Andererseits bewirkte die Teilnahme des Landes an der Gemeinschaft eine deutliche Fortentwicklung der regionalpolitischen Mittel und eine erhebliche Steigerung ihrer Effizienz. Dieser Fortschritt des Systems kam zum einen als Verbesserung und ad hoc-Anpassung des bestehenden, traditionellen Instrumentariums und zum anderen als Herauskristallisierung neuer Institutionen, Implementierungsmittel und Politikbereiche zum Ausdruck.

Im ersten Fall werden diese positiven Änderungen aus der Betrachtung der zunehmenden Orientierung der griechischen öffentlichen Investitionspolitik an den gemeinschaftlichen Zielsetzungen sowie aus der Beteiligung der Ausgaben der Gemeinschaft an den öffentlichen Ausgaben mit regionalpolitischen Zielsetzungen in Griechenland ersichtlich. Neben der quantitativen Dimension sind hierbei qualitative Verbesserungselemente hervorzuheben, die die inhaltliche Ausrichtung und die verwaltungstechnische Abwicklung dieser Politik betrafen. Außerdem waren die erfolgten Verbesserungen in der Harmonisierung der griechischen Politik der Anreize zur Regionalentwicklung mit der gemeinschaftlichen Anreizpolitik festzustellen. Anstelle der früher bevorzugten Anreize steuer-

---

und damit die Basis für eine hohe EG-Beteiligung schaffen." (Schäfers, M., a.a.O., S. 75).

lichen Charakters traten hauptsächlich Finanzierungsbegünstigungen, da letztere als transparenter, effektiver und problemgerechter gelten.[175]
Im zweiten Fall handelte es sich um die Förderung der lokalen Initiative und der endogenen Entwicklung. Das Instrumentarium dieser Förderung bildeten ein durch die integrierten Mittelmeerprogramme eingeleiteter integrierter Entwicklungsansatz, eine Reihe von Entwicklungsgesellschaften[176] und die Förderung der kleinen und mittleren Unternehmen. Diese Innovationen, die mit Gewißheit auch in der absehbaren Zukunft der griechischen Regionalpolitik eine dominante Rolle spielen werden, waren in der Lage, eine neue dynamische Denkweise im Bereich der Regionalentwicklung einzuleiten. Ende der achtziger und Anfang der neunziger Jahre kamen jedoch neue Elemente mit einem explizit offensiven Charakter hinzu. Zu nennen sind hier die Entwicklung der Forschungs- und Technologiepolitik, die Gründung von Technopoleis und Technologieparks[177], die Einführung und Entwicklung von neuen Informationstechnologien, der Aufbau von Transeuropäischen Netzen, die Aufwertung der vernachlässigten Raumordnungspolitik und schließlich die Entwicklung und Anpassung der Bildungspolitik mit Schwerpunkt auf der beruflichen Ausbildung. Diese regionalpolitischen Instrumente konnten nur teilweise in die griechische Regionalplanung aufgenommen werden. Sie stellen jedoch unverzichtbare Bestandteile einer zukünftigen Strategie zur Regionalentwicklung dar.[178]
Gleichzeitig unterstützte und beschleunigte die Regionalpolitik der Gemeinschaft institutionelle Reformen in Griechenland, wie die Verwaltungsdezentralisierung und den Aufbau der örtlichen Selbstverwaltung, etwa durch die Partnerschaft. Trotz anhaltender Defizite und Schwächen des institutionell-organisatorischen und administrativen Teils des griechischen regionalpolitischen Systems, wie sie aus seiner Verflechtung und Interaktion mit dem gemeinschaftlichen System her-

---

[175] Siehe Lemonias, E., a.a.O., S. 18 ff.

[176] Hierzu siehe Vliamos, I. S.: Die Aktivierung des endogenen Potentials: Die Entwicklungsgesellschaften und die Griechische Bank für Industrieentwicklung als Träger der lokalen Entwicklung, in: Institut für regionale Entwicklung: Festschrift, Athen, 1992, (gr.), S. 193 ff.

[177] Hierzu siehe Konsolas, I. N.: Die Technopoleis und der Beitritt unseres Landes in die "Sunbelt", in: Institut für regionale Entwicklung: Festschrift, Athen 1992, (gr.), S. 263 ff.

[178] Siehe beispielsweise Regional Development Institut: Regional Prospects in Greece, a.a.O., S. 105 ff.

vortreten, läßt sich auch hier ein konsequent fortschrittlicher Lern- und Anpassungsprozeß feststellen, der als Umstrukturierung der betreffenden Instanzen und Träger sowie des institutionellen Rahmens und als Anpassung an die gemeinschaftlichen Anforderungen nachzuvollziehen ist. Das bedeutet das Streben nach einer besseren Politikformulierung und nach Steigerung der Effizienz der Politikimplementierung durch die erfolgreiche Bewältigung einer Reihe von Planungs- und Vollzugsaufgaben, wie die interne vertikale und horizontale Koordinierung, die Vertretung von koordinierten und einheitlichen Ansichten in den gemeinschaftlichen Gremien, die reibungslose Internalisierung und Umsetzung der gemeinsamen Outputs.
Anders als beispielsweise die Änderungen in der Organisationsstruktur des Wirtschaftsministeriums seit Anfang der achtziger Jahre sind die Verwaltungsdezentralisierung und der Aufbau der örtlichen Selbstverwaltung oder die Einführung der demokratischen Planung nicht unbedingt als direkte Effekte des gemeinschaftlichen Einflusses aufzufassen. Sie erwiesen sich jedoch weitgehend als konform mit den besonderen Implementierungsbedürfnissen der gemeinschaftlichen Regionalpolitik, vor allem so wie sie sich nach ihrer Reform von 1988 herauskristallisierte, aber auch mit den notwendigen Rahmenbedingungen für die Entwicklung des Landes.
Aber auch auf administrativer Ebene sind Fortschritte festzustellen, die zum großen Teil auf die Erfahrung und die Gewöhnung der Beteiligten an die Prozesse und Abläufe in der Gemeinschaft zurückzuführen sind. Die deutlich erkennbare Verbesserung des zweiten Regionalentwicklungsprogramms hinsichtlich der Vorbereitung oder des Aufbaus ist beispielsweise ein schlüssiger Beweis für diese These.

Die Fortschritte des griechischen regionalpolitischen Systems dürfen nicht an einem utopischen Maximum, sondern müssen an der Ausgangslage des Systems gemessen werden. Vor dem Hintergrund dieser Bemerkung und der obigen Betrachtungen ist die Feststellung von A. Makrydimitris und A. Passas, die Teilnahme Griechenlands an der Gemeinschaft habe die Hoffnungen einer oft automatisch geglaubten Modernisierung des politisch-administrativen Systems enttäuscht[179], zu relativieren. Vielmehr scheint A. Kasakos in seiner These bestä-

[179] A. Makrydimitris und A. Passas, a.a.O., S. 46.

tigt zu werden, daß die neue Strukturpolitik der Gemeinschaft, eben weil sie Elemente enthält, die der traditionellen Funktionsweise des griechischen Systems entgegenwirken, eine Modernisierungswirkung auf institutioneller Ebene haben werde, die viel wichtiger sei als ihre direkte quantitative Wirkung auf den Entwicklungsrhythmus.[180]

[180] Kasakos, P.: Privatsektor und Strukturpolitik der Gemeinschaft, a.a.O, S. 14 und 65.

3 Die öffentliche Diskussion über die Regionalpolitik der Europäischen Gemeinschaft in Griechenland

Quantität und Qualität der öffentlichen Diskussion über die Regionalpolitik der Gemeinschaft in Griechenland während des gesamten Zeitraums 1981-1993 befinden sich paradoxerweise in einem offensichtlichen Mißverhältnis zu der Bedeutung dieser Politik. Sowohl das griechische Parlament als auch die griechische Presse versäumten eine intensive, eingehende und ernsthafte Beschäftigung mit der Thematik. Und dies, obwohl die Regionalentwicklung Griechenlands seit 1981 zunehmend mit der strukturpolitischen Förderung der Gemeinschaft verbunden wurde.

3.1 Die parlamentarische Diskussion

Die parlamentarische Diskussion über die Regionalpolitik der Gemeinschaft in Griechenland wurde erheblich von der untergeordneten Bedeutung des Parlaments im politischen System Griechenlands beeinträchtigt. Politische Kultur und Tradition sind eng mit der Fixierung der politischen Elite auf Machtkonzentration und Machtausübung verflochten. Das uneingeschränkte Regieren entwickelte sich zum obersten Ziel aller großen Parteien und konnte durch große Mehrheiten im Parlament ermöglicht werden. Die tatsächliche Rolle des Parlaments beschränkte sich somit auf die formale Absegnung der Regierungstätigkeiten.[181] Deutlich wird diese untergeordnete Rolle am Beispiel der jahrelangen Nicht-Erfüllung der rechtlichen Verpflichtung zur Information und Einbeziehung des Parlaments nach Artikel 3 des Gesetzes Nr. 945/1979 "Über die Ratifizierung des Vertrags zum Beitritt Griechenlands in die EWG".[182] Der dort vorgesehene Jahresbericht der Regierung an das Parlament über die Entwicklung der Angelegenheiten betreffend die Europäische Gemeinschaft wurde zum ersten Mal im Jahr 1989 angefertigt. Seitdem ist der Bericht zwar mit Ausnahme von 1993

---

[181] Um das Regierungssystem der dritten griechischen Republik zu beschreiben, benutzt N. Wenturis charakteristisch den Begriff "Exekutivdemokratie" (siehe Wenturis, N.: Griechenland und die EG: Die soziopolitischen Rahmenbedingungen griechischer Europapolitiken, Tübingen, 1990, S. 44 ff.).

[182] Regierungsblatt 170/A/27.7.1979.

jährlich vorgelegt worden, eine Diskussion in der Vollversammlung oder im Rahmen eines Ausschusses auf der Grundlage der Berichte fand jedoch niemals statt. Eine Verteilung der Berichte unter den Mitgliedern des Parlaments und der parlamentarischen Ausschüsse blieb ebenfalls aus.[183] Darüber hinaus zeichneten sich die Berichte durch ihre schlechte Qualität und durch die knappe und oberflächliche Behandlung der Themen aus. Indikativ ist zum Beispiel die Tatsache, daß im Bericht für das Jahr 1991 die Regionalpolitik im Rahmen des Gemeinschaftlichen Förderkonzepts 1989-1993 in weniger als einer halben Seite abgedeckt wurde und die Gemeinschaftsinitiativen fälschlicherweise unter dem Kapitel "Entwicklungen im Rahmen des Gemeinschaftlichen Förderkonzepts für Griechenland 1989-1993" abgehandelt wurden.[184]
Aber auch in einer Reihe von Reden vieler Mitglieder des Parlaments wurde der Mißstand des unzureichenden Informationsflusses und der Nicht-Beteiligung des Parlaments an der Politikbildung hinsichtlich der die Gemeinschaft betreffenden Fragen besonders kritisch hervorgehoben.[185]

Die Debatte über die griechische Europa-Politik wurde überschattet von der Wirtschaftslage des Landes sowie von ungünstigen außenpolitischen Konstellationen (z.B. griechisch-türkische Beziehungen, Makedonien-Frage) und beschränkte sich auf die Liberalisierung der Märkte, die allgemeine Wirtschaftspolitik und auf außen- bzw. sicherheitspolitische Aspekte.
Einen großen Teil der Diskussionen beanspruchte die Darstellung der desolaten wirtschaftlichen Lage und der starken Strukturprobleme des Landes. Der Vergleich mit den gemeinschaftlichen Durchschnitten, die Feststellung des dringenden Charakters der nötigen Anpassungen der griechischen Volkswirtschaft an die Herausforderungen der Integration und die Wiederholung von vermeinten ver-

---

[183] Vgl. auch Giannis, N.: Auf der Suche nach der Teilnahme des griechischen Parlaments an der Europa-Politik, in: Europa-Journal, Jg. 5, Heft 20, Athen, 1996, (gr.), S. 25.

[184] Vgl. Außenministerium: Jahresbericht 1991 an das Parlament über die Entwicklung der Angelegenheiten betreffend die Europäische Gemeinschaft, Athen, 1992, (gr.), S. 18.

[185] Siehe beispielsweise "Sitzungsprotokoll des griechischen Parlaments", Sitzung vom 23. Juni 1985, S. 37; Sitzung von 24. Juni 1985, S. 118 f.; Sitzung vom 16. Februar 1990, S. 857; Sitzung vom 27. November 1990, S. 4113; Sitzung vom 11. Dezember 1990, S. 4601 ff.; Sitzung vom 18. Dezember 1991, S. 1335 und 1359 f.; Sitzung vom 12. Februar 1993, S. 4036.

paßten Chancen begleiteten stets die Erwähnung der Europäischen Gemeinschaft. Die Mißerfolge der Regierung und das Versagen der Regierungspolitik waren hierbei die permanenten Vorwürfe der Opposition. Die These der "verbrannten Erde", d.h. die vererbten Lasten aus verfehlten strategischen Entscheidungen und Mißmanagement, war gleichzeitig Erklärungschema und Alibi der jeweiligen Regierung.[186]

Soweit eine Diskussion über die strukturpolitische Förderung der Gemeinschaft zustande kam, wurden die Fragen in den Vordergrund gestellt, ob die in Form von finanziellen Zuwendungen gemachten Zugeständnisse der Gemeinschaft an Griechenland ausreichend waren, und ob die von der Regierung befolgte Politik geeignet war, um das Maximum an Zugeständnissen zu erreichen. In der äußerst polarisierten politischen Landschaft der zu betrachtenden Periode nahm die Diskussion über die europäische Integration und die griechische Teilnahme die Form von polemischen Parolen an. "Integrationsgewinne" für Griechenland in Richtung Ausbau der Strukturpolitik (IMP, EEA, Delors-Paket I und II, Kohäsionsfonds) wurden von der jeweiligen Regierung als spektakuläre Erfolge der griechischen Diplomatie zur Durchsetzung eines Sonderstatus Griechenlands in der Gemeinschaft dargestellt und gefeiert. Für die Opposition waren sie dagegen deutliche Mißerfolge, die die tatsächlichen Probleme der griechischen Volkswirtschaft außer acht ließen und eine nur geringe Kompensation der griechischen Verluste aus der Teilnahme an der Gemeinschaft gewährleisteten. Die Positionen waren jedoch nur oberflächlich. Erklärungen wurden nicht abgegeben, stichhaltige Argumente wurden nicht geliefert. Die Behandlung dieser Fragen erfuhr keine Vertiefung und blieb meistens substanzlos. Nicht selten wurden sogar Ansichten vertreten, die im Sinne dieser parteipolitischen Optik die Realität offen-

---

[186] Die Regierung der "Nea Demokratia" hat mit demselben übertriebenen Eifer Gebrauch von der These der "verbrannten Erde" gemacht, wie die "PASOK" auch, der die erstmalige Verwendung dieses Ausdrucks schon in ihren ersten Regierungstagen zuzuschreiben ist. Fast sechs Jahre nach Ende der Regierungszeit der "PASOK" und im vierten Regierungsjahr der "Nea Demokratia" stritt der Wirtschafts- und Finanzminister S. Manos jegliche Verantwortung der Regierung hinsichtlich der wirtschaftlichen Lage des Landes ab: "Die 80er Jahre waren eine verlorene Zeit, in der keine Maßnahme in Griechenland realisiert wurde ... Die Tatsache, daß heute in Griechenland kein Wachstum stattfindet, ist darauf zurückzuführen, daß für lange Zeit in den 80er Jahren keine Investitionen erfolgten." ("Sitzungsprotokoll des griechischen Parlaments", Sitzung vom 12. Februar 1993, S. 4045; eigene Übersetzung).

sichtlich und provokativ ignorierten oder zweckmäßig interpretierten.[187] Ähnlich verlief aber auch die Auseinandersetzung mit den Erfolgen und Mißerfolgen der Regierung in der Abwicklung der strukturpolitischen Maßnahmen. Die parlamentarische Debatte über die Regionalpolitik wurde von der Kassenmentalität von Regierung und Opposition beherrscht. Staatssekretär P. Roumeliotis betonte beispielsweise charakteristisch während der Debatte für den Haushalt 1987: "Hauptziel des Programms für Öffentliche Investitionen 1987 ist die Maximierung der Absorption von gemeinschaftlichen Mitteln aus den Strukturfonds, so daß das Programm für Öffentliche Investitionen zum Abbau des Zahlungsbilanzdefizits beiträgt."[188]

Eine weitere Beschäftigung mit der Thematik erschien überflüssig. Die Beharrlichkeit und Hartnäckigkeit, mit denen die parlamentarische Debatte sich auf die finanzielle Abwicklung der Interventionen konzentrierte, sowie die vollkommene Vernachlässigung der übrigen Seiten der regionalpolitischen Maßnahmen bestätigen die naive und eindimensionale Betrachtungsweise der Entwicklungsbemühungen und der Unterstützung der Gemeinschaft. In Anbetracht der Komplexität und Vielschichtigkeit der Regionalpolitik, der begrenzten wissenschaftlichen

---

[187] So verbuchte beispielsweise der Abgeordnete der "Nea Demokratia" A. Dessylas im Jahr 1991 die Einführung der integrierten Mittelmeerprogramme und die gemeinschaftliche Unterstützung im Rahmen des Gemeinschaftlichen Förderkonzepts als Verhandlungserfolge seiner Partei, da sie auf das von der "Nea Demokratia" ausgehandelte Protokoll Nr. 7 der Beitrittsakte und auf das Memorandum der "Nea Demokratia" von 1981 zurückzuführen seien (vgl. "Sitzungsprotokoll des griechischen Parlaments", Sitzung vom 20. Dezember 1991, S. 2489).

[188] Vgl. "Sitzungsprotokoll des griechischen Parlaments", Sitzung vom 17. Dezember 1986, S. 2310; eigene Übersetzung. Aber auch beim Vergleich der Regierungserfolge stand diese Mentalität im Vordergrund. So unterstrich Premierminister K. Mitsotakis: "Von der Gesamtsumme der gemeinschaftlichen Mittel, die in dem Zeitraum 1982-1992, also innerhalb von einem Jahrzehnt, Griechenland erhielt, flossen 32 % ins Land während der achtjährigen Regierungszeit der 'PASOK' und 68 % in der darauffolgenden Zeit, nämlich hauptsächlich während der Regierungszeit der 'Nea Demokratia'..." ("Sitzungsprotokoll des griechischen Parlaments", Sitzung vom 12. Februar 1993, S. 4032; eigene Übersetzung). Und Wirtschafts- und Finanzminister S. Manos über die Verhandlungserfolge der "Nea Demokratia" im Vergleich zu denen der "PASOK": "Das Ergebnis war, daß er [gemeint ist Premierminister A. Papandreou] 7 Mrd. ECU erhielt, die in 5 Jahren verteilt wurden [gemeint sind die Finanzmittel aus den Strukturfonds im Rahmen des ersten Delors-Paket]. Im Gegensatz dazu kam der Premierminister [gemeint ist K. Mitsotakis] von Edinburgh mit 20 Mrd. ECU zurück, verteilt in 7 Jahren [gemeint sind die Finanzmittel aus den Strukturfonds im Rahmen des zweiten Delors-Paket]" (ebenda, S. 4045; eigene Übersetzung).

Möglichkeiten und praktischen Probleme zur Erfassung der Ergebnisse der regionalpolitischen Interventionen und der Arbeitsbedingungen der Abgeordneten ist allerdings die Einschränkung der parlamentarischen Kontrolle der regionalpolitischen Interventionen auf dieses Minimum nachvollziehbar.
Aber auch diese Aufgabe bereitete dem griechischen Parlament erhebliche Schwierigkeiten und sorgte für Spannungen. Die Tatsache, daß die statistischen Angaben über den Durchführungsstand der Maßnahmen je nach Quelle (Wirtschaftsministerium, Nationales Statistisches Amt, Europäische Gemeinschaft usw.) erhebliche Unterschiede aufwiesen[189], hatte schwerwiegende Folgen. Das Fehlen einer zuverlässigen, einheitlichen statistischen Grundlage verhinderte eine Konsensbildung hinsichtlich der tatsächlichen finanziellen Abwicklung der Interventionen und verursachte unnötig heftige Auseinandersetzungen und Mißtrauen über die Absichten von Regierung und Opposition.[190]
Als problematisch erwies sich aber auch der Umgang mit diesen statistischen Angaben. Zum einen setzt die Beschäftigung mit der Regionalpolitik der Gemeinschaft einen hohen Stand an speziellen Fachkenntnissen und Informationen voraus, über die die an den Diskussionen teilnehmenden Abgeordneten oft nicht verfügten.[191] So entstanden Mißverstänisse, und die Diskussionen hatten häufig

---

[189] Die Abgeordnete A. Iatropoulou kritisierte charakteristisch während der Debatte für das Haushaltsjahr 1992: "Die Referenten der vier 'traditionellen' Parteien benutzen verschiedene Tabellen um ihre Behauptungen zu untermauern. Merkwürdigerweise weichen die Angaben der Tabellen jedes Referenten von denen der anderen ab. Und der Laie, der die Angaben der OECD, der EWG und des Nationalen Statistischen Amtes liest, denkt sich wohl, daß einer von ihnen Recht haben muß. Und bei der Fülle der unterschiedlichen Angaben ist er am Ende verwirrt und seine Fragen bleiben unbeantwortet." ("Sitzungsprotokoll des griechischen Parlaments", Sitzung vom 17. Dezember 1991, S. 2331; eigene Übersetzung).

[190] Siehe beispielsweise die Auseinandersetzung über die Aufnahmefähigkeit zwischen dem Wirtschaftsminister E. Christodoulou und dem Außenminister A. Samaras auf der einen Seite und dem Abgeordneten der "PASOK" Th. Pagalos auf der anderen Seite, in: "Sitzungsprotokoll des griechischen Parlaments", Sitzung vom 18. November 1991, S. 1354 f. oder die Auseinandersetzung zwischen dem Wirtschafts- und Finanzminister S. Manos und dem Premierminister K. Mitsotakis und dem Abgeordneten der "PASOK" G. Gennimatas, in: "Sitzungsprotokoll des griechischen Parlaments", Sitzung vom 12. Februar 1993, S. 4045 f.

[191] Der Abgeordnete Gr. Giannaros warnte in einer seiner Reden vor der Leichtfertigkeit, mit der die Diskussion über die Aufnahmefähigkeit durchgeführt wird: "Ich habe hier von der Aufnahmefähigkeit im Rahmen des Regionalentwicklungsplans [viel] gehört ... Als ich versuchte herauszufinden, was mit dem Regionalentwicklungsplan tatsächlich passiert, stellte ich fest, daß es nicht leicht ist, zuverlässige Schlüsse zu ziehen. Denn so viele Buchungen und

nicht denselben Gegenstand zum Thema.[192] Zum anderen wurde die Berücksichtigung und Auslegung des verfügbaren statistischen Materials meistens von sachfremden, parteipolitischen Zielsetzungen diktiert, so daß das dargestellte Bild oft erheblich von der Realität abwich.[193]

Regionalentwicklung und -politik spielten eine marginale Rolle in der Programmatik der politischen Parteien und wurden dort nur sehr allgemein und vage abgehandelt. Eine Berücksichtigung der Regionalpolitik der Gemeinschaft und der eröffneten Möglichkeiten wurde vollkommen außer acht gelassen. Die sekundäre Funktion, die die Parteieliten der ideologischen Ausrichtung beimessen, führte dazu, daß "... die Parteiprogrammatik entweder durch einen diffusen und sich widersprechenden Inhalt oder durch einen allgemeinen und für die politische Praxis irrelevanten Formalismus gekennzeichnet war, oder durch das Fehlen von verbindlichen und hierarchischen Strukturen und Massenintegrationsfunktionen ..."[194] Das Fehlen von konkreten programmatischen Forderungen führte jedoch unvermeidlich zu einer marginalen und beiläufigen Beschäftigung des Parlaments mit der Regionalpolitik, die auch hier als Aufgabe der zuständigen Ministerialverwaltung verstanden wurde.

Änderungen finden statt, daß keiner durchblicken kann." ("Sitzungsprotokoll des griechischen Parlaments", Sitzung vom 18. Nonember 1991, S. 1358; eigene Übersetzung).
Besonders auffällig und aufschlußreich für den Wissensstand der Abgeordneten ist darüber hinaus der fast generelle Gebrauch des Begriffs "Regionalentwicklungsplan" - und sogar oft in Pluralform, nämlich "Regionalentwicklungspläne" - anstelle des richtigen "Gemeinschaftliches Förderkonzept". Denn es handelt sich nicht bloß um einen Fehler, der wiederholt auftaucht, sondern um einen Hinweis darauf, daß ein großer Teil der Abgeordneten mit den Planungs- bzw. Durchführungsprozessen im Bereich der Regionalpolitik nicht vertraut war.

[192] Ein eklatantes Beispiel hierfür lieferten die heftigen Auseinandersetzungen über Art der Programme und Höhe der Mittel während der Parlamentsdebatte über Artikel 4 des Gesetzesentwurfs Nr. 1640/91 betreffend die Heranziehung des Privatsektors als zwischengeschaltete Stelle bei der Durchführung von gemeinschaftlichen Programmen (siehe "Sitzungsprotokoll des griechischen Parlaments", Sitzung vom 29. Juli 1991, S. 121 ff. und Sitzung vom 30. Juli 1991, S. 146, 149 f. und 153 f.).

[193] Hierzu siehe beispielsweise "Sitzungsprotokoll des griechischen Parlaments", Sitzung vom 12. Februar 1993, S. 4013 f.

[194] Wenturis, N.: Griechenland und die EG: Die soziopolitischen Rahmenbedingungen griechischer Europapolitiken, a.a.O., S. 48.

Ein Grund für die geringe Beschäftigung mit der Thematik war auch die allgemeine Auffassung, daß die Strukturpolitik der Europäischen Gemeinschaft ein natürlicher Ausgleich für die griechische Teilnahme sei. Die Regional- bzw. die Strukturpolitik insgesamt wurde fast ausschließlich im Sinne eines finanzzentrierten Ansatzes als rein technische Angelegenheit wahrgenommen, deren primäres Ziel die Maximierung der Absorption von gemeinschaftlichen Geldern bildete. Planung und Durchführung der Förderung aus den Strukturfonds wurde dementsprechend der zuständigen Ministerialverwaltung bzw. den Trägern der Interventionen überlassen.
Die Tatsache, daß die Sozialpartner von der Planung der Interventionen ausgeschlossen waren, verhinderte schließlich eine Sensibilisierung breiter Schichten der Bevölkerung hinsichtlich der strukturpolitischen Maßnahmen der Gemeinschaft und schuf den Eindruck, daß diese einfach dem Staat überlassen werden sollten, der sich ohnehin traditionell mit diesen Angelegenheiten befaßt hat. Dies hatte jedoch zur Folge, daß das Parlament kaum den Druck verspürte, sich mit der Thematik auseinanderzusetzen.

Die Parlamentsdebatte in Griechenland über die Europäische Integration und ihre Auswirkungen sowie über die diesbezüglichen Orientierungen des Landes und die befolgte Politik erfolgte hauptsächlich im Rahmen von Sondersitzungen nach Artikel 143 Absatz 2 der Geschäftsordnung des Parlaments, d.h. im Rahmen von "Vor-Tagesordnung-Diskussionen". Diese Möglichkeit des parlamentarischen Dialogs wurde am 3. Juni 1987 institutionalisiert und entwickelte sich seitdem zu gängiger Praxis. In dem Zeitraum von 1975 bis Ende 1993 fanden insgesamt nur vier solche Sitzungen betreffend die Beziehungen zwischen Griechenland und der Europäischen Gemeinschaft statt, und zwar alle nach 1990: zwei allgemeine auf Initiative des Premierministers am 16. Februar 1990 und am 18. November 1991, eine weitere allgemeine auf Initiative der Koalition der Linken und des Fortschritts am 11. Dezember 1990 und eine spezielle auf Initiative dieser Koalition am 12. Februar 1993 über die "Planung, Kontrolle und Nutzung der gemeinschaftlichen Mittel aus dem zweiten Delors-Paket". Europa-Fragen wurden in neun weiteren Sitzungen über die wirtschaftliche Lage und Entwicklung des Landes und über die Außenpolitik behandelt. Die Beschäftigung mit diesen Fragen war hier allerdings nur spärlich, peripher und allgemein.[195] Die geringe Anzahl dieser Sitzungen weist auf die Tatsache hin, daß der öffentlichen Diskussion über die Fragen der Europäischen Gemeinschaft ein kleiner Stellenwert beigemessen wurde. Die Tatsache, daß die Vor-Tagesordnung-Diskussionen als geeigneter Rahmen zur Behandlung dieser Fragen angesehen wurde, unterstützt diese Hypothese und verdeutlicht die beschränkten Möglichkeiten des Parlaments, seinen Aufgaben nachzukommen. Zum einen ermöglichte die Einschränkung der Diskussion innerhalb einer Sitzung kaum eine eingehende und erschöpfende Behandlung der Fragen. Zum anderen wurde die Diskussion nicht von sachkundigen Abgeordneten, sondern vorwiegend unter den Vorsitzenden der Parteien durchgeführt und hatte dementsprechend einen allgemeinen Charakter, so daß sie das Ziel einer detaillierten und sachadäquaten Beschäftigung verfehlte.[196] Darüber hinaus verhinderte der Ausnahmecharakter der Sitzungen eine ständige Beschäftigung des Parlaments mit diesen Fragen, die eine bessere Information, eine Erweiterung und Vertiefung der Diskussion und eventuell einen größeren Konsens hätte ermöglichen können.

Die Möglichkeit einer Diskussion über die Europäische Gemeinschaft und die gemeinschaftlichen Politiken boten auch die Sitzungen anläßlich der Vorstellung des Regierungsprogramms im Parlament durch den Premierminister unmittelbar nach der Regierungsbildung. In dem Zeitraum 1981-1993 wurden vier programmatische Erklärungen abgegeben: drei vom Regierungspräsidenten A. Papandreou nach dem Wahlsieg der "PASOK" in den Jahren 1981, 1985 und 1993 und eine vom Regierungspräsidenten K. Mitsotakis nach dem Wahlsieg der "Nea Demokratia" im Jahr 1990. Nach der offiziellen Kehrtwendung der "PASOK" in der Frage der Teilnahme Griechenlands an der Europäischen Gemeinschaft im Jahr 1985 erfolgte allmählich eine Verlagerung der parteipolitischen Auseinandersetzungen auf verhandlungstaktische und administrativ-organisatorische Themen betreffend die Strukturpolitik der Gemeinschaft in Griechenland. Die Regionalpolitik der Gemeinschaft blieb trotzdem ein Randgebiet der Europa-Diskussion, die weiterhin von der schlechten wirtschaftlichen Lage des Landes und

---

[195] Eine vollständige Liste der Vor-Tagesordnung-Diskussionen ist in Giannis, N.: Nationalparlamente und Europäische Union, Athen, 1997, (gr.), S. 7 ff. (Anhang 15.2) enthalten.

[196] Hierzu vgl. auch Giannis, N.: Auf der Suche nach der Teilnahme des griechischen Parlaments an der Europa-Politik, a.a.O., S. 22.

allgemeinen wirtschaftspolitischen Fragen dominiert wurde. Abgesehen von der Überzeugung aller Seiten von der Notwendigkeit einer Sonderbehandlung Griechenlands in der Gemeinschaft und von den starren Auseinandersetzungen über Verhandlungserfolge oder -niederlagen der Regierung sowie von vagen und allgemeinen Vorwürfen gegen die unzulängliche Ausnutzung der gemeinschaftlichen Unterstützung ist in den Sitzungsprotokollen kaum etwas über diese Thematik zu finden. Aber auch aus den vorgestellten Regierungsprogrammen ist die Abneigung der Regierungsparteien gegen eine konkrete Diskussion über die Regionalpolitik der Gemeinschaft in Griechenland deutlich abzulesen. Im Programm von 1985 wird beispielsweise die Europäische Gemeinschaft nur in Verbindung mit erfolgten oder künftigen Zugeständnissen der Gemeinschaft unter dem Kapitel "Nationale Eigenständigkeit" erwähnt.[197] Im Programm von 1990 wird zwar die Priorität der "im Rahmen des Regionalentwicklungsplans von der EWG finanzierten Maßnahmen" betont, die Erwähnung erschöpft sich jedoch innerhalb von zwei Zeilen.[198]

Sogar im Rahmen der jährlichen Haushaltsdebatten im Parlament erfolgte über den gesamten Zeitraum 1981-1993 keine ausgiebige, aber auch keine konkrete und eingehende Beschäftigung mit der Regionalpolitk der Gemeinschaft in Griechenland. Die Diskussion beschränkte sich hier ebenfalls auf die Feststellung der Verhandlungserfolge oder -mißerfolge der Regierung, auf die Betrachtung der finanziellen Beziehungen zwischen Griechenland und der Gemeinschaft sowie der Aufnahmefähigkeit des Landes und auf die grobe Übertreibung oder Untertreibung der Regierungsarbeit. Die schlechte Qualität der Diskussion ist zum großen Teil auf den formellen Charakter der Haushaltsdebatte zurückzuführen, da die parlamentarische Mehrheit der regierungshabenden Partei eine Verabschiedung des Haushaltsentwurfs auch gegen den Willen einer vereinten Opposition garantierte.[199] Indikativ für den niedrigen Stellenwert und die geringe

---

[197] Vgl. "Sitzungsprotokoll des griechischen Parlaments", Sitzung vom 22. Juni 1985, S. 23.

[198] Vgl. "Sitzungsprotokoll des griechischen Parlaments", Sitzung vom 22. April 1990, S. 20.

[199] Diesbezüglich unterstrich der Abgeordnete der "Nea Demokratia" und Ex-Premierminister G. Rallis: "Besonders in den letzten Jahren ist es üblich geworden, daß die der Regierung angehörenden Abgeordneten den jeweiligen Haushaltsentwurf als entwicklungsorientiert und

Qualität der Haushaltsdebatte ist die sehr geringe Teilnahme der Abgeordneten an den Sitzungen. Der fast leere Plenarsaal und die Abwesenheit der meisten Minister und des Premierministers verminderten offensichtlich die Möglichkeit eines substanziellen Dialogs erheblich und wurden oft von vielen Abgeordneten aller Fraktionen beklagt.[200]

Ein weiteres Diskussionsforum für Fragen betreffend die Europäische Gemeinschaft stellte schließlich der 1990 ins Leben gerufene Sonderausschuß des Parlaments über die Angelegenheiten der Europäischen Gemeinschaft dar.[201] Trotz der bis heute relativ begrenzten Einflußnahme des Ausschusses auf die Regierungsentscheidungen und trotz des niedrigen Bekanntheitsgrades seiner Arbeiten bleibt er ein wichtiges Forum, in dem die zu behandelnden Fragen, abgeschirmt von parteipolitischen Auseinandersetzungen um jeden Preis, Gegenstand einer ernsthaften Diskussion sein können.[202] Die Aktivitäten des Ausschusses konzentrierten sich auf die Vorbereitung der griechischen Positionen in den Regierungskonferenzen und zwar auf die institutionellen Fragen der europäischen Integration. Nur selten hat sich der Ausschuß mit anderen Fragen seiner Zuständigkeit befaßt, wie mit der Zusammenarbeit zwischen dem griechischen und dem europäischen Parlament oder den Politiken der Europäischen Gemeinschaft. Von den 22 Sitzungen des Ausschusses in dem Zeitraum 1990-1993 betrafen nur zwei die Regionalpolitik der Gemeinschaft in Griechenland: die Sitzung vom 2.

---

sozialgerecht empfinden, die jedoch der Opposition als trügerisch, unglaubwürdig, sozialungerecht und entwicklungshemmend. Ein weiteres übliches Phänomen der letzten Jahre ist, daß die Angehörigen der Regierung die schlechte Lage der Wirtschaft ihren Vorgängern vorwerfen, obwohl sie sich seit längerer Zeit nicht mehr an der Macht befinden, die Opposition wiederum sieht die Schuld auf der Seite der Regierung." ("Sitzungsprotokoll des griechischen Parlaments", Sitzung vom 19. Dezember 1991, S. 2431; eigene Übersetzung).

[200] Siehe beispielsweise "Sitzungsprotokoll des griechischen Parlaments", Sitzung vom 17. Dezember 1986, S. 2317, 2326 und 2338; Sitzung vom 16. Dezember 1991, S. 2319; Sitzung vom 20. Dezember 1991, S. 2494 und 2514; Sitzung vom 17. Dezember 1993, S. 1074.

[201] Dieser Ausschuß wurde am 13. Juni 1990 mit dem Beschluß Nr. 3076/2008 des Parlamentspräsidenten nach Artikel 49 der Geschäftsordnung des Parlaments gegründet und entwikkelte sich drei Jahre später mit dem Beschluß der Vollversammlung des Parlaments vom 16. März 1993 (Regierungsblatt A/36/19.3.1993) zu einem permanenten Sonderausschuß.

[202] Hinsichtlich der Struktur, der Rolle und der Aktivitäten des Ausschusses siehe Giannis, N.: Der Ausschuß des griechischen Parlaments über die Angelegenheiten der Europäischen Gemeinschaft, 2. verbess. Aufl., Athen, 1997, (gr.).

November 1992 über die Verhandlungen um das zweite Delors-Paket (1994-1999) und die Sitzung vom 26. August 1993 über die Entwicklung der Ägäischen Inseln. Die Regionalpolitik der Gemeinschaft in Griechenland vor 1993 erhielt hier keine Aufmerksamkeit.[203]

Insgesamt ist festzustellen, daß die Strukturpolitik der Gemeinschaft nicht in der Lage war, das polarisierte Klima zu überwinden, einen Konsens der Parteien über die Planung und Durchführung der Programme zu schaffen und zu einem tatsächlichen Dialog im Parlament zu führen.
Allmählich erfolgte jedoch eine Intensivierung der Diskussion, die in der Zukunft fruchtbare Ergebnisse haben kann. Die Tatsache, daß die Themen betreffend die Gemeinschaft innerhalb eines Sondergremiums des Parlaments und in einem Konsensklima behandelt werden, ist als deutliches Indiz eines besseren und sachgerechten Umgangs mit der Thematik wahrzunehmen sowie als Anpassung des Systems an die exogenen Herausforderungen und Notwendigkeiten zu betrachten.

---

[203] Eine vollständige Liste der Sitzungen des Ausschusses ist ebenda, S. 21 ff. (Anhang 3.4 und 3.5) enthalten.

3.2 Die Presseberichte

In dem gesamten Zeitraum 1981-1993 konzentrierte sich das Interesse der Presse in den Europa-Fragen hauptsächlich auf die Dramatisierung der verpaßten Chancen und Gefahren für die griechische Volkswirtschaft und die griechischen Unternehmen im Zuge der Liberalisierung und der Öffnung der Wirtschaft sowie auf allgemeine, oft realitätsfremde Handlungsvorschläge.
In der Phase 1981-1988 befaßte sich die Presse sporadisch mit der Thematik der Regionalpolitik der Gemeinschaft in Griechenland und nur die integrierten Mittelmeerprogramme genossen eine größere, aber oberflächliche Beachtung. In der Phase 1989-1993 fand eine Intensivierung der publizistischen Aktivität in diesem Bereich statt, die offensichtlich auf die massive Erhöhung der strukturpolitischen Mittel aus der Europäischen Gemeinschaft und auf die Durchführung des Gemeinschaftlichen Förderkonzepts zurückzuführen ist.
Rückte die Strukturpolitik in das Interesse der Presse, so informierten die Artikel nur oberflächlich über aktuelle institutionelle Entwicklungen (z.B. IMP, EEA, Delors-Paket) und über die Höhe der zur Verfügung stehenden Finanzmittel aus der Gemeinschaft oder sie stellten bestenfalls simple Berichterstattung dar, indem sie statistisches Material des Wirtschaftsministeriums oder Informationen des Begleitausschusses des Gemeinschaftlichen Förderkonzepts 1989-1993 wiedergaben, meistens über die Fortschritte in der Aufnahmefähigkeit der Programme.[204]

Noch häufiger waren jedoch in der Presse politische Auseinandersetzungen auf der Basis von polemischen Parolen zu finden. Einerseits im Rahmen von Interviews und Mitteilungen verschiedener Mitglieder der Regierung und der Opposition, so daß Euphorie und Ablehnung im Parlament sich auch außerhalb dieses Gremiums nach demselben Muster fortsetzten. Andererseits im Rahmen der Beiträge in der den politischen Parteien nahestehenden Tagespresse. Vermeintliche

---

[204] Eine umfassendere Betrachtung und eingehende Analyse versäumten sogar die Beiträge in der Wochenzeitschrift "Oikonomikos Tachydromos" und in der Wochenzeitung "To Vima", die eine anspruchsvollere Auseinandersetzung mit der Thematik anstrebten. Aber auch die Behandlung der Themen in Sonderteilen verschiedener Tageszeitungen (z.B. "Oikonomiki Kathimerini") oder in Sonntagsausgaben (z.B. "Kyriakatiki Eleftherotypia") konnte keine besseren Ergebnisse erbringen.

Verhandlungserfolge und -mißerfolge der Regierung und die Aufnahmefähigkeit der Programme wurden hier aufgegriffen. Starke parteipolitische Bindungen und ideologische Abhängigkeiten der Presse sowie die "emotional-politische Bindung des griechischen Lesers an seine Zeitung"[205] und an seine Partei begünstigten eine einseitige Information, ließen die Notwendigkeit einer beweiskräftigen Argumentation als minimal erscheinen, lenkten das Interesse von den eigentlichen Themen ab und wirkten sich insofern kontra-produktiv auf die Beschäftigung mit der Regionalpolitik aus.
Das Fehlen eingehender Recherchen, kritischer Analysen und fundierter Aussagen in der Presse ist besonders auffallend und erstaunlich. Der hohe technische Charakter der Fragen, das geringe Interesse der Wissenschaft, der niedrige Informationsstand und die geringe Bereitschaft oder Unfähigkeit der zuständigen Administration, konkrete Informationen zu gewähren, sowie die Überladung und Blockierung der Diskussion durch unfruchtbare parteipolitische Auseinadersetzungen können hier als einige der Gründe angeführt werden. Dazu kam die Vernachlässigung der regionalpolitischen Angelegenheiten durch die politischen Parteien und die geringe Quantität und Qualität der parlamentarischen Diskussion über die Regionalpolitik der Europäischen Gemeinschaft in Griechenland. Die Betrachtung der Planungs- und Durchführungsprozesse als verwaltungsinterne Angelegenheiten begünstigte schließlich kaum eine andere Beschäftigung der Presse mit der Thematik als die mit der leicht faßbaren Entwicklung der Aufnahmefähigkeit.

Im Vorfeld des zweiten Delors-Pakets und während der Durchführung des zweiten Gemeinschaftlichen Förderkonzepts für Griechenland hat sich die Situation in der Presse sowohl quantitativ als auch qualitativ deutlich verbessert. Die Intensivierung der Beschäftigung mit der Thematik signalisiert die zunehmende Wahrnehmung der Bedeutung der Regionalpolitik und des Beitrags der Gemeinschaft zur Regionalentwicklung des Landes. Die Artikel betreffen allerdings die Periode 1994-1999.

---

[205] Wenturis, N.: Griechenland und die EG: Die soziopolitischen Rahmenbedingungen griechischer Europapolitiken, a.a.O., S. 50.

4 Der gemeinschaftliche regionalpolitische Einsatz in Griechenland durch den Europäischen Fonds für regionale Entwicklung im Zeitraum 1981-1993

4.1 Die Phase 1981-1988: Die "klassischen" Interventionen des Europäischen Fonds für regionale Entwicklung in Griechenland

4.1.1 Die Interventionsformen des Europäischen Fonds für regionale Entwicklung in Griechenland

Trotz des seit der Verabschiedung der Verordnung (EWG) Nr. 1787/84 des Rates zunehmenden Übergangs hin zum Programmansatz, blieb die dominante Rolle der Vorhaben unter den Interventionen des Europäischen Fonds für regionale Entwicklung in Griechenland, ähnlich wie in den anderen Mitgliedstaaten, bis 1988 erhalten, so daß der Anteil der Vorhaben an den gesamten gebundenen Mitteln des Zeitraums 1981-1988 89,23 % ausmachte. Griechenland erreichte somit die drittletzte Stelle bei einem gemeinschaftlichen Durchschnitt von 93,23 %. Während die Gemeinschaftsprogramme mit 0,53 % beteiligt waren, erreichten die nationalen Programme von gemeinschaftlichem Interesse (NPGI) 10,23 %, wobei der größte Teil davon den integrierten Mittelmeerprogrammen zuzuschreiben ist. Der Rest der für Griechenland bestimmten gemeinschaftlichen Mittel (ungefähr 0,01 %) wurde für Studien gebunden.[206] Desweiteren wurden in Griechenland im Jahre 1984 zwei spezifische Gemeinschaftsmaßnahmen im Sinne des Teils III der 1979 revidierten EFRE-Verordnung (EWG) Nr. 724/75 des Rates in Gesamthöhe von 60 Mio. ECU eingeleitet, die gemäß Artikel 45 der Verordnung (EWG) Nr. 1787/84 des Rates nicht von den in Arikel 4 Absatz 3 genannten Mittel gedeckt wurden.

4.1.1.1 Die Vorhaben

Die Vorhaben stellten bis zum Jahr der Strukturfondsreform die "klassische" Interventionsform des Europäischen Fonds für regionale Entwicklung dar.

[206] Vgl. die Angaben in Tabelle "1975-1988 gebundene Mittel (pro Mitgliedstaat)", in: "Der EFRE in Zahlen 1988, 1975-1988", Kommission der Europäischen Gemeinschaften, Amt für amtliche Veröffentlichungen der Kommission der Europäischen Gemeinschaften, Luxemburg, 1988, S. 7; eigene Berechnungen.

Gleichzeitig bildeten sie aber auch eine von den Mitgliedstaaten bevorzugte Form der gemeinschaftlichen Unterstützung, da sie ihnen bei einem geringen Koordinierungsaufwand eine höhere Flexibilität beim Einsatz der gebundenen Mittel gewährten. Das bedeutete wiederum größere Spielräume für die Mitgliedstaaten bezüglich der Politikgestaltung und der Verwirklichung der jeweiligen kurz- bis mittelfristig angelegten regierungspolitischen Ziele.
Dementsprechend konzentrierten sich die Vorhaben in Griechenland - trotz des Drucks der Gemeinschaft, zunehmend produktive Investitionen zu berücksichtigen - fast ausschließlich auf die Infrastrukturinvestitionen der öffentlichen Hand. Die im Zeitraum 1981-1988 gebundenen Mittel des Europäischen Fonds für regionale Entwicklung für Vorhaben zugunsten der griechischen Regionen erreichten 2.184,16 Mio. ECU und kamen 1615 Vorhaben zugute. Damit trug der Fonds zur Durchführung von 1482 Infrastrukturvorhaben bei, die mit einer Gesamtsumme von 2.149,65 Mio. ECU, d.h. 98,42 % der Mittel für diesen Zweck, die Investitionsbeihilfen fast monopolisierten. Die restlichen Mittel, d.h. gerade 34,51 Mio. ECU oder 1,58 % der gebundenen Mittel für Vorhaben, wurden für Investitionen in Industrie, Handwerk und Dienstleistungen bestimmt.[207]
Unter den Infrastrukturvorhaben sind einige Großvorhaben zu nennen, die nicht nur von punktueller, sondern auch von großer regionaler oder sogar interregionaler Bedeutung waren. Hierzu gehören die Arbeiten zur Modernisierung des Fernmeldewesens in mehreren Regionen des Landes und insbesondere in Thessalien; die von der Öffentlichen Elektrizitätsgesellschaft durchgeführten Vorhaben im Elektrizitätssektor, wie der Bau einer braunkohlebetriebenen Einheit zur Stromerzeugung in Amyntaio (Nomos Florina), der Bau eines neuen Kraftwerks in Ptolemaida (Nomos Kozani), die Stromkraftwerke von Thisavros (Nomos Drama) und Megalopolis (Nomos Arkadien); die Verbesserung des Eisenbahnnetzes (Oinoi-Larissa), der Bau von zwei Tunnels in Katara-Metsovo und in Artemision (Verbindungsstraße Korinth-Tripoli), die Straßenbauarbeiten in der Umgebung Xanthi-Alexandropolis, an der Brücke von Kipi, an der Straße Larissa-Kozani, an der Axios-Brücke, in Loutra von Ädipsos (Nomos Euböa) und in Patras (No-

---

[207] Ebenda; eigene Berechnungen. Der gemeinschaftliche Durchschnitt betrug 85,33 % für Infrastrukturvorhaben und 14,53 % für produktive Investitionen, jedoch 99,86 % bzw. 0 % in Portugal und 99,31 % bzw. 0,52 % in Spanien. Hinsichtlich der Anzahl der Vorhaben siehe die Angaben in Tabelle 4 "1975-1988 gebundene Mittel für Griechenland, Anzahl der Programme, Vorhaben und Studien" im Anhang der Arbeit.

mos Achaias) sowie Arbeiten zum Ausbau der Straßenverbindung Vytina-Olympia (Nomos Arkadien); der Bau von zwei Staudämmen an den Flüssen Aoos und Acheloos; die Kanalisation und das biologische Abwasserwerk der Städte Thessaloniki und Kavala.
Neben diesen Großvorhaben wurden viele kleinere Vorhaben in diesen und anderen Bereichen finanziert. Zu erwähnen wäre hier die Verbesserung der sozialen Infrastruktur, die die Verordnung (EWG) Nr. 1787/84 des Rates ermöglichte. So wurden beispielsweise Zuschüsse für die Krankenhäuser von Ioannina (Ipeiros), Didymoticho (Nomos Evros), Karditsa (Nomos Karditsa) und Ierapetra (Nomos Lasithi) oder für Schulbauten gewährt.

4.1.1.2 Die Gemeinschaftsprogramme STAR und VALOREN

Aufbauend auf die rechtliche Grundlage der Verordnung (EWG) Nr. 1787/84 des Rates (Artikel 5 und 7 bis 9) verabschiedete der Rat am 27. Oktober 1986 mit qualifizierter Mehrheit die ersten beiden Gemeinschaftsprogramme STAR und VALOREN, die die Kommission am 20. Januar vorgeschlagen hatte.
Diesen beiden auf Veranlassung der Kommission eingeleiteten Gemeinschaftsprogrammen für die fortgeschrittenen Telekommunikationsdienste und die Erschließung des endogenen Energiepotentials maßen Kommission und Mitgliedstaaten eine Schlüsselrolle bei, da sie moderne, zukunftsorientierte und damit dynamische Wirtschaftsbereiche betrafen, von deren Entwicklung die Aufhebung von Entwicklungsbarrieren für die betreffenden Regionen und erhebliche Multiplikatoreffekte für die Ankurbelung der regionalen und nationalen Wirtschaftsentwicklung erhofft wurden. Im Rahmen eines Ansatzes "von oben" zielten diese mehrjährigen Programme zum einen auf einen Beitrag zur Lösung von ernsten Problemen in den Regionen, zum anderen auf eine bessere Verknüpfung zwischen der Regionalpolitik und den von den anderen Gemeinschaftspolitiken verfolgten Zielen ab.
Im Oktober 1987 genehmigte die Kommission die Gemeinschaftsprogramme STAR und VALOREN für Griechenland[208], die ihr die griechischen Behörden

[208] Entscheidung der Kommission Nr. 88/55/EWG vom 22.10.1987 zur Genehmigung des Interventionsprogramms für Griechenland zur Durchführung des Gemeinschaftsprogramms zur Entwicklung bestimmter benachteiligter Regionen der Gemeinschaft durch einen besseren Zugang zu den fortgeschrittenen Telekommunikationsdiensten (STAR-Programm), (Abl. Nr.

im April desselben Jahres in Anwendung der Verordnungen (EWG) Nr. 3306/86 und Nr. 3301/86 des Rates zur Einführung der beiden ersten Gemeinschaftsprogramme STAR und VALOREN vorgelegt hatten.

(a) Gemeinschaftsprogramm "STAR - Griechenland"

Das Programm wurde mit einem Zuschuß aus dem Europäischen Fonds für regionale Entwicklung in Höhe von 100 Mio. ECU ausgestattet (12,87 % des gesamten STAR-Programms) und umfaßte das gesamte griechische Staatsgebiet. Die Infrastrukturarbeiten beliefen sich hier auf 78,30 % der Programmkosten, wobei die Schwerpunkte bei der Digitalisierung des nationalen Telekommunikationsnetzes mit 43 % der Zuschüsse, den Glasfaserschienen (z.B. die Verlegung eines Seekabels zwischen Griechenland und Italien) und der Schaffung von speziellen Netzen (z.B. HELLASPAC) lagen. Die restlichen Mittel in Höhe von 21,30 % wurden für Maßnahmen zur Förderung von Angebot und Nachfrage im Bereich der fortgeschrittenen Telekommunikationsdienste bestimmt. Hierbei wurden insbesondere Maßnahmen zugunsten von kleinen und mittleren Unternehmen gefördert.

(b) Gemeinschaftsprogramm "VALOREN - Griechenland"

Das Programm wurde mit einem EFRE-Zuschuß in Höhe von 50 Mio. ECU ausgestattet, d.h. mit 12,72 % des gesamten VALOREN-Programms, und betraf das gesamte griechische Staatsgebiet mit Ausnahme der "Zone A" des Nomos Attika, wobei der überwiegende Teil der Zuschüsse für die Ägäischen Inseln und Nordgriechenland bestimmt war. Die Hälfte der hierfür vorgesehenen Mittel betraf die Nutzung der lokalen erneuerbaren Ressourcen und insbesondere der geothermischen Energie, der Windenergie und der Wasserkraft, sowie die Nutzung der Braunkohle. Die andere Hälfte verteilte sich auf Investitionen, die eine rationelle Energienutzung ermöglichen sollten, und auf Maßnahmen zur Förderung

---

L 30 vom 2. 2.1988, S. 33); Entscheidung der Kommission Nr. 88/48/EWG vom 22.10.1987 zur Genehmigung des Interventionsprogramms für Griechenland zur Durchführung des Gemeinschaftsprogramms zur Entwicklung bestimmter benachteiligter Regionen der Gemeinschaft durch die Erschließung des endogenen Energiepotentials (VALOREN-Programm), (Abl. Nr. L 30 vom 2.2.1988, S. 25).

einer besseren Erschließung des Energiepotentials. Ebenso wie bei dem STAR-Programm wurde auch hier der größte Teil der Mittel für Infrastrukturinvestitionen bestimmt. Den kleinen und mittleren Unternehmen kam schließlich im Programm eine bedeutende Rolle zu.

4.1.1.3 Die griechischen integrierten Mittelmeerprogramme und die anderen nationalen Programme von gemeinschaftlichem Interesse

Die nationalen Programme von gemeinschaftlichem Interesse in Griechenland stellten eine besonders wichtige Interventionsform des Europäischen Fonds für regionale Entwicklung dar. Abgesehen von der finanziellen Unterstützung der griechischen Entwicklungsbemühungen bedeuteten sie eine neue Förderphilosophie, die die griechische Regionalpolitik sowohl inhaltlich als auch institutionell und nicht zuletzt verwaltungstechnisch bereicherte und modernisierte, die Handlungsweise der Akteure positiv beeinflußte und die Stärkung eines regionalen Bewußtseins förderte. Aufgrund ihrer Form und ihrer Charakteristika (Bündel kohärenter, mehrjähriger Maßnahmen, Umsetzung der in den Regionalentwicklungsprogrammen enthaltenen Richtdaten in operationelle Verpflichtungen usw.) können diese Programme schließlich als Vorreiter der operationellen Programme zur Durchführung der Gemeinschaftlichen Förderkonzepte betrachtet werden.

Zwischen 1986 und 1987 wurden sieben integrierte Mittelmeerprogramme genehmigt, die in Form von nationalen Programmen von gemeinschaftlichem Interesse durchgeführt wurden. Ende 1988 genehmigte die Kommission zwei weitere nationale Programme von gemeinschaftlichem Interesse.

(a) Die griechischen integrierten Mittelmeerprogramme[209]

Sechs von sieben griechischen integrierten Mittelmeerprogrammen, nämlich das

---

[209] Die hierfür verwendeten Zahlen stammen aus der Tabelle 1 "Aufgliederung der gebundenen Mittel für die griechischen IMP nach Finanzierungsträgern", in: Wirtschaftsministerium: Rundschreiben Nr. D 1616/MP 414 vom 26. Februar 1988 über die integrierten Mittelmeerprogramme - Grundinformationen und Implementierungsanweisungen", S. 5 und aus eigenen Berechnungen aufgrund dieser Angaben.

IMP-Kreta, das IMP-Nordgriechenland, das IMP-Westgriechenland und Peloponnes, das IMP-Ägäische Inseln, das IMP-Attika und das IMP-Mittel- und Ostgriechenland, waren regional konzipiert, während das IMP-Informationstechnologien sektoral ausgerichtet war. Die Gesamtkosten dieser Programme wurden für ihre gesamte Laufzeit auf 3.213,39 Mio. ECU veranschlagt, von denen 1.829,58 Mio. bzw. 56,94 % zu Lasten des gemeinschaftlichen Haushalts gingen. Der Anteil des griechischen Haushalts wurde auf 1.062,80 Mio. ECU oder 33,07 % der Gesamtkosten bestimmt und der restliche Betrag, nämlich 321,01 Mio. ECU oder 9,99 %, von privaten Investoren gedeckt. Darüber hinaus wurde für Griechenland eine Summe in Höhe von 170,50 Mio. ECU als Reserve gebunden, die hauptsächlich produktive Investitionen des privaten und des öffentlichen Sektors sowie notwendige Maßnahmen und Aktionen für die Durchführung der Programme betraf.[210] Schließlich wurden 575,79 Mio. ECU aus dem Haushalt der Europäischen Investitionsbank gebunden, die für die Finanzierung von Maßnahmen und Aktionen im Rahmen der integrierten Mittelmeerprogramme zur Verfügung gestellt werden konnten.

Zur Vorbereitung der griechischen integrierten Mittelmeerprogramme wurde am 21. Dezember 1983 von der Kommission in Zusammenarbeit mit den griechischen Behörden eine Reihe von punktuellen Programmen beschlossen, die als Mikro- und Pilotaktionen durchgeführt wurden. Sie betrafen die Inseln Lesbos und Limnos (Nomos Lesbos), den Nomos Ioannina, den Nomos Evritania, die Region Prespes (Nomos Florina), den Nomos Grevena, den Bereich der Fischerei und der Aquakultur.[211] Die Aktionen stellten nicht nur experimentelle Inter-

---

[210] Diese Summe entsprach der aufgrund der Verordnung (EWG) Nr. 2088/85 des Rates Griechenland zugesprochenen Gemeinschaftsmittel in Höhe von insgesamt 2000 Mio ECU. In der Revision von 1989 wurden Griechenland Gemeinschaftsmittel in Höhe von 159,20 Mio. ECU zusätzlich zugewiesen, so daß der gemeinschaftliche Beitrag 1987,60 Mio. bzw. 55,10 % der Gesamtkosten erreichte.

[211] Hierzu siehe Entscheidung Nr. 84/73/EWG der Kommission (Abl.Nr. L 44 vom 15.2. 1984, S. 18); Entscheidung Nr. 84/74/EWG der Kommission (Abl. Nr. L 44 vom 15.2.1984, S. 23); Entscheidung Nr. 84/78/EWG der Kommission (Abl. Nr. L 44 vom 15.2.1984, S. 42); Entscheidung Nr. 84/79/EWG der Kommission (Abl. Nr. L 44 vom 15.2.1984, S. 47); Entscheidung Nr.84/80/EWG der Kommission (Abl. Nr. L 44 vom 15.2.1984, S. 51); Entscheidung Nr. 84/81/EWG der Kommission (Abl. Nr. L 44 vom 15.2.1984, S. 56); Entscheidung Nr. 85/83/EWG der Kommission (Abl. Nr. L 37 vom 8.2.1985, S. 15); Entscheidung Nr. 85/84/EWG der Kommission (Abl. Nr. L 37 vom 8.2. 1985, S. 20); Entscheidung Nr. 85/88/ EWG der Kommission (Abl. Nr. L 37 vom 8.2.1985, S. 36); Entscheidung Nr. 85/89/EWG

ventionen dar, die auf die Prüfung des Bedarfs nach einem integrierten regionalpolitischen Ansatz und dessen Voraussetzungen abzielten, sondern trugen auch zur Erweiterung der Kenntnisse und Erfahrungen hinsichtlich der Vorbereitung und Durchführung der integrierten Mittelmeerprogramme bei.

a1) Das integrierte Mittelmeerprogramm für die Insel Kreta

Neun Monate nachdem die griechischen Behörden am 13. November 1985 den ersten Entwurf für ein integriertes Mittelmeerprogramm betreffend die Insel Kreta der Kommission unterbreitet hatten, wurde dieses Programm von der Kommission am 20. August 1986 genehmigt. Die Genehmigung seines Programmvertrags folgte am 2. September 1986.
Dieses mit einer Laufzeit vom 13. November 1985 bis zum 12. November 1992 konzipierte Programm wurde bei Gesamtkosten in Höhe von 468,90 Mio. ECU mit einer Gemeinschaftsbeteiligung von 240,50 Mio. ECU, d.h. 51,29 % der vorgesehenen Kosten ausgestattet, von denen 85,73 Mio. oder 35,64 % Mittel aus dem Europäischen Fonds für regionale Entwicklung betrafen.
Als Anwendungsgebiet des IMP-Kreta wurde die gesamte Insel festgelegt. Hauptziele bildeten die Verbesserung der wirtschaftlichen und sozialen Lage der Insel und die Verringerung des Abstands zwischen Kreta und den übrigen Regionen des Landes. Diese Ziele wurden im Rahmen von sechs Teilprogrammen verfolgt, die den Primärsektor, den Fremdenverkehr, die Industrie und das Handwerk, das Landesinnere und die Durchführung des Programms betrafen und strebten vor allem eine Verlagerung der wirtschaftlichen Aktivitäten vom Primär- auf den Tertiärsektor und hauptsächlich den Fremdenverkehr an. Gleichzeitig wurde allerdings die Förderung des verarbeitenden Gewerbes sowie eine Reorientierung der landwirtschaftlichen Produktion und die Verbesserung ihrer Qualität unternommen, um eine übermäßige Abhängigkeit der Insel vom Frem-

---

der Kommission (Abl. Nr. L 37 vom 8.2.1985, S. 41); Entscheidung Nr. 85/90/EWG der Kommission (Abl. Nr. L 37 vom 8.2.1985, S. 46); Entscheidung Nr. 85/91/EWG der Kommission (Abl. Nr. L 37 vom 8.2.1985, S. 51); Entscheidung Nr. 86/39/EWG der Kommission (Abl. Nr. L 62 vom 5.3.1986, S. 25); Entscheidung Nr. 86/42/EWG der Kommission (Abl. Nr. L 62 vom 5.3.1986, S. 36); Entscheidung Nr. 86/477/EWG der Kommission (Abl. Nr. L 282 vom 3.10.1986, S. 21); Entscheidung Nr. 88/207/EWG der Kommission (Abl. Nr. L 95 vom 13.4.1988, S. 11).

denverkehr zu vermeiden. Parallel dazu wurden besondere Anstrengungen zur Förderung der sozioökonomischen Lebensfähigkeit des agrarischen Hinterlandes vorgesehen. Ein großes Gewicht wurde schließlich der beruflichen Ausbildung beigemessen.

a2) Das integrierte Mittelmeerprogramm für Nordgriechenland

Am 20. Oktober 1987 genehmigte die Kommission das integrierte Mittelmeerprogramm für Nordgriechenland, dessen Entwurf die griechischen Behörden am 23. August des vorangegangenen Jahres vorgelegt hatten. Drei Tage später, nämlich am 23. Oktober, konnte der Programmvertrag für dieses Programm unterzeichnet werden.
Das für den Zeitraum vom 1. Januar 1986 bis zum 31. Dezember 1992 konzipierte Programm war bei voraussichtlichen Gesamtkosten in Höhe von 695,84 Mio. ECU das größte griechische IMP. Die Gemeinschaft beteiligte sich an dem Programm mit 406,76 Mio. ECU, was 58,45 % der Kosten ausmachte, wobei 150,24 Mio. ECU, d.h. 36,93 % der hierzu vorgesehenen gemeinschaftlichen Mittel, zu Lasten des Europäischen Fonds für regionale Entwicklung gingen. Als Anwendungsgebiet des IMP-Nordgriechenland wurden die Regionen Zentral- und Westmakedonien und Ostmakedonien sowie Thrakien bestimmt, so daß das Programm 31,20 % der griechische Gesamtfläche und 25,30 % der Gesamtbevölkerung betraf.
Das IMP-Nordgriechenland umfaßte ein Maßnahmenbündel, das zur Verbesserung der sozioökonomischen Strukturen dieser Region beitragen sollte. Dafür konzentrierten sich die Bemühungen im Rahmen des Programms auf sieben Bereiche, die gleichzeitig die Teilprogramme dieses Programms bildeten: landwirtschaftliche Produktion, Landesinnere, Viehzucht, Fischerei und Aquakultur, Industrie und Energiewirtschaft, Fremdenverkehr, Infrastruktur, Durchführung. Indikativ für die Akzente des Programms ist die Tatsache, daß ein großer Teil der Mittel (37,10 %) für die Industrie und die Energiewirtschaft vorgesehen wurde.

a3) Das integrierte Mittelmeerprogramm für die Informationstechnologien

Das integrierte Mittelmeerprogramm für die Informationstechnologien in Grie-

chenland wurde der Kommission am 11. April 1986 vorgelegt und zusammen mit dem IMP-Nordgriechenland am 20. Oktober 1987 genehmigt. Der Programmvertrag wurde am 21. Oktober unterzeichnet.
Für dieses mit einer Laufzeit vom 4. April 1986 bis zum 3. April 1993 ausgestattete Programm wurden Gesamtkosten in Höhe von 134,15 Mio. ECU veranschlagt und eine Gemeinschaftsbeteiligung in Höhe von 88,75 Mio. zugesichert, d.h. 66,15 % der Kosten. Der europäische Fonds beteiligte sich an den hierfür vorgesehenen gemeinschaftlichen Mitteln mit 26,58 Mio. ECU, was 29,94 % dieser Mittel oder 19,81 % der Kosten des Programms entsprach. Das integrierte Mittelmeerprogramm für die Informationstechnologien hatte eine sektorale Orientierung und betraf somit das gesamte griechische Staatsgebiet. Das Programm war durch den beträchtlichen Rückstand Griechenlands im Bereich der Informationstechnologien gerechtfertigt und zielte auf die technologische Entwicklung, die Verringerung der griechischen Abhängigkeit vom ausländischen Know-how und die Modernisierung der griechischen Wirtschaft ab. Es umfaßte Maßnahmen zur Anwendung der Informationstechnologien in allen Bereichen des Wirtschaftslebens und in der Verwaltung, Maßnahmen zur Förderung von industriellen Tätigkeiten in Verbindung mit den Informationstechnologien, Maßnahmen zur Entwicklung der angewandten Forschung, Maßnahmen zur Schaffung von Infrastrukturen und Basisinfrastrukturen in diesem Sektor und schließlich Maßnahmen zur Anwendung der Informationstechnologien im Bereich der Bildung und insbesondere der beruflichen Ausbildung.

a4) Das integrierte Mittelmeerprogramm für Westgriechenland und den Peloponnes

Der Entwurf für das integrierte Mittelmeerprogramm für Westgriechenland und den Peloponnes wurde von den griechischen Behörden am 23. August 1986 bei der Kommission eingereicht und am 20 Oktober 1987 von ihr genehmigt. Der Programmvertrag wurde am 23. Oktober unterzeichnet.
Für die Durchführung dieses Programms wurde der Zeitraum vom 1. Januar 1986 bis zum 31. Dezember 1992 vereinbart. Bei Gesamtkosten in Höhe von 631,32 Mio. ECU war das IMP-Westgriechenland und Peloponnes das mit Abstand zweitgrößte griechische IMP. Die gemeinschaftliche Beteiligung erreichte hier 361,34 Mio. ECU oder 57,23 % der veranschlagten Kosten. Der EFRE-An-

teil belief sich hier auf 153,04 Mio. ECU, was 42,35 % der vorgesehenen gemeinschaftlichen Mittel ausmachte.
Den geographischen Anwendungsbereich des Programms bildeten Ipeiros, Ätoloakarnania, die Ionischen Inseln und der gesamte Peloponnes. Übergeordnete Ziele des Programms waren der Abbau der interregionalen Disparitäten, die Wiederherstellung des Gleichgewichts hinsichtlich des Bevölkerungspotentials und der ökologischen Ressourcen, die Schaffung von regionalen Entwicklungszentren und der Umweltschutz. Die hierfür vorgesehenen Maßnahmen wurden in sechs Teilprogrammen erfaßt, die folgende Bereiche betrafen: Landwirtschaft, Landesinneres und Inseln, Fischerei und Aquakultur, Handwerk und Industrie, Energie, Fremdenverkehr und Infrastruktur. Die Programme "Handwerk und Industrie" und "Landwirtschaft" beanspruchten hier einen großen Teil der Mittel.

a5) Das integrierte Mittelmeerprogramm für die Ägäischen Inseln

Das integrierte Mittelmeerprogramm für die Ägäischen Inseln wurde von der ommission am 11. Dezember 1987 anhand des von den griechischen Behörden am 23. August 1986 unterbreiteten Entwurfs genehmigt. Der Programmvertrag wurde am selben Tag unterzeichnet.
Dieses integrierte Mittelmeerprogramm umfaßte den Zeitraum vom 1. Januar 1986 bis zum 31. Dezember 1992 und wurde bei vorgesehenen Gesamtkosten in Höhe von 325,17 Mio. ECU mit 193,54 Mio. ECU aus dem gemeinschaftlichen Haushalt ausgestattet, was 59,52 % der veranschlagten Kosten deckte. Die Beteiligung des Europäischen Fonds für regionale Entwicklung erreichte 114,44 Mio. ECU oder 59,12 % des gesamten gemeinschaftlichen Beitrags.
Das IMP-Ägäische Inseln betraf die Nomoi Lesbos, Chios, Samos, Dodekanes und Kykladen und strebte den Abbau der Isolation der Inseln, die Mobilisierung der Ressourcen und die Ausnutzung der Entwicklungsmöglichkeiten in den produktiven Sektoren bei gleichzeitiger Spezialisierung im Bereich des Fremdenverkehrs sowie die Verringerung der Abhängigkeit der Inseln vom Zentrum an. Dieses integrierte Mittelmeerprogramm bestand aus fünf Teilprogrammen: verkehrsmäßige Erschließung der Inseln; Regulierung des Fremdenverkehrs; Verbesserung der Produktivität der landwirtschaftlichen Betriebe; Förderung des Fremdenverkehrs an Orten mit geringer Touristenkonzentration; Durchführung des Programms.

a6) Das integrierte Mittelmeerprogramm für Attika

Der Entwurf des integrierten Mittelmeerprogrammes für Attika wurde der Kommission am 23. August 1986 vorgelegt. Das Programm wurde am 11. Dezember 1987 genehmigt. Der Programmvertrag zwischen der Kommission und den griechischen Behörden konnte am selben Tag unterzeichnet werden.
Für die Durchführung dieses Programms wurde der Zeitraum vom 23. Juli 1986 bis zum 22. Juli 1993 vorgesehen. Bei Gesamtkosten in Höhe von 407,88 Mio. ECU wurde die gemeinschaftliche Unterstützung auf 223,14 Mio. ECU und die Beteiligung des Regionalfonds gerade auf 0,64 Mio. ECU bestimmt. Den überwiegenden Teil der gemeinschaftlichen Unterstützung trug hier die Haushaltslinie 551 mit 203,49 Mio. ECU bei.[212]
Das geographische Anwendungsgebiet des Programms umfaßte den Nomos Attika. Es zielte auf die Kontrolle des Bevölkerungswachstums des Athener Großraums, die Verbesserung der Produktivität und der Konkurrenzfähigkeit der Wirtschaft, die Verbesserung der sozioökonomischen Infrastruktur, die Sanierung der natürlichen Umwelt und des Städtebaus, den Umweltschutz, die Dezentralisierung der in der Hauptstadt konzentrierten Aktivitäten, die Modernisierung der Industrie, die Orientierung an Aktivitäten höherer Technologie und die Verbesserung des Transportsystems ab. Die Prioritäten des Programms konzentrierten sich auf fünf Teilprogramme: Konsolidierung der Industrie; Entwicklung des fortgeschrittenen tertiären Sektors - wofür auch ein großer Teil der Mittel (43 % der Gesamtkosten) vorgesehen wurde; Verbesserung der Infrastruktur; Unterstützung des Primärsektors in den am wenigsten entwickelten Gebieten; Durchführung.

a7) Das integrierte Mittelmeerprogramm für Mittel- und Ostgriechenland

Anhand des am 23. August 1986 von den griechischen Behörden eingereichten Entwurfs für ein integriertes Mittelmeerprogramm für Mittel- und Ostgriechenland wurde am 11. Dezember 1987 das Programm genehmigt und sein Pro-

---

[212] Im Hinblick auf die Prämisse der vorliegenden Analyse könnte insofern die für dieses integrierte Programm zugesicherte Unterstützung aus dem Europäischen Fonds für regionale Entwicklung als bedeutungslos erachtet werden.

grammvertrag unterzeichnet. Für die Durchführung des Programms wurde der Zeitraum vom 1. Januar 1986 bis Ende 1992 festgelegt. Die voraussichtlichen Gesamtkosten für das Programm erreichten 550,12 Mio. ECU. Somit kam das Programm an dritter Stelle hinsichtlich der Höhe der vorgesehenen Kosten hinter dem IMP-Westgriechenland und Peloponnes und dem IMP-Nordgriechenland. Der gemeinschaftliche Beitrag wurde auf 315,54 Mio. ECU, d.h. 57,36 % der Kosten, festgelegt, woran sich der Europäische Fonds für regionale Entwicklung mit 159,83 Mio. oder 50,65 % der gemeinschaftlichen Mittel beteiligte.
Das Programm umfaßte die Nomoi Böotien, Euböa, Fthiotida, Fokida, Evritania, Trikala, Karditsa Magnesia und Larissa. Es betraf den Abbau der intraregionalen Disparitäten, die Wiederherstellung des demographischen Gleichgewichts, die gleichgewichtige Entwicklung der Wirtschaftssektoren und einige Maßnahmen im Bereich des Umweltschutzes. Das IMP-Mittel- und Ostgriechenland gliederte sich in fünf Teilprogramme: Verbesserung der Infrastruktur; Diversifizierung der Landwirtschaft; Entwicklung der Wirtschaftstätigkeit im Hinterland und auf den Inseln; Stärkung der Wettbewerbsfähigkeit der Industrie und des Handwerks; Durchführung.

(b) Die anderen nationalen Programme von gemeinschaftlichem Interesse

Am 30. November 1988 wurden von der Kommission zwei nationale Programme von gemeinschaftlichem Interesse für die Nomoi Chios und Fokida genehmigt, die - wenn man von den integrierten Mittelmeerprogrammen absieht, die zwar als solche aufgefaßt wurden, aber trotzdem eine Sonderkategorie von Programmen bilden - die ersten Programme dieser Kategorie darstellten. Diese Programme hatten eine Laufzeit von 1988 bis 1992.

b1) Das nationale Programm von gemeinschaftlichem Interesse für die Insel Chios

Das Programm wurde mit einer gemeinschaftlichen Unterstützung in Höhe von 21,86 Mio. ECU ausgestattet.
Die Genehmigung dieses Programms ist zum einen auf die Insellage und die darüber hinaus schwerwiegenden demographischen und sozioökonomischen Probleme der Insel Chios und zum anderen auf die guten Entwicklungsvoraussetzungen

der Insel, insbesondere in den Bereichen des Fremdenverkehrs und des Handwerks, zurückzuführen. Die Durchführung dieses Programms strebte daher durch die bessere Nutzung der lokalen Ressourcen und Produktionsmöglichkeiten sowie durch die Verbesserung der Infrastruktur die Überwindung der Isolation der Insel und die Anziehung von neuen produktiven Investitionen an.
Die im Rahmen dieses Programms vorgesehenen Maßnahmen umfaßten insbesondere die Verbesserung der Verkehrsinfrastruktur (Flughafen und Hafen von Chios), Wasserbauinfrastruktur (Wasserzuleitung und Kanalisation), Maßnahmen zur Förderung der lokalen kleinen und mittleren Unternehmen sowie produktive Investitionen und Infrastrukturinvestitionen im Bereich des Fremdenverkehrs.

b2) Das nationale Programm von gemeinschaftlichem Interesse für den Nomos Fokida

Das nationale Programm von gemeinschaftlichem Interesse für den Nomos Fokida wurde mit einer gemeinschaftlichen Unterstützung in Höhe von 24,41 Mio. ECU ausgestattet.
Das Programm war durch die besonders problematische Lage und die geringen Entwicklungsmöglichkeiten des Nomos Fokida gerechtfertigt, die mit ungünstigen geomorphologischen Verhältnissen und dem Mangel an Basisinfrastrukturen zusammenhingen.
Das NPGI-Fokida sah eine Reihe von Maßnahmen vor, die zur Linderung der dort vorhandenen Probleme und zur Steigerung der Entwicklungsdynamik des Nomos beitragen sollten. Der Ausbau der Basisinfrastruktur, die Kofinanzierung von produktiven Investitionen, die Förderung der lokalen kleinen und mittleren Unternehmen durch Dienstleistungsangebote und die Erschließung der lokalen Ressourcen gehörten zu den Schlüsselmaßnahmen dieses Programms.

4.1.1.4 Die spezifischen Gemeinschaftsprogramme des quotenfreien Sektors des Europäischen Fonds für regionale Entwicklung "Erweiterung" und "Energie"

Die Interventionsform der "spezifischen Gemeinschaftsprogramme zur regionalen Entwicklung" stellte im Rahmen der 1979 gegründeten quotenfreien Abteilung des Europäischen Fonds für regionale Entwicklung ein erstes Experiment der

Kommission zur Politikinitiierung "von oben" dar und bedeutete somit einen Emanzipationsschritt für die Kommission, die die Initiative zu regionalpolitischen Tätigkeiten innerhalb eines Gemeinschaftsrahmens ergreifen konnte. Andererseits wurden dadurch der mehrjährige Programmansatz und das Konzept der Erschließung des endogenen Potentials eingeleitet, so daß die im Jahr 1980 eingeführten spezifischen Gemeinschaftsprogramme als Vorläufer der mit der Verordnung (EWG) Nr. 1787/84 durchgesetzten Programminterventionen betrachtet werden können, deren endgültiger Durchbruch mit der Strukturfondsreform von 1988 erfolgte.
Diese in Form von fünfjährigen Sonderprogrammen genehmigten Maßnahmen wurden in einer doppelten Absicht konzipiert, nämlich als Beitrag zur Lösung der Regionalprobleme, für die die Gemeinschaft eine besondere Verantwortung trägt, oder um den strukturellen Auswirkungen von schwerwiegenden Ereignissen in bestimmten Gebieten entgegenzutreten.
Am 18. Januar 1984 verabschiedete der Rat eine zweite Serie von spezifischen Gemeinschaftsmaßnahmen zur regionalen Entwicklung, die ihm die Kommission im November 1982 unterbreitet hatte. Darunter befanden sich zwei Sonderprogramme, die auch Griechenland betrafen: "Erweiterung" und "Energie". Erklärtes Ziel der für eine Finanzierung in Frage kommenden Maßnahmen war hierbei die Schaffung von produktiven Arbeitsplätzen in den kleinen und mittleren Betrieben, die nicht nur durch Investitionsbeihilfen, sondern vor allem durch Beihilfen zur Verbesserung der wirtschaftlichen Rahmenbedingungen für die Unternehmen entstehen sollten.

(a) Spezifische Gemeinschaftsmaßnahme "Erweiterung - Griechenland"

Da die bevorstehende Erweiterung der Gemeinschaft um Portugal und Spanien mit der Gefahr der Beeinträchtigung der Entwicklung bestimmter griechischer Regionen verbunden wurde, wurde die spezifische Gemeinschaftsmaßnahme "Erweiterung" mit der Verordnung (EWG) Nr. 215/84 des Rates auf Griechenland ausgedehnt.[213] Diese Maßnahme betraf die griechischen Inseln mit Ausnahme der Insel Salamina und, bei Investitionsbeihilfen für die Industrie, der Inseln Ägina, Hydra und Spetsä. Am 21. Dezember desselben Jahres wurde das ent-

---

[213] Abl. Nr. L 27 vom 31.1.1984, S. 5.

sprechende Sonderprogramm von der Kommission genehmigt, wobei ein EFRE-Zuschuß in Höhe von 40 Mio. ECU für die Zeit 1985-1989 vorgesehen wurde. Diese Summe machte 14,28 % des gesamten Programms aus. Die wichtigsten Maßnahmen betrafen Strukturbeihilfen für die unter den Anwendungsbereich des Programms fallenden kleinen und mittleren Unternehmen, die Förderung des Tourismus in ländlichen Gebieten, die Verbesserung der Verkehrsverbindungen zwischen den Inseln und dem griechischen Festland sowie zwischen den Inseln untereinander und den Umweltschutz.

(b) Spezifische Gemeinschaftsmaßnahme "Energie - Griechenland"

Das besonders ausgeprägte Energiedefizit, die starke Abhängigkeit Griechenlands von Erdöleinfuhren und die besonders hohen Energiekosten auf den griechischen Inseln führten zur Verabschiedung der Verordnung (EWG) Nr. 218/84 des Rates, die die Ausdehnung der spezifischen Gemeinschaftsmaßnahme "Energie" auf Griechenland festlegte.[214] Die Maßnahme betraf die Ägäischen Inseln mit Ausnahme der Insel Salamina. Die Kommission genehmigte das Sonderprogramm "Energie" für Griechenland am 21. Dezember 1984. Das Programm wurde mit einer Summe in Höhe von 20 Mio. ECU, d.h. 33,90 % der Gesamtkosten, und einer Laufzeit von 1985 bis 1989 ausgestattet. Die wichtigsten Maßnahmen dieses Programms konzentrierten sich auf die alternativen Energiequellen und betrafen Aktionen zugunsten des integrierten Programms auf der Insel Naxos und Vorhaben in den Bereichen der Windenergie, der fotoelektrischen Energieumwandlung und der geothermischen Energie auf den Inseln Milos und Mykonos.

4.1.1.5 Untersuchungen

Im Zeitraum zwischen 1981 und 1988 nahm der Europäische Fonds für regionale Entwicklung an der Finanzierung sechs Untersuchungen in Griechenland teil:

1981: Der relative Vorteil bestimmter Regionen Griechenlands bei ausländischen Investitionen und der Zusammenarbeit mit Ländern des mittleren Ostens und Afrikas (ungefähr 0,05 Mio. ECU)

[214] Ebenda, S. 19.

Analyse des Auswahl- und Kontrollsystems bei regionalen Entwicklungsprogrammen und EFRE-Vorhaben in Griechenland (ungefähr 0,07 Mio. ECU)

1982: Dezentralisierung des Verkehrs (ungefähr 0,07 Mio. ECU)

1983: Errichtung einer Thermalkuranlage in Polyschnitos auf der Insel Lesbos (ungefähr 0,05 Mio. ECU)

1984: Über die Anreize für das regionale verarbeitende Gewerbe (ungefähr 0,03 Mio. ECU)

1988: Über die Arbeitslosigkeit und die Berufsbildung auf den regionalen Arbeitsmärkten in Griechenland (ungefähr 0,06 Mio. ECU)

4.1.2 Die Interventionsbereiche des Europäischen Fonds für regionale Entwicklung in Griechenland

Aus der vorangegangenen Darstellung der Interventionsformen des Europäischen Fonds für regionale Entwicklung in Griechenland ist ersichtlich, daß sich die Aktivitäten des Fonds in der Betrachtungsperiode auf die Unterstützung der von der öffentlichen Hand getätigten Infrastrukturinvestitionen konzentrierten.
Die Analyse der regionalpolitischen Interventionen der Gemeinschaft in Griechenland nach dem Kriterium der verschiedenen Träger der Investitionen belegt eindeutig die vorrangige Rolle des öffentlichen Sektors gegenüber dem privaten Sektor. Bei einem vorgesehenen Gesamtzuschuß in Höhe von 260.537,82 Mio. Drachmen für Investitionen im Rahmen des Programms für Öffentliche Investitionen und 351.499,26 Mio. Drachmen im Rahmen der Investitionen der Öffentlichen Unternehmen und Körperschaften im Zeitraum 1981 bis 1988 erreichten die Mittelbindungen aus dem Fonds eine Höhe von 111.948,95 Mio. bzw. 162.326,05 Mio. Drachmen, so daß die Investitionen des öffentlichen Sektors 96,09 % der gesamten Mittelbindungen aus dem Europäischen Fonds für regionale Entwicklung beanspruchten. Die privaten Investitionen kamen also bei einem Gesamtzuschuß von 44.574,67 Mio. Drachmen mit gerade 11.167,48 Mio. oder 3,91 % der gebundenen EFRE-Mittel in den Genuß der Förderung aus dem Fonds. [215]

---

[215] Unveröffentlichte Angaben des griechischen Wirtschaftsministeriums; eigene Berechnungen.

Die vergleichsweise geringe Berücksichtigung der privaten Investitionen ist auf eine Reihe von Faktoren zurückzuführen. Zu nennen ist zum einen der hohe Bedarf an Infrastrukturinvestitionen im Land, die meistens unerschwingliche Kosten für die Unternehmen darstellen und daher nur vom öffentlichen Sektor durchgeführt werden können. Zum anderen ist hier die traditionelle Rolle des griechischen Staates als Investor und Wirtschaftsakteur im Zusammenhang mit einem stark ausgeprägten Mißtrauen gegenüber dem Investitionsverhalten und den Zielen der Privatinitiative hervorzuheben.[216] Dazu kam die Zurückhaltung der privaten Investoren, Investitionsrisiken einzugehen, welche wiederum mit den strukturellen Schwächen der griechischen Unternehmen und dem Mangel an Investitionskapital zusammenhing. Außerdem erschien eine stärkere Berücksichtigung der Privatinvestitionen aus eng fiskalischen Überlegungen nicht zweckmäßig. Die Probleme der Politik der Anreize zur Regionalentwicklung sowie der geringe Realisierungsgrad der genehmigten Privatinvestitionen in Verbindung mit der Tatsache, daß die EFRE-Mittel für diese Investitionen als Rückerstattung eines Teils der vorgestreckten Gelder aus dem nationalen Haushalt gewährt wurden, erklären die geringe Bereitschaft der politischen Führung für eine höhere Beteiligung des Privatsektors an die gemeinschaftliche Unterstützung. Die Infrastrukturinvestitionen wurden schließlich mit den Bedürfnissen der Wählerschaft verbunden, denn die Infrastruktur ausstattung bedeutete sichtbare Erfolge für die Regierungspolitik und versprach dementsprechend eine Steigerung der Popularität der regierenden Partei.

Bei Betrachtung der Aufgliederung der Zuschüsse des Europäischen Fonds für regionale Entwicklung nach Investitionsträgern läßt sich feststellen, daß das Programm für Öffentliche Investitionen zusammen mit den Investitionen der Öffentlichen Elektrizitätsgesellschaft und des Amtes für das Fernmeldewesen Griechenlands 93,78 % der EFRE-Mittel beanspruchten. An diesem Prozentsatz waren die Elektrizitätsgesellschaft mit 36,07 % und das Amt für das Fernmeldewesen mit 18,91 % beteiligt. Die hohe Beteiligung dieser beiden Investitionsträger an den EFRE-Zuschüssen ist zum einen durch die starken Defizite des

---

[216] Hinsichtlich der Investitionstätigkeit brachten die sozialistischen Regierungen in den 80er Jahren der örtlichen Selbstverwaltung, den Kommunalunternehmen oder den Genossenschaften ein größeres Vertrauen entgegen als der Privatinitiative (vgl. auch Kasakos, P.: Privatsektor und Strukturpolitik der Gemeinschaft, a.a.O., S. 30).

Landes in den Bereichen der Energie und der Telekommunikation sowie durch die ihnen beigemessene Schlüsselrolle für die wirtschaftliche Entwicklung zu erklären. Zum anderen waren sie durch die Größenordnung dieser Investitionen bedingt, da es sich in der Regel um große Infrastrukturvorhaben mindestens mittlerer und oft höherer Technologie handelte, die hohe Investitionskosten aufweisen. Einen großen Teil der restlichen Mittel erhielten die Griechische Eisenbahngesellschaft (40,30 %, aber nur 2,50 % der Gesamtmittel) und die Griechische Bank für industrielle Entwicklung (26,27 %, aber 1,63 % der Gesamtmittel).[217]

Die Analyse der im Zeitraum 1981-1988 gebundenen Mittel für Infrastrukturvorhaben nach Wirtschaftszweigen ist aufschlußreich für die Prioritäten und Akzente der Politik. Den größten Anteil erreichten hier die Investitionen im Bereich der Energie mit 667,22 Mio. ECU (31,18 %), gefolgt von Investitionen für Verkehrsinfrastrukturen mit 585,73 Mio. (27,37 %) und Investitionen zur Verbesserung und zum Ausbau des Fernmeldewesens mit 428,27 Mio. (20,01 %). Trotz des großen und akuten Bedarfs kamen die gebundenen Mittel für Infrastrukturvorhaben im Bereich des Umweltschutzes mit gerade 1,20 Mio. ECU oder 0,05 % an letzter Stelle, was ein geringes umweltpolitisches Bewußtsein verrät sowie die Tatsache, daß die entwicklungspolitische Bedeutung der umweltpolitischen Maßnahmen noch nicht verstanden bzw. noch nicht internalisiert werden konnte. Einen sehr geringen Anteil erreichten schließlich die Infrastrukturvorhaben in Verbindung mit produktiven Tätigkeiten. Bei einem Gemeinschaftsdurchschnitt von 8,43 % machten sie mit 33 Mio. ECU nur 1,54 % der gebundenen EFRE-Mittel aus.[218]

---

[217] Unveröffentlichte Angaben des griechischen Wirtschaftsministeriums; eigene Berechnungen.

[218] Vgl. die Angaben in Tabelle 33 "Aufgliederung der 1975-1988 für Infrastrukturvorhaben gebundenen Mittel nach Ländern", in: "Vierzehnter Jahresbericht (1988) der Kommission an den Rat, das Europäische Parlament und den Wirtschafts- und Sozialausschuß über den Europäischen Fonds für regionale Entwicklung", Kommission der Europäischen Gemeinschaften, Amt für amtliche Veröffentlichungen der Europäischen Gemeinschaften, Luxemburg, 1990, S. 97 (Anhang). Hierbei trat jedoch eine Abweichung der statistischen Angaben auf, denn die Gesamtsumme der nach Wirtschaftssektoren und -zweigen aufgegliederten gebundenen Mittel für Infrastrukturvorhaben in Tabelle 33 wies einen um 9,97 Mio. ECU niedrigeren Wert auf als in Tabelle 37 "Regionale Aufgliederung der 1975-1988 gebundenen Mittel nach Programmen, Vorhaben und Studien" desselben Berichts oder die Angaben in Tabelle "1975-

Von den 42,74 Mio. ECU, die zwischen 1981 und 1988 für Vorhaben im Industrie-, Handwerks- und Dienstleistungsbereich gebunden wurden, beanspruchten die Kategorien "Mineralien und ihre Derivate, chemische Industrie" mit einer Beteiligung in Höhe von 15,26 Mio. (35,70 %) und "Sonstiges verarbeitendes Gewerbe" mit 14,51 Mio. (33,94 %) den größten Teil der EFRE-Mittel für produktive Investitionen, wobei ein erheblicher Teil der Mittel für die zweite Kategorie Investitionen im Bereich der Nahrungs- und Genußmittel betraf. Mit wesentlich geringeren Summen waren hier die Kategorien "Herstellung von Metallerzeugnissen, Feinmechanik" (8,12 Mio. ECU oder 18,99 %) und "Dienstleistungen" (4,86 Mio. oder 11,37 %) beteiligt.[219]
Anders als bei den Infrastrukturvorhaben konzentrierten sich die gebundenen EFRE-Mittel für produktive Investitionen auf kleine Investitionsvorhaben, so daß 131 kleine Investitionen mit 36,63 Mio. ECU oder 85,70 % der vorgesehenen Mittel ausgestattet wurden. Nur zwei große Investitionen mit einer Beteiligung in Gesamthöhe von 6,11 Mio. ECU oder 14,30 % der Mittel waren hier vertreten.[220]

Trotz ihres niedrigen Anteils an den gesamten gebundenen Mittel für Griechenland ist den vom Europäischen Fonds für regionale Entwicklung mitfinanzierten Programmen eine beachtliche sektorale Relevanz zuzuschreiben. Zum einen wurden die Programme zum Teil mit einer konkreten sektorspezifischen Ausrichtung konzipiert, wie im Fall der Gemeinschaftsprogramme STAR und VALOREN, der spezifischen Gemeinschaftsmaßnahme "Energie" und des integrier-

---

1988 gebundene Mittel (pro Mitgliedstaat)", in: "Der EFRE in Zahlen 1988, 1975-1988", a.a.O., S. 7. Die Kontrolle der Angaben aufgrund der vorangegangenen Jahresberichte über den EFRE erbrachte keine zufriedenstellende Antwort. Wiederholte Anfragen bei den zuständigen Stellen der Kommission und des griechischen Wirtschaftsministeriums blieben ergebnislos.

219 Vgl. die Angaben in Tabelle 35 "1975-1988 nach Ländern aufgegliederten gebundenen Mittel für Vorhaben im Industrie-, Handwerks- und Dienstleistungsbereich", in: "Vierzehnter Jahresbericht (1988) der Kommission an den Rat, das Europäische Parlament und den Wirtschafts- und Sozialausschuß über den Europäischen Fonds für regionale Entwicklung", a.a.O., S. 98 (Anhang). Ebenso wie bei den statistischen Angaben in Tabelle 33 des Berichts traten hier weitere Abweichungen in Höhe von 8,23 Mio. ECU auf (siehe Anm. 218).

220 Ebenda.

ten Mittelmeerprogramms für die Informationstechnologien. Zum anderen besaßen die Programme angesichts ihrer Form, wie die integrierten Mittelmeerprogramme, oder angesichts ihrer Zielsetzungen, wie die spezifische Gemeinschaftsmaßnahme "Erweiterung" und die nationalen Programme von gemeinschaftlichem Interesse für Chios und Fokida, de facto eine sektorale Orientierung.
Die integrierten Mittelmeerprogramme, die sowohl volumenmäßig und geographisch als auch entwicklungspolitisch die wichtigsten Programme der zweiten Kategorie darstellten, wurden durch ihre sektorale Vielfalt gekennzeichnet. Die Landwirtschaft war hier als Spitzenreiter mit einer Gesamtausgabe in Höhe von 841,50 Mio. ECU, d.h. mit 26,19 % der vorgesehenen Gesamtausgaben für die integrierten Mittelmeerprogramme vertreten, gefolgt von Handwerk und Industrie mit 808,24 Mio. ECU oder 25,15 % und den Infrastrukturen mit 572,76 Mio. ECU oder 17,82 %. Die anderen Sektoren und Wirtschaftsbereiche blieben wesentlich hinter diesen Größenordnungen zurück, so daß für die Energie 298,77 Mio. ECU oder 9,29 %, für den Tourismus 281,54 Mio. ECU oder 8,76 % und für die berufliche Ausbildung 251,42 Mio. ECU oder 7,82 % gebunden wurden.[221]

4.1.3 Die räumliche Aufgliederung der Interventionen des Europäischen Fonds für regionale Entwicklung in Griechenland

Die Analyse der geographischen Verteilung der Interventionen des Europäischen Fonds für regionale Entwicklung in Griechenland erweist sich als ein hilfreiches Instrument zur Überprüfung der räumlichen Konzentration dieser Interventionen und zur Feststellung der geographischen Prioritäten in den Entwicklungsbemühungen des Landes. Insofern bedeutet diese Analyse eine Antwort auf die Fragen nach einer adäquaten Einsetzung des Fonds und nach der Erschöpfung der Möglichkeiten im Rahmen der Förderung.
Bezieht man die Mittelbindungen aus dem Europäischen Fonds für regionale Entwicklung für die griechischen Regionen im Zeitraum 1981-1988 auf die Ein-

---

[221] Vgl. die Angaben in Tabelle 2 "Aufgliederung der gebundenen Mittel für die griechischen IMP nach Wirtschaftssektoren und -bereichen", in: Wirtschaftsministerium: Rundschreiben Nr. D 1616/MP 414 ..., a.a.O., S. 6. Statistische Angaben über die Aufgliederung der EFRE-Mittel für die griechischen integrierten Mittelmeerprogramme nach Wirtschaftssektoren und bereichen liegen nicht vor.

ordnung der Regionen nach dem Kriterium ihrer sozioökonomischen Lage, so ergibt sich, daß die zweitbestplazierte Region aufgrund des synthetischen Indexes, nämlich Zentral- und Westmakedonien, mit 753,10 Mio. ECU oder 30,76 % der gebundenen Mittel für Griechenland mit großem Abstand an erster Stelle lag. Mit dieser Ausnahme konzentrierte sich jedoch die Förderung aus dem Fonds auf die weniger entwickelten Regionen und Gebiete des Landes. So erreichte die drittletzte Region, Peloponnes und Westgriechenland, mit 375 Mio. ECU oder 15,32 % der Mittel die zweite Stelle, gefolgt von der zweitletzten Region, Ipeiros, mit 183,27 Mio. ECU oder 7,48 %, der Region Östliches Festland und Inseln - mit Ausnahme der relativ wohlhabenden Teilregion von Attika, die für eine Förderung aus dem Fonds nicht in Frage kam - mit 172,33 Mio. ECU oder 7,04 %, der Region Kreta mit 152,60 Mio. ECU oder 6,23 %, der Region Thessalien mit 140,17 Mio. ECU oder 5,72 %, der Region Ostmakedonien mit 125,80 Mio. ECU oder 5,14 %, der Region Ostägäische Inseln mit 96,75 Mio. ECU oder 3,95 %. Die Region Thrakien erreichte mit gerade 80,41 Mio. ECU oder 3,28 % der Mittel die letzte Stelle, obwohl sie die am stärksten benachteiligte griechische Region und eine der schwächsten Regionen der Gemeinschaft überhaupt darstellte und deshalb als Prioritätszone für Investitionen eingestuft war.[222]

Unter Berücksichtigung des Kriteriums der Zuschüsse pro Kopf der Bevölkerung in den Fördergebieten des Fonds entsteht jedoch eine andere Plazierung der griechischen Regionen, so daß die Region Zentral- und Westmakedonien mit 444 ECU pro Einwohner am stärksten gefördert wurde, gefolgt von den Regionen Ipeiros mit 411, Kreta mit 304, Ostmakedonien mit 295, Westgriechenland und Peloponnes mit 290, Ostägäische Inseln mit 284, Östliches Festland und Inseln mit 264, Thrakien mit 233 und letztlich Thessalien mit 201 ECU.[223]

---

[222] Vgl. die Angaben in Tabelle 5 "Regionale Aufgliederung der 1975-1988 gebundenen Mittel für Griechenland nach Programmen, Vorhaben und Studien" im Anhang der Arbeit; eigene Berechnungen. Zusätzlich zu diesen Mittelbindungen kamen allerdings Mittelbindungen für multiregionale Vorhaben (z.B. Modernisierung des griechischen Eisenbahnnetzes), Programme (STAR, VALOREN, IMP) und Studien in Höhe von 368,18 Mio. ECU, sowie die Mittelbindungen im Rahmen der spezifischen Gemeinschaftsmaßnahmen "Erweiterung" und "Energie".

[223] Vgl. die Angaben in Tabelle 18 "Regionale Aufgliederung der Bevölkerung und der Zuschüsse pro Kopf der Bevölkerung in den Fördergebieten des EFRE", in: "Vierzehnter Jahresbericht (1988) der Kommission an den Rat, das Europäische Parlament und den Wirt-

Die regionale Aufgliederung der gemeinschaftlichen Unterstützung durch den Europäischen Fonds für regionale Entwicklung ist zum überwiegenden Teil auf die geographische Konzentration der Infrastrukturvorhaben zurückzuführen. So beliefen sich die gebundenen EFRE-Mittel für diese Investitionen auf 749,29 Mio. ECU für die Region Zentral- und Westmakedonien, 335,23 Mio. ECU für die Region Peloponnes und Westgriechenland, 178,71 Mio. ECU für die Region Ipeiros, 166,07 Mio. ECU für die Region Östliches Festland und Inseln, 137,38 Mio. ECU für die Region Thessalien, 123,97 ECU für die Region Ostmakedonien, 114,18 Mio. ECU für die Region Kreta, 90,52 Mio. ECU für die Region Ostägäische Inseln und 73,01 Mio. ECU für die Region Thrakien. Dazu wurden 181,29 Mio. ECU für multiregionale Vorhaben dieser Kategorie vorgesehen.[224] Statistisch betrachtet besaßen die Großvorhaben dieser Kategorie eine verzerrende Wirkung. So war beispielsweise die herausragende Unterstützung der Region Zentral- und Westmakedonien auf die Infrastrukturinvestitionen im Rahmen der Investitionen der Öffentlichen Unternehmen und Körperschaften[225] und insbesondere der Öffentlichen Elektrizitätsgesellschaft in Ptolemaida (Nomos Kozani) und in Amyntaio (Nomos Florina) zurückzuführen.[226] Die entwicklungspolitische Relevanz dieser Vorhaben erschöpfte sich allerdings in den meisten Fällen nicht innerhalb der engen Grenzen der betreffenden Region. Den Vorhaben ist aufgrund ihrer strategischen entwicklungspolitischen Rolle eine interregionale Dimension beizumessen.

Hinsichtlich der produktiven Investitionen zeichneten sich alle griechischen Re-

---

schafts- und Sozialausschuß über den Europäischen Fonds für regionale Entwicklung", a.a.O., S. 62. Die Angaben schlossen die multiregionalen Vorhaben ein und basierten auf Bevölkerungsdaten aus dem Ermittlungsjahr 1981.

[224] Vgl. die Angaben in Tabelle 5 "Regionale Aufgliederung der 1975-1988 gebundenen Mittel für Griechenland nach Programmen, Vorhaben und Studien" im Anhang der Arbeit.

[225] So erreichten die parallelen Investitionen der Öffentlichen Unternehmen und Körperschaften für die Region Zentral- und Westmakedonien einen Gesamtzuschuß in Höhe von 148.341,13 Mio. Drachmen (mehr als das Dreifache für die zweitstärkst bezuschußte Region Peloponnes und Westgriechenland), wobei sich der EFRE-Anteil auf 67.076,33 Mio. Drachmen oder 79,77 % belief (unveröffentlichte Angaben des Wirtschaftsministeriums; eigene Berechnungen).

[226] Hinsichtlich der geographischen Verteilung der anderen Großvorhaben siehe oben, S. 146 ff.

gionen mit Ausnahme von Thrakien und den Ostägäischen Inseln, die sich mit einem Anteil in Höhe von 7,40 Mio. ECU oder 9,20 % bzw. 4,59 Mio. ECU oder 4,82 % der gebundenen Mittel für diese Kategorie deutlich über dem Durchschnitt befanden, durch sehr geringe Werte aus, so daß sie nur minimale Auswirkungen auf die Endsummen der gebundenen Mittel hatten.[227]

182,76 Mio. der für die griechischen Programme gebundenen 263,38 Mio. ECU, d.h. 69,4 % der Mittel, betrafen aufgrund ihrer sektoralen Ausrichtung (Gemeinschaftsprogramme STAR und VALOREN, integriertes Mittelmeerprogramm für die Informationstechnologien) oder aufgrund ihres geographischen Anwendungsbereiches (integrierte Mittelmeerprogrammme mit Ausnahme der IMP-Kreta, IMP-Westgriechenland und Peloponnes und IMP-Attika) multiregionale Programme.[228] So erreichten die gebundenen Mittel für die Gemeinschaftsprogramme STAR und VALOREN 10,24 und 2,74 Mio. ECU, während die restlichen 169,78 Mio. ECU unter den integrierten Mittelmeerprogrammen in folgender Weise verteilt wurden: für das IMP-Nordgriechenland 71,43 Mio. ECU, für das IMP-Ägäische Inseln 28,53 Mio. ECU, für das IMP-Mittel- und Ostgriechenland 35,12 Mio. ECU, für das IMP-Informationstechnologien 8,79 Mio. ECU.[229] Dazu kamen die für die spezifischen Gemeinschaftsmaßnahmen "Erweiterung" und "Energie" gebundenen Mittel in Höhe von 14,16 und 9,11 Mio. ECU.[230]

Die Regionen Kreta mit 37,43 Mio. ECU und Westgriechenland und Peloponnes mit 37,05 Mio. ECU zogen im Rahmen der gleichnamigen integrierten Mittelmeerprogramme den überwiegenden Teil der regional aufgegliederten Mittelbindungen der Periode 1981-1988 auf sich.[231]

Durch die für das Jahr 1988 gebundenen Mittel im Rahmen der nationalen Programme von gemeinschaftlichem Interesse für Chios und Fokida kamen die Re-

---

[227] Siehe Anm. 219; eigene Berechnung.

[228] Ebenda; eigene Berechnung.

[229] Vgl. die Angaben in Tabelle 6 "Aufgliederung der 1985-1988 gebundenen Beträge für Programme in Griechenland" im Anhang der Arbeit.

[230] Vgl. die Angaben in Tabelle 7 "Spezifische Gemeinschaftsmaßnahme für Griechenland, Mittelbindungen und Zahlungen 1981-1988" im Anhang der Arbeit.

[231] Siehe Anm. 229.

gionen Östliches Festland und Inseln sowie Ostägäische Inseln mit zusätzlich 4,50 Mio. ECU bzw. mit 1,64 Mio. ECU auf die Förderungsliste des Europäischen Fonds für regionale Entwicklung.[232]

4.1.4 Bewertung der Interventionen des Europäischen Fonds für regionale Entwicklung in Griechenland in der Phase 1981-1988

4.1.4.1 Durchführung der Interventionen

Aus der Betrachtung der quantitativen Dimension der Interventionen des Europäischen Fonds für regionale Entwicklung in Griechenland während des Zeitraums 1981-1988 ist insgesamt eine zufriedenstellende Entwicklung festzustellen.
Bei einem Gesamtbetrag der verfügbaren Mittel in Höhe von 2096,62 Mio. ECU erreichten die Mittelbindungen 2447,76 Mio. ECU, was eine Inanspruchnahme in Höhe von 116,75 % bedeutete.[233] Aber auch die Aufnahmefähigkeit Griechenlands bewegte sich in der gesamten Betrachtungszeit auf einem ziemlich

---

[232] Ebenda.

[233] Vgl. die Angaben der Jahresberichte 1981-1988 der Kommission an den Rat, das Europäische Parlament und den Wirtschafts- und Sozialausschuß über den Europäischen Fonds für regionale Entwicklung, Kommission der Europäischen Gemeinschaften, Amt für amtliche Veröffentlichungen der Europäischen Gemeinschaften, Jahre 1975 bis 1988 (14 Jahresberichte), Luxemburg, 1976 bis 1990; eigene Berechnungen.
Die verfügbaren Verpflichtungsermächtigungen für Griechenland setzten sich wie folgt zusammen: a) von 1981 bis 1984: [(im Haushalt vorgesehene Mittel (quotengebundene Abteilung) + nicht ausgenutzte Mittel der Abteilung "Spezifische Gemeinschaftsmaßnahmen")] x Quote für Griechenland + verbleibende Mittel aus dem Vorjahr + weitere verfügbare Mittel durch Aufhebungen von Mittelbindungen und Anpassungen aufgrund von Schwankungen des ECU-Kurses; b) von 1985 bis 1988: (im Haushalt vorgesehene Mittel x Obergrenze der Spannen für Griechenland) + verbleibende Mittel aus dem Vorjahr + weitere verfügbare Mittel durch Aufhebungen von Mittelbindungen und Anpassungen aufgrund von Schwankungen des ECU-Kurses. In der Absicht der Verabschiedung einer neuen EFRE-Verordnung waren allerdings die Quoten für die Jahre 1982 bis 1984 nicht festgelegt. Die Kommission band daher die verfügbaren Mittel entsprechend den von den Mitgliedstaaten vorgelegten Zuschußanträgen und ließ sich dabei von der Mittelaufteilung leiten, die der Rat provisorisch für 1981 beschlossen hatte. Ähnlich wurden die Spannen des Jahres 1987 auch für das Jahr 1988 angewendet, da diese in der Verordnung (EWG) Nr. 1787/84 nur für den Zeitraum 1985 bis 1987 festgelegt waren.

hohen Niveau, so daß die Zahlungen 90,03 % der verfügbaren Mittel erreichten.[234] Bei Überprüfung der Durchführung der EFRE-Interventionen in Griechenland zwischen 1981-1988, wie sie dem Quotient Zahlungen/Mittelbindungen zu entnehmen ist[235], ist ein deutlich überdurchschnittlicher Rhythmus im Vergleich zu dem der Gemeinschaft festzustellen. Von den Mittelbindungen in Höhe von 2447,76 Mio. ECU wurden bis 1988 1887,72 Mio. ECU oder 77,12 % ausgezahlt, wobei der gemeinschaftliche Durchschnitt für den Zeitraum 1975-1988 64,38 % betrug.[236] Sogar im ersten Jahr seiner Mitgliedschaft konnte Griechenland 49,13 % der Mittelbindungen in Anspruch nehmen, wobei aus Erfahrung der Kommission neue Mittelbindungen im ersten Jahr zu Zahlungen von nur 25 % der gebundenen Mittel führten.[237]

Diese positiven Entwicklungen sind auf eine Reihe von Faktoren zurückzuführen, die sowohl mit den geförderten Investitionen als auch mit dem Fördersy-

---

[234] Vgl. die Angaben der Jahresberichte 1981-1988 der Kommission an den Rat, das Europäische Parlament und den Wirtschafts- und Sozialausschuß über den Europäischen Fonds für regionale Entwicklung, a.a.O.; eigene Berechnungen.

[235] Die Kommission wies darauf hin, "..., daß sich zwar im Verhältnis zwischen Zahlungen und Mittelbindungen der zeitliche Abstand zwischen dem Rhythmus der Mittelbindungen und dem Rhythmus der Zahlungen widerspiegelt, daß aber berücksichtigt werden muß, daß dieser zeitliche Abstand damit zusammenhängt, daß bei Kommissionsbeschlüssen über eine Beteiligung des Fonds unverzüglich die gesamte Beteiligung zu Lasten der verfügbaren Verpflichtungsermächtigungen verbucht wird, während sich die Auszahlung der gebundenen Mittel, d.h. die Zahlung der gewährten Zuschüsse, gemäß der Bestimmungen der Fondsverordnung nach der Durchführung der finanzierten Investition und somit nach dem Rhythmus der von den Mitgliedstaaten getätigten öffentlichen Ausgaben richtet und sich über mehrere Jahre erstreckt." (vgl. "Siebter Jahresbericht (1981) der Kommission an den Rat, das Europäische Parlament und den Wirtschafts- und Sozialausschuß über den Europäischen Fonds für regionale Entwicklung", a.a.O., S. 83).

[236] Siehe Anm. 234.

[237] Vgl. "Siebter Jahresbericht (1981) der Kommission an den Rat, das Europäische Parlament und den Wirtschafts- und Sozialausschuß über den Europäischen Fonds für regionale Entwicklung", a.a.O., S. 83. Während sich dieser Prozentsatz bis 1984 rückläufig entwickelte - jedoch erheblich höher als der gemeinschaftliche Durchschnitt blieb - wurde im Zeitraum 1985-1988 eine konstante Verbesserung erreicht, so daß die Zahlungen im Jahr 1988 auf Mittelbindungen desselben Jahres, bei einem Gemeinschaftsdurchschnitt von 26,35 %, 60,23 % betrugen (vgl. die Angaben der Jahresberichte 1981-1988 der Kommission an den Rat, das Europäische Parlament und den Wirtschafts- und Sozialausschuß über den Europäischen Fonds für regionale Entwicklung, a.a.O.; eigene Berechnungen).

stem im Rahmen des Europäischen Fonds für regionale Entwicklung zusammenhingen. Hervorzuheben sind hier vor allem: (a) die Konzentration der Fondsinterventionen auf einzelne Infrastrukturvorhaben, deren makroökonomische Begründung, verwaltungstechnische Vorbereitung und Durchführung geringe Komplexität aufwiesen und einen relativ geringen organisatorischen Einsatz voraussetzten; (b) die Planung und Durchführung der Infrastrukturvorhaben im Rahmen der Investitionstätigkeit des öffentlichen Sektors, die eine relativ reibungslose Abwicklung ermöglichten; (c) die Förderung von Großvorhaben im Bereich der Infrastruktur, wofür bei einem konzentrierten verwaltungsorganisatorischen und durchführungstechnischen Aufwand ein erheblicher Teil der Mittel in Anspruch genommen werden konnte, und welche darüber hinaus schnelle Realisierungsfortschritte aufwiesen; (d) die Verteilung der Mittel aus dem Europäischen Fond für regionale Entwicklung nach einem Quoten- bzw. Spannensystem, welches für Griechenland ein garantiertes Minimum bedeutete.

Anders als im Fall der Vorhaben erfolgte jedoch die Durchführung der Programme relativ langsam, was auf erhebliche Schwierigkeiten in der Anlaufphase zurückzuführen war. Am deutlichsten wurde dies bei den Gemeinschaftsprogrammen STAR und VALOREN. Somit konnten im Rahmen des von der Kommission im Oktober 1987 genehmigten STAR-Programms bis zum Ende des Jahres 1988 10,24 Mio. ECU, d.h. 10,24 % des Gesamtbetrags, gebunden werden, die zum größten Teil (95,5 % der Mittel) Infrastrukturmaßnahmen betrafen.[238] Eine größere Verzögerung wurde bei dem VALOREN-Programm beobachtet, wofür bis Ende 1988 nur 2,74 Mio. ECU bzw. 5,48 % des vorgesehenen Gesamtbetrags gebunden werden konnten. Diese betraf zum überwiegenden Teil Maßnahmen zugunsten der kleinen und mittleren Unternehmen für die Nutzung der Erdwärme und der Windenergie.[239]
Ähnliche Probleme hatten im ersten Jahr ihrer Durchführung auch die nationalen Programme von gemeinschaftlichem Interesse für Chios und Fokida. Für das erste Programm wurden gerade 1,64 Mio. ECU oder 7,50 % der vorgesehenen

[238] Siehe Anm. 229 und "Vierzehnter Jahresbericht (1988) der Kommission an den Rat, das Europäische Parlament und den Wirtschafts- und Sozialausschuß über den Europäischen Fonds für regionale Entwicklung", a.a.O., S. 12.

[239] Ebenda, S. 14.

Mittel gebunden. Beim NPGI-Fokida konnte allerdings mit 4,50 Mio. ECU oder 18,43 % des Gesamtbetrags ein besseres Ergebnis erzielt werden.[240]
Einen besseren Durchführungsstand wiesen die griechischen integrierten Mittelmeerprogramme auf, für die bis Ende 1988 insgesamt 244,26 Mio. ECU gebunden wurden. Die Inanspruchnahme der vorgesehenen EFRE-Mittel in Höhe von 689,86 Mio. ECU erreichte am Ende der ersten Laufphase der Programme 35,41 %.[241] Die Zahlungen beliefen sich hier auf 62,63 % der Mittelbindungen.[242]
Im Jahr 1988 verzeichneten die Programme eine deutliche Verbesserung gegenüber 1986 und 1987, die zum Teil mit der Überwindung von Anlaufschwierigkeiten und dem Beginn der meisten Maßnahmen, mit der Einarbeitung aller Beteiligten und mit den vorgenommenen Anpassungen des verwaltungsorganisatorischen Systems der integrierten Mittelmeerprogramme zusammenhing. Andererseits ist aus der Betrachtung der Inanspruchnahme der Mittel aus dem Europäischen Fonds für regionale Entwicklung ein unterschiedlicher Fortschritt der Programme festzustellen, so daß die IMP für Nordgriechenland mit 47,54 %, Kreta mit 43,66 % und Westgriechenland und Peloponnes mit 41,14 % einen erheblich höheren Prozentsatz als die anderen griechischen IMP erreichten, wobei das IMP für die Ägäischen Inseln mit 24,93 % und das IMP für Mittel- und Ostgriechenland mit 21,97 % an vorletzter und letzter Stelle kamen.[243] Bei Berücksichtigung der Inanspruchnahme der vorgesehenen Mittel insgesamt ergibt sich eine etwas differenzierte Reihenfolge der integrierten Mittelmeerprogramme, so daß hier das IMP für Kreta mit 40,20 % an erster Stelle lag, gefolgt von dem IMP für Nordgriechenland mit 39,74 %, dem IMP für Informationstechnologien mit 39,60 %, dem IMP für Attika mit 36,16 %, dem IMP für Westgriechenland und Peloponnes mit 32,94 %, dem IMP für die Ägäischen Inseln mit 29,75 %

---

[240] Siehe Anm. 229.

[241] Ebenda.

[242] Vgl. "Vierzehnter Jahresbericht (1988) der Kommission an den Rat, das Europäische Parlament und den Wirtschafts- und Sozialausschuß über den Europäischen Fonds für regionale Entwicklung", a.a.O., S. 24; eigene Berechnung.

[243] Siehe Anm. 229.

und dem IMP für Mittel- und Ostgriechenland mit 21,70 %.[244] Aus dem Verhältnis der tatsächlichen Zahlungen zu den Mittelbindungen insgesamt läßt sich allerdings ein schleppender Durchführungsrhythmus für die IMP für Attika mit 51,78 %, Informationstechnologien mit 52,35 %, Ägäische Inseln mit 56,41 %, Westgriechenland und Peloponnes mit 59,19 % feststellen, während die IMP für Nordgriechenland mit 68,89 %, Kreta mit 70,07 % und Mittel- und Ostgriechenland mit 77,07 % einen überdurchschnittlichen Rhythmus aufwiesen.[245]
Die Verzögerungen in der Durchführung dieser ersten Phase der griechischen integrierten Mittelmeerprogramme sind als Resultat einer Reihe von exogenen und endogenen Faktoren zu erklären. Hierzu gehörten vor allem: (a) die organisatorischen Schwächen und Unzulänglichkeiten des Verwaltungssystems der Programme im Zusammenhang mit einer komplexen und problematischen Kompetenzverteilung[246], wobei die Neuartigkeit der geschaffenen Strukturen und der eingesetzten Kommunikationsmechanismen eine zusätzliche Belastung darstellte; (b) die Durchführung der Programme vor dem Hintergrund der Bemühungen zum Abbau des nationalen Haushaltsdefizits und somit einer restriktiven Haushaltspolitik, die auch eine erhebliche Kürzung der Mittel für strukturelle Investitionen bedeutete; (c) die Unterzeichnung der Verträge, mit denen sich die betroffenen Behörden verbindlich zur Durchführung der Programme verpflichteten, erst etwa anderthalb Jahre nach Beginn der Durchführungsphase, so daß die Durchführung in der Zwischenzeit nicht formell unter die Bestimmungen über diese Programme fiel;[247] (d) die Implementierungsschwierigkeiten von innovativen Maßnahmen oder von neuen Formen der Finanzierung, die die Programme

---

[244] Vgl. die Angaben in Tabelle 2 "Mittelbindungen der Gemeinschaft für die IMP in den Jahren 1987, 1988 und 1989", in: "Sonderbericht Nr. 4/90 des Rechnungshofs über die integrierten Mittelmeerprogramme zusammen mit den Antworten der Kommission" (Abl. Nr. C 298 vom 28.11. 1990, S. 1), S. 10; eigene Berechnungen.

[245] Vgl. die Angaben in Tabelle 3 "Zahlungen der Gemeinschaft für die IMP in den Jahren 1987, 1988 und 1989", ebenda, S. 11, im Zusammenhang mit den Angaben in Tabelle 2; eigene Berechnungen.

[246] Dazu siehe auch Samparas, A., a.a.O., S. 232 f.

[247] Vgl. "Sonderbericht Nr. 4/90 des Rechnungshofs über die integrierten Mittelmeerprogramme zusammen mit den Antworten der Kommission", a.a.O., S. 8.

vorsahen;[248] (e) die Unzulänglichkeit einiger Entwicklungsträger des öffentlichen Sektors (z.B. EOMMEX, ETBA, EOT) Maßnahmen zu realisieren, für die beträchtliche Mittel gebunden waren;[249] (f) verschiedene Hemmnisse hinsichtlich des Umfelds der Interventionen, wie beispielsweise ein problematischer rechtlicher Rahmen oder ein instabiles makroökonomisches Klima.
Zufriedenstellend war Ende 1988 die Durchführung der griechischen spezifischen Gemeinschaftsmaßnahmen "Erweiterung" und "Energie". Nach Überwindung von gewissen Anlaufschwierigkeiten im Jahr 1987 und unter dem Druck der für Ende März 1989 vorgesehenen Beendigung beider Programme wurde im Jahr 1988 eine rege Aktivität beobachtet. Ende 1987 beliefen sich die Mittelbindungen aus dem Europäischen Fonds für regionale Entwicklung für das Programm "Erweiterung" auf 16,40 Mio. ECU. Im Anschluß an eine Überprüfung des Programms konnten Ende Dezember 1988 weitere 14,16 Mio. gebunden werden, so daß die Inanspruchnahme der vorgesehenen Mittel auf 76,40 % stieg. Alle gebundenen Mittel wurden bis Ende 1988 ausgezahlt.[250] Die Beschleunigung des Tempos war im Fall der Sondermaßnahme "Energie" noch intensiver, so daß zu den Mittelbindungen in Höhe von 2,93 Mio. ECU bis 1987 weitere 9,11 Mio. im Jahr 1988 hinzukamen. Bei einer Inanspruchnahme der vorgesehenen Mittel von 60,22 % erreichten die Zahlungen 11,79 Mio. ECU oder 97,90 % der Mittelbindungen.[251]

4.1.4.2 Adäquanz und Qualität der Interventionen

Unabhängig von diesen insgesamt zufriedenstellenden Entwicklungen der quantitativen Elemente der Förderung wirkte sich die primär finanzzentrierte Betrachtungsweise der gemeinschaftlichen Unterstützung nachteilig auf die Adäquanz der Interventionen aus. Sowohl die auf der gemeinschaftlichen Ebene durchgeführten Verhandlungen hinsichtlich der EFRE-Mittelausstattung und der Höhe

---

[248] Ebenda, S. 17.

[249] Vgl. "Zweiter Tätigkeitsbericht der Kommission der Europäischen Gemeinschaften über die integrierten Mittelmeerprogramme (IMP) 1988", SEK (89) 1665 endg., S. 23.

[250] Siehe Anm. 230.

[251] Ebenda.

der für Griechenland bestimmten Mittel als auch die Auswahl der Investitionen, die in den Genuß der Förderung aus dem Fonds kommen sollten, erfolgten in der als prioritär eingestuften Absicht, die Absorptionsfähigkeit der griechischen Volkswirtschaft zu steigern und das fiskalische Ergebnis zu vergrößern. Die Kritik von A. Samparas, der Europäische Fonds für regionale Entwicklung sei als ein Instrument zur Übertragung von Geldern aus dem gemeinschaftlichen auf den griechischen Haushalt benutzt worden, scheint daher nicht völlig unberechtigt zu sein.[252] Dies stellte allerdings kein abgesondertes Verhalten Griechenlands dar, sondern es war bedauerlicherweise auch in den meisten anderen Mitgliedstaaten gängige Denkweise und Praxis. Den bei der Zusammensetzung der geförderten Investitionen massiv in den Vordergrund gestellten Investitionen des öffentlichen Sektors sowie bei der übermäßigen Konzentration auf die Infrastrukturen scheinen nicht zuletzt fiskalische Überlegungen zugrunde gelegen zu haben.

Die negativen Auswirkungen der Wahrnehmung der Regional- bzw. Strukturpolitik der Gemeinschaft als bloßen Finanzierungsmechanismus wurden durch die programmatischen Auffassungen der "PASOK" über die Gefahren der europäischen Integration für Griechenland sowie über eine selbständige und unabhängige Entwicklung des Landes unterstützt und verstärkt. Die gemeinschaftliche Komponente fand somit eine geringe Beachtung in der Festlegung der Entwicklungsbemühungen des Fünfjahresplans zur wirtschaftlichen und sozialen Entwicklung des Landes 1983-1987, was einen wesentlichen Rückgang im Vergleich zu dem von der "Nea Demokratia" erstellten Regionalentwicklungsprogramm 1981-1985 bedeutete. Dementsprechend konnten aber auch die im Rahmen der gemeinschaftlichen Regionalpolitik vorhandenen Finanzierungsmöglichkeiten nicht in die griechische Regionalplanung miteinbezogen werden.[253]

---

[252] Vgl. Samparas, A., a.a.O., S. 213.

[253] Hierzu unterstrich D. Seremetis charakteristisch: "Es steht fest, daß die Infrastrukturplanung nicht wesentlich von den Finanzierungsperspektiven aus dem EFRE oder/und von den gemeinschaftlichen Prioritäten bezüglich der Regionalentwicklung beeinflußt wurde ... Insofern ist es uninteressant zu prüfen, ob und inwiefern die Bestrebungen nach Absorption von gemeinschaftlichen Mitteln zu einer Umorientierung oder Modifizierung der Ausrichtung dieser Infrastruktur führten. Es ist dennoch wahrscheinlich, daß die Perspektiven der Einnahme von Zuschüssen den Durchführungsrhythmus der Vorhaben beschleunigten und teilweise eine Umordnung der Prioritäten herbeiführten, da die Gewährung von Zuschüssen abgeschlossene Investitionen betreffen." (Seremetis, D., a.a.O., S. 233; eigene Übersetzung).

Andererseits wurde in die Förderung eine große Reihe von kleinen und voneinander unabhängigen Maßnahmen einbezogen, so daß sich aus den geförderten Investitionen zwar eine gewisse übergeordnete Entwicklungslogik, aber kein konkretes Muster ableiten ließ. Hinzu kam die Tatsache, daß die erstellten Programme - wenn überhaupt berücksichtigt - eher als allgemeine Rahmenbedingungen ohne jegliche Operationalität und weniger als konkrete und zeitlich verbindliche Handlungsprogramme betrachtet wurden.[254]
Unter diesen Umständen konnten jedoch die erhofften Multiplikatoreffekte nicht einsetzen, was das volkswirtschaftliche Ergebnis der Investitionen deutlich minderte. Darüber hinaus wurde hierdurch Tendenzen zur Förderung einer spontanen Konzentration Vorschub geleistet.
Bei Betrachtung der integrierten Mittelmeerprogramme insbesondere ist festzustellen, daß die Wirksamkeit der Maßnahmen von ihrem niedrigen Synergie-, Koordinierungs- und Konzentrationsgrad beeinträchtigt wurde.[255] Die Ausarbeitung der Programme in Form einer Zusammenlegung möglichst vieler Maßnahmen sowie ihre breite geographische Ausdehnung waren zwar konform mit dem erhöhten allgemeinen Bedarf des Landes und den politisch-ideologischen Auffassungen und Zielsetzungen der "PASOK", sie bedeuteten aber gleichzeitig eine Streuung der zur Verfügung stehenden Mittel. Räumliche Zusammenhänge und Synergieeffekte wurden hierbei nur gering beachtet und oft dem Zufall überlassen.

Die Bewertung der Förderung aus dem Europäischen Fonds für regionale Entwicklung darf sich nicht allein auf die Überprüfung der effektiven Ausnutzung der vorhandenen Möglichkeiten beschränken, sondern sollte auch ihre entwicklungspolitische Adäquanz einbeziehen.
Diesbezüglich ist allerdings eine verzögerte Reaktion der gemeinschaftlichen Regionalpolitik auf die griechischen Besonderheiten und Probleme zu verzeichnen. Abgesehen von der Förderung von Einzelvorhaben wurde speziell auf die griechische Regionalproblematik erst 1984 mit der Einführung der Programme "Erweiterung" und "Energie" im Rahmen der zweiten Serie von spezifischen Ge-

---

[254] Siehe Abschnitt 2 dieses Teils der Arbeit.

[255] Vgl. "Sonderbericht Nr. 4/90 des Rechnungshofs über die integrierten Mittelmeerprogramme zusammen mit den Antworten der Kommission", a.a.O., S. 7.

meinschaftsmaßnahmen, also innerhalb des vorhandenen EFRE-Systems, fokussiert. Mit diesen Maßnahmen sollten eventuelle Nachteile der bevorstehenden Erweiterung der Gemeinschaft um Spanien und Portugal kompensiert und das Energiedefizit Griechenlands abgebaut werden. Sie waren aber weder volumenmäßig noch inhaltlich in der Lage, ihre ehrgeizigen Ziele zu erreichen, nämlich die sensiblen und angegriffenen Wirtschaftssektoren, und vor allem die Industrie und das Handwerk, effektiv zu schützen und ihnen zu einer Umstrukturierung zu verhelfen (Maßnahme "Erweiterung") bzw. zur Linderung der Energieprobleme im Land beizutragen (Maßnahme "Energie").
Der tatsächliche Durchbruch wurde zwei Jahre später mit der Verabschiedung der griechischen integrierten Mittelmeerprogramme erreicht, also durch den Ausbau des gemeinschaftlichen regionalpolitischen bzw. strukturpolitischen Systems. Die entwicklungspolitische Adäquanz der integrierten Mittelmeerprogramme war per definitionem garantiert, da der integrierte Ansatz mit den Entwicklungsmöglichkeiten und -perspektiven der betreffenden Gebiete verbunden ist. Sie wurde allerdings durch gewisse Schwächen und Unzulänglichkeiten beeinträchtigt, die bei der Konzipierung der Programme auftraten, wie beispielsweise die breite Streuung der Entwicklungsbemühungen oder die Fehleinschätzung der tatsächlichen Möglichkeiten des endogenen Entwicklungspotentials der Gebiete. Erst am Ende der zu betrachtenden Periode wurden die Gemeinschaftsprogramme STAR und VALOREN für Griechenland und die nationalen Programme von gemeinschaftlichem Interesse für Chios und Fokida genehmigt.

Insgesamt setzte der Europäische Fonds für regionale Entwicklung in Griechenland in erster Linie auf den Ausbau der Verkehrsinfrastruktur und auf die Förderung von modernen Sektoren, wie die Energie und die Telekommunikation, denen eine Schlüsselrolle bei der Erhöhung der Attraktivität der Gebiete sowie Hebelwirkungen und Multiplikatoreffekten beigemessen wurde. Angesichts des Nachholbedarfs Griechenlands in diesen Bereichen und ihrer postulierten Bedeutung als Standortfaktoren erscheint dieser Ansatz problemadäquat.

4.1.4.3 Entwicklungspolitische Relevanz der Interventionen

Der Beitrag des Europäischen Fonds für regionale Entwicklung zu den Entwicklungsbemühungen in Griechenland läßt sich in der makroökonomischen Relevanz seiner Interventionen verdeutlichen. Im Zeitraum 1981-1988 beliefen sich die Zuschüsse des Fonds für Griechenland auf 2447,76 Mio. ECU und betrafen ungefähr 6,4 Mio. Menschen, d.h. 65,67 % der Gesamtbevölkerung.[256] Somit erreichte Griechenland einen Zuschuß pro Kopf in Höhe von 382,64 ECU, der nicht nur den mit Abstand höchsten Wert darstellte, sondern sogar weit über dem zweifachen des Gemeinschaftsdurchschnitts (175,72 ECU) lag.[257] Die Bedeutung der Interventionen kommt bei der Betrachtung des Anteils der Zuschüsse aus dem Fonds am Bruttoinlandsprodukt und an den Bruttoanlageinvestitionen noch intensiver zum Ausdruck. Diese Zuschüsse machten zwar nur 0,76 % des griechischen Bruttoinlandsprodukts aus, aber 4,22 % der getätigten Bruttoanlageinvestitionen.[258] Über die entwicklungspolitische Bedeutung der EFRE-Beihilfen hinaus resultierte aus diesem Verhältnis auch der geringe Wert des Fonds als Transfermechanismus im Rahmen einer finanzausgleichenden Funktion, so daß dieser sich in seiner Rolle als Entwicklungsinstrument bestätigte.

Da die Verbesserung der Arbeitsmarktsituation in den betreffenden Gebieten eine grundlegende Komponente seiner Aufgaben bildet, ist aber auch die Betrachtung der Auswirkungen der EFRE-Interventionen auf die Beschäftigung von Bedeutung. Nach Angaben der Kommission der Europäischen Gemeinschaften trug der Fonds zwischen 1981 und 1988 zur Schaffung von 7.642 und zur Erhaltung von 70 direkten Arbeitsplätzen in den Sektoren Industrie, Handwerk und

---

[256] Vgl. die Angaben in Tabelle 5 "Regionale Aufgliederung der 1975-1988 gebundenen Mittel für Griechenland nach Programmen, Vorhaben und Studien" im Anhang der Arbeit im Zusammenhang mit den Angaben in Tabelle 18 "Regionale Aufgliederung der Bevölkerung und der Zuschüsse pro Kopf der Bevölkerung in den Fördergebieten des EFRE", in: "Vierzehnter Jahresbericht (1988) der Kommission an den Rat, das Europäische Parlament und den Wirtschafts- und Sozialausschuß über den Europäischen Fonds für regionale Entwicklung", a.a.O., S. 62; eigene Berechnungen. Die Bevölkerungsangaben in Tabelle 18 bezogen sich je nach Verfügbarkeit auf Jahre innerhalb des Zeitraums 1980-1988.

[257] Ebenda; eigene Berechnungen.

[258] Bearbeitung von Angaben in den Tabellen 5 "Bruttoinlandsprodukt zu jeweiligen Marktpreisen" und 20 "Bruttoanlageinvestitionen zu jeweiligen Preisen - Gesamtwirtschaft" des Berichts "Grundzüge der Wirtschaftspolitik und Konvergenzbericht", in: Europäische Wirtschaft Nr. 55, a.a.O., S. 121 bzw. 136 (Statistischer Anhang) im Zusammenhang mit den Angaben in Tabelle "Regionale Aufgliederung der 1975-1988 gebundenen Mittel nach Programmen, Vorhaben und Studien", in: "Der EFRE in Zahlen 1988, 1975-1988", a.a.O., S. 25. Diese Werte berücksichtigten nicht die Zuschüsse im Rahmen der spezifischen Maßnahmen zur regionalen Entwicklung in Höhe von 42,60 Mio. ECU.

Dienstleistungen bei.[259] Damit ist jedoch nur ein kleiner Teil der geschaffenen oder erhaltenen Arbeitsplätze statistisch erfaßt. Den Arbeitsplätzen im wirtschaftlichen Umfeld der produktiven Investitionen oder den mit der Durchführung dieser Investitionen zusammenhängenden Arbeitsplätzen wurde hier nicht Rechnung getragen. Ebenso wenig wurden die Infrastrukturinvestitionen berücksichtigt, obwohl sie zur Erhaltung bzw. Schaffung einer beträchtlichen Anzahl von Arbeitsplätzen führten. Positive Auswirkungen für die Beschäftigung traten sowohl bei der Realisierung dieser Investitionen (z.B. bei den Sektoren Tief- und Hochbau) als auch beim Betrieb der Infrastruktureinrichtungen (z.B. im Fall von Häfen und Flughäfen) oder bei ihrer Wartung bzw. Erhaltung auf.

---

[259] Vgl. "Vierzehnter Jahresbericht (1988) der Kommission an den Rat, das Europäische Parlament und den Wirtschafts- und Sozialausschuß über den Europäischen Fonds für regionale Entwicklung", a.a.O., S. 45.

4.2 Die Phase 1989-1993: Die "neuen" Interventionen des Europäischen Fonds für regionale Entwicklung in Griechenland

4.2.1 Die neuen Interventionsformen des Europäischen Fonds für regionale Entwicklung in Griechenland[260]

4.2.1.1 Das Gemeinschaftliche Förderkonzept 1989-1993 für Griechenland und seine operationelle Umsetzung

Die Verhandlungen über die Erstellung des Gemeinschaftlichen Förderkonzepts 1989-1993 für Griechenland wurden im Umfeld der besonderen politischen Lage des Landes geführt, die aus den Wahlergebnissen vom 18. Juni und 5. November 1989 hervorging.[261] Insofern mußten die Gespräche wiederholt unterbrochen und wiederaufgenommen werden, bevor die Kommission der Europäischen Gemeinschaften erst am 30. März 1990, genau ein Jahr nachdem die griechischen Behörden ihr den entsprechenden Regionalentwicklungsplan unterbreitet hatten, das griechische Gemeinschaftliche Förderkonzept genehmigen konnte.

Ebenso wie der Regionalentwicklungsplan wurde das Gemeinschaftliche Förderkonzept in einen nationalen und einen regionalen Teil untergliedert. Der erste betraf Interventionen, die aufgrund ihrer Reichweite die Planung auf nationaler

---

[260] Die für dieses Kapitel verwendeten Angaben hinsichtlich des Genehmigungsdatums, des Inhalts und der Beträge der Interventionen wurden dem jeweiligen operationellen Programm entnommen.

[261] Zwischen Herbst 1988 und Frühling 1990 befand sich Griechenland in einem "Dauerwahlkampf". Innerhalb dieser Zeit erfolgten drei Wahlen, bevor die konservative Partei "Nea Demokratia" erst im April 1990 eine Alleinregierung bilden konnte, die allerdings mit 151 von 300 Abgeordneten nur über eine knappe Mehrheit im Parlament verfügte. Da der Wahlsieger "Nea Demokratia" nach den vorgezogenen Wahlen vom 18. Juni 1989 die nötige Mehrheit nicht erreichte, kam es schließlich zu einer Rechts-Links-Koalitionsregierung unter dem konservativen Abgeordneten T. Tzanetakis mit dem von vornherein begrenzten Auftrag, Neuwahlen vorzubereiten und die in der Regierungszeit der "PASOK" in Skandale verwickelten Personen vor Gericht zu bringen. Aber auch nach den Wahlen vom 5. November 1989 konnte unter X. Zolotas nur ein Übergangskabinett aus drei Parteien entstehen, die "lediglich nach den besten Ausgangsbedingungen für die kommenden Wahlen suchten" (Axt, H.-J.: Griechenland, in: Weidenfeld, W./Wessels, W. (Hrsg.): Jahrbuch der Europäischen Integration 1989/1990, Bonn, 1990, S. 329).

Ebene und aufgrund ihrer Natur die Betätigung auf sektoraler Ebene voraussetzten, wobei die Entscheidungskompetenz hinsichtlich dieser Investitionen unter den Zuständigkeitsbereich der Zentralverwaltung fiel. Der zweite betraf Interventionen mit regionaler Reichweite, Interventionen nämlich, die auf die Unterstützung der Entwicklungsmöglichkeiten der verschiedenen Regionen abzielten, wofür Entscheidungen auf nationaler oder regionaler Ebene getroffen wurden, ihre Durchführung und die Verwaltung ihrer Finanzierung jedoch auf regionaler Ebene stattfanden.

A) Der nationale Teil des Gemeinschaftlichen Förderkonzepts

Aufgrund der im Regionalentwicklungsplan enthaltenen Vorschläge und des Strebens nach einer erhöhten Konzentration und Effektivität der gemeinschaftlichen Mittel wurden in das nationale Förderkonzept fünf übergeordnete Aktionsbereiche aufgenommen:

(a) Verbesserung der grundlegenden Wirtschaftsinfrastruktur, wobei auf die Bereiche Verkehr, Telekommunikation, Energie, Forschung und Technologie sowie Umwelt gesetzt wurde (Schwerpunkt 1);

(b) Förderung des primären Sektors und der landwirtschaftlichen Entwicklung durch die Produktivitätssteigerung in der Landwirtschaft, die Modernisierung und den Ausbau der Infrastruktrur, die Modernisierung und Anpassung des verarbeitenden Sektors und der Vermarktung für landwirtschaftliche Erzeugnisse (Schwerpunkt 2);

(c) Erhöhung der Wettbewerbsfähigkeit der Unternehmen durch die Verbesserung der wirtschaftlichen und technischen Umgebung der Unternehmen, die Spezialisierung der Arbeitskräfte und die Kofinanzierung eines effektiven Fördersystems für die Unternehmen (Schwerpunkt 3);

(d) Ausgewogene Entwicklung des Tourismus, wobei Ziele wie die Verbesserung der geographischen Verteilung der touristischen Aktivitäten, die Erweiterung der touristischen Saison, die Entwicklung von weiteren Tourismusformen durch die Kofinanzierung eines effektiven Fördersystems - vor allem zugunsten der kleinen Hotelunternehmen - und geeigneter Infrastrukturinvestitionen sowie durch die Entwicklung der diesbezüglichen beruflichen Ausbildung verfolgt wurden (Schwerpunkt 4);

(e) Nutzung des vorhandenen Humanpotentials durch die Verbesserung der

Strukturen der beruflichen Bildung und Ausbildung und durch die Anpassung des Arbeitskräfteangebots an die Nachfrage sowie durch verschiedene Maßnahmen und Aktionen im Rahmen von Artikel 1 Absatz 2 der Verordnung (EWG) Nr. 4255/88 des Rates, wie Aktionen innovativen Charakters, technische Hilfe, Gemeinschaftsprogramme für die Ausbildung und die Beschäftigung, Maßnahmen zur Förderung des sozialen Dialogs usw. (Schwerpunkt 5).
Im Rahmen dieser Schwerpunkte sind die nachstehenden Interventionen in das Gemeinschaftliche Förderkonzept aufgenommen und zu einem späteren Zeitpunkt von der Kommission in einer operationellen Form genehmigt:

Schwerpunkt 1:

(a) Verkehr

a1) Operationelles Programm "Große Straßenachsen"

Das operationelle Programm "Große Straßenachsen" wurde von der Kommission am 14. Dezember 1990 genehmigt. Bei Gesamtkosten in Höhe von 444,60 Mio. ECU wurde für dieses Programm eine EFRE-Beteiligung von etwa 217 Mio. ECU vorgesehen, was 48,80 % dieser Kosten entsprach.
Das Programm umfaßte den Bau von 53,5 km Autobahn zur Fertigstellung der Straßenachse Athen-Katerini und von ungefähr 45 km Autobahn der Straßenachse Athen-Korinth (mit Ausnahme des Teils "Kakia Skala"). Das Programm gewährte außerdem die Möglichkeit, weitere kleine Interventionen vorzunehmen, die zur Verbesserung der Straßensicherheit oder zur Ausnutzung von getätigten oder sich in Entwicklung befindenden Investitionen bzw. zur Vorbereitung von künftigen Investitionen beitragen sollten.

a2) Operationelles Programm "Eisenbahnen"

Für das am 30. Juli 1990 von der Kommission genehmigte operationelle Programm "Eisenbahnen" wurden Gesamtkosten in Höhe von 300,50 Mio. ECU festgelegt. Die EFRE-Beteiligung erreichte hier 142 Mio. ECU, d.h. 47,35 % der Kosten, aber 91,02 % des hierfür vorgesehenen Gesamtzuschusses aus der Gemeinschaft.

Das Programm betraf eine Verbesserung der Nord-Süd-Eisenbahnachse durch den zweigleisigen Ausbau eines großen Teils der Strecke Athen-Thessaloniki (mit Ausnahme von 120 km zwischen Tithorea und Domokos und von 35 km bei Tempoi), die Verbesserung der Trasse an mehreren Stellen einschließlich Tunnelarbeiten, den Bau von mehreren niveaugleichen Übergängen, die Modernisierung der Signalanlagen und der Eisenbahntelekommunikation sowie die Durchführung einiger technischer Untersuchungen und Feasibility-Studien. Ebenso wie bei dem operationellen Programm "Große Straßenachsen" wurde im Rahmen dieses Programms die Möglichkeit von weiteren, kleineren Interventionen vorgesehen, die zur Verringerung der Fahrtzeiten, zur Erhöhung der Transportsicherheit oder zur Vorbereitung von künftigen Investitionen beitragen sollten.

a3) Großvorhaben "Athener-Metro"

Das Vorhaben "Athener-Metro" wurde von der Kommission am 12. Mai 1991 genehmigt. Die Gesamtkosten für dieses Vorhaben erreichten 378 Mio. ECU, von denen die Hälfte aus dem Europäischen Fonds für regionale Entwicklung kam. Ein Teil der im Rahmen dieses Programms vorgesehenen Mittel wurde für vorbereitende Studien in Zusammenhang mit dem Bau einer U-Bahn in Thessaloniki bestimmt. Das Vorhaben betraf den Fertigbau eines Teils des Athener U-Bahn-Netzes.

a4) Bereits genehmigte Maßnahmen

Unter dem Schwerpunkt 1/Verkehr wurden in das gemeinschaftliche Förderkonzept auch bereits genehmigte Maßnahmen aufgenommen. Diese waren: (a) das Sonderprogramm "Erweiterung", in dessen Rahmen 1989 die Kommission den Kauf von zwei kleinen Flugzeugen mit einem Zuschuß aus dem Europäischen Fonds für regionale Entwicklung in Höhe von 3,34 Mio. ECU mitfinanzierte, die die griechische Fluggesellschaft "Olympic Airways" im interregionalen Flugverkehr einsetzte; (b) fünf Vorhaben zugunsten der Autobahnen und zwei Vorhaben zugunsten der Eisenbahn, die die griechischen Behörden der Kommission Anfang 1988 unterbreitet hatten. Der Europäische Fonds für regionale Entwicklung gewährte hierfür 80 Mio. ECU. In beiden Fällen machte die gemeinschaftliche Beteiligung 50 % der Gesamtkosten der Investitionen aus.

(b) Telekommunikation

b1) Operationelles Multifondsprogramm "Telekommunikation"

Das operationelle Multifondsprogramm für die Telekommunikation wurde von der Kommission am 12. Oktober 1990 genehmigt. Bei Gesamtkosten in Höhe von 292,30 Mio. ECU wurde das Programm mit einem Gemeinschaftszuschuß von 137,40 Mio. ECU ausgestattet, von denen 117,20 Mio., d.h. 40,09 % der vorgesehen Kosten, zu Lasten des Europäischen Fonds für regionale Entwicklung gingen.

Das Programm zielte auf die Verbesserung der Telekommunikationsdienste im gesamten Land, die Ausrüstung der am stärksten benachteiligten Gebiete oder Randgebiete mit Telekommunikationsdiensten sowie die Verbesserung der Produktivität und der Wettbewerbsfähigkeit der Unternehmen ab.

Das Programm umfaßte einen Teil des mehrjährigen Ausbauprogramms des Amtes für das Fernmeldewesen Griechenlands und betraf die Deckung eines großen Teils der Nachfrage nach Fernmeldeanschlüssen (ungefähr 20,20 %) sowie die Verbesserung der Qualität der angebotenen Telekommunikationsdienste durch die Digitalisierung des Netzes.

2) "CRASH-Programm zur Entwicklung der Telekommunikation"[262]

Das "CRASH-Programm zur Entwicklung der Telekommunikation" wurde von der Kommission am 10. November 1992 für den Zeitraum vom 21. September 1992 bis zum 31.Dezember 1993 genehmigt. Für dieses Programm wurden Gesamtkosten in Höhe von 207,60 Mio. ECU vorgesehen, wobei die Gemeinschaftsbeteiligung durch den Europäischen Fonds für regionale Entwicklung auf 104,70 Mio. ECU festgelegt wurde.

---

[262] Dieses Programm war in dem Gemeinschaftlichen Förderkonzept nicht vorgesehen, wurde jedoch angesichts einer Reihe von Gründen zweieinhalb Jahre später genehmigt. Dazu gehörten der akute Bedarf nach Modernisierung und Ausbau der Telekommunikationsdienste im Zusammenhang mit der Bedeutung der Telekommunikation für die Entwicklung des Landes, die rasche Durchführung der Maßnahmen des Gemeinschaftlichen Förderkonzepts im Bereich der Telekommunikation, die Notwendigkeit von zusätzlichen Maßnahmen und schließlich die vorhandenen finanziellen Spielräume für die Einführung von neuen Maßnahmen.

Die Ziele des Programms waren die Verbesserung der Qualität der Telekommunikationsdienste und der vorhanden Telekommunikationsinfrastruktur, die Modernisierung der Organisation und der Funktionsweise des Amtes für das Fernmeldewesen Griechenlands, die Modernisierung und Umstrukturierung des rechtlichen Rahmens, die Modernisierung und der Ausbau des vorhandenen Telekommunikationsnetzes. Die Aktionsbereiche zur Verwirklichung dieser Ziele betrafen die Modernisierung und Anpassung der relevanten Gesetzgebung, die Verbesserung, die Modernisierung und den Ausbau des vorhandenen Telekommunikationnetzes, die Modernisierung der Funktionsweise und der Administration des Amtes für das Fernmeldewesen Griechenlands, verschiedene Aktionen (z.B. Telekommunikationsnetz von Piräus, Modernisierung der Telekommunikationsdienste auf Rhodos, HELLASPAC) und die technische Unterstützung und Begleitung des Programms.

b3) Bereits genehmigte Maßnahmen

Diese Maßnahmen betrafen zum einen eine Reihe von Innovationen im Bereich des Fernmeldewesens, die die griechischen Behörden der Kommission 1988 vorgelegt hatten. Für diese Maßnahmen mit Gesamtkosten von 276 Mio. ECU wurde eine EFRE-Beteiligung in Höhe von 138 Mio. genehmigt. Zum anderen fiel darunter das Gemeinschaftsprogramm "STAR - Griechenland". Bei veranschlagten Kosten in Höhe von 182,49 Mio. ECU und öffentlichen Gesamtausgaben in Höhe von 169,12 Mio. ECU erreichte die Beteiligung aus dem Europäischen Fonds für regionale Entwicklung 89,76 Mio. ECU, d.h. 53,07 % dieser Ausgaben.

(c) Energie

c1) Operationelles Programm "Strom"

Das operationelle Programm "Strom" wurde von der Kommission am 20. Dezember 1990 genehmigt. Das Programm wurde mit einem Zuschuß aus dem Europäischen Fonds für regionale Entwicklung in Höhe von 41 Mio. ECU ausgestattet, was 44,56 % der vorgesehenen Gesamtkosten entsprach.
Es zielte auf die Fortsetzung der in den achtziger Jahren eingeleiteten Aktionen

zur Stromversorgung des Landes sowie auf den Abbau der mit der Stromgewinnung zusammenhängenden Umweltschäden ab. Dieses Programm betraf insbesondere die Errichtung eines computergesteuerten Kontrollsystems zur Gewährleistung einer besseren Energieversorgung auf dem griechischen Festland und den Bau von hierfür vorgesehenen Gebäuden in Ptolemaida und in Agios Stefanos, die Installation von elektrostatischen Filtern und eines Aschenbeseitigungssystems für ein Kraftwerk in Ptolemaida und zwei weitere in Kardia, eine Stromgewinnungseinheit in Megalopoli, die Verlegung eines Unterseekabels zur Stromverbindung zwischen Lavrio und der Insel Kea, den Ausbau der Stromgewinnungseinheiten auf den Inseln Mykonos und Santorini und den Kauf eines Kontrollsystems für die Insel Kreta.

c2) Großvorhaben "Erdgas"

Dieses Vorhaben wurde von der Kommission am 20. Dezember 1990 genehmigt. Die hierfür vorgesehenen Kosten betrugen 542,80 Mio. ECU, während die gemeinschaftliche Beteiligung durch den Europäischen Fonds für regionale Entwicklung eine Summe von 190,60 Mio. ECU oder 35,11 % dieser Kosten erreichte.
Das Investitionsvorhaben "Erdgas" genoß eine besondere Bedeutung im griechischen Gemeinschaftlichen Förderkonzept, da die Einführung eines neuen umweltfreundlichen Brennstoffes für gewerbliche, kommerzielle und Haushaltszwecke die Verringerung der Abhängigkeit der griechischen Wirtschaft von Erdöleinfuhren und gleichzeitig die Schonung der Umwelt bedeutet. Es betraf die notwendigen Einrichtungen für die Einführung und den Verbrauch von Erdgas und umfaßte den Bau einer Hochdruck-Pipeline von der griechisch-bulgarischen Grenze bis nach Athen mit Zweigleitungen nach Ost- und Westmakedonien, Thessalien und Mittelgriechenland sowie den Bau von Hochdruck- und Verteilungsnetzen und Anlagen für die Lagerung von flüssigem Erdgas.

c3) Bereits genehmigte Maßnahmen

In das Gemeinschaftliche Förderkonzept wurde eine Reihe von Maßnahmen aufgenommen, die vor dem Jahr 1988 genehmigt wurden. Diese waren das Gemeinschaftsprogramm "VALOREN - Griechenland", die spezifische Gemeinschafts-

maßnahme "Energie - Griechenland" und zwei Vorhaben, die der Kommission im Jahre 1988 vorgelegt wurden, darunter das in bezug auf die Stromgewinnungseinheit IV in Megalopolis.
Diese Maßnahmen wurden mit EFRE-Zuschüssen in Höhe von 47,25 Mio., 6,07 Mio. und 150 Mio. ECU ausgestattet.

(d) Forschung und Technologie

d1) Operationelles Multifondsprogramm "Forschung und Technologie"

Dieses am 30. Juli 1990 von der Kommission genehmigte Programm betraf einen Teil des nationalen Programms für Forschung und Technologie und bezog sich auf ganz Griechenland.
Bei Gesamtkosten in Höhe von 101,55 Mio. ECU erreichte die Gemeinschaftsbeteiligung für dieses Programm 67,89 Mio. ECU, von denen 55 Mio. ECU aus dem Europäischen Fonds für regionale Entwicklung kamen. Der EFRE-Zuschuß repräsentierte also einen Anteil an den Kosten des Programms in Höhe von 54,16%.
Der Europäische Fonds für regionale Entwicklung finanzierte im Rahmen dieses Programms Investitionen zugunsten der materiellen Infrastruktur, einschließlich Bauten und Anlagen für Technologieparks, öffentliche Einrichtungen mit Dienstleistungsangebot, Forschungszentren, Forschungs- und Technologiegesellschaften.

d2) Bereits genehmigte Maßnahmen

Die hierunter fallenden Maßnahmen betrafen das integrierte Mittelmeerprogramm für Informationstechnologien, das in den nationalen Teil des Gemeinschaftlichen Förderkonzepts aufgenommen wurde.
Bei Gesamtkosten in Höhe von 80,41 Mio. ECU wurde ein Zuschuß aus dem Europäischen Fonds für regionale Entwicklung in Höhe von 17,79 Mio. ECU vorgesehen, was 22,12 % der öffentlichen Ausgaben und 33,66 % der gemeinschaftlichen Beteiligung entsprach.

(e) Umwelt

Operationelles Programm "Umwelt"

Das operationelle Programm "Umwelt" wurde von der Kommission am 25. Juli 1991 genehmigt. Für dieses Programm wurden Gesamtkosten in Höhe von 37,12 Mio. ECU vorgesehen, von denen 25,98 Mio. oder 70 % der Kosten Mittel des Europäischen Fonds für regionale Entwicklung darstellten.
Es umfaßte eine Reihe von Maßnahmen auf nationaler Ebene, die auf die Aufwertung und den Schutz der Umwelt abzielten. Sie betrafen die Verringerung der Luftverschmutzung, den Schutz der öffentlichen Gesundheit durch die Überwachung der Schadstoffe (Lärm, giftige Abfälle usw.), die Beeinflussung der Qualität der Abwässer, den Schutz des Grundwassers durch eine Bewirtschaftung der festen Abfälle sowie durch die geringere Verwendung von Schädlingsbekämpfungsmitteln und schließlich die Erhaltung von Ökosystemen. Ein besonderes Gewicht wurde hierbei der Maßnahme zur Wiederherstellung der Luftqualität im Großraum Athen beigemessen, welche sich auch mit dem Großvorhaben "Athener-Metro" ergänzte.

Schwerpunkt 2

Operationelles Multifondsprogramm "Entwicklung und Stärkung der Agrarstrukturen"

Das operationelle Multifondsprogramm "Entwicklung und Stärkung der Agrarstrukturen" wurde von der Kommission am 12. Dezember 1990 genehmigt. Für dieses Programm wurden Gesamtkosten in Höhe von 334,65 Mio. ECU vorgesehen, während die Beteiligung der Gemeinschaft 179,40 Mio. ECU betrug. Der EFRE-Zuschuß erreichte 50 Mio. ECU, während 72,13 % der gemeinschaftlichen Mittel aus der Abteilung Ausrichtung des EAGFL kamen.
Der EFRE-Teil des Programms konzentrierte sich auf den Bau von Stauanlagen, Umgehungssperren, Wasserbecken und Wasserzuleitungen sowie auf den Böschungsschutz.

Schwerpunkt 3

a1) Operationelles Multifondsprogramm "Erhöhung der Wettbewerbsfähigkeit der Unternehmen"

Der Europäische Fonds für regionale Entwicklung umfaßte hier, abgesehen von den Maßnahmen hinsichtlich der Durchführung, zwei Teilprogramme, die von der Kommission zu verschiedenen Zeitpunkten genehmigt und als unabhängige operationelle Programme durchgeführt wurden. Während das Teilprogramm 2 "Infrastrukturausstattung zur Anziehung von produktiven Investitionen" am 30. Juli 1990 genehmigt werden konnte, erfolgte die Genehmigung des Teilprogramms 1 "Fördersystem, Beratungsdienste, Ausbildung" zusammen mit dem restlichen Programm erst zwei Jahre später, nämlich am 30. Juli 1992. Das Teilprogramm 2 sah mehrere Ansätze vor. Dazu gehörten die Modernisierung bzw. der Ausbau mehrerer Industriezonen, die Entwicklung von Wirtschaftszentren zur Anziehung von produktiven Investitionen, der Aufbau von Beratungszentren für die kleinen und mittleren Unternehmen, die Ausarbeitung von vorbereitenden Studien und Analysen, die Verbesserung des technischen und ökonomischen Umfelds der Unternehmen, Maßnahmen zur Unterrichtung potentieller Investoren sowie die Ausstattung der Bank für industrielle Entwicklung und der Industriezonen mit EDV-Anlagen.
Bei Gesamtkosten in Höhe von 138,35 Mio. ECU wurde für dieses Programm eine EFRE-Beteiligung in Höhe von 80,31 Mio. vorgesehen, was 58,05 % dieser Kosten entsprach.
Das Teilprogramm 1 betraf die Förderung der Industrie- und Dienstleistungsbetriebe, die bessere Vermarktung der griechischen Produkte auf ausländischen Märkten, den Ausbau der Infrastruktur und die technische Unterstützung des Programms.

a2) Bereits genehmigte Maßnahmen

Hierunter fiel das Vorhaben "Industriezone von Kalamata". Für das Programm wurden Gesamtkosten in Höhe von 8 Mio. ECU genehmigt, wobei die EFRE-Beteiligung 50% dieser Kosten deckte. Außerdem wurde in das Gemeinschaftliche Förderkonzept ein zusätzlicher Zuschuß für produktive Investitionen aufge-

nommen, der im Rahmen des integrierten Mittelmeerprogramms für Forschung und Technologie genehmigt wurde.
Bei Gesamtkosten in Höhe von 400 Mio. ECU und bei öffentlichen Gesamtausgaben in Höhe von 200 Mio. ECU erreichte die Gemeinschaftsbeteiligung 140 Mio. ECU, von denen 100 Mio. aus dem Europäischen Fonds für regionale Entwicklung kamen.

Schwerpunkt 4

Operationelles Multifondsprogramm "Fördersystem, Beratungsdienste, Ausbildung"

Das operationelle Multifondsprogramm "Fördersystem, Beratungsdienste, Ausbildung" wurde von der Kommission am 30. Juli 1992 genehmigt. Bei Gesamtkosten in Höhe von 222,56 Mio. ECU und einem gemeinschaftlichen Zuschuß in Höhe von 71,06 Mio. ECU erreichte die EFRE-Beteiligung 34,69 Mio. ECU, was 25,83 % der Gesamtkosten des Programms entsprach.
Der EFRE-Teil dieses Programms betraf hauptsächlich die Unterstützung des nationalen Fördersystems für produktive Investitionen im Fremdenverkehrssektor sowie, zu einem kleinen Teil, private und öffentliche Investitionen im Bereich der touristischen Infrastruktur.

Schwerpunkt 5

a1) Operationelles Multifondsprogramm "Verbesserung der Bildungs- und Ausbildungsstrukturen"

Das operationelle Programm "Verbesserung der Bildungs- und Ausbildungsstrukturen" wurde am 31. Mai 1991 genehmigt. Der EFRE-Anteil für dieses Programm wurde auf 37,26 Mio. ECU festgelegt, was 38,01 % seiner Gesamtkosten in Höhe von 98,02 Mio. ECU ausmachte.
Es zielte auf die Verbesserung und den Ausbau von geeigneten und modernen Strukturen im Bereich der Bildung und Ausbildung ab, die die Erschließung, Anpassung und bessere Nutzung des Humankapitals ermöglichen sollten.
Der EFRE-Teil des Programms betraf die Ausstattung des Systems mit der not-

wendigen Infrastruktur und beteiligte sich somit an der Errichtung und Ausrüstung von Bildungseinrichtungen und -zentren, an Aktionen betreffend den Bau, die Renovierung und die Ausrüstung von Ausbildungszentren, an der technischen Hilfe und der Begleitung von Bauarbeiten und an der Einführung der elektronischen Datenverarbeitung in den Schulen.

a2) Operationelles Multifondsprogramm "Modernisierung der Staatsverwaltung"[263]

Für das am 26. Juni 1992 genehmigte operationelle Multifondsprogramm "Modernisierung der Staatsverwaltung" wurden Gesamtkosten in Höhe von 37,30 Mio. ECU veranschlagt, von denen 17,40 Mio. den EFRE-Teil betrafen. Der Fonds beteiligte sich an dieser Summe mit 11,31 Mio. ECU. Das Programm zielte durch Fort- bzw. Weiterbildungsmaßnahmen auf die Verbesserung der Fachkenntnisse, des Informationsstandes und der Fähigkeiten der Beamten ab. Durch die Verbesserung und Erweiterung des Fachkräftepotentials wurde die Erhöhung der Qualität und der Effizienz der Verwaltung angestrebt. Die Maßnahmen des Europäischen Fonds für regionale Entwicklung betrafen hier die Anschaffung der nötigen Infrastruktur (Gebäude, Ausrüstung usw.).

Maßnahmen im Rahmen der technischen Hilfe

a1) "Technische Hilfe - EFRE"

Das Programm wurde von der Kommission am 9. Dezember 1992 genehmigt. Die hierfür vorgesehenen Kosten betrugen 21,60 Mio. ECU. Der EFRE-Zuschuß deckte mit einer Summe in Höhe von 16,20 Mio. ECU 75 % dieser Kosten ab. Das Programm umfaßte vier Aktionsbereiche: die Unterstützung der Planungs- und Vorbereitungsarbeiten für das Regionalentwicklungsprogramm 1994-1999; die Unterstützung der Durchführung des Gemeinschaftlichen Förderkonzepts 1989-1993, die die funktionellen Ausgaben des Sekretariats und des Begleitausschusses des Gemeinschaftlichen Förderkonzepts sowie die Kosten der Kontrol-

---

[263] Das Programm war in dem Gemeinschaftlichen Förderkonzept nicht enthalten. Es wurde erst im Jahre 1992 der Kommission vorgelegt und von ihr genehmigt.

len vor Ort betraf; die Information und Unterrichtung hinsichtlich der im Rahmen des Gemeinschaftlichen Förderkonzepts durchgeführten Maßnahmen und Aktionen; die Unterstützung der Sanierungs- und Modernisierungsaktionen zugunsten der staatlichen Unternehmen und Körperschaften.

a2) "Aktionsprogramm zugunsten der Regionalstatistik"

Dieses Programm wurde von der Kommission am 3. April 1992 genehmigt. Bei Gesamtkosten in Höhe von 14,87 Mio. ECU erreichte der EFRE-Zuschuß 8,82 Mio. ECU, was 59,23 % der Kosten, aber 79,10 % der Gemeinschaftsbeteiligung entsprach.
Das Programm zielte auf die Aufwertung des Nationalen Statistischen Amtes Griechenlands ab, die durch die rechtzeitige Ermittlung von verläßlichen statistischen Daten sowie durch die Erweiterung der statistischen Erfassung erfolgen sollte. Dieses allgemeine Ziel wurde durch die Schaffung der notwendigen technischen Infrastruktur auf zentraler und regionaler Ebene, durch die Fortbildung des Personals, durch die Durchführung der diesbezüglichen Arbeiten auf regionaler Ebene und schließlich durch die Verbreitung der statistischen Information mittels moderner Techniken konkretisiert.
Der EFRE-Teil des Programms umfaßte daher die Aufwertung der Ermittlung, die Regionalisierung, die Ausarbeitung und die Verbreitung von statistischen Informationen, die Gründung eines Informationszentrums für den Arbeitsmarkt und die Unterstützung der Durchführung des Programms.

B) Der regionale Teil des Gemeinschaftlichen Förderkonzepts

Der in dreizehn Kapitel untergliederte regionale Teil des Gemeinschaftlichen Förderkonzepts umfaßte in einem festgelegten Schema Grundmerkmale, Entwicklungsstrategien, nationaleMaßnahmen, integriertes Mittelmeerprogramm und regionales operationelle Multifondsprogramm für jede der dreizehn Regionen. Zur Erhöhung der Effektivität der Maßnahmen wurde ein einziges Multifondsprogramm für jede Region aufgestellt, wobei die Konzentration der Bemühungen auf die Förderung des endogenen Potentials angestrebt wurde. Das von den griechischen Behörden vorgeschlagene operationelle Programm für die örtliche Selbstverwaltung wurde in die regionalen operationellen Programme aufgenommen.

(a) Ostmakedonien und Thrakien

Die Prioritäten des Gemeinschaftlichen Förderkonzepts für die Region Ostmakedonien und Thrakien lagen in der Aufhebung ihrer Isolation und ihres Rückstands durch eine bessere Verkehrsanbindung, durch die Erschließung bzw. die bessere Nutzung der vorhandenen natürlichen und menschlichen Ressourcen und durch die Entwicklung ihres Hinterlandes mit Akzent auf der Modernisierung und Anpassung der Verarbeitungs- und Vermarktungsmechanismen für landwirtschaftliche Erzeugnisse sowie auf die touristischen Aktivitäten. Von strategischer Wichtigkeit war hier die Verbesserung der desolaten und unzulänglichen sozioökonomischen Basisinfrastruktur.
Zur Realisierung dieser Ziele maß der nationale Teil des Gemeinschaftlichen Förderkonzepts der Verbesserung der Telekommunikation, der Entwicklung der Agrarstrukturen, der Unterstützung der produktiven Investitionen und der Nutzung des vorhandenen Arbeitskräftepotentials eine besondere Bedeutung bei.
Das integrierte Mittelmeerprogramm für Nordgriechenland sah in der Region eine Reihe von Maßnahmen zugunsten der Infrastrukturausstattung vor. Diese betrafen die Basisinfrastruktur (Straßen, Wasserversorgung, Kanalisation usw.), die touristische und die landwirtschaftliche Infrastruktur.

Die neuen regionalen Maßnahmen des Gemeinschaftlichen Förderkonzepts in Ostmakedonien und Thrakien erfolgten im Rahmen des gleichnamigen operationellen Multifondsprogramms, das am 18. Juni 1990 und 10. Dezember 1990 in zwei Phasen genehmigt wurde. Bei Gesamtkosten in Höhe von 357,05 Mio. ECU wurde für das operationelle Multifondsprogramm für Ostmakedonien und Thrakien eine Gemeinschaftsbeteiligung in Höhe von 198 Mio. ECU vorgesehen, von denen 169,70 Mio., d.h. 85,70 % der Mittel oder 47,53 % der Kosten des Programms aus dem EFRE kamen.
Der EFRE-Teil des Programms umfaßte ein breites Spektrum von Interventionen. Diese betrafen die Verbesserung des Transportwesens innerhalb der Region mit Akzent auf die Verkehrsachse Kavala-türkische Grenze, die Kofinanzierung produktiver Investitionen im Industrie- und Fremdenverkehrsbereich, die Mobilisierung des örtlichen Entwicklungspotentials, die Erschließung der Küstengebiete, die Förderung des Fremdenverkehrs, die Verbesserung und den Ausbau der Wasserversorgung und Kanalisation der Städte Komotini und Xanthi und die

Entwicklung der Basisinfrastruktur, einschließlich der Infrastruktur im sozialen Bereich und im Unterrichtswesen.

(b) Zentralmakedonien

Primäres entwicklungspolitisches Ziel des Gemeinschaftlichen Förderkonzepts für die Region Zentralmakedonien bildete die Erschließung ihrer Entwicklungsmöglichkeiten und komparativen Vorteile. Diese wurden vor allem in der Entwicklung der Landwirtschaft und der Erhöhung ihrer Wettbewerbsfähigkeit sowie in der Erschließung und Nutzung der vorhandenen Erzvorkommen, Energieressourcen und touristischen Reize gesehen. Weitere Ziele für die Region stellten die Erhaltung ihrer demographischen Basis und die Erhöhung des Lebensstandards der Bevölkerung dar. Die Verbesserung und der Ausbau der sozialen und wirtschaftsnahen Infrastruktur, die Entwicklung der Viehzucht, der Forstwirtschaft, des Fremdenverkehrs sowie die Bereitstellung von Beratungsdiensten für die lokalen kleinen und mittleren Unternehmen erschienen hierbei als problemgerecht.

Die Region Zentralmakedonien profitierte von den unter den nationalen Teil des Gemeinschaftlichen Förderkonzepts fallenden Maßnahmen betreffend die Verbesserung der Eisenbahnlinie Thessaloniki-Athen, die Verbesserung der Telekommunikation, die Entwicklung der Agrarstrukturen, die Förderung der produktiven Investitionen und den besseren Einsatz der Humanressourcen.

Hierzu kamen regional angelegte Maßnahmen im Rahmen des integrierten Mittelmeerprogramms für Nordgriechenland. Diese betrafen Investitionen im Bereich der sozialen und der wirtschaftsnahen Infrastruktur, wie Straßen, Häfen, Flughäfen, Wasserversorgung, Kanalisation, Schulen, Krankenhäuser, Forschungseinrichtungen, sowie Investitionen zur Verbesserung und zum Ausbau der touristischen Infrastruktur und zur Erschließung der Kulturlandschaft der Region. Maßnahmen zugunsten des landwirtschaftlichen Sektors, wie die Verbesserung der Agrarstrukturen und die Diversifizierung der Landwirtschaft, gehörten auch zu den Prioritäten des integrierten Mittelmeerprogramms, ebenso wie die Förderung der produktiven Investitionen.

Die neuen regionalen Maßnahmen des Gemeinschaftlichen Förderkonzepts für Zentralmakedonien ergänzten und unterstützten im Rahmen des hierfür erstellten und am 30. Juli 1990 genehmigten operationellen Multifondsprogramms diese Maßnahmen. Das Programm wurde mit Gesamtkosten in Höhe von 365,90 Mio. ECU versehen, wobei die Gemeinschaftsbeteiligung auf 212,93 Mio. ECU festgelegt wurde. Der Europäische Fonds für regionale Entwicklung beteiligte sich an diesem Zuschuß mit 152,40 Mio. ECU, was 41,65 % der Kosten entsprach. Der EFRE-Teil dieses Programms umfaßte die Verbesserung der für das Transportwesen relevanten Infrastrukturen, die Verbesserung der Wasserversorgung und den Ausbau des Kanalisationsnetzes in Thessaloniki, die Entwicklung der sozialen Infrastruktur, der Bildungsinfrastruktur und der Infrastruktur für die angewandte Forschung sowie den Ausbau der Infrastruktur zum Schutz der Umwelt. Außerdem sah das Programm Maßnahmen zur Förderung der kleinen und mittleren Unternehmen, vor allem durch die Bereitstellung von Beratungsdiensten, sowie Maßnahmen zur Pflege und Erhaltung der Kulturlandschaft der Region vor.

(c) Westmakedonien

Zu den zentralen entwicklungspolitischen Prioritäten des Gemeinschaftlichen Förderkonzepts für die Region Westmakedonien gehörten der Ausbau der wirtschaftsnahen Basisinfrastruktur, vor allem des Straßen- und Eisenbahnnetzes, die Valorisierung der örtlichen Ressourcen im primären und sekundären Sektor sowie die Ausnutzung des vorhandenen Energiepotentials, die Förderung des endogenen Entwicklungspotentials der Region, die Entwicklung des Fremdenverkehrs und die Förderung der Pelzverarbeitung und -vermarktung. Von besonderer Bedeutung für die Region war schließlich die Einschränkung der durch den intensiven Abbau von Braunkohle und den Betrieb von Stromgewinnungseinheiten verursachten Umweltschäden.

Die nationalen Maßnahmen des Gemeinschaftlichen Förderkonzepts zugunsten der Region Westmakedonien konzentrierten sich auf den Ausbau der Telekommunikationsdienste, den Bau bzw. den Ausbau von Stromgewinnungseinheiten der Öffentlichen Elektrizitätsgesellschaft, die Entwicklung der landwirtschaftlichen Strukturen, die Förderung der produktiven Investitionen und die Nutzung des Humankapitals.

Die im Rahmen des integrierten Mittelmeerprogramms für Nordgriechenland vorgesehenen Maßnahmen umfaßten in der Region Westmakedonien eine Reihe von Investitionen zugunsten ihrer Infrastrukturausstattung. Diese betrafen die Verbesserung des Straßennetzes, den Bau von Wasserversorgungs- und Kanalisationsnetzen, die Ausrüstung mit sozialen Infrastrukturen und Bildungseinrichtungen (z.B. Fachhochschulen). Das Programm sah außerdem den Bau einer wasserbetriebenen Stromgewinnungseinheit in Agios Germanos sowie eine Reihe von Aktionen zugunsten der ländlichen Gebiete vor betreffend die landwirtschaftliche Infrastruktur, die Aufforstung, kleine Bewässerungsarbeiten und die Viehzucht.

Die neuen regionalen Maßnahmen des Gemeinschaftlichen Förderkonzepts zugunsten der Region Westmakedonien erfolgten im Rahmen eines operationellen Multifondsprogramms, das von der Kommission am 27. November 1990 genehmigt wurde. Die Gesamtkosten für dieses Programm wurden auf 102,97 Mio. ECU festgelegt. Die gemeinschaftliche Beteiligung erreichte 64,12 Mio. ECU, wobei 52 Mio., nämlich 81,09 % der gemeinschaftlichen Mittel und 50,50 % der Kosten, aus dem Europäischen Fonds für regionale Entwicklung kamen.
Der EFRE-Teil des Programms sah folgende Maßnahmen vor: verschiedene Infrastrukturarbeiten und die Schaffung eines Qualitätssiegels für Pelze aus Kastoria; die Nutzung der verschiedenen Erze sowie der Braunkohle-, Marmor- und Tonvorkommen der Region; die Bereitstellung von Beratungsdiensten zugunsten der kleinen und mittleren Unternehmen; Aktionen zur Förderung der örtlichen Handwerksbetriebe und des Fremdenverkehrs; Aktionen zum Schutz der Umwelt durch die Schaffung von geeigneten Infrastrukturen; die Einrichtung eines Fernwärmenetzes für die Städte Komotini, Amyntaio und Ptolemaida; Maßnahmen zugunsten der sozialen Infrastruktur und der Bildungsinfrastruktur.

(d) Ipeiros

Die entwicklungspolitischen Prioritäten des gemeinschaftlichen Förderkonzepts für die Region Ipeiros konzentrierten sich hauptsächlich auf die Entwicklung der Provinz, die Erschließung der vorhandenen natürlichen Ressourcen und Rohstoffe, die Erhöhung des Potentials, der Effizienz und der Wettbewerbsfähigkeit des Handwerks und der verarbeitenden Betriebe für landwirtschaftliche Erzeugnisse. Aber auch die Erhaltung der demographischen Basis der Region und die Erhöhung des Lebensstandards der Bevölkerung, vor allem in den Berg- und Grenz-

gebieten, wurden hier hervorgehoben. Hierbei kam der Verbesserung und dem Ausbau der Infrastrukturausstattung eine wichtige Rolle zu.
Schlüsselmaßnahmen des nationalen Teils des Gemeinschaftlichen Förderkonzepts in der Region stellten die Entwicklung der grundlegenden wirtschaftsnahen Infrastruktur (Telekommunikationsdienste, Straßennetz usw.), die Entwicklung der landwirtschaftlichen Strukturen, die Förderung der produktiven Investitionen und die Nutzung der Humanressourcen dar.
Die im Gemeinschaftlichen Förderkonzept enthaltenen regionalen Maßnahmen wurden zum einen im Rahmen des integrierten Mittelmeerprogramms für Westgriechenland und den Peloponnes erfaßt. Die Entwicklung der am stärksten benachteiligten Gebiete des Hinterlandes durch die Förderung einer besseren Nutzung der vorhandenen Möglichkeiten war hier das Hauptziel. Die Maßnahmen betrafen die Landwirtschaft, die Viehzucht, die Aufforstung, den Tourismus in ländlichen Gebieten und das Handwerk.

Die neuen regionalen Maßnahmen des Gemeinschaftlichen Förderkonzepts für Ipeiros wurden zum anderen im Rahmen des gleichnamigen operationellen Multifondsprogramms konzipiert, das am 20. August 1990 genehmigt wurde. Bei Gesamtkosten in Höhe von 124,70 Mio. ECU belief sich die Gemeinschaftsbeteiligung für das operationelle Multifondsprogramm Ipeiros auf 75,90 Mio. ECU, wobei 59,30 Mio., d.h. 47,55 % der Kosten und 78,13 % der gemeinschaftlichen Mittel, zu Lasten des Europäischen Fonds für regionale Entwicklung gingen.
Der EFRE-Teil des Programms zielte darauf ab, den Rückstand und die Isolation der Region durch den Ausbau der wirtschaftsnahen Basisinfrastruktur und der sozialen Infrastruktur abzubauen. Weiterhin betraf das Programm ein Maßnahmenbündel für die kleinen und mittleren Unternehmen, das sich primär auf die Bereitstellung von Beratungsdiensten und die Vermarktung ihrer Produkte konzentrierte. Schließlich sah das Programm die Errichtung eines Zentrums für die Förderung handwerklicher Betriebe mit traditionellen Produkten vor.

(e) Thessalien

Die Ziele des Gemeinschaftlichen Förderkonzepts für die Region Thessalien lagen in der Erschließung der dort vorhandenen komparativen Vorteile und vor

allem der natürlichen und menschlichen Ressourcen. Die Entwicklung des Hinterlandes und der ländlichen Gebiete sowie die Verringerung der Isolation der verschiedenen Gebiete der Region stellten weitere Prioritäten dar. Diese Ziele wurden hauptsächlich durch die Ausstattung der Region mit geeigneter Infrastruktur (z.B. Straßen, Industriezonen, Wasserversorgung, Kanalisation) sowie durch die Förderung der verarbeitenden Industrie für landwirtschaftliche Erzeugnisse verfolgt. Eine wichtige Komponente der Entwicklungsstrategie für die Region bildete schließlich der Umweltschutz.
Zu den nationalen Maßnahmen des Gemeinschaftlichen Förderkonzepts gehörte die Durchführung von Infrastrukturarbeiten in Verbindung mit dem Bau von Teilen der Eisenbahnachse Athen-Thessaloniki und der Verbesserung der Telekommunikation sowie die Fortsetzung von Vorbereitungsarbeiten, die mit dem Großprojekt "Acheloos" zusammenhingen. Vorgesehen wurden hier auch die Entwicklung der landwirtschaftlichen Strukturen, die Förderung von produktiven Investitionen und die bessere Nutzung der Humanressourcen der Region. Das integrierte Mittelmeerprogramm für Mittel- und Ostgriechenland sah in der Region Thessalien den Bau von zwei Staudämmen zur Stromgewinnung, eines Tunnels zur Umleitung des Flusses Acheloos sowie verschiedene Maßnahmen zum Ausbau der grundlegenden wirtschaftsnahen Infrastruktur vor. Außerdem umfaßte das Programm Aktionen zugunsten der landwirtschaftlichen Infrastruktur, die zur Erhöhung der Wettbewerbsfähigkeit des landwirtschaftlichen Sektors der Region beitragen sollten.

Die neuen regionalen Maßnahmen des Gemeinschaftlichen Förderkonzepts für die Region wurden im Rahmen des gleichnamigen operationellen Multifondsprogramms erfaßt, das am 30. Juli 1990 von der Kommission genehmigt wurde. Für das operationelle Multifondsprogramm Thessalien wurden Gesamtkosten in Höhe von 203,26 Mio. ECU genehmigt. Der Gemeinschaftliche Zuschuß erreichte hier 122,69 Mio. ECU, woran sich der Europäische Fonds für regionale Entwicklung mit 96,30 Mio. ECU beteiligte. Diese Summe machte 47,29 % der Kosten des Programms und 78,49 % der gemeinschaftlichen Mittel aus.
Der EFRE-Teil des Programms betraf den Ausbau der Verkehrsinfrastruktur, die Verbesserung des Wasserversorgungs- und Kanalisationsnetzes und den Umweltschutz. Dazu kamen Maßnahmen zugunsten der kleinen und mittleren Unternehmen betreffend vor allem die Bereitstellung von Beratungsdiensten, Maßnahmen

zur Valorisierung des endogenen Entwicklungspotentials sowie Maßnahmen zur Förderung des Fremdenverkehrs, wie die Nutzung der diesbezüglichen Möglichkeiten der Region und die Kontrolle der touristischen Aktivitäten. Das Programm wurde schließlich nach geeigneter Begründung mit Maßnahmen zugunsten der sozialen Infrastruktur und der Bildungsinfrastruktur ergänzt.

(f) Ionische Inseln

Zentrale entwicklungspolitische Priorität des Gemeinschaftlichen Förderkonzepts für die Region Ionische Inseln stellte die Rationalisierung des Fremdenverkehrssektors dar, was durch die Schaffung eines besseren Rahmens zur ausgewogenen Verteilung der touristischen Aktivitäten, durch die Förderung von ausgewählten Formen der touristischen Aktivitäten und durch die Verlängerung der touristischen Saison angestrebt wurde. Aber auch die Verringerung der Abhängigkeit der Region vom Fremdenverkehr stellte hier ein vorrangiges Ziel der Entwicklungsstrategie dar. Trotz der mit der Geomorphologie der Region verbundenen Probleme erschien hierbei die Entwicklung der landwirtschaftlichen Aktivitäten und der Verarbeitungsindustrie für landwirtschaftliche Erzeugnisse von besonderer Bedeutung, wobei die Bedürfnisse der einheimischen Bevölkerung und der Touristen den Absatzmarkt für diese Produkte bilden sollten.
Die nationalen Maßnahmen des Gemeinschaftlichen Förderkonzepts in der Region betrafen hauptsächlich die Telekommunikationsinfrastruktur, die Entwicklung der landwirtschaftlichen Strukturen, die Förderung der produktiven Investitionen und die bessere Nutzung des örtlichen Humankapitals.
Die Aktionen im Rahmen des integrierten Mittelmeerprogramms für Westgriechenland und den Peloponnes zielten vor allem auf die Diversifizierung der ökonomischen Aktivitäten ab und konzentrierten sich auf die landwirtschaftliche Infrastruktur, die Forstwirtschaft, den Tourismus in ländlichen Gebieten und das Handwerk.

Das operationelle Multifondsprogramm für die Ionischen Inseln wurde von der Kommission am 12. Oktober 1990 genehmigt. Bei Gesamtkosten des Programms in Höhe von 90,40 Mio. ECU wurde ein Gemeinschaftszuschuß in Höhe von 53 Mio. ECU festgelegt, von denen 46 Mio. aus dem Europäischen Fonds für regionale Entwicklung kamen. Die EFRE-Beteiligung betrug somit 50,88 % der

Kosten, aber 86,79 % der hierfür vorgesehenen gemeinschaftlichen Mittel.
Der EFRE-Teil des Programms betraf hauptsächlich den Umweltschutz in den städtischen oder touristischen Ballungsgebieten durch die Aufbereitung der Abwässer und die Stadtsanierung sowie durch die Verbesserung der Wasserversorgungseinrichtungen und der Verkehrsinfrastruktur. Vorgesehen wurde auch die Pflege und Erschließung der Kulturlandschaft der Region. In den ländlichen Gebieten wurden schließlich Maßnahmen zum Schutz der natürlichen Ressourcen und der Umwelt sowie Aktionen zur Beseitigung der durch Naturkatastrophen verursachten Schäden vorgesehen.

(g) Westgriechenland

Die entwicklungspolitischen Prioritäten des Gemeinschaftlichen Förderkonzepts für die Region Westgriechenland lagen in der Modernisierung der Produktionsstrukturen und der Verbesserung bzw. dem Ausbau der unzulänglichen wirtschaftsnahen Infrastruktur sowie im Ausbau der vernachlässigten sozialen Infrastruktur. Die Errichtung und Förderung von speziellen Industriezonen mit geeigneter Infrastrukturausstattung sowie die Gründung eines Technologieparks zur Koppelung der Forschungsaktivitäten mit den Entwicklungsmöglichkeiten in der Region wurden auch als vorrangig angesehen. Die für die Region zugedachte Strategie betraf schließlich die Mobilisierung des endogenen Entwicklungspotentials in den Bereichen der Landwirtschaft, der Fischerei und des Fremdenverkehrs.
Die nationalen Maßnahmen des Gemeinschaftlichen Förderkonzepts betrafen in der Region die vorbereitenden Studien für die Verbindung zwischen Rio und Antirio, die Verbesserung des Telekommunikationsnetzes, die Entwicklung der landwirtschaftlichen Strukturen, die Förderung der produktiven Investitionen und die bessere Nutzung der Humanressourcen.
Das integrierte Mittelmeerprogramm für Westgriechenland und den Peloponnes umfaßte in der Region verschiedene Maßnahmen zur Anpassung der landwirtschaftlichen Produktion an die Marktsituation und zur Unterstützung und Modernisierung der Industrie durch die Ermutigung zur Tätigung von neuen Investitionen, die Bereitstellung von Beratungsdiensten für die kleinen und mittleren Unternehmen und die Stromversorgung. Außerdem strebte das Programm die Entwicklung des Hinterlandes an, vor allem durch die Durchführung von kleinen

Bewässerungsarbeiten, den Ausbau des Straßen- und Stromnetzes, die Förderung der handwerklichen Betriebe, die Erschließung der touristischen Ressourcen und die Entwicklung der touristischen Infrastruktur.

Diese Maßnahmen wurden durch das operationelle Multifondsprogramm für die Region ergänzt, das am 27. November 1990 genehmigt wurde. Bei Gesamtkosten in Höhe von 137,50 Mio. ECU erreichte der gemeinschaftliche Zuschuß für dieses operationelle Multifondsprogramm 82,30 Mio. ECU. Der Europäische Fonds für regionale Entwicklung beteiligte sich an dieser Summe mit 63 Mio. ECU, was 45,82 % der Kosten und 76,55 % der gemeinschaftlichen Mittel ausmachte.
Der EFRE-Teil des Programms konzentrierte sich hauptsächlich auf die Verbesserung und den Ausbau der Infrastruktur und auf den Umweltschutz. Der Einsatz des Fonds betraf insbesondere die Bereitstellung der notwendigen industriellen und technologischen Infrastruktur, die Modernisierung der Verkehrsinfrastruktur, die Anpassung der städtischen Basisinfrastruktur und den Ausbau der sozialen Infrastruktur. Außerdem wurden im Programm Maßnahmen zur Erschließung der touristischen Ressourcen und zur Verbesserung des diesbezüglichen Dienstleistungsangebots sowie Maßnahmen zum Schutz der Umwelt und der natürlichen Ressourcen vorgesehen.

(h) Sterea Ellada

Die entwicklungspolitischen Prioritäten des Gemeinschaftlichen Förderkonzepts für die Region Sterea Ellada betrafen mehrere Sektoren und Branchen. Hierzu gehörten die rationelle Nutzung ihrer Rohstoffe, die Entwicklung von Industrie und Handwerk, die touristische Entwicklung der Küstengebiete und der Insel Skyros, die bessere Verteilung der industriellen Aktivitäten und der Umweltschutz. Nicht zuletzt sah das Gemeinschaftliche Förderkonzept die Entwicklung des landwirtschaftlichen Sektors vor, die vor allem durch die Modernisierung der landwirtschaftlichen Strukturen und die Verbesserung der Verarbeitung und Vermarktung der landwirtschaftlichen Erzeugnisse herbeigeführt werden sollte.
Die nationalen Maßnahmen des Gemeinschaftlichen Förderkonzepts sahen in der Region die Durchführung von Infrastrukturarbeiten an der Straßen- und Eisenbahnachse Athen-Thessaloniki und die Verbesserung bzw. den Ausbau des Tele-

kommunikationsnetzes vor. Ferner betrafen sie die Entwicklung der landwirtschaftlichen Strukturen, die Förderung der produktiven Investitionen und die Verbesserung der beruflichen Ausbildung.
Die regionalen Maßnahmen des Gemeinschaftlichen Förderkonzepts für die Region Sterea Ellada wurden zum einen in dem integrierten Mittelmeerprogramm für Mittel- und Ostgriechenland und dem nationalen Programm von gemeinschaftlichem Interesse für Phokida erfaßt. Diese umfaßten hauptsächlich die wirtschaftsnahe Infrastruktur, wie Straßen, Häfen, Wasserversorgung, Industriezonen, sowie Investitionen zur Entwicklung der touristischen Infrastruktur und zur Pflege und Erschließung der Kulturlandschaft der Region (Museen, Marinas, Werbekampagnen usw.). Dazu kamen weitere Maßnahmen zugunsten der kleinen und mittleren Unternehmen, der Landwirtschaft, des Tourismus in ländlichen Gebieten und der beruflichen Ausbildung.

Zum anderen wurden die neuen regionalen Maßnahmen des Gemeinschaftlichen Förderkonzepts für Sterea Ellada im Rahmen des gleichnamigen operationellen Multifondsprogramms konzipiert, das am 27. September 1990 genehmigt wurde. Der Europäische Fonds für regionale Entwicklung beteiligte sich an dem Gesamtzuschuß der Gemeinschaft für dieses operationelle Multifondsprogramm mit 85,80 Mio. ECU. Diese Summe repräsentierte 76,56 % der hierfür vorgesehenen gemeinschaftlichen Mittel und 43,50 % der Gesamtkosten des Programms.
Der EFRE-Teil dieses Programms sah Investitionen in den Bereichen der Verkehrsinfrastruktur (Straßennetz, Verbindung mit benachbarten Regionen usw.), der Wasserversorgung und -aufbereitung, des Umweltschutzes, des Gesundheits- und des Unterrichtswesens vor. Die Förderung der Industrie und des Handwerks sowie die Erhöhung der Wettbewerbsfähigkeit der kleinen und mittleren Unternehmen stellten weitere Ziele des Programms dar.

(i) Attika

Die zentralen entwicklungspolitischen Prioritäten des Gemeinschaftlichen Förderkonzepts für die Region Attika konzentrierten sich auf die Verringerung der Belastung einer überstrapazierten Umwelt, die Verbesserung und den Ausbau der Infrastruktur, die Ermutigung zur Anwendung von ausgewählten fortgeschrittenen Technologien in der Verarbeitungsindustrie und im Dienstleistungssektor,

die Förderung der beruflichen Ausbildung, die Entwicklung des landwirtschaftlichen Sektors und den Schutz der landwirtschaftlichen Flächen.
Die nationalen Maßnahmen des Gemeinschaftlichen Förderkonzepts umfaßten hier den Bau der Athener U-Bahn, den Ausbau der großen Straßen- und Eisenbahnachsen von und nach Athen, die Verbesserung der Energieversorgung, den Ausbau der Telekommunikation und die bessere Nutzung des vorhandenen Humankapitals.
Das integrierte Mittelmeerprogramm für die Region Attika sah vor allem Investitionen im Bereich der Infrastruktur vor. Dazu gehörte der Ausbau von Straßenverbindungen in Athen und Piräus, der Bau einer U-Bahn-Station in Sepolia, die Verbesserung der Wasserversorgung und -aufbereitung, Infrastrukturinvestitionen im Unterrichtswesen und im sozialen Bereich. Außerdem umfaßte dieses integrierte Mittelmeerprogramm Maßnahmen zur Förderung von ausgewählten Industriebranchen, die Unterstützung der kleinen und mittleren Unternehmen und der Forschungsaktivitäten im Dienstleistungsbereich sowie Maßnahmen zugunsten der beruflichen Ausbildung. Schließlich betraf das Programm Maßnahmen zur Erhöhung der Produktivität in der Fischerei und der Landwirtschaft sowie Maßnahmen zur Förderung des Tourismus in ländlichen Gebieten.

Die neuen regionalen Maßnahmen des Gemeinschaftlichen Förderkonzepts für Attika wurden im operationellen Multifondsprogramm für die Region festgehalten, das am 16. November 1990 genehmigt wurde. Die Gesamtkosten des Programms wurden auf 402,10 Mio. ECU festgelegt, so daß dieses volumenmäßig das größte regionale operationelle Multifondsprogramm war. Die Gemeinschaftsbeteiligung erreichte hier 245,81 Mio. ECU, von denen 163,91 Mio. oder 40,76 % der Kosten bzw. 66,68 % des gemeinschaftlichen Zuschusses aus dem Europäischen Fonds für regionale Entwicklung kamen.
Der EFRE-Teil des Programms zielte auf die Verringerung der Umweltprobleme und die Modernisierung der produktiven Sektoren ab. Die Maßnahmen betrafen die Anpassung und den Bau von Wasserzuleitungs- und Kanalisationsnetzen, den Ausbau des Erdgasnetzes, den Bau von kleinen Straßen in Ostattika und in Piräus, Initiativen zur Aufwertung von Ostattika, die Förderung der kleinen und mittleren Unternehmen und die Schaffung von High-tech-Infrastruktur.

(j) Peloponnes

Angesichts der schlechten Infrastrukturausstattung der Region bestanden die entwicklungspolitischen Prioritäten des Gemeinschaftlichen Förderkonzepts für den Peloponnes darin, ein ausreichendes Niveau an Infrastruktur zu sichern, die die Erschließung und bessere Nutzung der vorhandenen Ressourcen erlauben würde, und zwar in einer für die Umwelt schonenden Art und Weise. Dazu kamen die Verbesserung der intraregionalen Verbindungen sowie die Verbesserung der Verbindung der Region mit Patras und Athen. Schließlich betraf das Gemeinschaftliche Konzept die Erhöhung der Wettbewerbsfähigkeit der landwirtschaftlichen Erzeugnisse durch die Einführung von modernen Technologien und Methoden sowie durch die Erhöhung der Leistungs- und Wettbewerbsfähigkeit der Dienstleistungen im Fremdenverkehrssektor.
Die nationalen Maßnahmen des Gemeinschaftlichen Förderkonzepts betrafen hier die Verbesserung der Straßenverbindungen von und nach Patras sowie der Achse Athen-Korinthos, den Ausbau des Telekommunikations- und des Energieversorgungsnetzes, die Entwicklung der landwirtschaftlichen Strukturen, die Förderung der produktiven Investitionen und die Erschließung der vorhandenen Humanressourcen.
Das integrierte Mittelmeerprogramm für Westgriechenland und den Peloponnes sah in der Region mehrere Maßnahmen vor. Dazu gehörten die Anpassung der landwirtschaftlichen Produktion an die Marktbedürfnisse, die Gewährung von technischer Hilfe und die Umstrukturierung der Produktion; die Entwicklung der ländlichen Gebiete durch Bewässerungsarbeiten, den Straßenbau, die Stromversorgung, die Erschließung der touristischen Ressourcen und die Unterstützung der landwirtschaftlichen Betriebe; der Schutz und die Entwicklung der Meeres- und Fischereiressourcen durch die Modernisierung der Fischereiflotte; die Entwicklung des Fremdenverkehrssektors durch den Ausbau der touristischen Infrastruktur, die Entwicklung der lokalen touristischen Ressourcen und die Verbesserung der touristischen Vermarktung der Region; die Förderung und Modernisierung der Industrie durch die Unterstützung von neuen Investitionen und die Bereitstellung von Beratungsdiensten für die kleinen und mittleren Unternehmen.

Das operationelle Multifondsprogramm für die Region wurde am 27. November von der Kommission genehmigt. Bei Gesamtkosten in Höhe von 135,70 Mio.

ECU erreichte der Gemeinschaftszuschuß für dieses operationelle Multifondsprogramm 83,70 Mio. ECU, woran sich der Europäische Fonds für regionale Entwicklung mit einem Anteil in Höhe von 61,50 Mio. ECU beteiligte. Diese Summe repräsentierte 45,32 % der Kosten, aber 73,47 % der gemeinschaftlichen Mittel.
Der EFRE-Teil dieses Programms betraf die Verbesserung der städtischen Infrastruktur, die Verbesserung der Verkehrsinfrastruktur und die Entwicklung des Fremdenverkehrssektors. Letzteres sollte hauptsächlich durch Werbung, die Pflege und Erschließung der Kulturlandschaft der Region und die Bereitstellung einer geeigneten touristischen Infrastruktur erfolgen. Vorgesehen wurden schließlich Beratungsdienste für die kleinen und mittleren Unternehmen.

(k) Nordägäis

Die Randlage und der Inselcharakter der Region diktierten als prioritäre entwicklungspolitische Strategie des Gemeinschaftlichen Förderkonzepts den Abbau ihrer Isolation, der durch die Verbesserung der Verkehrs- und der Telekommunikationsinfrastruktur sowie durch die Verringerung ihrer Energieabhängigkeit erzielt werden sollte. Dazu kamen die Erschließung der natürlichen Ressourcen und der Rohstoffe der Region sowie die Nutzung des vorhandenen Humankapitals. Schließlich umfaßten die hier angestrebten Ziele die Verbesserung der Basisinfrastruktur und die Erhöhung des Lebensstandards der Bevölkerung.
Die nationalen Maßnahmen des gemeinschaftlichen Förderkonzepts zugunsten der Region betrafen den Ausbau der Basisinfrastruktur, die Verbesserung der Telekommunikation sowie die Energieproduktion und -versorgung. Sie sahen außerdem die Entwicklung der landwirtschaftlichen Strukturen, die Förderung der industriellen Investitionen und die Ausnutzung der Humanressourcen vor.
Die regionalen Maßnahmen des Gemeinschaftlichen Förderkonzepts für die Region Nordägäis wurden zum einen im Rahmen des integrierten Mittelmeerprogramms für die Ägäischen Inseln und des nationalen Programms von gemeinschaftlichem Interesse für Chios realisiert. Das integrierte Mittelmeerprogramm sah hier eine Reihe von Infrastrukturinterventionen vor. Diese betrafen den Verkehr (Straßen, Häfen, Flughäfen), den Fremdenverkehr (Marinas, Museen, archäologische Stätten, Wasserversorgung usw.), die Energiewirtschaft (Verlegung von Unterseekabeln, Kraftwerke usw.), aber auch die soziale Infrastruktur (z.B.

Krankenhäuser) und die Bildungsinfrastruktur. Außerdem beinhaltete das Programm die Bereitstellung von Beratungsdiensten zugunsten der kleinen und mittleren Unternehmen und Maßnahmen zur landwirtschaftlichen Entwicklung (kleine Bewässerungsarbeiten, Beratungsdienste usw.).

Zum anderen erfolgten die neuen regionalen Maßnahmen des Gemeinschaftlichen Förderkonzepts im Rahmen des operationellen Multifondsprogramms für die Südägäis, das von der Kommission am 20. August 1990 genehmigt wurde. Bei Gesamtkosten in Höhe von 94,53 Mio. ECU erreichte der Gesamtzuschuß der Gemeinschaft für dieses operationelle Multifondsprogramm 55,85 Mio. ECU. Der Europäische Fonds für regionale Entwicklung beteiligte sich mit 47,50 Mio. ECU, d.h. 50,25 % der Kosten und 85,05 % der hierfür vorgesehenen gemeinschaftlichen Mittel.
Der EFRE-Teil des Programms betraf die Verbesserung der Verkehrsinfrastruktur von regionalem Interesse, die Modernisierung und den Ausbau des Wasserversorgungs- und Kanalisationsnetzes, die mechanisch-biologische Aufbereitung der Abwässer und den Bau von Anlagen zur Aufbereitung von Abfällen. Dazu kamen auch Maßnahmen zur Entwicklung des Fremdenverkehrssektors, wie beispielsweise der Bau von Marinas, der Ausbau von archäologischen Stätten, die Verbesserung des Dienstleistungsangebots und die Fremdenverkehrswerbung. Schließlich sah das Programm Beratungsdienste für die kleinen und mittleren Unternehmen und Aktionen zugunsten der sozialen Infrastruktur und der Bildungsinfrastruktur vor.

(l) Südägäis

Aufgrund der mit der Insellage der Region verbundenen Probleme und der unzureichenden Infrastrukturausstattung hinsichtlich der Verkehrsanbindung und der Versorgung mit Telekommunikationsdiensten erlangte die Überwindung ihrer Isolation eine prioritäre entwicklungspolitische Bedeutung. Die rapide touristische Entwicklung der Region machte außerdem die Kontrolle des Fremdenverkehrs und den Übergang zu ausgewählten Formen des touristischen Angebots notwendig. Vorrang genoß im Gemeinschaftlichen Förderkonzept auch der rationelle Umgang mit den knappen Wasserressourcen. Die Nutzung des Entwicklungspotentials der Region im primären und im sekundären Sektor, der Ausbau

der Basisinfrastruktur und die Verbesserung des Lebensstandards der Bevölkerung stellten weitere Prioritäten dar.
Die nationalen Maßnahmen des Gemeinschaftlichen Förderkonzepts zielten in der Region Südägäis darauf ab, die durch ihre Insellage verursachten Probleme abzubauen und ihre Energieabhängigkeit zu verringern. Dies sollte durch die Verbesserung der Telekommunikation und durch die Energieversorgung per Unterseekabel geschehen. Außerdem sahen diese Maßnahmen die Entwicklung der landwirtschaftlichen Strukturen, die Förderung der produktiven Investitionen und die Erschließung der vorhandenen Humanressourcen vor.
Weitere Maßnahmen zugunsten der Region wurden im Rahmen des integrierten Mittelmeerprogramms für die Ägäischen Inseln vorgesehen. Diese betrafen die Verbesserung und den Ausbau der Verkehrsinfrastruktur und der touristischen Infrastruktur sowie die Pflege und Erschließung der Kulturlandschaft. Dazu kamen Maßnahmen für die kleinen und mittleren Unternehmen, Maßnahmen zur Entwicklung des landwirtschaftlichen Sektors und zur Verringerung der Energieabhängigkeit der Region. Das integrierte Mittelmeerprogramm umfaßte schließlich Aktionen im Bereich der sozialen Infrastruktur.

Die neuen regionalen Maßnahmen des Gemeinschaftlichen Förderkonzepts für die Region wurden im Rahmen des gleichnamigen operationellen Multifondsprogramms realisiert, das von der Kommission am 30. Juli 1990 genehmigt wurde. Bei Gesamtkosten in Höhe von 82,69 Mio. ECU erreichte der Gemeinschaftszuschuß für dieses operationelle Multifondsprogramm 55,30 Mio. ECU, von denen 46,60 Mio. aus dem Europäischen Fonds für regionale Entwicklung kamen. Diese Summe entsprach 56,35 % der Kosten und 84,26 % der gemeinschaftlichen Mittel.
Der EFRE-Teil des Programms konzentrierte sich auf die Verbesserung der Verkehrsinfrastruktur von regionalem Interesse, die Modernisierung und den Ausbau der Basisinfrastruktur und die Gewährung von Beratungsdiensten für die kleinen und mittleren Unternehmen. Ein besonderer Stellenwert wurde der Entwicklung des Fremdenverkehrssektors eingeräumt, was durch den Ausbau der touristischen Infrastruktur und der archäologischen Stätten, die Verbesserung des relevanten Dienstleistungsangebots und die Fremdenverkehrswerbung angestrebt wurde.

(m) Kreta

Die in dem Gemeinschaftlichen Förderkonzept enthaltenen entwicklungspolitischen Prioritäten für die Insel Kreta konzentrierten sich hauptsächlich auf die Linderung der Probleme der Ballungsgebiete und der Zonen großer touristischer Konzentration an der Nordküste, auf die Erhöhung der Wettbewerbsfähigkeit der dynamischen landwirtschaftlichen Branchen, auf die Förderung der endogenen Entwicklung und auf die Verbesserung des Transportwesens.
Die nationalen Maßnahmen des Gemeinschaftlichen Förderkonzepts für die Region Kreta betrafen in erster Linie den Ausbau der wirtschaftsnahen Infrastruktur. Sie sahen aber auch die Entwicklung der landwirtschaftlichen Strukturen der Region, die Förderung der produktiven Investitionen und die bessere Nutzung der Humanressourcen vor.
Die Maßnahmen des integrierten Mittelmeerprogramms für die Insel Kreta betrafen die Umorientierung und Umstrukturierung der landwirtschaftlichen Produktion und die Erhöhung der Wettbewerbsfähigkeit der landwirtschaftlichen Erzeugnisse, die Ermutigung von ausgewählten Formen des Fremdenverkehrs zur Anziehung von Touristen mit höherem Einkommen, die Erschließung des örtlichen Entwicklungspotentials, die Unterstützung der angesiedelten Industrie und die Förderung von industriellen Tätigkeiten in fortgeschrittenen Technologien, die Verbesserung der sozioökonomischen Strukturen im Hinterland und die Entwicklung der sozialen Infrastruktur.
Diese Maßnahmen wurden durch das am 30. Juli 1990 von der Kommission genehmigte operationelle Multifondsprogramm für Kreta erweitert und ergänzt. Für dieses Programm wurden Gesamtkosten in Höhe von 162,80 Mio. ECU festgelegt, von denen 94,80 Mio. aus gemeinschaftlichen Mitteln gedeckt wurden. Der Europäische Fonds für regionale Entwicklung beteiligte sich an dieser Summe mit 78 Mio. ECU, was 47,91 % der Kosten und 82,28 % des Gemeinschaftszuschusses ausmachte.
Der EFRE-Teil des Programms zielte vor allem auf die Erhöhung der wirtschaftlichen Attraktivität der Insel ab. Diese sollte durch Maßnahmen zugunsten der Verkehrsinfrastruktur, der Stadtsanierung, der Wasserversorgung und des Umweltschutzes erfolgen. Außerdem wurden im Programm Maßnahmen zugunsten der kleinen und mittleren Unternehmen sowie Maßnahmen zur Erschließung der touristischen Ressourcen vorgesehen. Der Entwicklung des Forschungsapparates

der Region (Universität von Chania, Zentren für angewandte Forschung) und einer Reihe von Forschungsprogrammen im Zusammenhang mit den speziellen Bedürfnissen der Region wurde schließlich eine große Bedeutung beigemessen.

4.2.1.2 Die Gemeinschaftsinitiativen

Gestützt auf die rechtlichen Grundlagen des Artikels 11 der Koordinierungsverordnung (EWG) Nr. 4253/88 des Rates beschloß die Kommission im Jahr 1990 zwölf Gemeinschaftsinitiativen, die die im Rahmen der Gemeinschaftlichen Förderkonzepte vereinbarten Aktionen unterstützen und ergänzen sollten. Die Gemeinschaftsinitiativen setzten verstärkt den Ansatz der "Politikinitiierung von oben" fort, der mit den spezifischen Gemeinschaftsmaßnahmen und den Gemeinschaftsprogrammen von nationalem Interesse eingeführt wurde.
Die Kommission forderte hiermit die Mitgliedstaaten auf, entsprechend den in den Gemeinschaftsinitiativen enthaltenen Leitlinien auf die Lage der jeweiligen Region zugeschnittene operationelle Programme auszuarbeiten, um Maßnahmen und Aktionen von besonderer Bedeutung sowohl für die Regionen bzw. die Mitgliedstaaten als auch für die Gemeinschaft insgesamt durchzuführen.
Durch die räumliche, zeitliche und inhaltliche Flexibilität der Gemeinschaftsinitiativen konnte die Möglichkeit einer konkreten Antwort auf spezielle Entwicklungsprobleme in den Regionen und Mitgliedstaaten gewährt werden. Eine thematische Gruppierung dieser Initiativen ergibt drei breit gefaßte Aktivitätsbereiche: (a) die Unterstützung des industriellen Wandels (RECHAR); (b) den Aufbau von grenzübergreifenden Kooperationsnetzen auf Gemeinschaftsebene (REGEN, EUROFORM, NOW, HORIZON), in Grenzgebieten (INTERREG) oder auf lokaler Ebene (REGIS, LEADER); (c) die Unterstützung der regionalen Anwendung bestimmter Gemeinschaftspolitiken sowie die Verringerung des Know-how-Gefälles in der Gemeinschaft (ENVIREG, STRIDE, TELEMATIK, PRISMA).
Diese zwölf Gemeinschaftsinitiativen wurden mit einem Zuschuß aus der Europäischen Gemeinschaft in Höhe von 3.800 Mio. ECU ausgestattet, was 6,30 % der gemeinschaftlichen Mittel aus den Strukturfonds für den Zeitraum 1989-

1993 entsprach.[264] Der Europäische Fonds für regionale Entwicklung beteiligte sich an dieser Summe mit 2.841 Mio. ECU oder 74,76 %.[265]

(a) INTERREG

Die mit einem indikativen Finanzrahmen in Höhe von 800 Mio. ECU ausgestattete Gemeinschaftsinitiative INTERREG sollte im Vorfeld des großen europäischen Binnenmarktes die Zusammenarbeit zwischen Gebieten an den Binnengrenzen der Gemeinschaft fördern sowie zur Bewältigung der Probleme der Grenzgebiete an den Außengrenzen der Gemeinschaft beitragen.
Am 25. Juli 1991 wurde von der Kommission im Rahmen dieser Initiative ein Programm für Griechenland genehmigt. Für dieses Programm wurden Gesamtkosten in Höhe von 318,11 Mio. ECU festgelegt, von denen 227 Mio. gemeinschaftliche Mittel darstellten. Der Europäische Fonds für regionale Entwicklung beteiligte sich an dieser Summe mit 193,78 Mio. ECU. INTERREG zielte in Griechenland hauptsächlich auf den Abbau der Isolation der betreffenden Gebiete - vor allem der Inseln und der Regionen Westmakedonien, Ostmakedonien und Thrakien sowie Ipeiros -, auf die Erschließung des endogenen Potentials, auf die Entwicklung des landwirtschaftlichen Sektors und auf die Verbesserung der beruflichen Ausbildung ab.
Das Programm umfaßte eine Reihe von Maßnahmen in den Bereichen der wirtschaftsnahen Infrastruktur (Verbesserung der vorhandenen Flughäfen, Ausrüstung von Häfen usw.) und der intra- und interregionalen Zusammenarbeit (z.B. Bau einer Straße zur besseren Verbindung von West- mit Ostmakedonien, technische Ausrüstung zur Bekämpfung der illegalen Wareneinfuhren und des Drogenschmuggels) sowie Maßnahmen zugunsten der kleinen und mittleren Unternehmen.

---

[264] Vgl. die Angaben in der Tabelle "Indikative Aufteilung der Mittelzuweisungen nach Zielen 1989-93", in: "Erster Jahresbericht über die Durchführung der Strukturfonds", a.a.O., S. 106 (Anhang Nr. I-2, Kapitel 1); eigene Berechnungen.

[265] Vgl. die Angaben in Tabelle III.2 "Mittelbewilligung im Rahmen der Gemeinschaftsinitiativen", in: "Dritter Jahresbericht über die Durchführung der Strukturfonds", a.a.O., S. 114 (Anhang); eigene Berechnungen.

(b) ENVIREG

Die Gemeinschaftsinitiative ENVIREG wurde mit einem indikativen Finanzrahmen von 500 Mio. ECU ausgestattet und sollte die Regionen mit Entwicklungsrückstand bei der Lösung ihrer Umweltprobleme unterstützen, um ihre Entwicklungsmöglichkeiten, vor allem im Bereich des Fremdenverkehrs, zu erhalten bzw. zu verbessern. Die Verringerung der Verschmutzung der Küstengebiete, die Erschließung der natürlichen Ressourcen der betreffenden Gebiete, die Unterstützung einer angemessenen Entsorgung von gefährlichen Industrieabfällen, die Erweiterung der für die Bewältigung der Umweltprobleme erforderlichen Fachkenntnisse und des Know-how der lokalen und regionalen Gebietskörperschaften stellten die Prioritäten dieser Initiative dar.
Im Rahmen dieser Initiative genehmigte die Kommission am 26. September 1991 ein operationelles Programm für Griechenland. Die Kosten des Programms wurden auf 130,60 Mio. ECU festgelegt, wobei die Gemeinschaftsbeteiligung 92 Mio. ECU erreichte. 87,32 Mio. dieser Summe kamen aus dem Europäischen Fonds für regionale Entwicklung.
Der EFRE-Teil des Programms betraf die Verringerung der Umweltverschmutzung an den Küstengebieten, die Unterstützung von Städten bei der Errichtung von Klär-, Abfallbeseitigungs- bzw. Abfallaufbereitungsanlagen, die Aufbereitung, Lagerung und Wiederverwertung von Industrieabfällen und die angemessene Entsorgung von toxischen Abfällen, die Erhaltung von Biotopen, die Erstellung von Raumordnungs- bzw. von Bodennutzungsstudien und schließlich Maßnahmen zur technischen Unterstützung und zur Durchführung der Aktionen.

(c) STRIDE

Diese Gemeinschaftsinitiative verfügte über eine indikative Mittelausstattung in Höhe von 700 Mio. ECU und zielte auf die Stärkung des Forschungs-, Technologie- und Innovationspotentials der unter das Ziel Nr. 1 fallenden Regionen, auf die Förderung der Beteiligung dieser Regionen an den diesbezüglichen Gemeinschaftsprogrammen sowie auf die verstärkte Kooperation zwischen Forschungszentren und Industrie in den unter die Ziele Nr. 1 und 2 fallenden Regionen ab.
Im Rahmen der Initiative STRIDE wurde von der Kommission am 25. Juli 1991 ein Programm für Griechenland mit Gesamtkosten von 92 Mio. ECU genehmigt.

Der Gesamtzuschuß der Gemeinschaft für dieses Programm erreichte 56 Mio. ECU, von denen 51,13 Mio. zu Lasten des Europäischen Fonds für regionale Entwicklung gingen.
Der EFRE-Teil des Programms umfaßte Maßnahmen im Bereich der Forschung und Technologie. Diese betrafen die Förderung der Forschung in Spitzentechnologien, die Verbindung von Forschungsergebnissen mit konkreten Industrieaktivitäten und Dienstleistungen, die verstärkte Zusammenarbeit zwischen griechischen und internationalen Forschungs- und Technologiezentren, die Modernisierung und den Ausbau der vorhandenen Infrastrukturausstattung, die technische Unterstützung der Forschungsaktivitäten und die Erstellung von Studien betreffend die Forschungs- und Technologiepolitik.

(d) REGEN

Den Schwerpunkt dieser mit 300 Mio. ECU ausgestatteten Gemeinschaftsinitiative bildete der Ausbau des Erdgastransportnetzes in peripheren Regionen sowie die Beschleunigung der Anbindung der Erdgas- und Stromtransportnetze der peripheren Regionen an die der übrigen Gemeinschaft. Insofern erwies sich diese Initiative als konform mit den Hauptzielen der Energiepolitik der Gemeinschaft, nämlich Diversifizierung der Energieversorgung der betreffenden Gebiete bei gleichzeitiger Verringerung ihrer Energieabhängigkeit.
Im Rahmen der Gemeinschaftsinitiative REGEN wurden von der Kommission am 21. Mai 1992 die griechischen Programme REGEN/PIC und REGEN/NG genehmigt.
Das erste Programm betraf die Stromverbindung zwischen Griechenland und Italien. Das zweite Programm umfaßte einen Teil der Infrastrukturausstattung und des Transports von Erdgas nach Griechenland. REGEN/NG betraf insbesondere den Bau der Hauptleitung der Hochdruck-Pipeline von der griechisch-bulgarischen Grenze bis nach Athen sowie den Bau einer Unterwasserleitung zur Verbindung der Insel Revithoussa mit der gegenüberliegenden Küste.
Der Zuschuß der Gemeinschaft erreichte hier 86,69 Mio. ECU und wurde ausschließlich vom Europäischen Fonds für regionale Entwicklung gewährt.

(e) TELEMATIK

Diese Gemeinschaftsinitiative wurde mit einem Mittelvolumen von 200 Mio. ECU ausgestattet und zielte darauf ab, den am wenigsten begünstigten Regionen der Gemeinschaft einen besseren Zugang zu den fortgeschrittenen Telekommunikationsdiensten zu verschaffen und ihnen die Nutzung dieser Dienste zu ermöglichen. Dabei sollte den kleinen und mittleren Unternehmen eine besondere Rolle zukommen, ebenso wie der Einführung von fortgeschrittenen Telematikdiensten im öffentlichen Sektor. Der Schwerpunkt lag hier allerdings auf den Dienstleistungen und nicht auf Infrastrukturinvestitionen, die nur dann zu berücksichtigen waren, wenn sie zur Unterstützung der geförderten Dienstleistungen erforderlich sein sollten.
Im Rahmen dieser Initiative genehmigte die Kommission am 21. Mai 1992 ein Programm für Griechenland, dessen Gesamtkosten auf 64,66 Mio. ECU festgelegt wurden. Die Gemeinschaft beteiligte sich an diesem Programm mit einem Zuschuß aus dem Europäischen Fonds für regionale Entwicklung in Höhe von 34,60 Mio. ECU.
Das Programm umfaßte die Verbesserung und den Ausbau der vorhandenen Infrastruktur, die Einführung von fortgeschrittenen Telekommunikationsdiensten in den kleinen und mittleren Unternehmen, die Förderung der Einführung von Telematikdiensten im öffentlichen Sektor und die Verbesserung des Zugangs zu Telekommunikationsnetzen und -diensten innerhalb der Gemeinschaft.

(f) PRISMA

Diese mit einem Mittelvolumen von 100 Mio. ECU ausgestattete Gemeinschaftsinitiative hatte zum Ziel, den Unternehmen in den unter das Ziel Nr. 1 fallenden Regionen zu helfen, Nutzen aus der Vollendung und Funktion des großen europäischen Binnenmarkts zu ziehen. Die Unterstützung der Kommission erfolgte auf zweierlei Weise. Zum einen bei der Verbesserung der Qualität der Produkte und der Einhaltung der hierfür vorgesehenen Qualitätsnormen, zum anderen bei der Überwindung der Schwierigkeiten der kleinen und mittleren Unternehmen hinsichtlich der Beteiligung an öffentlichen Ausschreibungen.
Die Kommission genehmigte am 2. März 1992 im Rahmen der Initiative PRISMA ein Programm zugunsten Griechenlands. Die Kosten des Programms wurden

auf 32,86 Mio. ECU festgelegt. Der gemeinschaftliche Beitrag für dieses Programm erreichte 23,20 Mio. ECU, die ausschließlich aus dem Europäischen Fonds für regionale Entwicklung kamen.
Das Programm umfaßte die Errichtung und den Aufbau von öffentlichen und privaten Zentren im Bereich des Norm-, Meß-, Prüf- und Qualitätssicherungswesens, die Entwicklung von Informationssystemen zugunsten der kleinen und mittleren Unternehmen hinsichtlich des öffentlichen Auftragswesens, die technische Unterstützung der kleinen und mittleren Unternehmen zur Förderung ihrer Beteiligung an öffentlichen Ausschreibungen und schließlich die Errichtung eines nationalen Zentrums für technische Überwachung.

(g) LEADER

Die Gemeinschaftsinitiative LEADER wurde mit 400 Mio. ECU ausgestattet und sollte zur Unterstützung der wirtschaftlichen Entwicklung von ländlichen Gemeinden in den unter die Ziele Nr. 1 und 5b fallenden Regionen der Gemeinschaft beitragen. Zu diesem Zweck strebte LEADER innovative Lösungen mit Modellcharakter im Sinne von integrierten Aktionen zur Förderung der endogenen Entwicklung an, deren Planung und Durchführung von den lokalen Akteuren selbst übernommen werden sollten. Der Rückgriff auf lokale Aktionsgruppen und die Gewährung von Globalzuschüssen verliehen dieser Initiative einen Pilot-Charakter. Gefördert wurden hier hauptsächlich die Betreuung der ländlichen Entwicklung, die technische Unterstützung von Projektträgern und laufende Maßnahmen zugunsten der beruflichen Ausbildung. Außerdem betrafen die hierunter fallenden Maßnahmen die Förderung des Tourismus in ländlichen Gebieten, die Unterstützung von Handwerks- und Dienstleistungsbetrieben, die bessere Verwertung und Vermarktung von landwirtschaftlichen Erzeugnissen, die Ausrüstung und Vernetzung der lokalen Aktionsgruppen.
Im Rahmen der Initiative LEADER genehmigte die Kommission am 12. März 1992 ein Programm für Griechenland mit Gesamtkosten in Höhe von 104,36 Mio. ECU. Die Gemeinschaft beteiligte sich an dem Programm mit 52 Mio. ECU, von denen 28,40 Mio. einen EFRE-Zuschuß darstellten.
Das Programm umfaßte 28 Pläne zur ländlichen Entwicklung, wobei der EFRE-Beitrag sich hauptsächlich auf Infrastrukturinvestitionen konzentrierte.

(h) EUROFORM

Die Gemeinschaftsinitiative EUROFORM wurde mit einem Mittelvolumen von 300 Mio. ECU ausgestattet und sollte durch länderübergreifende Maßnahmen den Erwerb von neuen Qualifikationen und Fachkenntnissen sowie die Schaffung von neuen Beschäftigungsmöglichkeiten unterstützen. Diese sollten wiederum die Regionen mit Entwicklungsrückstand an die entsprechenden Standards in der übrigen Gemeinschaft heranführen und somit die Konvergenz auf Gemeinschaftsebene fördern.
Im Rahmen der Initiative EUROFORM wurde von der Kommission am 19. Dezember 1991 ein Programm mit Gesamtkosten von 28,94 Mio. ECU genehmigt, von denen 21 Mio. zu Lasten der Gemeinschaft gingen. Der Europäische Fonds für regionale Entwicklung beteiligte sich lediglich mit 1,40 Mio. ECU an dieser Summe. Das Programm sah verschiedene Maßnahmen zur Förderung der beruflichen Ausbildung und der Beschäftigung vor, während der EFRE-Teil Maßnahmen zugunsten der diesbezüglichen Infrastruktur betraf.

(i) NOW

Die Gemeinschaftsinitiative NOW wurde mit 120 Mio. ECU ausgestattet und sollte vor dem Hintergrund des großen europäischen Binnenmarkts die Chancengleichheit der Frauen hinsichtlich der Beschäftigungsmöglichkeiten fördern. Die Maßnahmen dieser Initiativen kamen vor allem langzeitarbeitslosen Frauen zugute und betrafen die Gründung von kleinen und mittleren Unternehmen, Beratungsdienste, berufsvorbereitende Maßnahmen, Maßnahmen zur Wiedereingliederung in das Berufsleben und Kinderbetreuung.
Die Kommission genehmigte am 19. Dezember 1991 im Rahmen der Initiative NOW ein Programm für Griechenland. Die Gesamtkosten des Programms betrugen 10,90 Mio. ECU und wurden bis zu einem Betrag in Höhe von 7,62 Mio. aus Mitteln der Gemeinschaft gedeckt. Der Europäische Fonds für regionale Entwicklung beteiligte sich an dem Programm mit 1,40 Mio. ECU.
Der EFRE-Teil des Programms umfaßte die Schaffung und Verbesserung bzw. den Ausbau der hierfür vorgesehenen Infrastruktur und konzentrierte sich auf die Gewährung von Beratungsdiensten und die Errichtung von Kinderkrippen.

(j) HORIZON

Diese mit einem indikativen Gemeinschaftsbeitrag in Höhe von 180 Mio. ECU ausgestattete Initiative betraf Behinderte und andere benachteiligte Personen, deren wirtschaftliche, berufliche und soziale Eingliederung ermöglicht werden sollte. Zu diesem Zweck umfaßte diese Initiative Maßnahmen zur Förderung der Gründung von Unternehmen, Bildungsmaßnahmen zur Förderung der Beschäftigung, den Aufbau von Informationsnetzen und lokalen Dienstleistungen zur Erleichterung der sozialen und beruflichen Eingliederung von Behinderten und schließlich Maßnahmen zur Förderung der beruflichen Ausbildung mit länderübergreifendem Charakter zugunsten von Drogensüchtigen, Haftentlassenen, Wanderarbeitern, Angehörigen von Randgruppen oder ethnischen Minderheiten. Im Rahmen dieser Gemeinschaftsinitiative genehmigte die Kommission am 19. Dezember 1991 zwei Programme für Griechenland für den Zeitraum 1992-1993, die später bis Ende 1994 verlängert wurden.

Das Programm HORIZON I (911005) beanspruchte Gesamtkosten in Höhe von 39,31 Mio. ECU, wobei der gemeinschaftliche Zuschuß 24,32 Mio. ECU erreichte. 6,75 Mio. dieser Summe kamen aus dem Europäischen Fonds für regionale Entwicklung.

Das Programm betraf die berufliche Ausbildung von Behinderten und anderen benachteiligten Gruppen, wobei der EFRE zur Verbesserung, Ausbau und Schaffung der notwendigen Infrastruktur, zur Verbreitung von Erfahrungen und Fachkenntnissen und zur Bereitstellung von Beratungsdiensten beitrug. Hierzu gehörten ergonomische Anpassungen, die Errichtung und Ausrüstung eines öffentlichen Verkehrsmittelnetzes. Außerdem beteiligte sich der Fond an der hierfür vorgesehenen technischen Hilfe für das Programm.

Für das Programm HORIZON II (911007) wurden Gesamtkosten in Höhe von 53,12 Mio. ECU festgelegt. Die gemeinschaftliche Unterstützung betrug hier 37,18 Mio. ECU, von denen 11,70 vom Europäischen Fonds für regionale Entwicklung getragen wurden.

Das Programm betraf die griechischen Rückwanderer und wurde für die Regionen Thessalien, Ipeiros, Zentral- und Westmakedonien sowie Ostmakedonien und Thrakien konzipiert. Der EFRE-Teil des Programms umfaßte die Bereitstellung der notwendigen Infrastruktur und Ausrüstung sowie gewisse funktionelle Ausgaben.

4.2.1.3 Die im Rahmen der Artikel 7 und 10 der Verordnung (EWG) Nr. 4254/88 des Rates erfolgten Maßnahmen.

Artikel 7 und 10 der Verordnung (EWG) Nr. 4254/88 des Rates erlaubten der Kommission, weitere Maßnahmen außerhalb der Gemeinschaftlichen Förderkonzepte zu ergreifen.

Artikel 7 betraf auf Initiative der Kommission getroffene Maßnahmen zur technischen Hilfe, die speziellen, in den Gemeinschaftlichen Förderkonzepten nicht berücksichtigten Bedürfnissen der Mitgliedstaaten gerecht werden sollten. Die vorgenommenen Interventionen konzentrierten sich hier auf sektorale Studien und Studien zur Bewertung der Durchführung der Reform, auf Maßnahmen zur Informationsverbreitung, auf einen breit angelegten Erfahrungsaustausch und auf Werbeaktionen für die strukturpolitischen Interventionen. Auf Grundlage von Artikel 10 leitete die Kommission eine Reihe von Studien und innovativen Maßnahmen ein, die vier Schwerpunktbereichen zuzuordnen sind: Raumplanung, grenzübergreifende Zusammenarbeit zugunsten von Grenzregionen, grenzübergreifende Zusammenarbeit von Regionen und Städten sowie Netzwerkbildung, städtische Pilotprojekte.

Da die beschlossenen Interventionen teils geographisch konzipiert, teils ohne konkreten geographischen Bezug, sondern horizontal ausgerichtet waren, profitierte Griechenland sowohl direkt als auch indirekt von diesen Maßnahmen. Die vorläufige Beurteilung der Regionalpolitik in Griechenland, die Analyse der wirtschaftlichen Tätigkeiten in Attika (Artikel 7), die wirtschaftliche Erneuerung des historischen Zentrums von Thessaloniki und das Pilotprojekt zur Verbesserung der Umwelt in Athen (Artikel 10) stellten Interventionen mit einer unmittelbaren Wirkung dar.

Nicht von geringerer Bedeutung waren jedoch einige sektorale Maßnahmen. Im Rahmen von Artikel 7 sind hier zu nennen eine Konferenz in Dublin über die Rolle der Regionalpolitik im Binnenmarkt, eine Tagung in Athen über die Initiative "STRIDE" oder die Ausarbeitung von Entwürfen für Übersichtstabellen, die eine allgemeine Überwachung der Gemeinschaftsinterventionen und eine Begleitung nach Programmen ermöglichen sollten. Die Erstellung von Studien hinsichtlich der Perspektiven für die künftige Raumordnung der Gemeinschaft, ("Europa 2000+"), die Errichtung eines Systems zur Überwachung der Fortschritte bei der grenzübergreifenden Zusammenarbeit, die Förderung des Austausches zwischen Städten und die griechische Teilnahme an verschiedenen europäischen Netzen erfolgten im Rahmen von Artikel 10.

4.2.2 Bewertung der Interventionen des Europäischen Fonds für regionale Entwicklung in Griechenland in der Phase 1989-1993

4.2.2.1 Vorbemerkungen zur Bewertungsproblematik

Die Bewertung der Interventionen stellt eine eklatante Schwachstelle im strukturpolitischen Fördersystem der Gemeinschaft dar. Trotz der in den Verordnungen von 1988 festgeschriebenen Verpflichtungen[266] und der Bemühungen aller Beteiligten konnte die Bewertungsaufgabe in der Programmperiode 1989-1993 nur unzureichend wahrgenommen werden.
Die Bewertung der strukturpolitischen Interventionen ist jedoch nicht nur notwendig, um eine Effizienzsteigerung der Strukturfonds zu erzielen und um strategische Entscheidungen über die Ausgabenverteilung zwischen Interventionen und Fördergebieten treffen und begründen zu können, sondern auch um die Förderung selbst zu rechtfertigen. Dieser Rechtfertigung kommt eine noch erheblichere Rolle in Zeiten zu, die durch die Knappheit der Haushaltsmittel in allen Politikbereichen gekennzeichnet sind.[267]

Eine Methode zur Bewertung der Interventionen der Strukturfonds war bei der Reform von 1988 nicht vorhanden. Sie mußte in der Folgezeit, d.h. während der Implementierung der Interventionen, erst entwickelt werden und konnte auch bis zum Ende der zu betrachtenden Periode nur ansatzweise erarbeitet werden.[268]

---

[266] Siehe Verordnung (EWG) des Rates Nr. 2052/88, Artikel 6 und Verordnung (EWG) Nr. 4253/88des Rates Artikel 26.

[267] Vgl. auch "Bewertung der Strukturausgaben der EU - Teil I: Ausgaben der Regionalpolitik", Europäisches Parlament, Generaldirektion Wissenschaft, Reihe Regionalpolitik, Arbeitsdokument, W-18, Externe Studie, Luxemburg, 9-1996, S. 12.

[268] Angesichts der Einsicht, daß die Bewertung der Ergebnisse der Strukturförderung für die Art und die Effizienz der Interventionen, sogar für die Zukunft der Förderung selbst von substantieller Bedeutung ist, unternahm die Kommission eine Reihe von Schritten in diese Richtung, insbesondere durch die Einbeziehung von externen Sachverständigen, die Aufwertung der Evaluierung in den Strukturfondsverordnungen von 1993, die Einführung des

Dieses Defizit des Systems wurde in der Praxis der strukturpolitischen Förderung mit der laufenden Berücksichtigung neuer Erkenntnisse im Rahmen der Begleitung der Interventionen beantwortet.
Unter diesen Bedingungen konzentrierte sich das Interesse primär auf die administrativ-organisatorische Ebene und die verschiedenen Aspekte der Implementierung der Interventionen (z.B. Durchführung, Mittelabfluß).
Die Beurteilung der Wirksamkeit der Interventionen in den Ziel-Nr. 1-Regionen insgesamt wurde zunächst anhand ihres Beitrags zur Erhöhung des Bruttoinlandsprodukts, der Bruttoanlageinvestitionen und der Beschäftigung in den Fördergebieten unternommen. Je nach Interventionsart wurde jedoch ein unterschiedliches Instrumentarium eingesetzt. Die Wirksamkeit der Unterstützung der Basisinfrastruktur wurde durch Indikatoren zur Erfassung der physischen Ergebnisse ermittelt (Länge der erstellten Straßen in km, Anzahl der digitalisierten Telefonanschlüsse usw.). Die Wirksamkeit der Interventionen zugunsten des produktiven Sektors wurde mit der Anzahl der geförderten Vorhaben und deren Investitionsvolumen verbunden. Hinsichtlich des endogenen Entwicklungspotentials wurden regionspezifische Gegebenheiten und Indikatoren zur Erfassung der physischen Ergebnisse der dort eingesetzten Maßnahmen berücksichtigt. Bei der Förderung der Entwicklung der Humanressourcen wurde in erster Linie die Zahl der Teilnehmer an Fortbildungsmaßnahmen und Investitionen in Ausbildungsstätten ermittelt.[269] Zur Beurteilung der Wirksamkeit der Interventionen im Rahmen des regionalen Teils des Gemeinschaftlichen Konzepts wurden schließlich die Bewertungsarbeiten von externen Evaluierern herangezogen, die unterschiedliche Ansätze und Indikatoren verwendeten.[270]

MEANS-Programms (MEANS = Méthods d'Evaluation de Nature Structurelle) und des SEM 2000-Programs (SEM = Sound and Efficient Financial Management). Die dadurch gewonnenen Erkenntnisse entsprechen kaum den Anforderungen der Theorie und den Notwendigkeiten der strukturpolitischen Praxis. Positiv ist jedoch die Tatsache zu beurteilen, daß das Bewußtsein für die Bedeutung dieser Problematik erheblich zugenommen hat und daß die Bewertung in der letzten Zeit in den Vordergrund der Bemühungen der Kommission und der zuständigen Stellen der Mitgliedstaaten gerückt ist.

[269] Siehe "Die Strukturfonds in 1994, Sechster Jahresbericht", Europäische Kommission, Amt für amtliche Veröffentlichungen, Luxemburg, 1996, S. 166 ff.

[270] Diese Quellen konnten leider in der vorliegenden Arbeit nicht berücksichtigt werden, da sie nach Angaben der zuständigen Stellen in Griechenland und in Brüssel auf wiederholte

Im Arbeitsdokument des Europäischen Parlaments "Die Praxis der Evaluation bei den Strukturfonds der Europäischen Union" wird hinsichtlich des Fehlens einer gültigen Methode bemängelt: "Im sechsten Jahresbericht über die Strukturfonds finden sich als Ergebnis dieser Untersuchungen Beispiele für geförderte Maßnahmen nach den verschiedenen Förderschwerpunkten und Indikatoren, anhand derer der Erfolg dieser Maßnahmen gemessen wird ... Hinweise auf methodische Vorgaben seitens der Kommission finden sich im Jahresbericht allerdings kaum. Auch liegen im allgemeinen keine Angaben zum Verhältnis von eingesetzten Mitteln und erzielten Resultaten über die verschiedenen Mitgliedstaaten hinweg vor. In diesem Zusammenhang ist kritisch nach den Gründen zu fragen, weshalb die Kommission sich nicht in der Lage sieht, diese Bewertungsarbeiten selbst durchzuführen."[271]
Ein triftiger Grund für die Darstellung der Ergebnisse der Förderung anhand von nur einigen Beispielen ist mit Sicherheit die Fülle der technischen Schwierigkeiten, die Daten hinsichtlich der physischen Ergebnisse aller Interventionen zu ermitteln, aggregieren und interpretieren. Die Messbarkeit der Ergebnisse hängt offensichtlich mit der Art, der Komplexität, der Vielschichtigkeit und dem Durchführungsgrad der Interventionen zusammen. So können beispielsweise die Fortschritte bei dem Bau einer Autobahn, trotz partieller Schwierigkeiten, in Kilometer oder als Verringerung der Fahrtzeiten ausgedrückt werden, die Erfassung der Fortschritte bei dem Bau der Athener Metro stößt dagegen auf unüberwindliche Schwierigkeiten.
Anzumerken ist allerdings auch die Tatsache, daß die Ermittlung der Wirksamkeit der Interventionen lediglich anhand von quantitativen Indikatoren (z.B. erstellte Straßenkilometer) auf Grenzen stößt, da diese die Qualität der Interventionen nicht berücksichtigen.

Im Arbeitsdokument des Europäischen Parlaments "Effizienz der Regionalpolitik in der Europäischen Union - Bewertung der direkten und indirekten Auswirkungen der Strukturfonds" wird eine Reihe von grundlegenden Hemmnissen erörtert,

---

Anfragen bis zum Redaktionsschluß der Arbeit unzugänglich für die Öffentlichkeit blieben.

[271] Vgl. "Die Praxis der Evaluation bei den Strukturfonds der Europäischen Union", Europäisches Parlament, Generaldirektion Wissenschaft, Reihe Haushalt, Arbeitsdokument, W-3, Luxemburg, 2-1997, S. 23.

die die Bewertung der Förderung zu überwinden hat. Hervorgehoben wird die sehr allgemein und breit gefaßte Zielsetzung der Verordnungen der Strukturfonds, die kaum eine andere Erfassung der Auswirkungen der Förderung erlaubt als die Messung des BIP-Zuwachses und der Fortschritte in der Beschäftigung sowie den Vergleich mit den gemeinschaftlichen Durchschnitten. Qualitative Verbesserungen und die Verbesserung der Lebensqualität sind dagegen schwer zu messen und zählen - nicht zuletzt aus diesem Grund - nicht zu den offiziellen Zielen der Strukturfonds.[272] Darüber hinaus stellt sich die Quantifizierung der Erfolgsindikatoren in der Praxis oft als sehr problematisch heraus. Die Abwesenheit von präzisen, quantifizierten Zielen und geeigneten Erfolgsindikatoren in den Programmen und den anderen Interventionen bestimmte jedoch die Grenzen und die Ergebnisse der Bewertung.

Eine äußerst schwierige Aufgabe bei der Beurteilung der Auswirkungen der Interventionen stellt ihre Ex-ante-Bewertung dar, die im Idealfall sehr komplexe Wirtschaftsmodelle voraussetzt. In dem oben genannten Arbeitsdokument wird diesbezüglich angemerkt: "Häufig wurden die vorhandenen Modelle für makroökonomischen Prognosen entworfen und sind ungeeignet für Vorhersagen über die genauen Auswirkungen bestimmter Investitionen. Leider ist die Entwicklung neuer Modelle schwierig, teuer und zeitraubend ... Die derzeit zur Verfügung stehenden Modelle liefern keine verläßlichen Daten, und daher ist selbst die Kommission nicht zu detaillierten Prognosen über die Auswirkungen der Strukturfonds bereit."[273] Die knappe Vorbereitungszeit der Regionalentwicklugspläne und das Fehlen einer gültigen Evaluierungsmethode führten dazu, daß die Ex-ante-Evaluierung kaum Beachtung fand. Da aber eine genaue Ex-ante-Evaluierung die Basis für die Durchführung weiterer Evaluierungsmaßnahmen darstellt, wird die weitere Bewertung der Maßnahmen erschwert, wenn nicht sogar unmöglich gemacht.

Nicht weniger problematisch erweist sich bei der Ex-post-Bewertung der Auswirkungen der Interventionen die Erarbeitung eines "Gegen-Szenarios", d.h.

---

[272] Vgl. "Effizienz der Regionalpolitik in der Europäischen Union - Bewertung der direkten und indirekten Auswirkungen der Strukturfonds", Europäisches Parlament, Generaldirektion Wissenschaft, Reihe Regionalpolitik, Arbeitsdokument, W-7, Luxemburg, 12-1993, S. 14 f.

[273] Ebenda, S. 21.

eines Modells zur Einschätzung der Entwicklungen ohne die Förderung. Hierbei ist zu unterstreichen, daß solche Modelle bestenfalls Daten für festgelegte Indikatoren liefern und so als "Basismodelle" verwendet werden können, sie sind jedoch nicht in der Lage, eine zuverlässige Antwort auf die Frage "Was wäre tatsächlich ohne den Beitrag des Gemeinschaftlichen Förderkonzepts bzw. der Strukturfonds passiert?" zu geben. Im selben Arbeitsdokument wird betont: "Aufgrund der Fonds werden nicht nur Steuermittel oder sonstige Formen öffentlicher Investitionen auf Ziele umgelenkt, die unberücksichtigt blieben, ließe man den Kräften des Marktes freien Lauf, auch der Kontext der Investitionsprogramme verändert sich durch sie grundlegend."[274]
Kaum leichter ist die Beurteilung der Additionalität der Interventionen, d.h. die Bestimmung des Grades, in dem die gemeinschaftlichen Mittel die für Investitionen in den Fördergebieten bereitgestellten nationalen Mittel ergänzen anstatt sie zu ersetzen. Die Zuschüsse der Gemeinschaft bedeuten de facto eine Entlastung des nationalen Haushalts oder ermöglichen höhere öffentliche Ausgaben.[275]
Kritisch ist schließlich die Frage nach der einheitlichen Definition von Wirkungsindikatoren zu betrachten, die die Beurteilung von Ergebnissen auf europäischer Ebene erlauben würde. Eine einheitliche Definition trägt kaum der Vielfalt der Ausgangssituationen und Besonderheiten in den Regionen sowie der Verschiedenartigkeit der Interventionen Rechnung. Eine starke Differenzierung erschwert andererseits die Entwicklung einer gültigen und effektiven Bewertungsmethode und erhöht die Gefahr der Willkür bei der Auswahl und Berücksichtigung der Indikatoren. Dazu kommt die Tatsache, daß hinsichtlich des Ausmaßes einer Vereinheitlichung der Bewertung kein politischer Konsens innerhalb der Geneinschaft besteht, was auf die Heterogenität der Evaluierungstraditionen, die unterschiedliche Leistungsfähigkeit der Administration der Mitgliedstaaten und den Wunsch nach mehr Spielraum zurückzuführen ist.[276]

---

[274] Ebenda, S. 22.

[275] Siehe auch "Jahresbericht des Rechnungshofs zum Haushaltsjahr 1991", Abl. Nr. 324 vom 13.12.1991, S. 103 f. und "Die Durchführung der Strukturfondsreform 1992, Vierter Jahresbericht", a.a.O. , S. 74 ff.

[276] Hierzu vgl. Getimis, P./Kafkalas, Gr.: Bewertung von Entwicklungsprogrammen: Methodologie und Bewertungsrahmen, in: Topos, o.J., Heft 7, Athen, 1994, (gr.), S. 15 ff. und insbesondere S. 18 f.

Vor diesem Hintergrund sieht die Europäische Kommission ihre Aufgaben in der Moderation der Bemühungen und in der Förderung der Verbreitung der besten Verfahren und Methoden, wobei sie durch die Vielfalt von Ansätzen die Entwicklung einer möglichst harmonisierten Evaluierungsmethode für vergleichbare Interventionen erhofft. Der Schwerpunkt liegt also nicht in der Entwicklung einer einheitlichen Methode, sondern in der Bereitstellung eines einheitlichen Ansatzes.[277]

Der Bewertung der Auswirkungen der Interventionen sind methodische Grenzen gesetzt. So beschränkt sich die Analyse auf die Erfassung der von den Transfers ausgelösten Nachfrageeffekte der Interventionen, während die längerfristigen und langanhaltenden Angebotseffekte kaum zufriedenstellend meßbar sind. Mit Hilfe von makroökonomischen Analysen wurden die Auswirkungen der Strukturinterventionen auf das BIP und die Beschäftigung gemessen. Mit diesem "Top-down"-Ansatz werden allerdings nur die Nachfrageeffekte erfaßt, die aus dem Transfer von Kaufkraft durch die Fördermittel resultieren.[278] Sie können nur für die Ziel-Nr. 1-Regionen (aufgrund des hohen Mitteleinsatzes) ermittelt werden und nur auf einem hohen Aggregationsniveau. Diese Effekte entfallen, sobald die Tranferszahlungen eingestellt werden. Wichtiger sind daher die Angebotseffekte. Die Methode zur Erfassung dieser Effekte befindet sich allerdings noch im Anfangsstadium. Dazu kommt die Tatsache, daß hinsichtlich der Bestimmung der Netto-Beschäftigungseffekte und der Ermittlung direkter und indirekter Effekte weder methodisch noch operationell ein Konsens besteht. Mit

---

[277] Vgl. "Bewertung der Strukturausgaben der EU - Teil I: Ausgaben der Regionalpolitik", a.a.O., S. 28.

[278] J. Beutel belegt allerdings, daß die transferierten Mittel nicht in vollem Umfang als Nachfrageeffekte wirksam werden. Angesichts der mangelnden Absorptionsfähigkeit der Investitionsgüterindustrie in den Empfängerländer werden die eingesetzten Fördermittel im Ausland nachfragewirksam. Nach Berechnungen der Studie kommen 11,3 % der Fondszuschüsse in den Ziel-Nr. 1-Regionen anderen Mitgliedstaaten in Form von Exporten zugute. Die höchste Sickerquote ergibt sich dabei im Fall Griechenlands mit einer Quote von insgesamt 24,9 % (vgl. Beutel, J.: The Economic Impacts of the Community Support Frameworks for the Objective 1 Regions 1989-93, Report to the Directorate-General for Regional Policies, Commission of the European Communities, Constance, 1993, S. 10). Die Studie läßt aber die längerfristigen Angebotseffekte außer Betracht, die sich aus einer intensiven Verwendung der Zuschüsse in Form von Importen moderner Produktionstechnik aus dem Ausland auf die heimische Volkswirtschaft ergeben.

Hilfe eines einheitlichen "Input-Output"-Models gelang es J. Beutel, die Beschäftigungswirkungen der Gemeinschaftlichen Förderkonzepte in den Ziel-Nr. 1-Regionen zu berechnen. Ergänzt wurden diese Angaben durch Berechnungen zum Kosten-Nutzen-Verhältnis der Interventionen, wobei die Höhe der eingesetzten Fördermittel je geschaffenem oder erhaltenem Arbeitsplatz ermittelt wurde ("Bottom-up"-Ansatz auf der Basis der Projekt-Daten). Wie im Arbeitsdokument des Europäischen Parlaments "Die Praxis der Evaluation bei den Strukturfonds der Europäischen Union" richtig bemerkt wird, sollte jedoch Ziel der Bewertung sein, die Netto-Effekte der Maßnahmen zu ermitteln, d.h. die Zahl der Arbeitsplätze, die ohne die Interventionen nicht entstanden wären.[279]
Der "Bottom-up"-Ansatz wurde auch bei den Gemeinschaftsinitiativen als geeignete Bewertungsmethode erachtet. Die Mehrheit der Maßnahmen, die diese Initiativen umfaßten, hatten einen komplementären Charakter zu den Maßnahmen des Gemeinschaftlichen Förderkonzepts. Diese Tatsache bedeutet jedoch, daß die Auswirkungen einzeln nur schwer zu beurteilen sind. Zudem erlauben es die große Vielfalt und der kleine Umfang der Aktionen nicht, zu aussagefähigen Gesamtergebnissen zu gelangen, selbst wenn einige Effekte getrennt abgeschätzt werden können.[280]

Verbunden mit der Frage der Bewertung der EFRE-Interventionen ist die der Kontrolle der Ausgaben aus dem Fonds, da die Effizienz der strukturpolitischen Ausgaben der Gemeinschaft mit ihrer rechtmäßigen Verwendung zusammenhängt.
Die Kontrolle innerhalb der Mitgliedstaaten erfolgte im Einklang mit den Traditionen und dem institutionellen Aufbau des jeweiligen Landes. Auf der Ebene der Gemeinschaft erfolgte sie intern durch die Kommission, extern durch den

---

[279] Vgl. "Die Praxis der Evaluation bei den Strukturfonds der Europäischen Union", a.a.O., S. 23 sowie "The Regional Impact of Community Policies", European Parlament, Directorate General for Research, Regional Policy Series, Working Paper W-16, External Study, Luxemburg, 4-1996, S. 91 und 92 f.

[280] Vgl. "Die Auswirkungen der Strukturpolitik auf die wirtschaftliche und soziale Kohäsion in der Union 1989-1999", Europäische Kommission, Amt für amtliche Veröffentlichungen der Europäischen Gemeinschaften, Luxemburg, 1997, S. 49.

Europäischen Rechnungshof und politisch durch das Europäische Parlament.[281] Die Tätigkeiten auf diesem Feld waren jedoch kaum in der Lage, zufriedenstellende Ergebnisse zu erbringen.[282] Die fragmentierte Verantwortung und Zuständigkeit für die Kontrolle der Ausgaben zwischen den Mitgliedstaaten und den zuständigen Organen auf der Ebene der Gemeinschaft einerseits und unter diesen Organen andererseits, der unzureichende Informationsfluß und die schwachen Ermittlungsbefugnisse der Gemeinschaftsorgane in den Mitgliedstaaten waren einige der wichtigsten Defizite des Systems in der Vergangenheit. Aber auch die hierfür zur Verfügung stehenden Mittel beeinträchtigten die Kontrollmöglichkeiten erheblich. Beim Vergleich des Volumens der finanziellen Mittel für die Kontrolle der strukturpolitischen Ausgaben mit dem für die Kontrolle der Ausgaben aus der Abteilung Garantie des EAGFL ist die geringe Rolle der Bekämpfung von Betrügereien bei den Strukturfonds deutlich zu erkennen. Nicht ohne eine gewisse Ironie wird in dem Arbeitsdokument des Europäischen Parlaments "Parlamentarische Verfahren für die Kontrolle der Ausgaben aus den Europäischen Fonds für regionale Entwicklung" kritisch angemerkt: "Verluste für den Steuerzahler sind wahrscheinlich gravierender, wenn sie durch unbeabsichtigte Verschwendung und Unregelmäßigkeiten in diesem Bereich des Haushalts entstehen."[283]

Wichtiger als die Wahrnehmung der eigentlichen Aufgabe, d.h. das Aufdecken von Betrügereien, erscheint der Beitrag der Kontrollen zur Entdeckung von Schwachstellen im System. Eine wesentliche Rolle kam hierbei in der Periode 1989-1993 nicht den Kontrollen vor Ort zu, sondern den Arbeiten der Begleitausschüsse für die Programme.

---

[281] Parlamentarische Verfahren für die Kontrolle der Ausgaben aus dem Europäischen Fonds für regionale Entwicklung, Europäisches Parlament, Generaldirektion Wissenschaft, Reihe Regional-politik, Arbeitsdokument, W-11, Luxemburg, 6-1994, S. 12 ff.

[282] Einige Verbesserungen der institutioneller Basis der Kontrolltätigkeiten (z. B. Erweiterung der diesbezüglichen Befugnisse des Europäischen Parlaments und des Europäischen Rechnungshofs) erfolgten mit dem Maastrichter Vertrag. Siehe ebenda, S. 11 ff.

[283] Ebenda, S. 11.

4.2.2.2 Durchführung der Interventionen

Aus der im vorangegangenen Kapitel erfolgten Analyse der Abwicklung der getätigten regionalpolitischen Interventionen der Gemeinschaft in Griechenland mit einer EFRE-Beteiligung lassen sich insgesamt zufriedenstellende Durchführungsergebnisse für den Zeitraum 1989-1993 feststellen.
Trotz der verspäteten Annahme des Gemeinschaftlichen Förderkonzepts für Griechenland wurde dank der Intensivierung der Bemühungen aller Beteiligten mit wenigen Ausnahmen eine rasche Genehmigung der operationellen Form der vorgesehenen Interventionen ermöglicht, so daß die Realisierung der Maßnahmen zu einem relativ frühen Zeitpunkt begann.
Nachdem gewisse Anlaufschwierigkeiten und Durchführungsprobleme erfolgreich bewältigt werden konnten, wurde auch das anfangs im allgemeinen schleppende Durchführungstempo der Interventionen beachtlich beschleunigt, was in den meisten Fällen erlaubte, die Verzögerungen aufzuholen.
Die nach dem Jahr 1991 zu beobachtende Beschleunigung des Durchführungsrhythmus der Interventionen war eine natürliche Folge der Überwindung der Anfangsphase, da die angelaufenen Maßnahmen, die eingespielten Partner und die vertrauten Prozeduren eine reibungslosere Abwicklung als in den vorangegangenen zwei Jahren ermöglichten. Eine katalytische Wirkung erzielte hierbei jedoch eine Reihe von einschneidenden Reformen des Systems. Diese Reformen stellten als Anpassungen und Modernisierungen des institutionellen entwicklungspolitischen Rahmens sowie als Verbesserung der Durchführungsmodalitäten der strukturpolitischen Interventionen qualitative "Sprünge" dar, deren Auswirkungen über die Durchführung der Phase 1989-1993 hinausgingen.
Eine herausragende Bedeutung unter diesen Reformen ist der Verabschiedung von Haushaltsbeschlüssen für die an Gemeinschaftsgelder gebundenen öffentlichen Ausgaben zuzuschreiben. Budgetäre Restriktionsmaßnahmen oder spontan entstandene Prioritäten konnten die nunmehr gesicherte Kofinanzierung der Interventionen nicht beeinträchtigen. Aber auch die Additionalität der gemeinschaftlichen strukturpolitischen Maßnahmen wurde dadurch garantiert.
Zwei weitere institutionelle Änderungen konnten Defizite des Systems abbauen, die lange als entwicklungshemmende Faktoren galten. Die erste betraf die beträchtliche Verkürzung der erforderlichen Zeit für die im Zusammenhang mit gemeinschaftlichen Interventionen geplanten Enteignungen. Die zweite bezog sich

auf die Erweiterung der Möglichkeit zur Bildung von zwischengeschalteten Stellen für die Durchführung der Programme der technischen Hilfe und anderer gemeinschaftlicher Programme sowie zur Verwaltung der dazu bestimmten öffentlichen Mittel um den privaten Sektor.[284] Die Revolutionierung des entwicklungspolitischen Rahmens Griechenlands durch diese zweite - nicht unumstrittene[285] - institutionelle Innovation kam vor allem mit der Gründung von mehreren privaten und halböffentlichen Entwicklungsgesellschaften mit regionalen oder überregionalen Zielsetzungen und Aufgabenbereichen zum Ausdruck.
Dazu kam die positive Beeinflussung der Durchführung der Interventionen durch eine Reihe von neuen Elementen der Förderung. Zu erwähnen sind hier vor allem die Einführung von modernen Managementverfahren unter Einsatz von "Projektmanagern" aus dem privaten Sektor; die verstärkte Anwesenheit der Kommissionsstellen vor Ort; die intensive Begleitung und die sorgfältige Überwachung der Interventionen; die Flexibilität der Interventionen, die durch Vorschüsse von gemeinschaftlichen Mitteln, Überbuchungen von Mitteln für Interventionen mit einer raschen Abwicklung sowie Mittelübertragungen zwischen den verschiedenen Maßnahmen und operationellen Programmen gewährleistet wurde.
Sowohl von den quantitativen Ergebnissen der Abwicklung des Gemeinschaftlichen Förderkonzepts und der Gemeinschaftsinitiativen als auch von den in den Berichten der Begleitausschüsse festgehaltenen Fortschritten der Maßnahmen läßt sich deutlich ablesen, daß Größe, Art und Natur der Interventionen in hohem

---

[284] So wurde beispielsweise der Verband der griechischen Industrie mit der Koordinierung bestimmter Aktionen des integrierten Mittelmeerprogramms für die Informationstechnologien und der Gemeinschaftsinitiativen STAR und STRIDE beauftragt.

[285] Der heftige Widerstand gegen die Heranziehung des Privatsektors als zwischengeschaltete Stelle bei der Durchführung von gemeinschaftlichen Programmen konzentrierte sich auf die rechtlichen und politischen Aspekte der Verwaltung der öffentlichen Mittel von privaten oder halböffentlichen Trägern. Hinsichtlich des Widerstands gegen diese institutionelle Änderung siehe die Parlamentsdebatte über den Gesetzesentwurf "Regelungen über die Finanztransaktionen und die Verwaltung der EWG-Programme", in: Sitzunsprotokoll des griechischen Parlaments von 29. Juli 1991, S. 106 ff. und 30. Juli 1991, S. 131 ff., sowie den Bericht des Staatssekretärs A. Tsiplakos in der Sitzung des Begleitausschusses des Gemeinschaftlichen Förderkonzepts 1989-1993 vom 6. Mai 1992, in: Wirtschaftsministerium: Fünfter Bericht des Begleitausschusses des Gemeinschaftlichen Förderkonzeptes 1989-1993, a.a.O., S. 26. Siehe auch Kasakos, P.: Privatsektor und Strukturpolitik der Gemeinschaft, a.a.O., S. 57 ff.

Maße ihr Durchführungstempo und ihre Erfolgschancen bestimmten. Zeitliche Verzögerungen bei der Durchführung und Kürzungen der Etats mehrerer größerer Interventionen des nationalen Teils (z.B. der Großvorhaben "Erdgas" und "Athener-Metro" sowie des operationellen Programms "Große Straßenachsen") sowie das Aufschieben von anderen (z.B. Großvorhaben "Acheloos" und "Flughafen von Spata") legten die Schwachstellen des öffentlichen Sektors hinsichtlich der Planung und Realisierung von umfangreicheren und komplizierten Maßnahmen bloß. Nicht zuletzt aufgrund der Tatsache, daß die operationellen Programme des regionalen Teils des Gemeinschaftlichen Förderkonzepts aus kleineren und einfacheren Maßnahmen bestanden, konnten diese Interventionen bessere Durchführungsrhythmen erzielen. Aber auch die Unerfahrenheit und Schwerfälligkeit des öffentlichen Sektors bei der Erschließung von neuen Politikbereichen (Forschung und Technologie, Umwelt, usw.), bei der Anwendung von neuen Formen der Förderung (z.B. technische Hilfe, Durchführungsprogramme) oder bei der Einführung von neuartigen Interventionsformen (z.B. Globalzuschüsse) wurden hierbei offensichtlich, was auch durch die mittelmäßigen Ergebnisse bei der Durchführung der meisten Gemeinschaftsinitiativen bestätigt wurde. Die Durchführung der Interventionen zugunsten von produktiven Investitionen erfolgte schließlich insgesamt langsamer als die der Interventionen zugunsten der Infrastrukturausstattung, was auf regionaler Ebene aufgrund von institutionellen, organisatorischen und funktionellen Unzulänglichkeiten noch intensiver ins Gewicht fiel. Besorgniserregend war allerdings die Situation bei modernen produktiven Aktivitäten, die den Rahmen der traditionellen Förderung sprengten, wie zum Beispiel die Beratungsdienste für die kleinen und mittleren Unternehmen, die qualitative und vermarktungstechnische Verbesserung der Produkte, die Verbreitung von neuen Technologien oder die angewandte Forschung.

Die erfolgreiche Abwicklung der Maßnahmen erwies sich als zum großen Teil von dem Potential der jeweiligen Träger abhängig. Die vom engeren öffentlichen Sektor durchgeführten Maßnahmen hatten in dieser Hinsicht im allgemeinen ähnliche Ausgangsbedingungen - obwohl einige Ministerien, wie das Ministerium für Raumordnung und öffentliche Bauten, über eine größere Tradition und Erfahrung verfügten -, so daß ihr Erfolg hauptsächlich von anderen Faktoren beeinflußt wurde. Recht unterschiedlich stellten sich jedoch die Fähigkeiten des erweiterten öffentlichen Sektors heraus. So waren beispielsweise die Öffentliche Elektrizitätsgesellschaft und das Amt für das Fernmeldewesen Griechen-

lands aufgrund ihrer Größe, Know-how, Investmenterfahrung und nicht zuletzt aufgrund ihrer qualifizierten Fachkräfte in der Lage, die gestellten Aufgaben zu bewältigen, während andere Öffentliche Unternehmen und Körperschaften aufgrund mangelnder Voraussetzungen ihre Aufgaben weniger wirksam wahrnehmen konnten. Erstaunlicherweise waren schließlich die Regionen trotz ihrer mageren Austattung und der aufgetretenen Probleme in der Lage, besonders zufriedenstellende Ergebnisse zu erbringen.
Die Leistungsfähigkeit der Interventionsträger wurde jedoch von zwei Dysfunktionalitäten des Systems beeinträchtigt. Die erste betraf die Rolle der "Projektmanager", die in einigen Fällen damit scheiterten, eine effektive und sachadäquate Leistung zu erbringen, so daß die gesamte Last der Durchführung auf die jeweiligen Träger fiel.[286] Die zweite betraf die zaghafte Dezentralisierung der Verwaltung und der Durchführungskompetenzen, die sich zu den kommunikativen Schwierigkeiten zwischen regionalen bzw. lokalen Programmträgern und zentralen Stellen gesellte.[287]

Neben den Unzulänglichkeiten der Interventionsträger traten jedoch fallspezifische Anlaufs- bzw. Durchführungsschwierigkeiten auf, die zu einer erheblichen Verzögerung der Durchführung der Interventionen oder Kürzungen der für sie vorgesehenen Mittel führten.

---

[286] Diese entäuschenden Erfahrungen führten im Rahmen der Sitzungen der Begleitausschüsse zu Diskussionen hinsichtlich der Zukunft dieser Institution. Andere, positive Erkenntnisse belegten jedoch die von der Kommission und dem Wirtschaftsministerium geteilte Meinung, diese Neuerung sei ein wichtiger Schritt in Richtung einer erfolgreichen Durchführung der Interventionen, so daß die eigentliche Problemstellung auf die straffere Organisation und Stärkung des Systems eingechränkt werden sollte (vgl. "Sitzungsprotokolle des Begleitausschusses des Gemeinschaftlichen Förderkonzepts 1989-1993 vom 10. Dezember 1992", in: Wirtschaftsministerium: Sechster Bericht des Begleitausschusses des Gemeinschaftlichen Förderkonzeptes 1989-1993, a.a.O, S. 23 und 33 f.).

[287] Die Forderung nach Dezentralisierung der Durchführungskompetenzen der Maßnahmen konzentrierte sich praktisch auf den Regionalisierungsanspruch hinsichtlich der Verwaltung der vorgesehenen Mittel, während die Forderung nach Dezentralisierung der Verwaltung mit der ausreichenden und geeigneten Vertretung der beteiligten zentralen Organe auf regionaler Ebene verbunden wurde. Zu der diesbezüglichen Diskussion siehe "Sitzungsprotokolle des Begleitausschusses des Gemeinschaftlichen Förderkonzepts 1989-1993 vom 27. November 1991", in: Wirtschaftsministerium: Vierter Bericht des Begleitausschusses des Gemeinschaftlichen Förderkonzeptes 1989-1993, a.a.O, S. 18 ff.

Eine häufige Ursache stellte hierbei der geringe Reifegrad der Maßnahmen dar. Dies geschah zum einen aufgrund der alten Planungsschwächen und -unzulänglichkeiten in Griechenland, die zumal mit der Erweiterung der beteiligten Partner sowie angesichts der Neuartigkeit der Maßnahmen noch ausgeprägter zum Ausdruck kamen. Zum anderen war es auf die dem Gießkannenprinzip folgende Aufnahme möglichst vieler Maßnahmen in die gemeinschaftliche Förderung zurückzuführen, wobei die Behebung eventueller Mängel auf die Durchführungsphase verschoben wurde. Tonangebend war hier offensichtlich der Wunsch der jeweiligen Interventionsträger nach Maximierung des eng definierten Eigennutzes. Denk- und Handlungsweise dieser war geprägt von der Wahrnehmung ihrer Beziehung zu den anderen als eine Konkurrenzsituation.[288]

Eine weitere schwerwiegende Konsequenz der Bestrebung der Interventionsträger nach einer breit angelegten Verteilung der Förderung war die bewußte Angabe von zu niedrig angesetzten Gesamtkosten für die Maßnahmen. Dies erlaubte zwar die Erhöhung der Anzahl der förderungswürdigen Maßnahmen, hatte aber zur Folge, daß mehrere Maßnahmen in Ermangelung der notwendigen Mittel nicht mehr abgeschlossen werden konnten.

Zu demselben Ergebnis führten in einigen Fällen auch kostenmäßige Fehleinschätzungen in der operationellen Phase. Hierzu zählte beispielsweise die Erweiterung des materiellen Gegenstands der Interventionen mit der Einbeziehung von dazu gehörenden, aber anfangs nicht berücksichtigten Maßnahmen, was rechtstechnisch durch die geeignete Auslegung von Ungenauigkeiten hinsichtlich der

---

[288] Auschlußreich für diese Einstellung war die in den Sitzungen der Begleitausschüsse gestellte, fast allgemeine Forderung nach einer Erhöhung der vorgesehenen Mittel der Interventionen, wobei das griechische Wirtschaftsministerium und die Kommission in eine defensive Haltung gedrängt wurden. In manchen Fällen erschienen die Vorschläge der Programmträger ebenso unbegründet wie paradox, wie dies charakteristisch am Beispiel der Forderung des Ministeriums für Raumordnung und öffentliche Bauten hinsichtlich des operationellen Programms "Große Straßenachse" verdeutlicht werden kann. Angesichts der schleppenden ökonomischen und materiellen Durchführung des Programms, der daraufhin vorgenommenen Kürzungen, der Geringfügigkeit der erbrachten Ergebnisse in bezug auf die tatsächlichen Bedürfnisse des Landes und schließlich des Zeitpunkts der Forderung wirkte der Antrag des Ministeriums auf Erhöhung des Etats des Programms sowohl realitätsfern als auch gegenstandslos und wurde dementsprechend entschieden abgelehnt (vgl. "Sitzungsprotokolle des Begleitausschusses des Gemeinschaftlichen Förderkonzepts 1989-1993 vom 9. Dezember 1993", in: Wirtschaftsministerium: Neunter Bericht des Begleitausschusses des Gemeinschaftlichen Förderkonzeptes 1989-1993, a.a.O, S. 3 f.).

Objektbeschreibung im jeweiligen operationellen Programm ermöglicht wurde.[289] In anderen Fällen traten Fehlplanungen mit ähnlichen Folgen auf, da ihre Korrektur eine hochtreibende Wirkung auf die Kosten der Interventionen hatte. So wurden zum Beispiel bei der Planung und der operationellen Genehmigung der Interventionen Maßnahmen außer acht gelassen, die zwar den im operationellen Teil festgelegten Inhalt der geplanten Interventionen bei weitem überstiegen, aber unabdingbare Voraussetzungen für ihre Durchführung oder Vervollständigung darstellten.

Andere finanzierungsrelevante Durchführungsprobleme wurden in der Endphase des Zeitraums 19891993 durch die Schattenseite der praktizierten Überbuchungen und Mittelübertragungen verursacht. Bei einer überraschenden Beschleunigung des Durchführungstempos von Interventionen mit einer problematischen Durchführung am Anfang dieses Zeitraums standen die Programmträger anhand der vorgenommenen Kürzungen und einer anderweitigen Verwendung der eigentlich hierfür vorgesehenen Mittel vor Finanzierungsproblemen. Die Konfrontation mit dieser Situation zeigte jedoch die Grenzen der flexiblen Gestaltung des Systems auf.

Besonders problematisch und zeitraubend erwiesen sich weiterhin einige Durchführungsphasen mit einem hohen Komplexitäts- und Schwierigkeitsgrad. Dazu gehörten die geplanten Enteignungen, die öffentlichen Ausschreibungen und die Vergabe von Aufträgen, die Festlegung der Durchführung zwischen den Vertragsparteien, der Erwerb oder der Bau von Gebäuden, die Beschaffung von Ausrüstung und die Abwicklung von großen Infrastrukturmaßnahmen oder schwierigen technischen Arbeiten.

Die Einhaltung des Additionalitätsprinzips stellte schließlich die griechische Volkswirtschaft vor die akrobatische Aufgabe der mit einer beträchtlichen Expansion der öffentlichen Investitionsausgaben verbundenen Wahrnehmung der entwicklungspolitischen Chancen des Landes bei gleichzeitiger Erfüllung einer stabilitätsorientierten und somit restriktiven Haushaltspolitik. Dieser wirtschaftspolitische Spagat führte jedoch zu Verzögerungen in der Durchführung der Pro-

---

[289] Hinsichtlich dieser Problematik siehe die Bemerkungen des Repräsentanten der Kommission G. Giannoussis in: "Sitzungsprotokoll des Begleitausschusses des Gemeinschaftlichen Förderkonzepts 1989-1993 vom 9. Dezember 1993", in: Wirtschaftsministerium: Neunter Bericht des Begleitausschusses des Gemeinschaftlichen Förderkonzeptes 1989-1993, a.a.O, S. 37 f.

gramme, zu einer drastischen Einengung der Spielräume für nicht förderungswürdige Aktivitäten des Programms für öffentliche Investitionen und zur Erhöhung der öffentlichen Verschuldung.

Problematisch war aber auch die Begleitung der Interventionen. Die im Rahmen der Begleitung erfolgten Berichte und erstellten Dokumente haben bestenfalls oberflächlich den materiellen Abwicklungsstand der Maßnahmen berücksichtigt, meistens fehlten jedoch die diesbezüglichen Angaben. Die Auswirkungen der Maßnahmen auf die Ebene des Gemeinschaftlichen Förderkonzepts oder auf die Ebene der einzelnen operationellen Programme wurden vollkommen außer acht gelassen. Die Begleitung beschränkte sich insofern hauptsächlich auf die Prüfung der finanziellen Abwicklung der Interventionen.
Dies ist auf die Quantität und Qualität der Informationen zurückzuführen, die für die Begleitung der Programme zur Verfügung standen, aber auch auf die Wahrnehmung der Begleitungsaufgabe von den zuständigen Ausschüssen, da höhere Anforderungen offensichtlich nicht gestellt wurden.
Es ist beispielsweise unerklärlich, warum die technischen Blätter der Projekte, die Angaben über ihren finaziellen und materiellen Gegenstand und ihre Abwicklung, ihre Auswirkungen usw. enthalten sollten, in sehr vielen Fällen zuverlässige Informationen nur über die finanzielle Abwicklung liefern konnten.

4.2.2.3 Adäquanz und Qualität der Interventionen

Die Erstellung des griechischen regionalen Entwicklungsplans stand, wie die anderer Mitgliedstaaten auch, unter dem Zeichen einer knappen Fristsetzung. In dem gegebenen zeitlichen Rahmen sah sich die mit der Regionalplanung betraute griechische Administration mit der äußerst schwierigen Aufgabe konfrontiert, neue Methoden anzuwenden und neue Prozesse zu internalisieren. Diese ungünstigen Rahmenbedingungen kamen zu den strukturellen Schwächen und Problemen des regionalpolitischen Systems hinzu, so daß für die Planungsperiode 1989-1993 eine wenig erfolgversprechende Ausgangssituation geschaffen wurde. In Anbetracht dessen ist es nicht überraschend, daß der griechische Regionalentwicklungsplan substantielle Mängel aufwies, die die Qualität des Gemeinschaftlichen Fördekonzepts beeinträchtigten und die positiven Auswirkungen der Interventionen von vornherein einschränkten.

Bei der Ausgestaltung der Partnerschaft haben beispielsweise die Wirtschafts- und Sozialpartner keine Rolle gespielt. Sie wurden weder in die strategische Planung noch in die Planung der Interventionen miteinbezogen, und nur erstere konnten sich eingeschränkt an der Durchführung der Interventionen des Gemeinschaftlichen Förderkonzepts als Auftragsnehmer beteiligen.
Besonders schwerwiegend war aber die Nicht-Einhaltung der Programmierungsschritte hinsichtlich der erforderlichen vorbereitenden Studien für die Maßnahmen, da die Abwesenheit einer soliden wissenschaftlichen Grundlage für die Interventionen die Ermittlung der tatsächlichen Entwicklungsprobleme und -möglichkeiten verhinderte.
Regionale und sektorale Studien wurden kaum durchgeführt, Raumordnungsstudien wurden nicht erstellt. Auf der Ebene der Projekte fehlten oft die Studien zur technischen Durchführung und fast immer die Studien zur sozioökonomischen Begründung. Abgesehen von einigen Projekten des nationalen Teils des Gemeinschaftlichen Förderkonzepts wurde eine Umweltverträglichkeitsprüfung der Maßnahmen nicht vorgenommen.[290]
Die Interventionen basierten insofern auf allgemeinen und oberflächlichen Annahmen sowie auf aneinander gereihten statistischen Angaben.
Die Ziele der Programme wurden meistens nur sehr allgemein und unklar formuliert und mit einigen Ausnahmen betreffend den nationalen Teil des Gemeinschaftlichen Förderkonzepts überhaupt nicht quantifiziert. Auch von einer Hierarchisierung der Ziele und Prioritäten wurde abgesehen. Dadurch gewann zwar das Gemeinschaftliche Förderkonzept an Flexibilität und die Handlungsspielräume der Regierung blieben erhalten. Die ungenaue Programmierung hatte jedoch zur Folge, daß viele operationelle Programme erheblichen Korrekturen und Anpassungen unterzogen werden mußten, die neben ihren negativen Auswirkungen auf die Programme selbst zulasten der Transparenz und der strategischen entwicklungspolitischen Ziele gingen.
Sowohl das Gemeinschaftliche Förderkonzept insgesamt als auch die einzelnen operationellen Programme und die anderen Interventionen wiesen einen niedrigen Kohärenz- und Synergiegrad auf, so daß sie zu Listen von zum großen Teil

[290] Trotz der Harmonisierung des griechischen mit dem gemeinschaftlichen Umweltrecht im Jahr 1990 war dies möglich aufgrund einer Übergangsregelung, unter die die meisten Interventionen des Gemeinschaftlichen Förderkonzepts fielen.

unabhängingen Maßnahmen degradiert wurden, deren Förderungswürdigkeit selten von ihrem komplementären Charakter oder der Gemeinsamkeit ihrer Ziele abhing.
Werden die dreizehn regionalen operationellen Programme in Betracht gezogen, so scheinen die homogene Struktur und die mit kleinen Abweichungen identischen Ziele der Programme in offenem Gegensatz zu der großen Vielfalt der Probleme und Entwicklungsmöglichkeiten der Regionen zu stehen. Dies legt wiederum die Vermutung nahe, daß die Programme nicht ausschließlich anhand von situationsadäquaten Planungskriterien erstellt wurden, sondern daß sie als ein weit gefaßter Legitimationsrahmen für schon geplante oder künftige Maßnahmen wahrgenommen wurden. Diese Vermutung ist allerdings zu relativieren, da die sozioökonomische Lage der dreizehn griechischen Regionen ähnliche entwicklungspolitische Maßnahmen erforderte. Die Struktur der Programme wurde außerdem von der verwaltungstechnischen Notwendigkeit einer einheitlichen Form diktiert.

Bei der Überprüfung der entwicklungspolitischen Adäquanz und Qualität der Interventionen der Phase 1989-1993, ist die Betrachtung der sektoralen und regionalen Zusammensetzung des Gemeinschaftlichen Förderkonzepts in seiner operationellen Umsetzung besonders aufschlußreich.
Aus der Analyse der genehmigten öffentlichen Gesamtausgaben für die Interventionen des Gemeinschaftlichen Förderkonzepts geht hervor, daß der regionale Teil mit 40,98 % bei diesen Ausgaben vertreten war.[291] Die regionalen operationellen Multifondsprogramme beteiligten sich daran mit 22,07 %, während 17,59 % der Ausgaben die sechs regionalen integrierten Mittelmeerprogramme betrafen.[292] Die in einem verbindlichen Rahmen erfolgte Regionalisierung der Interventionen gewährte die doppelte Garantie einer tatsächlichen Berücksichtigung der regionalen Prioritäten und der Verteilung der regionalpolitischen Maßnahmen nach einem festgelegten, auf den realen Bedürfnissen und Entwicklungsmöglichkeiten der Regionen aufgebauten Schema.

---

[291] Vgl. die Angaben in der Tabelle "Finanzierunsplan des GFK - Analytische Tabelle (Öffentliche Ausgaben)", in: Wirtschaftsministerium: Neunter Bericht des Begleitausschusses des Gemeinschaftlichen Förderkonzeptes 1989-1993, a.a.O, o. S.; eigene Berechnungen.

[292] Ebenda; eigene Berechnungen.

Der nationale, sektoral angelegte Teil des Gemeinschaftlichen Förderkonzepts erreichte 41,39 % der Ausgaben, wobei die Interventionen zugunsten der Verbesserung der Wirtschaftsinfrastruktur (Schwerpunkt 1) über die Hälfte dieses Prozentsatzes ausmachten (23,69 %). Mit großem Abstand folgten die Nutzung des vorhanden Humanpotentials (Schwerpunkt 5) mit 8,50 %, die Förderung des Primärsektors und der landwirtschaftlichen Entwicklung (Schwerpunkt 2) mit 5,11 % (beide aber mit einer geringen Beteiligung des Europäischen Fonds für regionale Entwicklung), die Erhöhung der Wettbewerbsfähigkeit der Unternehmen (Schwerpunkt 3) mit 3,12 %, die ausgewogene Entwicklung des Fremdenverkehrs (Schwerpunkt 4) mit 0,60 % und die technische Hilfe mit 0,24 % (nur EFRE).[293]

Die zentrale entwicklungspolitische Bedeutung des Schwerpunktes 1 ist nicht nur an seinem Anteil an den Ausgaben für den nationalen Teil zu erkennen, sondern auch an der Tatsache, daß alle Großvorhaben des Gemeinschaftlichen Förderkonzepts hierunter fielen. Die Prioritäten dieses Schwerpunktes bildeten die Kategorien Verkehr mit 9,79 %, Telekommunikationen mit 6,66 % und Energie mit 5,36 % der öffentlichen Gesamtausgaben für das Gemeinschaftliche Förderkonzept.[294] Den hierunter fallenden Infrastruktrurinvestitionen wurden über den direkten lokalen, regionalen und nationalen Nutzen hinaus erhebliche Hebel- und Multiplikatorwirkungen zugedacht.

Ein Vergleich zwischen den im Gemeinschaftlichen Förderkonzept festgelegten öffentlichen Gesamtausgaben und den öffentlichen Gesamtausgaben nach den vorgenommenen Korrekturen am Ende der Durchführungsphase läßt eine starke Verlagerung der Prioritäten feststellen.[295] So sank der Anteil des Schwerpunkts 1 an den Ausgaben um 7,63 %, was fast ausschließlich von den Interventionen des regionalen Teils absorbiert wurde, der insgesamt einen Anstieg von 6,36 % erreichte. Einen kleinen Rückgang erfuhren auch die Schwerpunkte 3 und 4, während sich die prozentualen Anteile der Schwerpunkte 2 und 5 nach oben

---

[293] Ebenda; eigene Berechnungen.

[294] Ebenda; eigene Berechnungen.

[295] Vgl. die Angaben in den Tabellen 1 "Indikativer Finanzierungsplan nach Schwerpunktbereichen und Interventionsformen", in: "Gemeinschaftliches Förderkonzept 1989-1993 ...", a.a.O., S. 56 ff. und "GFK-Griechenland 1989-1993 - Finanzierunsplan - Analytische Tabellen (Öffentliche Ausgaben)" im Anhang der Arbeit; eigene Berechnungen.

bewegten. Aber auch innerhalb der verschiedenen Schwerpunkte fanden Verlagerungen statt. So zum Beispiel beim Schwerpunkt 1, wo der Anteil der Energie um 5,85 % und des Verkehrs um 3,07 % sank, während der Anteil der Telekommunikationen, unter anderem dank der Genehmigung des CRASH-Programms, um fast 1 % anstieg.

Die erfolgten Verlagerungen verbesserten das entwicklungspolitische Ergebnis dort, wo die freigesetzten Mittel eingesetzt wurden, ermöglichten die Beschleunigung des Durchführungstempos der Interventionen sowie die Erhöhung der Aufnahmefähigkeit Griechenlands und verhinderten den Verlust von gemeinschaftlichen Mitteln. Insofern ist die Flexibilität in der Gestaltung der regionalpolitischen Planung und der operationellen Abwicklung als positiv und sinnvoll zu bewerten. Gleichzeitig wurde dadurch jedoch eine Zurückstellung der anfänglichen entwicklungspolitischen Prioritäten zugunsten von vorwiegend kleinen, unkomplizierten Maßnahmen des regionalen Teils vorgenommen, die eine geringere entwicklungspolitische Bedeutung besaßen. Dazu kam der spontane Charakter der Korrekturen. Diese wurden zwar nach dem Prinzip der Partnerschaft und nach rational festgelegten Kriterien von dem Begleitausschuß des Gemeinschaftlichen Förderkonzepts abgesegnet, sie wurden aber nicht nur auf der Basis planungsstrategischer Überlegungen vorgenommen, sondern oft aufgrund der politischen Vorgaben bei der Ausübung der Regionalpolitik und aufgrund des Durchsetzungsvermögens der verschiedenen Interventionsträger in diesem Gremium.

Aber auch die enge Verknüpfung zwischen der Durchführung und der entwicklungspolitischen Adäquanz der Interventionen wurde deutlich. Verzögerungen bei der Durchführung führten zu einer Umorientierung der entwicklungspolitischen Prioritäten, während die Angemessenheit der Strategien und die Qualität der angewandten Strategien das Durchführungstempo vorbestimmten. Darüber hinaus wirkte sich die problematische Durchführung der Interventionen nicht nur auf die Investitionen selbst und ihre eng definierten wirtschaftlichen Ergebnisse nachteilig aus, sondern war mit weitreichenden entwicklungspolitischen Konsequenzen verbunden, da ihre zu erwartenden Hebelwirkungen nicht eintraten.

Aus der Analyse der sektoralen Zusammensetzung der Interventionen des Europäischen Fonds für regionale Entwicklung zugunsten des Gemeinschaftlichen Förderkonzepts lassen sich wichtige Schlüsse über strategische Konzeptionen und die Verwendung des Fonds ziehen.

Zwei Interventionskategorien beanspruchten fast 90 % der Zuschüsse. So kam die Kategorie "Laufende Maßnahmen und sonstiges" mit 45,55 % der Mittel an erster Stelle der Förderung, gefolgt von der Kategorie "Modernisierung der Grundausstattung" mit 41,31 % der Mittel.[296] Die dritthöchste Stelle mit 9,29 % erreichten die Maßnahmen zugunsten der "Verbesserung der Wettbewerbsfähigkeit", während der Rest der Mittel auf die Kategorien "Strukturen zur Unterstützung der wirtschaftlichen Tätigkeiten" (1,25 %), "Erschließung der endogenen Ressourcen" (1,36 %) und "Technische Hilfe" (0,68 %) verteilt wurden.[297] Als besonders auffällig erwies sich die Höhe der Kategorie "Laufende Maßnahmen und sonstiges", die über das dreifache des Durchschnitts für die unter das Ziel Nr. 1 fallenden sieben Regionen (13,97 %) betrug.[298] Die hohe Konzentration der Zuschüsse auf diese Kategorie ist zum Teil auf die Fortsetzung von Interventionen der Periode 1981-1988 mit einer Laufzeit über diese Zeitspanne hinaus zurückzuführen und somit als eine statistisch bedingte Verzerrung anzusehen. Dies war beispielsweise der Fall bei den integrierten Mittelmeerprogrammen, bei denen die in der ersten Durchführungsphase genehmigten Mittel, anders als bei den französischen und italienischen Programmen, die gesamte Periode 1986-1992 betrafen. Die Fortsetzung von früheren Maßnahmen, die Vernachlässigung von neuen Entwicklungsmöglichkeiten und die Zerstreuung der Entwicklungsbemühungen in kleine Interventionen mit einem niedrigen Synergiegrad verdeutlichten andererseits die Unzulänglichkeit der strategischen Planung in Griechenland.

---

[296] Der Kategorie "Laufende Maßnahmen und sonstiges" sind mit Ausnahme der Subkategorie "sonstiges" keine Informationen hinsichtlich der sektoralen Aufteilung der Interventionen zu entnehmen. Sie ist lediglich indikativ für die Einführung von neuen oder die Fortsetzung von früher genehmigten und eingeleiteten Maßnahmen. Die laufenden Maßnahmen betrafen allerdings zum größten Teil Infrastrukturinvestitionen zugunsten der Verbesserung der wirtschaftlichen Grundausstattung, so daß die Förderung der diesbezüglichen Interventionen erheblich höher als der angegebene Prozentsatz lag.

[297] Vgl. die Angaben in der Tabelle "Aufteilung der Interventionen nach Sektoren 1989-1993, Ziel Nr. 1-Regionen - Griechenland", in: "Erster Jahresbericht über die Durchführung der Strukturfonds 1991", a.a.O., S. 121 (Anhang Nr. IV-3, Kapitel 2); eigene Berechnungen.

[298] Ebenda; eigene Berechnungen. Von den übrigen sechs Mitgliedstaaten machten eigentlich nur noch Portugal mit 32,73 % und Frankreich mit gerade 0,88 % Gebrauch von dieser Kategorie (vgl. die Angaben der sich ebenfalls dort befindenden Tabellen für die anderen Ziel Nr. 1-Regionen, S. 122 ff.).

Die Bemühungen um eine substantielle Erhöhung des Anteils der produktiven Investitionen an den Gesamtzuschüssen des Fonds konnten nur magere Ergebnisse erzielen. Im Gegensatz dazu stellten die Infrastrukturinvestitionen auch in dieser Phase den überwiegenden Teil der Förderung dar. Das für die vorangegangene Phase aufgestellte Erklärungsmuster hinsichtlich des relativen Verhältnisses der beiden Investitionsarten behielt hier trotz der geänderten Bedingungen seine Gültigkeit.[299] Aus dem Vergleich zwischen Griechenland und den Regionen des Ziels Nr. 1 insgesamt hinsichtlich des Anteils der Kategorie "Modernisierung der Grundausstattung" an den Gesamtzuschüssen aus dem EFRE läßt sich allerdings feststellen, daß Griechenland mit einer Differenz von 8,21 % deutlich hinter dem gemeinschaftlichen Durchschnitt lag.[300] Die gemeinschaftliche Unterstützung aus dem Europäischen Fonds für regionale Entwicklung für die Verbesserung der Wettbewerbsfähigkeit der Unternehmen war bei den Regionen des Ziels Nr. 1 insgesamt mit 17,91 % der Gesamtzuschüsse fast doppelt so hoch wie in Griechenland.[301] Noch eindrucksvoller wirkte der Vergleich zwischen Griechenland und den unter das Ziel Nr. 1 fallenden Regionen insgesamt bezüglich der Förderung der Strukturen zur Unterstützung der wirtschaftlichen Tätigkeiten sowie bezüglich der Erschließung des endogenen Potentials. Im ersten Fall lag der gemeinschaftliche Durchschnitt mit 9,42 % um mehr als das siebenfache höher als der griechische Anteil, im zweiten Fall betrug er über das vierfache.[302]

Der Anteil der technischen Hilfe an den Gesamtzuschüssen des Fonds in den unter das Ziel Nr. 1 fallenden Regionen insgesamt war schließlich mit 5,98 %

---

[299] Siehe oben, Kapitel 4.1.4.2.

[300] Vgl. die Angaben in der Tabelle "Aufteilung der Interventionen nach Sektoren 1989-1993, Ziel Nr. 1 - Globale Interventionen", in: "Erster Jahresbericht über die Durchführung der Strukturfonds 1991", a.a.O., S. 120 (Anhang Nr. IV-3, Kapitel 2); eigene Berechnung. Ein anderes Bild entsteht allerdings, wenn die Höhe der Kategorie "Laufende Maßnahmen und sonstiges" berücksichtigt wird.

[301] Vgl. die Angaben in der Tabelle "Aufteilung der Interventionen nach Sektoren 1989-1993, Ziel Nr. 1 - Globale Interventionen", in: "Erster Jahresbericht über die Durchführung der Strukturfonds 1991", a.a.O., S. 120 (Anhang Nr. IV-3, Kapitel 2); eigene Berechnung.

[302] Ebenda; eigene Berechnungen.

fast neun mal so hoch wie in Griechenland.[303] Bedauerlicherweise wurde die Bedeutung dieser Interventionsform in Griechenland nicht erkannt und offensichtlich oft mißverstanden, wie auch die Durchführung der hierunter fallenden Maßnahmen bestätigte. Dazu kamen die strukturellen Schwächen und Unzulänglichkeiten des Systems, aber auch eine auf die Geringhaltung von fremden Einmischungen bedachte Politik.

Die Interventionen des Gemeinschaftlichen Förderkonzepts erfolgten zum einen in Form von Großvorhaben oder operationellen Programmen, die durch den Übergang von der taktischen hin zur strategischen Planung und die damit verbundene Bereitstellung von Mitteln ermöglicht wurden. Zum anderen wurden sie aufgrund eines integrierten Ansatzes in operationellen Multifondsprogrammen zusammengefaßt, die auf die Erhöhung der Effizienz, Synergie und Komplementarität der Maßnahmen abzielten. Die angestrebten Effekte blieben allerdings zu einem großen Teil aus, da die vornehmlich horizontale Zusammenstellung der operationellen Programme, d.h. die parallele Existenz von kleinen und mittleren, voneinander unabhängigen Maßnahmen und das Fehlen einer eindeutigen, übergeordneten Strategie die Natur und Konzeption der operationellen Multifondsprogramme unterminierten. Dies wurde vor allem bei den dreizehn regionalen operationellen Multifondsprogrammen deutlich. Andererseits ist diese Kritik nur mit der Anmerkung gelten zu lassen, daß die breit gefächerten Bedürfnisse des Landes ein ebenso breit angelegtes Spektrum von Maßnahmen erforderlich machten. Dazu kam die Tatsache, daß die Vielseitigkeit und Vielschichtigkeit der Maßnahmen wesentliche Merkmale von Implementationsprogrammen darstellen.

Adäquanz und Qualität der Strategien wurden ernsthaft von der Tatsache beeinträchtigt, daß der Privatsektor von der Aufstellung des Regionalentwicklungsplans und der Verhandlung über das Gemeinschaftliche Förderkonzept vollkommen ausgeschlossen wurde. Seine Teilnahme an der strategischen Planung erfolgte daher im Rahmen von nicht institutionalisierten Prozessen, die Lobbyingähnliche Formen annahmen. Nur noch an der Durchführung der Interventionen konnte sich dieser sehr eingeschränkt beteiligen, und dies nach heftigen politischen Auseinandersetzungen hinsichtlich der Rolle des Staates als Wirtschaftsakteur und nach einer allgemeinen Liberalisierung der Wirtschaft. Dabei war der

[303] Ebenda; eigene Berechnung.

Privatsektor von den eingeschlagenen entwicklungspolitischen Richtungen und Strategien sowie von den eingeleiteten Interventionen auf zweierlei Weise betroffen. Zum einen als direkt Begünstigter im Rahmen der Förderung für produktive Investitionen; zum anderen indirekt als Auftragnehmer und hauptsächlich als Bauunternehmer für Infrastrukturinvestitionen.
Das Ausbleiben der Teilnahme des Privatsektors an der entwicklungspolitischen Planung des Landes beeinträchtigte nicht nur den Nutzen und die Gewinne der Unternehmen aus der Realisierung der gemeinschaftlichen Strukturpolitik, sondern auch das gesamte entwicklungspolitische Ergebnis. Trotz der Bemühungen der Kommission um eine zunehmende Berücksichtigung des Privatsektors, scheint die entwicklungspolitische Bedeutung der Beteiligung des Privatsektors - aber auch die der Sozialpartner - an den Planunungsprzessen in Griechenland noch nicht internalisiert zu sein. Diesbezüglich unterstrich P. Kasakos: "Die Teilnahme [des Privatsektors an der strategischen Planung] ist nicht lediglich eine Frage des Planungsverfahrens oder des politischen Stils. Von ihren Formen hängt zum Beispiel die Verteilung der nationalen und gemeinschaftlichen Mittel zwischen Infrastrukturinvestitionen und produktiven Aktivitäten ab."[304]
Die im Rahmen des nationalen Teils des Gemeinschaftlichen Förderkonzepts unternommenen Bemühungen wurden von den eingeleiteten Gemeinschaftsinitiativen ergänzt und verstärkt. Aufgrund ihres konzentrierten Ansatzes und ihrer sektoralen Relevanz bedeuteten diese Initiativen nicht nur die Förderung von dynamischen Interventionsbereichen. Vielmehr sind ihnen Hebel- und Multiplikatorwirkungen zuzuschreiben, die die finanzielle Dimension der Förderung bei weitem überstiegen.

4.2.2.4 Entwicklungspolitische Relevanz der Interventionen

Die entwicklungspolitische Relevanz der in der Phase 1989-1993 durchgeführten Interventionen des Europäischen Fonds für regionale Entwicklung in Griechenland resultiert aus der Erfassung ihrer gesamtwirtschaftlichen und strukturpolitischen Auswirkungen.
Bei der Beurteilung der Wirksamkeit der Maßnahmen ist allerdings zunächst auf

---

[304] Kasakos, P.: Privatsektor und Strukturpolitik der Gemeinschaft, a.a.O., S. 67 (eigene Übersetzung).

die erhebliche Verzögerung in der Erscheinung ihrer meßbaren Effekte hinzuweisen. Dies ist auf die Tatsache zurückzuführen, daß sich die strukturpolitischen Maßnahmen sowohl auf die Nachfrage- als auch auf die Angebotsseite auswirkten. Während die wirtschaftlichen Auswirkungen der nachfragerelevanten Impulse unmittelbar einsetzten und mittels der direkten oder indirekten Erhöhung der Nachfrage erfaßt und quantifiziert werden konnten, sind die Auswirkungen der angebotsrelevanten Impulse zum großen Teil noch nicht aufgetreten.[305] Letztere Auswirkungen sind jedoch wichtiger als erstere, da sie einen tiefgreifenden strukturellen Aufholprozeß hinsichtlich der Produktionsstrukturen, der Produktivität, der Wettbewerbsfähigkeit und der Infrastrukturausstattung herbeiführen und somit von permanenterer Natur sowie von größerer entwicklungspolitischer Bedeutung sind. Obwohl die positiven Auswirkungen der angebotsbedingten Entwicklungsanstöße a priori anerkannt werden, sind sie nur schwer in faßbaren Größen zu quantifizieren.[306]
Zudem ist anzumerken, daß mehrere Großvorhaben und wichtige operationelle Programme, die eigentlich in der Lage wären, die Indikatoren zur Feststellung der Wirksamkeit der Interventionen beträchtlich zu beeinflussen, nicht vollständig durchgeführt werden konnten. Andererseits konnten diese Indikatoren bei vielen der durchgeführten Interventionen mit einem geringeren Ausmaß nicht sichtbar erhöht werden oder ihre positiven Ergebnisse waren nicht effektiv zu quantifizieren.[307]

Im Zeitraum 1989-1993 wurde Griechenland durch den Europäischen Fonds für regionale Entwicklung eine Unterstützung in Gesamthöhe von 4.414,91 Mio.

---

[305] Im zweiten Gemeinschaftlichen Förderkonzept wird diesbezüglich unterstrichen:"Obgleich die Bewertung der mittel- und langfristigen Auswirkungen des GFK noch nicht abgeschlossen ist, kann davon ausgegangen werden, daß die strukturellen Auswirkungen der kofinanzierten Investitionen in Form eines zusätzlichen Anstiegs des griechischen Bruttosozialproduktes erst im kommenden Jahrzehnt spürbar werden." (Wirtschaftsministerium: Regionalentwicklungsplan 1994-1999, a.a.O., S. 16, eigene Übersetzung).

[306] Siehe auch oben, Kapitel 4.2.2.1.

[307] Siehe Wirtschaftsministerium: Regionalentwicklungsplan 1994-1999, a.a.O., S. 29 f.

ECU gewährt.[308] So machten die Zuschüsse aus dem Europäischen Fonds für regionale Entwicklung zu Beginn der Phase 1989-1993 etwa 1,4 % des griechischen Bruttoinlandsprodukts aus, Ende dieser Phase jedoch 1,9 %.[309] Diese Zuschüsse machten einen hohen Anteil der Gesamtzusschüsse für die im Rahmen des Gemeinschaftlichen Förderkonzepts kofinanzierten Interventionen aus und trugen mit einer jährlichen Beschleunigung des Wirtschaftswachstums von 0,5 % zu seiner Gesamterhöhung um 2,5 % bei.[310]
Das entwicklungspolitische Gewicht des Europäischen Fonds für regionale Entwicklung kommt allerdings noch stärker zum Ausdruck, wenn sein Anteil an den öffentlichen Investitionen und den Bruttoanlageinvestitionen berücksichtigt wird. Fast ein Drittel der gesamten Investitionstätigkeit des öffentlichen Sektors (ungefähr 30,9 %) wurde von diesem Fonds getragen, während sein Anteil an den griechischen Bruttoanlageinvestitionen sich auf 11,7 % belief.[311] Angesichts der begrenzten Möglichkeiten der griechischen Volkswirtschaft, die regional- bzw. entwicklungspolitischen Bemühungen allein zu finanzieren, ist die Wichtigkeit des Beitrags des Fonds offensichtlich.
Hinsichtlich der Auswirkungen auf die Beschäftigung wird von der Kommission geschätzt, daß während der Periode 1989-1993 3,5 % des Arbeitskräftepotentials mit den Interventionen der Strukturfonds in Verbindung zu bringen ist. Nach Angaben des fünften Jahresberichts über die Durchführung der Strukturfondsreform konnten dank der Verwirklichung des griechischen Gemeinschaftlichen Förderkonzepts 50.000 neue Arbeitsplätze geschaffen und weitere 80.000 Arbeitsplätze erhalten werden, so daß Griechenland seine Arbeitslosenquote bei 7,6 % zu halten vermochte.[312] 28.650 neue Arbeitsplätze und 46.600 erhaltene Ar-

---

[308] Vgl. die Angaben in den Tabellen 1 "GFK-Finanzielle Abwicklung von Ziel 1 1989-1993" und "Gemeinschaftsinitiativen: Aufteilung der Mittelbindungen nach Fonds", in: "Die Durchführung der Strukturfondsreform in 1993 ...", a.a.O., S. 137 und 147 f.

[309] Unveröffentlichte Angaben des griechischen Wirtschaftsministeriums.

[310] Vgl. "Die Durchführung der Strukturfondsreform in 1993 ...", a.a.O., S. 20. Schätzungen über den Europäischen Fonds für regionale Entwicklung liegen nicht vor.

[311] Unveröffentlichte Angaben des griechischen Wirtschaftsministeriums.

[312] Vgl. "Die Durchführung der Strukturfondsreform in 1993 ...", a.a.O., S. 17. Angaben über die Auswirkungen der Gemeinschaftsinitiativen auf die Beschäftigung liegen nicht vor.

beitsplätze sind insgesamt nach Schätzungen des griechischen Wirtschaftsministeriums auf den Beitrag des Europäischen Fonds für regionale Entwicklung zurückzuführen.[313]

Eine wichtige Determinante der Wirksamkeit der Interventionen stellten die makroökonomischen Rahmenbedingungen ihrer Durchführung dar. Die strukturellen Probleme der griechischen Volkswirtschaft, die mit der Rezession der Jahre 1991-1992 verbundenen makroökonomischen Instabilitäten und die betriebene Stabilitätspolitik ließen es nicht zu, die beträchtlichen Zuschüsse voll auszunutzen. Gleichzeitig waren eben deswegen aber auch positive Ergebnisse, wie die Verbesserung und der Ausbau der Infrastruktur, die Erhöhung der Wettbewerbsfähigkeit der Unternehmen oder die Nutzung des endogenen Entwicklungspotentials, nicht in der Lage, sichtbare Effekte hervorzubringen.

Die Tatsache, daß spektakuläre Ergebnisse ausblieben, sollte jedoch nicht als Unwirksamkeit der Interventionen und des Europäischen Fonds für regionale Entwicklung interpretiert werden. Ohne diese substantielle gemeinschaftliche Hilfe hätte sich die Situation erheblich verschlimmert, der Aufholungsprozeß in den Regionen wäre noch schwieriger geworden und die Perspektive einer Konvergenzentwicklung zu den gemeinschaftlichen Durchschnitten hätte sich noch weiter entfernt.

In der Periode 1989-1993 konnte eine Reihe von ehrgeizigen Infrastrukturvorhaben mit erheblichem Gewicht sowohl für die griechische Volkswirtschaft insgesamt als auch für die einzelnen Regionen eingeleitet werden, so beispielsweise die Athener Metro, das Erdgasvorhaben und der Ausbau der großen Straßenachsen. Die Verzögerungen bei der Durchführung dieser Vorhaben erlaubten nur sehr bescheidene Ergebnisse. Die Vorhaben wurden jedoch in der nächsten Programmperiode verstärkt berücksichtigt und fortgesetzt.

Aber auch Sektoren, denen eine bedeutende Hebelwirkung beigemessen wurde, wurden massiv gefördert und ausgebaut. Im Bereich der Telekommunikation wurde zum Beispiel die Installation von rund 280.000 neuen Fernmeldanschlüssen und eine Digitalisierung des Netzes von 0 auf 21 % ermöglicht. Darüber hinaus wurde die Wartezeit auf einen neuen Telefonanschluß von zwei Jahren

---

[313] Unveröffentlichte Angaben des griechischen Wirtschaftsministeriums.

auf 11 Monate und die Warteliste um 60 % verkürzt.[314] Diese Entwicklungen führten zu einer deutlichen Verbesserung des Telekommunikationswesens in Griechenland, das allerdings nach wie vor weit hinter den gemeinschaftlichen Standards liegt.

Wichtige Ergebnisse wurden auch im Hinblick auf die Stärkung des produktiven Umfelds der kleinen und mittleren Unternehmen erzielt. Durch den Ausbau von 22 Industriegebieten verbesserten sich die Gründungs- bzw. Betriebsvoraussetzungen dieser Unternehmen erheblich. In der Periode 1989-1993 wurden außerdem rund 400 Investitionsprojekte zur Verbesserung der Gründung und Modernisierung dieser Unternehmen unterstützt, wobei die Kommission die Tatsache bedauert, daß während der gesamten Periode die Komplexität der Verwaltungsmechanismen und des Evaluierungssystems dieser Projekten ein Hindernis blieb.[315]

Hervorzuheben ist schließlich die Einrichtung neuer Büros zur Förderung der kleinen und mittleren Unternehmen in Patras und die Einrichtung von 330 neuen Beratungsdiensten sowie die Durchführung von mehr als 900 Studien zur Modernisierung, Reorganisation und Marktforschung in dem Bereich der kleinen und mittleren Unternehmen.[316] Diese Maßnahmen wurden von wichtigen Fortschritten im Bereich des Humankapitals untermauert, wobei der Akzent auf den Ausbildungssmaßnahmen lag. Im sechsten Bericht über die Durchführung der Strukturfondsreform werden über 95.000 Teilnehmer an Fortbildungskursen im Rahmen der Regelung zur Verbesserung der Wettbewerbsfähigkeit und über 26.400 Fortbildungsteilnehmer im Rahmen des operationellen Programms "Entwicklung des Fremdenverkehrs" geschätzt. Insgesamt wurden rund 300.000 Personen im Rahmen von Programmen fortgebildet, die unter die Maßnahmen dieser Kategorie fielen.[317]

---

[314] Vgl. "Die Strukturfonds in 1994 ...", a.a.O., S. 166 und "Die Auswirkungen der Strukturpolitik auf die wirtschaftliche und soziale Kohäsion in der Union 1989-1999", a.a.O., S. 44.

[315] Vgl. "Die Auswirkungen der Strukturpolitik auf die wirtschaftliche und soziale Kohäsion in der Union 1989-1999", a.a.O., S. 47.

[316] Vgl. "Die Strukturfonds in 1994 ...", a.a.O., S. 167 und "Die Auswirkungen der Strukturpolitik auf die wirtschaftliche und soziale Kohäsion in der Union 1989-1999", a.a.O., S. 47.

[317] Vgl. "Die Strukturfonds in 1994 ...", a.a.O., S. 169.

Noch wichtiger als die Maßnahmen zugunsten des Umweltschutzes erwies sich schließlich die Sensibilisierung der Akteure vor Ort und die implizierte umweltpolitische Dimension der strukturpolitischen Interventionen. Somit kann behauptet werden, daß die Unterstützung der Gemeinschaft die Implementierung der gemeinschaftlichen Umweltpolitik in Griechenland antrieb - oder sogar erzwang - und den Weg für eine zunehmenden Berücksichtigung der Umweltfragen ebnete. Deutlich abzulesen ist diese Entwicklung in der von der Kommission angegebenen Anzahl der durchgeführten Studien über die Auswirkungen der kofinanzierten Projekte auf die Umwelt in der Periode 1989-1993: 1.360 Studien, allerdings alle aus dem Jahr 1993.[318]

Andere Sektoren können allerdings weniger erfolgreiche Ergebnisse aufweisen. Der fünfte Bericht über die Durchführung der Strukturfondsreform unterstreicht, daß die geschaffenen Beihilferegelungen im Bereich der Industrie nicht die erwartete Wirkung auf die Wettbewerbsfähigkeit der Unternehmen erzielten und keine Vereinfachung der komplizierten Verfahren für die potentiellen Investoren ermöglichten.[319]

In den Regionen wurden viele kleinere Projekte durchgeführt, die die lokalen Entwicklungsmöglichkeiten wahrgenommen oder erweitert haben. Zum größten Teil betrafen sie die Förderung der Infrastrukturausstattung in den Regionen und führten zu wesentlichen Fortschritten im Bereich der Basisinfrastruktur (Straßen, Wasserversorgung, Abwassernetze usw.). Die Tatsache, daß die Basisinfrastruktur eine große Beachtung im regionalen Teil des Gemeinschaftlichen Förderkonzepts fand und im Rahmen von kleineren Interventionen ausgeführt wurde, sollte nicht als Planungsschwäche oder Mißbrauch der strukturpolitischen Unterstützung der Gemeinschaft verstanden werden. Angesichts des allgemeinen, großen und akuten Bedarfs der Regionen trug die Bereitstellung bzw. der Ausbau dieser Art von Infrastruktur zur Erfüllung der nötigen Rahmenbedingungen für die Erhaltung der Bevölkerung und die regionale Entwicklung bei.

Obwohl die Bewertung der griechischen Gemeinschaftsinitiativen in der Periode 1989-1993 aus methodischen Gründen kaum die Ableitung von konkreten aus-

---

[318] Vgl. "Die Auswirkungen der Strukturpolitik auf die wirtschaftliche und soziale Kohäsion in der Union 1989-1999", a.a.O., S. 45.

[319] Vgl. "Die Durchführung der Strukturfondsreform in 1993 ...", a.a.O., S. 18.

sagefähigen Ergebnissen erlaubt[320], kann davon ausgegangen werden, daß sie eine wichtige Rolle für die Sektoren gespielt haben, für die sie konzipiert wurden.[321]

Die Bedeutung der griechischen Gemeinschaftsinitiativen lag nicht in dem Umfang der Unterstützung, sondern viel mehr in der Konzentration der Bemühungen, in dem komplementären Charakter der geförderten Maßnahmen zu den Maßnahmen des Gemeinschaftlichen Förderkonzepts, in der Erschließung von neuen Aktionsfeldern und in der Einführung von neuen Interventionsmethoden und Finanzierungspraktiken.

So wurde beispielsweise durch die Gemeinschaftsinitiative INTERREG die Infrastrukturausstattung in den griechischen Grenzgebieten ausgebaut und die grenzüberschreitende Zusammenarbeit unterstützt. Hervorzuheben ist hier der Beitrag zum Bau der Egnatia-Autobahn, ein ehrgeiziges Vorhaben in Nordgriechenland mit überregionaler Bedeutung. Die Initiative REGEN/PIC ist ein weiteres erfolgreiches Beispiel von grenzüberschreitender Zusammenarbeit zwischen Italien und Griechenland, wobei die daraus resultierenden Gewinne bei weitem die Vorteile aus dem Stromanschluß Griechenlands an das italienische und das europäische Netz übersteigen. Andere Initiativen, wie ENVIREG, STRIDE, TELEMATIK, REGEN/NC, HORIZON haben die im Rahmen der Programme des nationalen Teils des Gemeinschaftliches Förderkonzepts unternommenen Bemühungen unterstützt. Fraglich war jedoch der Erfolg der Initiativen PRISMA und LEADER, die trotz der Bemühungen aller Beteiligten nicht die erwarteten Ergebnisse erbrachten.

---

[320] Siehe oben, Kapitel 4.2.2.1.

[321] Hinsichtlich der Bedeutung der Gemeinschaftsinitiativen als entwicklungspolitische Motivation stellte die Kommission einige quantitative Schätzungen auf: "Zunächst ist ganz allgemein festzustellen, daß zwischen 30 und 50 % der Projekte nur deshalb durchgeführt worden sind, weil die Gemeinschaftsinitiative gestartet wurde. Bei weiteren 20 bis 30 % der Projekte beschleunigte die Gemeinschaftsinitiative ihre Durchführung oder verstärkte ihre Komplementarität mit Aktionen im Rahmen des GFK. Der Anteil der Projekte, die ohne Gemeinschaftshilfe durchgeführt worden wären, wird auf weniger als 20 % geschätzt." ("Die Strukturfonds in 1994 ...", a.a.O., S. 183). Spezielle Angaben über die griechischen Gemeinschaftsinitiativen liegen bedauerlicherweise nicht vor.

IV Zusammenfassende Ergebnisse und abschließende Betrachtungen

1 Europäische Integration und Regionalpolitik der Gemeinschaft

Das Integrationsgeschehen in der Gemeinschaft wurde zunehmend durch die Kontroversen "negative versus positive Integration", "Deregulierung versus Reregulierung", "Marktintegration versus Politikintegration" geprägt. Konform mit den marktwirtschaftlichen ordnungspolitischen Auffassungen über die europäische Integration und dem bis in die achtziger Jahre hinein vorherrschenden funktionalistischen Integrationskonzept, sowie aufgrund der Machtverteilung der Beteiligten wurden diese konzeptionellen und praxeologischen Auseinandersetzungen primär zugunsten ersterer Richtung entschieden. Das System wurde jedoch allmählich mit "positiven" Elementen ausgebaut. Dies erfolgte zum einen aufgrund des stattgefundenen Erkenntnisfortschritts im Rahmen der Vertiefung der Integration, zum anderen innerhalb einer komplexen Kompromißfindung von Konzessionen und Gegenleistungen im Rahmen von Paketlösungsstrategien und Kompensationsgeschäften.
Der Prozeß der Verzahnung des Systems mit marktkorrigierenden, flankierenden Gemeinschaftspolitiken wurde substantiell und in erhöhtem Maße von der Kommission und dem Europäischen Parlament unterstützt. Neben ihrem pro-europäischen Selbstverständnis sahen beide Institutionen in den neuen Politikfeldern Chancen zur sukzessiven Erarbeitung von eigenständigen Entscheidungsbereichen, zur Erweiterung ihrer Kompetenzen und schließlich zu ihrer "Emanzipation".

Die Entwicklung des regional- bzw. strukturpolitischen Instrumentariums der Gemeinschaft kann als das Resultat der organischen Interdependenz zwischen konvergenz- und integrationspolitischen Fortschritten aufgefaßt werden. Zunehmende Integration erhöht den realen Bedarf nach verstärkten regional- bzw. strukturpolitischen Aktivitäten in der Gemeinschaft, aber auch die Forderungen nach Intensivierung dieser Aktivitäten. Andererseits trägt die zusätzliche Verzahnung des Systems mit Aufholungsmechanismen zur Verbesserung der Aussichten der schwächeren Volkswirtschaften bei und fördert somit die Bereitwilligkeit der weniger leistungsfähigen und zögernden Teilnehmer für weitergehende Integrationsschritte. Das gemeinschaftliche Gefüge fungiert hierbei als die institutionell-organisatorische Umgebung der Interessenvermittlung und der Konsensfindung im Rahmen einer überwiegend intergouvernementalen Integration.

Die Zukunft der gemeinschaftlichen Regionalpolitik ist eng mit der Entwicklung des Integrationsmodells und mit den Zielsetzungen innerhalb dieses Modells verbunden. Sie wird von dem relativen Machtgewicht der Protagonisten und der Zusammensetzung der künftigen europäischen Familie bestimmt werden.
Die aufgrund der Einheitlichen Europäischen Akte und des Maastrichter Vertrags zulässige Abwendung von dem bisherigen Integrationsmodus des homogenen Einigungsprozesses ("alle Zwölf zugleich") hin zur flexiblen Integration bedeutet vor dem Hintergrund der oben erwähnten Betrachtungen den Verlust des politischen Druckmittels. In diesem Zusammenhang können die verschiedenen Konzepte der flexiblen Integration[322] tatsächlich als "Instrument[e] zur Entpolitisierung von Konvergenz und Kohäsion"[323] betrachtet werden. Die flexible Integration bedeutet aber auch gleichzeitig die Entfernung der integrationspolitischen Debatte von den oben erwähnten dualistischen Schemata und Perspektiven.
Hierbei darf jedoch nicht der Eindruck entstehen, diese Entwicklungen fänden im Rahmen einer durchdachten Strategie zur Untergrabung der Verhandlungsposition der schwächeren Partner statt. Zum einen erfolgen sie aufgrund der Integrationsdynamik, wobei die stärkeren Partner die beste Gewährleistung ihrer Interessen darin sehen, eine immer engere Bindung einzugehen, zum anderen aufgrund der realen Kapazitätsgrenzen des abgelösten Integrationsmodus. Die Konzentration der Bemühungen auf die Erhöhung der Integrationsgeschwindigkeit und die Schaffung eines festen Kernes von integrationsfähigen und -willigen Mitgliedstaaten parallel zu der Herabsetzung und Vernachlässigung der gemeinschaftlichen regional- bzw. kohäsionspolitischen Ziele wäre jedoch als Desintegration zu bewerten und somit abzulehnen. Solch eine integrationspolitische Richtung würde dem Konvergenzprozeß die erforderlichen Grundlagen entzie-

---

[322] Zu der Problematik der flexiblen Integration und den diesbezüglichen Ansätzen und Modellen siehe Giering, C.: Europa zwischen Zweckverband und Superstaat. Die Entwicklung der politikwissenschaftlichen Integrationstheorie im Prozeß der europäischen Integration, Bonn, 1997, S. 99 ff. und 214 ff.

[323] Franzmeyer, F.: Die Europäische Wirtschafts- und Währungsunion: Ausbau der gemeinschaftlichen Kohäsionspolitik, a.a.O, S. 102.

hen, das Zusammengehörigkeitsgefühl in der Gemeinschaft schwer schädigen, die Entwicklung von antieuropäischen Ressentiments und die Anfälligkeit der Wähler für nationalistische Ideologien und Programmatiken fördern, zentrifugalen Kräften in der Gemeinschaft Vorschub leisten und schließlich den gemeinschaftlichen Integrationsprozeß in Frage stellen.

Der europäische Integrationsprozeß wurde mit Beginn der neunziger Jahre vor die Herausforderung der "Osterweiterung" gestellt. Die Perspektive einer Vollmitgliedschaft für leistungsschwache Volkswirtschaften mit besonders problematischen Strukturen offenbart jedoch die äußersten Grenzen der betriebenen Regionalpolitik, deren Aufrechterhaltung eine enorme Erhöhung der verfügbaren Mittel voraussetzen würde. Andererseits führt die Aussicht einer schwierigen Anpassung an die Erfordernisse der Wirtschafts- und Währungsunion und die damit verbundene Notwendigkeit einer stark restriktiven Politik im Zusammenhang mit zunehmenden wirtschaftlichen Problemen und ungünstigen innenpolitischen Konstellationen bei den Nettozahlern zu einer niedrigen Akzeptanz für erhöhte regional -bzw. strukturpolitische Ausgaben und zu einer Redefinition des "nationalen Interesses" im europäischen Integrationsprozeß in engeren Grenzen. In Anbetracht dieser Entwicklungen und der eingeschlagenen integrationspolitischen Richtung mag die abgestufte Integration bei gleichzeitiger Zurückstellung der strukturpolitischen Ziele als eine attraktive Lösung erscheinen. Bei der Bewältigung der integrationspolitischen Aufgaben muß jedoch die Frage "Welches Europa?" vor Augen bleiben.

Die durch den Vertrag von Maastricht institutionell festgelegte Zulassung von asynchronen und asymmetrischen Strukturen in der Gemeinschaft erlaubte zwar mit dem Ziel der Wirtschafts- und Währungsunion eine weitergehende Vertiefung der Integration, die als Nachfolgeschema des Binnenmarktprogramms eine konzeptionelle Erneuerung zur Vorbeugung einer eventuellen Stagnationsgefahr und zur Belebung der Integrationsdynamik darstellte. Weder fest konsolidierte Strukturen noch der nötige Konsens[324], beides unabdingbare Voraussetzungen

---

[324] Das Fehlen einer breiten Legitimationsgrundlage der Bestimmungen des Maastrichter Vertrags kann etwa den knappen Referendumsergebnissen in Frankreich und in Dänemark oder dem wachsenden Unbehagen in der öffentlichen Meinung entnommen werden. Im Jahr 1995 stellte H. W. Platzer "die wachsende Kluft zwischen den objektiven Verflechtungs- und

einer tragfähigen Vertiefung, waren jedoch vorhanden, so daß die Reform den Charakter einer "Flucht nach vorne" erwies.
Andererseits befanden sich zwar die erzielten Zugeständnisse zum Ausbau des gemeinschaftlichen kohäsionspolitischen Instrumentariums im Maximalbereich des verhandelbar - und mit Sicherheit auch des vertretbar - Möglichen, sie waren aber vor dem Hintergrund der Schaffung einer Wirtschafts- und Währungsunion nicht in der Lage, tatsächliche Kompensationen für die ärmeren Mitgliedstaaten und Regionen zu erbringen, für die der Preis der Integration mit den höchsten Risiken und Gefahren verbunden ist. Somit scheint eine Eingliederung des europäischen Südens in die Wirtschafts- und Währungsunion von der erfolgreichen Bewältigung von bestenfalls schwer miteinander zu vereinbarenden - und angesichts der verfügbaren Zeit konfliktären - wirtschafts- und entwicklungspolitischen Aufgaben abhängig zu sein. Denn hierbei wird ein Spagat zwischen einer streng restriktiven Haushaltspolitik und einer beträchtlichen Erhöhung der strukturpolitischen Ausgaben abverlangt. Um die hochgesteckten Konvergenzkriterien nachhaltig zu erfüllen, müßten allerdings die schwächeren Mitgliedstaaten eine wesentlich größere Entfernung überbrücken als ihre entwickelten Partner, was nicht zuletzt mit außerordentlich hohen sozialen Kosten verbunden ist. Die weit verbreitete Meinung, das Anstreben dieser Ziele würde einen Rationalisierungs- und Modernisierungsdruck auf die Volkswirtschaften der schwächeren Mitgliedstaaten ausüben, erscheint unter diesen Betrachtungen zu optimistisch.

Während konkurrierende und sich ergänzende nationale Interessen im Rahmen der Markt- und Politikverflechtung in der Gemeinschaft die Konturen der Regionalpolitik der Gemeinschaft schaffen, findet die Politikgestaltung in ihren spezifischen Inhalten und Formen auf zwei anderen Ebenen statt.
Zum einen auf jener der Interaktion zwischen den gemeinschaftlichen Organen hinsichtlich der Schaffung und Erweiterung der institutionellen Basis des Systems. Neben einer bremsenden Haltung des Rates nahm die Kommission ihre treibende Rolle anhand der Einsetzung einer Reihe von indirekten Steuerungsinstrumenten und -mechanismen sowie Innovationen wahr, die, ohne eine defini-

---

Integrationstendenzen der Ökonomie und der Politik und den subjektiven Wahrnehmungs- und Verhaltensmustern der Menschen" fest (Platzer, H. W.: Lernprozeß Europa: Die EU und die neue europäische Ordnung; eine Einführung, 3. vollst. aktual. u. überarb. Aufl., Bonn, 1995, S. 15).

tive Übertragung von entsprechenden Kompetenzen vorauszusetzen, eine sukzessive Erweiterung ihrer Gestaltungsposition erarbeiten konnten. Trotz seiner begrenzten Kompetenzen und Möglichkeiten unterstützte das Europäische Parlament - hauptsächlich im Rahmen seiner Forumsfunktion - konstant und mit einem breiten Konsens die Bemühungen der Kommission.
Zum anderen auf der Ebene der Interaktion zwischen Kommission und Mitgliedstaaten betreffend die Konkretisierung der Förderkonzeptionen und der Implementationsstrategien, wobei die Kommission durch eine innovatorische und offensive Haltung gekennzeichnet ist, während die Mitgliedstaaten eher defensiv und zögernd auf die Neuerungen reagieren. Hierdurch schälen sich nicht nur neue, effizientere Politikinhalte und Verfahrensmodi heraus, sondern werden auch substantielle Anpassungen der nationalen Systeme und Multiplikatoreffekte in Gang gesetzt, die über die Grenzen dieses Politikbereichs hinausgehen und Modernisierungsprozesse in den Mitgliedstaaten durchsetzen.

Eine neue Dimension der gemeinschaftlichen Integration führte aber auch die "Vertikalisierung" des Integrationsprozesses nach dem Subsidiaritätsprinzip ein, die als Reaktion auf die parallele Existenz von gegenläufigen und doch miteinander zu vereinbarenden "Regionalisierungs- und Europäisierungstendenzen"[325] zu betrachten ist. Obwohl sich die europäische Integration weit entfernt von der Realisierung eines "Europas der Regionen" befindet, erfolgt aufgrund der zunehmenden Interaktion von supranationalen, nationalen und subnationalen Akteuren eine weitere Überwindung des intergouvernementalen Integrationsmusters. Durch die Hervorhebung der "Region" als willensbildende Einheit und ihre Einbeziehung in die Politikimplementation entsteht gleichzeitig eine erhebliche Ausweitung der zu integrierenden Interessen und Felder.
Diese Entwicklungen sind auf die zunehmende Wahrnehmung der funktionellen Bedürfnisse auf lokaler bzw. regionaler Ebene, auf die Notwendigkeit zur Erhöhung der Effizienz des Systems sowie auf den Legitimationsdruck in der Gemeinschaft zurückzuführen. Sie drücken sich hauptsächlich in der Konzentration der Bemühungen der Regionen auf die Erweiterung ihrer Mitwirkungsbefugnisse am innerstaatlichen Entscheidungsprozeß in EG-Angelegenheiten, in dem Auf-

---

[325] Hrbek, R./Weyand, S.: Betrifft: Das Europa der Regionen. Fakten, Probleme, Perspektiven, München, 1994, S. 166 f.

bau von umfangreichen EG-Aktivitäten und schließlich in der Erweiterung und der Institutionalisierung ihrer direkten Mitwirkungsmöglichkeiten am Willensbildungsprozeß auf EG-Ebene aus.
Gleichzeitig vergrößert sich allerdings auch das Konfliktpotential sowohl innerhalb der Mitgliedstaaten als auch in der Gemeinschaft, da die neuen Akteure (Regionen, Gemeinden, Wirtschafts- und Sozialpartner usw.) eine Redefinition der Beziehungen und der Strukturen herbeiführen und eine Verlagerung der Integrationsgewichte zugunsten kleinräumiger und überschaubarer Einheiten im Rahmen von Regionalisierungs- und Föderalisierungsansätzen anstreben.
Politikgestaltung und Politikimplementation im Bereich der Regionalpolitik konnten seit der Strukturfondsreform von 1988 von den Regionen mitgeprägt werden. Trotz der institutionalisierten Beteiligungsmöglichkeit blieb zunächst allerdings die Rolle der Regionen in Mitgliedstaaten mit traditionell zentralistischen Strukturen - so zum Beispiel in Griechenland, trotz der Reform von 1986 - weitgehend hinter den Erwartungen zurück. Dies ist auf Unzulänglichkeiten hinsichtlich der materiellen und personellen Ausstattung, auf Unerfahrenheit und Unsicherheiten, auf eine nötige Übergangszeit der Anpassung an die neuen Gegebenheiten und Institutionen, aber auch auf Trägheiten und Widerstände des Systems zurückzuführen.

2 Die Eindimensionalität der griechischen Europa-Politik: der Kampf um kohäsionspolitische Zugeständnisse

Durch den starken Rückstand der griechischen Regionen und der griechischen Volkswirtschaft insgesamt stellen sich die Fragen, ob Griechenland den zusätzlichen Erschütterungen und Spannungen im Rahmen der sich rasch entwickelnden europäischen Architektur standhalten und darüber hinaus Nutzen aus der Vollendung des Binnenmarktes und der Schaffung der Wirtschafts- und Währungsunion ziehen kann, und ob die griechische Politik imstande ist, die eröffneten Möglichkeiten auszunutzen, um positive Auswirkungen für die Regionen zu sichern, zur Dezentralisierung und zum Abbau der Regionaldisparitäten im Land zu führen und schließlich die bis heute ausgebliebene Konvergenz mit den Volkswirtschaften der anderen Mitgliedstaaten zu erzielen.

Aufgrund der Auffassung, daß die Vertiefung der Integration nur unter der Voraussetzung der realen Konvergenz zwischen den Mitgliedstaaten und den Regionen der Gemeinschaft erreichbar sein kann, strebte Griechenland seit seinem Beitritt die Verbindung der Weiterentwicklung der europäischen Integration mit dem Ausbau der gemeinschaftlichen Strukturpolitik und seinem Aufholungsprozeß an.[326]

Die Partnerschaft zwischen Griechenland und der Europäischen Gemeinschaft gestaltete sich schwierig und problematisch. Griechenland wurden enorme Anstrengungen im Rahmen einer fortdauernden Anpassung an die liberale Ordnung der Gemeinschaft abverlangt. An die Gemeinschaft wurden permanent und mit großer Aufdringlichkeit hohe kohäsionspolitische Forderungen gerichtet, während gleichzeitig - zumindest bis 1985 - eine integrationsskeptische bis -feindliche Politik betrieben wurde. Die Europa-Politik der "PASOK", die unmittelbar nach dem von der pro-europäischen Partei der "Nea Demokratia" vollzogenen Beitritt Griechenlands in die Gemeinschaft an die Macht kam, formierte sich auf der Basis von Widersprüchen. Auf der einen Seite stand ihre ideologische Aus-

[326] Siehe beispielsweise das griechische Memorandum an die Kommission der Europäischen Gemeinschaften vom 19. März 1982 oder das griechische Memorandum zur Stärkung des wirtschaftlichen Zusammenhalts in der Gemeinschaft vom Juni 1987, abgedruckt in: Perrakis, S./Gregoriou, P. (Hrsg.): Griechenland im Prozeß der Europäischen Integration (1981-1994). Dokumente, Athen, Komotini, 1994, (gr.), S. 22 ff. und 212 ff.

richtung und ihr oppositionelles Rollenverständnis vor den Parlamentswahlen im Oktober 1981, auf der anderen Seite die innen- und außenpolitische Realität und die erhöhte Verantwortung einer Regierungspartei. Die "PASOK" löste die Aufgabe mit dem Kompromiß eines "Sonderwegs" innerhalb der Gemeinschaft. Hierbei zielte sie auf eine weitgehende Berücksichtigung der griechischen "Besonderheiten" und auf die Durchsetzung der "nationalen" - primär nach sozioökonomischen Kriterien definierten - Interessen ab. Und obwohl die "Nea Demokratia" traditionell auf die Harmonisierung der griechischen Europa-Politik mit der Politik der anderen europäischen Partner setzte und die Politik der "PASOK" wiederholt als abenteuerlich und gefährlich apostrophiert hatte, stellte sie als Regierungspartei während der Verhandlungen zum Maastrichter Vertrag ebenfalls erhebliche kohäsions- und sicherheitspolitische Forderungen[327] und scheute sich auch nicht davor, die gemeinschaftliche Solidarität und Einsicht über die Toleranzgrenze hinaus herauszufordern, etwa in der Makedonien-Frage. Die Suche nach wirtschaftlichen Vorteilen und außenpolitischen Garantien bzw. nach diplomatischer Unterstützung genoß in Griechenland einen hohen überparteilichen Konsens, Unterschiede bestanden nur in der Taktik oder im politischen Stil der Regierungsparteien.[328]
Eine Reihe von kohäsionspolitischen "Integrationsgewinnen" erfüllte die griechischen Erwartungen. Zu nennen sind hier die Einfühung der integrierten Mittelmeerprogramme im Jahr 1985, das Festschreiben der wirtschaftlichen und sozialen Kohäsion und die Institutionalisierung des Europäischen Fonds für regionale Entwicklung durch die Revision der Römischen Verträge im Jahre 1986, das Delors-Paket I im Jahre 1988 und die Verdoppelung der Mittel der Strukturfonds für die Periode 1988-1992 sowie die Konzentration dieser Mittel zugunsten der Regionen mit Entwicklungsrückstand, das Delors-Paket II im Jahre 1992, die neue Strukturpolitik der Gemeinschaft einschließlich der Errichtung eines Kohäsionsfonds in den Jahren 1993/1994.

---

[327] Zu den Erwartungen und der Strategie der griechischen Politik siehe Axt, H.-J.: Financial Transfers and Security: Why Greece Favoured the Maastricht Treaty on European Union, in: Axt, H.-J. (Hrsg.): Greece and the European Union: Stranger among Partners, Baden-Baden, 1997, S. 110 ff.

[328] Deutlich wird dies beispielsweise bei genauer Betrachtung der Ziele des griechischen Memorandums von 1990 oder bei der Untersuchung der griechischen Verhandlungsstrategie zum Maastrichter Vertrag (siehe ebenda, S. 111 f. und 127 f. sowie 112).

Die griechische Europa-Politik wurde durch ihren eng hellenozentrischen Ansatz und ihre Eindimensionalität gekennzeichnet. Eine aktive Teilnahme am europäischen Integrationsprozeß erfolgte nur insoweit, als die zu behandelnden Fragen die griechischen Interessen direkt berührten oder als die griechische Initiative von der Regierungselite als notwendig für die Berücksichtigung und günstige Regelung aktueller oder offensichtlicher griechischer Angelegenheiten angesehen wurde. Politische Führung und Administration erwiesen sich als unfähig, die Bedeutung einer umfassenden und aktiveren Teilnahme zu begreifen und versäumten somit die Möglichkeit, die griechische Einflußnahme auf andere Seiten des Integrationsprozesses auszudehnen.

In Anbetracht seiner Lage und seiner Bedürfnisse setzte sich Griechenland massiv für das Vorantreiben einer positiven Integration ein, nämlich für den Ausbau der vorhandenen strukturpolitischen Mechanismen der Gemeinschaft, für die Entwicklung von neuen, flankierenden Politiken und für die Erhöhung der zur Verfügung stehenden Finanzmittel. In der Europa-Politik aller griechischen Regierungen dominierten die Ziele der Konvergenz und der Kohäsion in der Gemeinschaft, die seit dem Beitritt mit großer Ausdauer und Beharrlichkeit verfolgt wurden. Die extreme Konzentration der Bemühungen und die Unterordnung aller anderen Ziele war das Ergebnis einer finanzpolitischen Betrachtungsweise der Integration, deren oberstes Ziel die Maximierung der Absorption von Gemeinschaftsgeldern darstellte. Diese Betrachtungsweise reduzierte jedoch die Integration auf ein Minimum und verstärkte das negative Bild des Landes, das die EG ständig mit Forderungen konfrontierte. Dadurch wurde die Beziehung zwischen Griechenland und den anderen Mitgliedstaaten der Gemeinschaft zusätzlich belastet und erschwert. Im Gegensatz zu den Ergebnissen von P. Ioakimidis, die Europa-Politik Griechenlands sei von engen finanzpolitischen Ansätzen losgelöst, so daß die politische Dimension seit Anfang der neunziger Jahre intensiver zum Ausdruck käme[329], kann weiterhin eine enge Verkoppelung zwischen Integration und kohäsionspolitischen Zielsetzungen festgestellt werden. Richtiger erscheint, daß die Festlegung mehrjährig angelegter Finanzierungsrahmen für die Strukturpolitik nach 1988 zur Abkoppelung der Forderungen von dem politi-

---

[329] Ioakimidis, P. K.: Die griechische Verwaltung und die Ausgestaltung der Europa-Politik, in: Tsoukalis, L. (Hrsg.): Griechenland in der Europäischen Gemeinschaft: Die Herausforderung der Anpassung, Athen, 1993, (gr.), S. 226.

schen Geschehen in der Zwischenzeit führte und den nötigen Spielraum und Energie für Aktivitäten in anderen Politikbereichen freiließ.

Insgesamt war die griechische Teilnahme am europäischen Integrationsprozeß von einer defensiven Haltung geprägt, die auch nach der Wende in der Europa-Politik der "PASOK" von 1985 nicht vollkommen aufgegeben wurde, sondern nur aufgelockert werden konnte. Diese Haltung war auf die weit verbreitete Auffassung in Griechenland zurückzuführen, daß die Integration eine Bedrohung für die griechische Wirtschaft darstelle, gegen die es sich zu wehren gelte. Dies erfolgte zum einen durch die zögernde oder ablehnende Haltung Griechenlands gegenüber weitreichenden Integrationsschritten, zum anderen durch die Forderung nach flankierenden Maßnahmen und neuen Politiken der Gemeinschaft sowie nach Erhöhung der Mittel für kohäsionspolitische Zwecke.
Das starke Gefälle zwischen Griechenland und der Europäischen Gemeinschaft, die wirtschaftlichen Mißerfolge der griechischen Regierungen während der achtziger und zu Beginn der neunziger Jahre, die Notwendigkeit schwerer, unfruchtbare Bemühungen zur Verbesserung der makroökonomischen Größen und der Situation der Regionen in Griechenland sowie die permanenten Forderungen Griechenlands in den Gremien der Gemeinschaft führten das Land zunehmend zur Marginalisierung und Isolation.
Die gerechtfertigte Befürchtung, daß die durch die Einheitliche Europäische Akte eingeleitete und den Vertrag über die Europäische Union bestätigte "abgestufte Integration" in der Gemeinschaft ein "Europa der verschiedenen Geschwindigkeiten" nicht nur de facto, sondern auch auf institutioneller Ebene zur Folge haben kann, trifft für Griechenland besonders zu. So unterstrich Kasakos: "Für Griechenland ist die volle Teilnahme am weiteren Integrationsprozeß keine Frage des politisch-ideologischen Prinzips. Das Problem liegt in der wirtschaftlichen Pathologie ... Griechenland will am Integrationsprozeß weiterhin teilnehmen, aber die Frage ist, ob es das auch kann."[330]

---

[330] Kasakos, P.: Die integrationspolitischen Initiativen der 80er Jahre und die griechische Europa-Politik, a.a.O., S. 108 f.

3 Die Ergebnisse der Regionalpolitik der Gemeinschaft in Griechenland

Eine Gesamtbetrachtung der Ergebnisse der gemeinschaftlichen Regionalpolitik in der Periode 1975-1993 verdeutlicht die Tatsache, daß trotz der unternommenen Anstrengungen in diesem Bereich sowohl die Gemeinschaft als auch die Mitgliedstaaten nicht in der Lage waren, der Herausforderung des Abbaus der regionalen Disparitäten gerecht zu werden und die erwünschte Konvergenz zu bewirken. Es ist allerdings davon auszugehen, daß diese Politik, in vielen Fällen eine regionale Entwicklung in Gang setzte, eine Katalysatorfunktion zur Modernisierung von Wirtschaft, Politik und Gesellschaft in den Regionen erfüllte sowie als Mittel fungierte, um noch stärker divergierende Entwicklungen in der Gemeinschaft zu vermeiden.

Bei der Bewertung der Auswirkungen der gemeinschaftlichen Regionalpolitik in Griechenland läßt sich eine konsequente Fortentwicklung des griechischen Systems feststellen, die teils als Ergebnis eines kognitiven Lernprozesses, teils als Zwangsanpassung an die neuen Gegebenheiten und Bedürfnisse erfolgte. Die Verbesserungen erfaßten hierbei das gesamte griechische regionalpolitische Spektrum, von der Planung bis zur Durchführung, wobei Politikgestaltung und -implementation in einer positiven Interaktion zwischen der Gemeinschaft und den nationalen Interventionsträgern stattfanden.
Die griechische Teilnahme an der Gemeinschaft hatte nicht nur eine Hebelwirkung und bedeutende Mitnahmeeffekte für das regionalpolitische System, sondern funktionierte auch als Trittbrett für die Bewältigung von einschneidenden Reformen der griechischen Regionalpolitik.
Andererseits erfolgte der gemeinschaftliche Beitrag in einer Zeit von günstigen Reformen des Systems, die schließlich nicht nur das griechische regionalpolitische System vorantreiben konnten, sondern auch die Implementierung der Regionalpolitik der Gemeinschaft in Griechenland erleichterten bzw. ermöglichten. Trotzdem konnten bis heute sowohl viele der alten Probleme und Defizite des Systems als auch neue, die aus der Interaktion mit den Mechanismen der Gemeinschaften entstanden, nicht zufriedenstellend gelöst werden. Die daraus resultierenden Aufgaben und Herausforderungen für die griechische Politik betreffen zum einen die Überwindung der partiellen Schwächen und Unvollkommenheiten der verschiedenen Instrumente des regionalpolitischen Systems, zum

anderen die Schaffung von kommunikativen Plattformen zur Überwindung des in unabhängigen und isolierten Bestandteilen fragmentierten Systems.

Aus der Analyse der sozioökonomischen Lage und Entwicklung der griechischen Regionen geht hervor, daß seit Anfang der siebziger Jahre und hauptsächlich seit den achtziger Jahren eine Tendenz zum Abbau der dualistischen Strukturen zwischen Zentrum und Peripherie bzw. zum Abbau der Disparitäten zwischen den Regionen hinsichtlich der Lebensstandards einsetzte. Zu nennen sind hier die Ausstattung der Regionen mit grundlegender und wirtschaftsnaher Infrastruktur bzw. die Verbesserung und der Ausbau der vorhandenen Infrastrukturausstattung, der allgemeine Anstieg des Lebensstandards, die Verbesserung der Werte wichtiger ökonomischer Indikatoren in mehreren Regionen sowie die Beschleunigung der Entwicklung von mittleren urbanen und semi-urbanen Zentren. Die demographische Stabilisierung in der Peripherie und sogar die Umkehr der zentripetalen Tendenzen sind indikativ für die stattgefundenen Verbesserungen. Diese positiven Entwicklungen sind auf die Entwicklungsdynamik selbst, aber auch auf die entwicklungspolitischen Auffassungen der "PASOK" und die betriebene Politik zur Unterstützung der Peripherie sowie auf den Entwicklungsbeitrag der Strukturfonds der Gemeinschaft - hauptsächlich des Europäischen Fonds für regionale Entwicklung - zurückzuführen. Aber auch die Transferleistungen aus der Abteilung Garantie des Europäischen Ausrichtungs- und Garantiefonds für die Landwirtschaft trugen zur Stützung der Agrareinkommen und zur Erhaltung von Arbeitsplätzen in der griechischen Peripherie bei. Die Erfolgsergebnisse der konvergierenden Regionen sind allerdings weitgehend mit der Sättigung der Entwicklungszentren Athen und Thessaloniki in Verbindung zu bringen oder als Ausdruck der Entwicklung von punktuellen Aktivitäten innerhalb einer Branche oder eines Sektors, wie z.B. des Tourismus, zu erklären und weniger als ein umfassender konvergierender Prozeß zu interpretieren.
Die Annäherung der Lebensstandards wurde in den meisten Fällen nicht von einer entsprechenden Annäherung der Produktionsniveaus oder der Produktionsstrukturen und potentiale begleitet. Und in vielen Fällen, wo eine Umstrukturierung bzw. Modernisierung der Produktionsstrukturen nicht vonstatten gegangen ist, könnte der anhand der sozioökonomischen Indikatoren zu verzeichnende Erfolg von begrenzter Dauer sein. Hinzu kommt die Tatsache, daß von der geographischen Erweiterung des Entwicklungsprozesses hauptsächlich die dynamischen

Gebiete innerhalb jeder Region profitierten, während sich die Abschwächung und Degradierung der problematischen Gebiete weiter fortsetzte.
Das griechische Regionalproblem kommt erheblich intensiver zum Ausdruck, wenn der Betrachtungshorizont der Analyse die nationalen Grenzen überschreitet und die Europäische Gemeinschaft als Bezugsrahmen herangezogen wird. Bei einer schwachen Entwicklung Griechenlands insgesamt vermochten nur vier von dreizehn griechischen Regionen, nämlich Ostmakedonien und Thrakien, Ionische Inseln, Südägäis und Kreta, eine konvergierende Entwicklung zu den gemeinschaftlichen Durchschnitten zu verzeichnen.
Insgesamt ist festzustellen, daß trotz positiver Entwicklungen und Verbesserungen sowohl die Disparitäten zwischen den griechischen Regionen untereinander als auch die Disparitäten zwischen den griechischen Regionen und der Gemeinschaft auf einem hohen Niveau blieben. Darüber hinaus bleibt abzuwarten, ob die erfolgten Fortschritte in den griechischen Regionen (z.B. hinsichtlich der Infrastrukturausstattung oder hinsichtlich der Lebensstandards) sich auch auf die ökonomischen Indikatoren dort auswirken werden.

Wird der Versuch unternommen, die eingetretenen demographischen Erholungstendenzen und die Verbesserung der sozioökonomischen Charakteristika in den griechischen Regionen auf die Tätigkeit des Europäischen Fonds für regionale Entwicklung zu beziehen, so sind positive Auswirkungen der Förderung nicht abzustreiten, diese lassen sich allerdings kaum quantifizieren. Eine genaue Erfassung der Auswirkungen kann nach aktuellem Stand der Theorie nicht erfolgen, so daß ein konkreter Zusammenhang zwischen der regionalpolitischen Förderung und den Entwicklungen in den Regionen nicht wissenschaftlich nachweisbar ist. Methodische Hemmnisse und Grenzen sowie technische Schwierigkeiten verhindern eine Bewertung der Auswirkungen der Interventionen. Diese ist allerdings notwendig, um eine Effizienzsteigerung der Strukturfonds zu erzielen und um strategische Entscheidungen über die Ausgabenverteilung zwischen Interventionen und Fördergebieten treffen und begründen zu können, aber auch um die Förderung selbst zu rechtfertigen. Dieser Rechtfertigung kommt eine noch erheblichere Rolle in Zeiten zu, die durch die Knappheit der Haushaltsmittel in allen Politikbereichen gekennzeichnet sind.
Vor 1988 wurde der Bewertung der Interventionen eine geringe Rolle beigemessen, was die Hypothese einer Betrachtung der Regionalpolitik der Gemeinschaft

als bloßen Kompensationsmechanismus bzw. als Tauschgeschäft im Rahmen des Integrationsprozesses unterstützt. Darüber hinaus wurde grob angenommen, daß die Förderungswürdigkeit der Interventionen automatisch signifikante entwicklungspolitische Ergebnisse in den Regionen bzw. im Land garantieren würde. Allmählich erfolgte hier ein konzeptioneller Wandel. Seit der Reform der Strukturfonds von 1988 wurden von der Europäischen Kommission und den Mitgliedstaaten zunehmende Anstrengungen unternommen, um eine Methode zur Bewertung der Interventionen zu entwickeln. Diese konnte dennoch bis zum Ende der Planungsperiode 1989-1993 bzw. bis in die nächste Planungsperiode hinein nur ansatzweise erarbeitet werden.

Vergleicht man trotz dieses Bewertungsdefizits die zwei Phasen der EFRE-Interventionen in Griechenland, 1981-1988 und 1989-1993, nach dem Kriterium der entwicklungspolitischen Ergebnisse, so gewinnt man den Eindruck, daß die Regionalpolitik der Gemeinschaft seit der Reform der Strukturfonds von 1988 eine deutlich substantiellere Unterstützung bzw. Motivation für die Entwicklungsbemühungen in den Regionen und im Land insgesamt erbringen konnte. Und dies nicht nur wegen der massiven Erhöhung der Fördermittel und des EFRE-Anteils an den griechischen Bruttoanlageinvestitionen, was angesichts der Knappheit der Mittel für strukturpolitische Zwecke im Land einen ausreichenden Grund gewähren dürfte. Ausschlaggebend sind hier die Erhöhung der Adäquanz und Qualität der Interventionen sowie die Verbindlichkeit der Planung.

Die Bedeutung der Tätigkeit des Europäischen Fonds für regionale Entwicklung in Griechenland erschöpft sich nicht in der Verbesserung der sozioökonomischen Indikatoren der Regionen. Viel wichtiger erscheinen hier die Auswirkungen auf die Substanz der griechischen Regionalpolitik selbst durch die Intensivierung und Konkretisierung der Entwicklungsbemühungen sowie durch die Bereicherung der Konzeptionierung und der Methodik der Regionalpolitik. Diese qualitativen Sprünge sind auf die doppelte Funktion der Förderung aus dem Fonds als Entwicklungsmotivation und Anpassungszwang von oben zurückzuführen und wurden durch die finanzielle Unterstützung erleichtert bzw. überhaupt ermöglicht.

Darüber hinaus ist davon auszugehen, daß der Fonds zur positiven Beeinflussung der regionalen Entwicklungsmentalität und zur Stärkung des regionalen Bewußt-

seins beigetragen hat, da die Menschen in den Regionen durch die zunehmende Berücksichtigung der regionalen Bedürfnisse und des endogenen Entwicklungspotentials sowie durch die ihnen zugewiesenen Mitspracherechte und Mitwirkungsmöglichkeiten die Gelegenheit bekamen, ihre Mündigkeit zur regionalpolitischen Tätigkeit zu erlangen und ein "Wir-Gefühl" zu entwickeln.
Andererseits muß das integrative Element der Tätigkeit des Europäischen Fonds für regionale Entwicklung unterstrichen werden, da die allmähliche Änderung der griechischen Haltung gegenüber der Gemeinschaft von einer europakritischen hin zu einer pro-europäischen Prägung mit der Ausübung und dem Ausbau der gemeinschaftlichen Strukturpolitik zusammenhing.[331] Obwohl diese Akzeptanz anfangs auf einem eng definierten nutzenmaximierenden Ansatz auf der Basis fiskalischer Überlegungen und somit auf einer Negation aufbaute, wurde dadurch das Zugehörigkeitsgefühl Griechenlands zu der Gemeinschaft gefestigt und die Teilnahme am Integrationsprozeß als die einzige denkbare Möglichkeit bekräftigt.[332]
Diese Faktoren bewirkten nicht nur die Beschleunigung der Anpassungsgeschwindigkeit Griechenlands, sondern schufen auch die Voraussetzungen für eine weniger reibungsintensive Integration des Landes in die Gemeinschaft und führten aufgrund einer positiven Wechselwirkung zu einer Integrationsspirale. Diese ermöglichte wiederum trotz gewisser Trägheiten, Anpassungsschwierigkeiten und Defizite die Überwindung von traditionellen und veralteten Schemata und die Entwicklung von modernen, bedarfsadäquaten und funktionsfähigen Strukturen, die eine deutliche entwicklungs- und regionalpolitische Wirkung erzielten.

Berücksichtigt man die positiven Auswirkungen der Regionalpolitik der Gemein-

---

[331] Hierzu vgl. auch Axt, H.-J.: Financial Transfers and Security: Why Greece Favoured the Maastricht Treaty on European Union, a.a.O., S. 103 ff.

[332] Hierzu vgl. die Schaubilder "Zustimmung zur Mitgliedschaft in der Europäischen Union 1981-1996 - Griechenland" und "Vorteile durch die Mitgliedschaft in der Europäischen Union 1983-1996 - Griechenland", beide in: "Eurobarometer - Die öffentliche Meinung in der Europäischen Union", Heft 46 (Herbst 1996), Europäische Kommission, Amt für amtliche Veröffentlichungen, Luxemburg, 1997, S. 17. Eine Erforschung der Zustimmungsgründe oder eine Spezifizierung der Vorteile ist allerdings nicht erfolgte. Auf Anfrage wurde dem Verfasser bestätigt, daß Angaben zur Rolle der Regional- bzw. Strukturpolitik weder bei der Europäischen Kommission (Generaldirektion X) noch bei den zuständigen Stellen in Griechenland (KEME) vorliegen.

schaft in Griechenland auf das gesamte regionalpolitische System, die Höhe der ins Land geflossenen Gelder und die der Förderung von allen Seiten beigemessene entwicklungspolitische Bedeutung, erstaunt die Tatsache um so mehr, daß Quantität und Qualität der öffentlichen Diskussion über die Thematik während des gesamten Zeitraums 1981-1993 deutlich zu wünschen übrig ließen. Sowohl das griechische Parlament als auch die griechische Presse versäumten eine intensive, eingehende und ernsthafte Auseinandersetzung mit dieser Politik. Die starren politischen Strukturen und die Lasten der Vergangenheit bewiesen eine hartnäckige Resistenz gegenüber Mitnahmeeffekten aus der betriebenen Regionalpolitik und verhinderten, daß die griechische Politik sich für weitergehende Fragen interessierte als für den ungehinderten Mittelfluß ins Land. Die Regional- bzw. die Strukturpolitik insgesamt wurde fast ausschließlich im Sinne eines finanzzentrierten Ansatzes als rein technische Angelegenheit wahrgenommen, deren primäres Ziel die Maximierung der Absorption von gemeinschaftlichen Geldern bildete. Planung und Durchführung der Förderung aus den Strukturfonds wurde dementsprechend der zuständigen Ministerialverwaltung bzw. den Trägern der Interventionen überlassen. Und eben an diesen Berührungsstellen fanden Verbesserungen statt.
Fortschritt und Modernisierung erfolgten insofern als Anpassung des Systems der Regionalpolitik an die exogenen Herausforderungen und Notwendigkeiten, und deren Träger war die Administration. Nur mit großer Verzögerung wurden Politik und Presse in Griechenland auf die Regionalpolitik der Gemeinschaft aufmerksam, wahrscheinlich aufgrund der massiven Unterstützung des Landes im Rahmen des ersten und des zweiten Gemeinschaftlichen Förderkonzepts. Die ersten Anzeichen eines intensiveren und sachgerechten Umgangs mit der Thematik im Vorfeld des zweiten Delors-Pakets sind aber auch hier als Ergebnisse eines Modernisierungsprozesses zu deuten.

4 Die Suche nach der geeigneten Politik

Ausgehend von den Defiziten des regional- bzw. strukturpolitischen Systems der Gemeinschaft sowie von den damit verbundenen, erheblichen Verwaltungskosten wird in der wissenschaftlichen Diskussion oft seine Ablösung durch einen Finanzausgleich in Betracht gezogen.[333]

Berücksichtigt man jedoch die Mitnahme- und Modernisierungseffekte der Regionalpolitik der Gemeinschaft in Griechenland oder die innovative Energie der gemeinschaftlichen Organe hinsichtlich der Entwicklungsstrategien und -instrumente, so wird deutlich, daß die finanzielle Unterstützung keinesfalls die einzige Dimension der Förderung ist und auch nicht ihren wichtigsten entwicklungspolitischen Beitrag darstellt. Aber auch die durch die Interaktion der Akteure im Rahmen der Regionalpolitik der Gemeinschaft erzeugte Integrationsdynamik scheint in den für einen ungebundenen Finanzausgleich in der Gemeinschaft plädierenden Ansätzen kaum Beachtung zu finden. Sogar bei Annahme der Bewältigung eines Finanzausgleichs, der bis heute - vor allem bei den leistungsstärkeren Mitgliedstaaten - nicht vorhandenen diesbezüglichen Bereitschaft in der Gemeinschaft[334] oder einer geeigneten Entwicklung der Strukturen in den ärmeren Mitgliedstaaten, die dazu befähigen würde, diesen Finanzausgleich problemadäquat und erfolgreich zu nutzen, erweist sich diese Alternative vor dem Hintergrund dieser Betrachtungen als wenig sachgerecht.

Aber auch aus Gründen der Integrationseffizienz ist ein ungebundener Finanzausgleich abzulehnen. Auf die Frage "Welches Finanzausgleichssystem braucht Europa?" gibt C. Folkers folgende Antwort: "Es scheint, daß die im Zuge der institutionellen Entwicklung herausgebildeten Strukturen trotz vielfältiger Ineffizienzen grundsätzlich auf das Integrationsziel ausgerichtet sind und nicht durch

---

[333] Vgl. Lammers, K., a.a.O., S. 12 ff.; Krieger-Boden, Chr., a.a.O., S. 96; Riddinger, R.: EG-Regionalpolitik. Wirtschaftlicher und sozialer Zusammenhalt in der Europäischen Gemeinschaft, Hamburg, 1992, S. 97 f.; Waniek, R. W.: Die Regionalpolitik der Europäischen Gemeinschaft - eine kritische Bestandsaufnahme, Bochum, 1992, S. 121 ff. und 170 ff. sowie Ordnungspolitische Elemente und Defizite der europäischen Regionalpolitik, in: Orientierungen zur Wirtschafts- und Gesellschaftspolitik, Jg. 51, Heft 1/1992, Bonn 1992, S. 23 f.

[334] Hierzu siehe Tillmans-Estorf, B.: Die Strukturpolitik der Europäischen Union - Eine kritische Analyse ihrer Ziele, Instrumente und Maßnahmen am Beispiel Portugals, Bonn, 1997, S. 347 ff.

ein grundlegend anderes System ersetzt werden sollten. Den meisten der auf grundsätzliche Systemänderungen ausgerichteten Reformvorschläge ist die Tatsache gemeinsam, daß sie nicht aus den Kriterien des Integrationsprozesses, sondern aus anderen, für föderative Nationalstaaten geltenden Kriterien abgeleitet sind und keine problemadäquaten Alternativen anbieten."[335]

Betrachtet man darüber hinaus die Gemeinschaft als Verflechtungssystem, so entfernt sich - zumindest in absehbarer Zukunft - die Perspektive einer radikalen Reform der gemeinschaftlichen Strukturpolitik. Mit Sicherheit können nicht alle innerhalb der Reformdiskussion erkannten Defizite des Systems[336] aufgegriffen werden. Die Tendenz ist eher eine Reform innerhalb des bestehenden Systems, die auf die Erhöhung der Effizienz dieses Politikbereichs abzielt. Die starke Konzentration der Fördermittel, wahrscheinlich bis hin zu einem punktuellen Einsatz, die Verringerung und Präzisierung der Ziele sowie die Verringerung der Anzahl der Gemeinschaftsinitiativen, die Vereinfachung der Prozesse, die die bessere Bewertung und Kontrolle der Interventionen und schließlich die Erhöhung der Transparenz sind die Felder, auf denen intensive Bemühungen und deutliche Verbesserungen zu erwarten sind. Größte Herausforderung und treibende Kraft einer Reform wird die mangelnde Finanzierbarkeit der Strukturpolitik der Gemeinschaft bleiben, die Lösung dieser Aufgabe wird Umfang und Inhalt der Reform bestimmen.

Auf der Suche nach einer Strategie zur Regionalentwicklung ist jedesmal die Politik praktisch dazu gezwungen, "Neuland" zu betreten. Eine Studiengruppe unter R. Camagni und M. Quevit stellte diesbezüglich fest: "Short cuts or recipes for development do not exist; there is no single 'miracle ingredient' (e.g. infrastruc-

---

[335] Folkers, Cay: Welches Finanzausgleichssystem braucht Europa?, in: Karl, H./Henrichsmeyer, W. (Hrsg.): Regionalentwicklung im Prozeß der europäischen Integration, Bonn, 1995, S. 87-107, vgl. auch S. 96.

[336] P. Klemmer systematisierte diese Defizite in folgenden Vorwürfen: Vorwuf des ordnungspolitischen Versagens; Vorwurf der Inkonsistenz; Vorwurf der Inflexibilität und inflationären Ausweitung der Fördergebiete; Vorwurf der mangelnden Finanzierbarkeit; Vorwurf der langen und komplexen Verfahren; Vorwurf der ungerechtfertigten Zentralisierung; Vorwurf der Pervertierung der Regionalpolitik zum Finanzausgleichssubstitut (siehe Klemmer, P.: Regionalpolitik, in: Handbuch Europäische Wirtschaftspolitik, hrsg. von Klemmer, P., München, 1998, S. 505 f.).

ture) which explains success or failure. Development builds upon a multiplicity of preconditions that have to be present at the same time and that need to be creatively exploited by the region."[337] Obwohl die Wichtigkeit einer gesunden makroökonomischen Basis sowie einer guten Infrastrukturausstattung a priori akzeptiert wird, so daß diese Faktoren als notwendig für die Regionalentwicklung anerkannt werden, stellen sie keine hinreichenden Voraussetzungen dar. Aufgrund der unterschiedlichen Erfahrungen in den einzelnen Regionen zog die Kommission den Schluß, daß es nicht nur von diesen Faktoren und dem Umfang der geleisteten Hilfe abhängt, ob die regionalen Probleme erfolgreich gelöst werden können, sondern auch von den dabei anzuwendenden Politiken und Maßnahmen.[338] Mitgliedstaaten und Regionen tragen diesbezüglich eine erhöhte Verantwortung. Die Natur und das Ausmaß der Probleme in den schwachen Regionen bedeuten allerdings, daß die Bemühungen dort intensiver sein müssen.

Eine zentrale Herausforderung für die künftige Regionalpolitik sowohl der Gemeinschaft als auch der Mitgliedstaaten stellt der Übergang von ausgaben- hin zu leistungsorientierten Interventionen dar. Dieses Ziel konnte im Rahmen einer linearen Wahrnehmung der Entwicklungsförderung und einer defensiven, finanzzentrierten Betrachtung der Integration in der Vergangenheit nur begrenzt von den Mitgliedstaaten internalisiert und umgesetzt werden. Die erfolgten Rationalisierungen des regionalpolitischen Systems und die unternommenen integrationspolitischen Schritte wurden außerdem von erheblichen Erhöhungen der zur Verfügung stehenden finanziellen Mittel begleitet, so daß die Mitgliedstaaten wenig Druck hierzu verspürten. Angesichts der neuen Herausforderungen für die Gemeinschaft, der realen Kapazitätsgrenzen des Fördersystems und der sinkenden Akzeptanz der strukturpolitischen Ausgaben in der öffentlichen Meinung der nettozahlenden Mitgliedstaaten wird neben den inhaltlichen, verfahrenstechnischen und institutionell-organisatorischen Verbesserungszielsetzungen die Notwendigkeit einer Rollensuche für die Regionen und der Bedarf nach Erschließung von neuen Aktivitäten bzw. nach Ausbau von bisher vernachlässigten Politikfeldern (z.B. der Raumordnungspolitik) offensichtlich.

---

[337] "Cohesion and the Development Challenge Facing the Lagging Regions", a.a.O., S. 52.

[338] Vgl. "Die gemeinschaftlichen Strukturpolitiken der Gemeinschaft - Bilanz und Perspektiven", a.a.O., S. 7. Vgl. auch die Ergebnisse der Studie "Cohesion and the Development Challenge Facing the Lagging Regions", a.a.O., S. 14 ff. und 68 ff.

Hinzu kommt kommt die Tatsache, daß die künftige Regionalpolitik im Kontext der geänderten internationalen Wirtschaftsbedingungen operieren muß. Sich in Entwicklung befindende Prozesse, wie die Globalisierung und Liberalisierung der Märkte oder der Einsatz von neuen Technologien, verändern sprungartig und revolutionär das bekannte Weltbild bezüglich der internationalen Arbeitsteilung und Wettbewerbsfähigkeit. Eine Regionalpolitik zur Erhaltung von bequemen, auf kurzfristigen Kostenvorteilen innerhalb der Europäischen Union basierenden inter-industriellen Entwicklungsszenarien und von veralteten, inadäquaten Strukturen würde lediglich die Anfälligkeit der ohnehin schwachen Regionen erhöhen und Rationalisierungs- bzw. Spezialisierungstendenzen abbremsen. Eine Regionalpolitik zur Erhöhung des Lebensstandards aufgrund einer ausgeprägt distributiven Dimension der Interventionen würde eine realitätsferne, marktfremde und auf kostspieligen Transfers aufgebaute Richtung darstellen. Darüber hinaus würde sie der strukturellen Natur der Disparitäten und somit den eigentlichen strukturpolitischen Aufgaben wenig Beachtung schenken und wäre ebenso zum Scheitern verurteilt.
Zu den Vorgaben einer Politik zur Regionalentwicklung gehört schließlich ihre Harmonisierung mit den wirtschaftspolitischen Richtungen und Strategien der Gemeinschaft, deren Grundzüge von der Kommission erarbeitet wurden.[339] Diese Aufgabe ist nicht nur kompatibel mit den Zielsetzungen einer künftigen Regionalpolitik, sondern stellt auch eine Voraussetzung für die Nachhaltigkeit der Entwicklung in den Regionen dar.

Die entwicklungs- und regionalpolitischen Aufgaben und Herausforderungen für Griechenland befinden sich in den Bereichen der makroökonomischen Größen, des regionalpolitischen Systems und der entwicklungspolitischen Strategien. Das griechische regionalpolitische System erwies eine deutliche Empfänglichkeit für weitreichende Änderungen, wurde allerdings auch aufgrund einer erhöhten Interaktion mit dem regionalpolitischen System der Europäischen Gemeinschaft viel intensiver als andere Bereiche einem Anpassungs- und Modernisierungsdruck ausgesetzt.

---

[339] Siehe das Weißbuch der Kommission der Europäischen Gemeinschaften "Wachstum, Wettbewerbsfähigkeit, Beschäftigung - Herausforderungen der Gegenwart und Wege ins 21. Jahrhundert", a.a.O., S. 7 ff.

Bei der Beurteilung der entwicklungs- und regionalpolitischen Strategien des neuen Regionalentwicklungsplans für Griechenland wird deutlich, daß viele der angesprochenen Defizite und Fehler der Vergangenheit diagnostiziert sowie daß vorhandene Möglichkeiten und Chancen erkannt worden sind.
Weder eine spürbare Verbesserung der makroökonomischen Größen noch der Übergang zu einer intra-industriellen Spezialisierung oder die Realisierung von geopolitischen Szenarien, die eine besondere politische und ökonomische Rolle für das Land in dem Balkan- und dem östlichen Mittelmeerraum vorsahen, konnten jedoch erfolgen. Eine Reihe von Faktoren, wie die permanenten strukturellen Hemmnisse in Griechenland, die in einer Kompromißlogik gefangene tagespolitische Realität im Zusammenhang mit dem Mangel an sozialpolitischem Konsens und Akzeptanz für weitgehende, notwendigerweise mit hohen sozialen Kosten verbundene Reformschritte, die Rezession Anfang der neunziger Jahre und die Entwicklungen im früheren Jugoslawien, verhinderten bis heute das Eintreten von positiven Änderungen.
Hierbei ist jedoch zu unterstreichen, daß nicht nur qualitative und quantitative Verbesserungen von Bedeutung sind, sondern auch die benötigte Zeit für die Bewältigung der gestellten Aufgaben.

Anhang

A. Verzeichnis der im Anhang enthaltenen Tabellen

Quelle der Tabellen

1-3: "Erster Bericht über den wirtschaftlichen und sozialen Zusammenhalt 1996", a.a.O., S. 132, 135, 137
4-7: "Der EFRE in Zahlen 1988 ...", a.a.O., S. 5, 7, 9 ff., 24 f., 33 f.
8: "Gemeinschaftliches Förderkonzept 1989-1993 ...", a.a.O. (in engl. Sprache), S. 52 ff.
9-26: Wirtschaftsministerium: Neunter Bericht des Begleitausschusses des Gemeinschaftlichen Förderkonzepts 1989-1993, a.a.O., o.S.

B. Verzeichnis der im Anhang enthaltenen Schaubilder

Quelle der Schaubilder

Eurobarometer - Die öffentliche Meinung in der Europäischen Union, Heft 46 (Herbst 1996), Europäische Kommission, Amt für amtliche Veröffentlichungen, Luxemburg, 1997, S. 17.

C. Verzeichnis der im Anhang enthaltenen Karten

Quelle der Karten

Regionen: Statistisches Jahrbuch, a.a.O., 1989 und 1996, o.S.

Tabelle 1

Regionale Disparitäten bei Einkommen und Arbeitslosigkeit nach Mitgliedstaaten 1983 und 1993

Mitgliedstaaten	BIP pro Kopf KKS (EUR15=100)		Arbeitslosigkeit % der Erwebsbevölkerung	
	1983	1993	1983	1993
B	105,4	113,6	11,1	8,9
DK	108,6	112,0	8,9	10,1
D (W)	116,5	107,9	6,9	5,9
GR	61,9	64,5	7,1	8,6
E	70,5	77,8	17,5	22,8
F	113,4	109,1	8,1	11,7
IRL	63,6	80,2	14,0	15,6
I	101,6	103,5	7,7	10,3
L	131,9	162,2	3,5	2,7
NL	102,7	103,6	9,7	6,6
A	107,6	112,0	4,1	4,1
P	55,1	68,2	7,8	5,7
FIN	100,7	91,4	6,3	17,5
S	112,3	98,2	3,9	9,5
UK	98,7	89,9	11,1	10,5

Tabelle 2

Disparitäten beim BIP pro Kopf in KKS nach Regionen innerhalb der Mitgliedstaaten 1983-1993

(EUR15=100, Standardabweichung)

	1983	1984	1985	1986	1987	1988	1989	1990	1991	1992	1993
Griechenland	6,6	6,9	6,5	6,6	6,9	6,9	6,3	6,2	7,0	7,3	7,7
EUR15 (nach Regionen)	26,8	27,1	27,5	27,2	27,0	26,9	26,7	26,9	29,7	28,8	27,2
EUR15 (nach Mitgliedstaaten)	17,2	17,6	17,5	17,3	16,6	16,2	15,7	15,7	13,5	13,5	12,8

Tabelle 3

Disparitäten bei den Arbeitslosenquoten nach Regionen innerhalb der Mitgliedstaaten 1983-1993

(Standardabweichung)

	1983	1984	1985	1986	1987	1988	1989	1990	1991	1992	1993
Griechenland	0,7	0,9	1,8	2,6	1,9	2,1	1,9	1,9	2,1	2,1	2,4
EUR 12	4,2	4,8	5,3	5,3	5,5	5,4	5,2	4,9	4,0	4,9	5,7
EUR15 (Regionen)	4,2	5,0	5,4	5,4	5,6	5,5	5,3	4,9	5,0	4,8	5,6
EUR15 (Mitgliedstaaten)	3,1	3,8	4,3	4,2	4,1	3,9	3,5	3,6	3,7	3,4	4,4

Tabelle 4

1975-1988 gebundene Mittel für Griechenland,
Anzahl der Programme, Vorhaben und Studien

in Mio. ECU

	Programme			Vorhaben				Studien	Insgesamt
	Gemeinschaft	N.P.G.I.	Insgesamt	Industrie, Dienstleistungen und Handwerk	Infrastrukturen	Endogenes Entwicklungs-potential	Insgesamt		
Gebundene Mittel	12,98	250,40	263,38	34,51	2149,65	0	2184,16	0,24	2447,78
Anzahl	2	8	10	133	1482	0	1615	6	1631

Tabelle 5

Regionale Aufgliederung der 1975-1988 gebundenen Mittel für Griechenland
nach Programmen, Vorhaben und Studien

in Mio. ECU

Region	Programme			Vorhaben				Studien	Insgesamt
	Gemeinschaft	N.P.G.I.	Insgesamt	Industrie, Dienstleistungen und Handwerk	Infrastrukturen	Endogenes Entwicklungs-potential	Insgesamt		
Östliche Festland und Inseln	0	4,5	4,5	1,76	166,07	0	167,83	0	172,33
Zentral- und Westmakedonien	0	0	0	3,81	749,29	0	753,10	0	753,10
Westliches Festland und Peloponnes	0	37,05	37,05	2,89	335,23	0	338,12	0	375,17
Thessalien	0	0	0	2,79	137,38	0	140,17	0	140,17
Ostmakedonien	0	0	0	1,83	123,97	0	125,80	0	125,80
Kreta	0	37,43	37,43	0,99	114,18	0	115,17	0	152,60
Ipeiros	0	0	0	4,56	178,71	0	183,27	0	183,27
Thrakien	0	0	0	7,40	73,01	0	80,41	0	80,41
Ostägäische Inseln	0	1,64	1,64	4,59	90,52	0	95,11	0	96,75
Multiregional	12,89	169,78	182,76	3,89	181,29	0	185,18	0,24	368,18
Insgesamt	**12,89**	**250,40**	**263,38**	**34,51**	**2149,65**	**0**	**2184,16**	**0,24**	**2447,78**

Tabelle 6

Aufgliederung der 1985-1988 gebundenen Beträge für Programme in Griechenland

in Mio. ECU

Programm	Gesamtbetrag	Mittelbindungen 1985-1987
IMP-Kreta	85,73	37,43
IMP- Nordgriechenland	150,24	71,43
IMP- Informationstechnologien	26,58	8,79
IMP-Westgriechenland und Peloponnes	153,04	62,96
IMP-Ägäische Inseln	114,44	28,53
IMP-Mittel- und Ostgriechenland	159,83	35,12
STAR	100,00	10,24
VALOREN	50,00	2,74
NPGI-Chios	21,86	1,64
NPGI-Phokida	24,41	4,50

Tabelle 7

Spezifische Gemeinschaftsmaßnahmen für Griechenland Mittelbindungen und Zahlungen

in Mio. ECU

	Mittelausstattung	Mittelbindungen	Zahlungen	Mittelbindung / Mittelaustattung in %	Zahlung / Mittelbindungen in %
Erweiterung	40,000	30,561	30,561	76,40	100,00
Energie	20,000	12,044	11,791	60,22	97,90

Tabelle 8

Provisional financing plan by priority and type of assistance at 1989 prices
A National section of Community support framework

GREECE 1989-93 (ECU 1 000)

Development priorities		Total cost	Total public expenditure	Community grants: Total	ERDF	ESF	EAGGF	Other **	National public finance requirements: Total	State	Region	Other	Private sector	Community loans
		1 = 2 + 12	2 = 3 + 8	3 = 4 to 7	4	5	6	7	8 = 9 to 11	9	10	11	12	13
Priority 1 — Upgrading of basic economic infrastructure		4 093 514	4 070 540	1 630 597	1 562 000	40 342		28 255	2 439 943				22 974	1 250 300 B 103 000 C
Transport		1 672 000	1 672 000	612 000	612 000				1 060 000	471 958		588 042		664 300 B 48 000 C
— Major road systems	OP	417 316	417 316	208 658	208 558				208 658	208 658				167 000 B
— Railways	OP	258 000	258 000	142 000	142 000				116 000			116 000		39 000 B 24 000 C
— Athens underground [1]	LP	830 000 [2]	830 000 [2]	178 000	178 000				652 000	207 000		445 000		415 000 B 24 000 C
— Olympic Aviation					p.m.[3]									
— Spata Airport					p.m.[4]									
— Road and rail projects [6]		160 000	160 000	80 000	80 000				80 000	56 300		23 700		43 300 B
— NQ enlargement [7]		6 684	6 684	3 342	3 342				3 342			3 342		
Telecommunications		750 051	736 683	365 170	345 000	20 170			371 513			371 513	13 368	65 000 B
— Telecom	MOP	291 557	291 557	137 407	117 237	20 170			154 150			154 150		65 000 B
— Telecom projects [6]		276 000	276 000	138 000	138 000				138 000			138 000		
— STAR [6] ***		182 494	169 126	89 763	89 763				79 363			79 363	13 368	
Energy		1 466 633	1 457 027	513 000	513 000				944 027	...		...	9 606	361 000 B 55 000 C
— Electricity	OP/LPs	88 164	89 164	39 674	39 674				48 490			48 490		23 000 B
— Natural gas	LP	550 000	550 000 [5]	190 000	190 000				360 000	100 000		260 000		148 000 B 55 000 C
— Acheloos	OP	320 000	320 000	80 000	80 000				240 000	...		...		160 000 B
— Valoren [6] ***		96 989	87 383	47 253	47 253				40 130			40 130	9 606	
— Energy NQ [7]		11 480	11 480	6 073	6 073				5 407			5 407		
— Electricity projects [6]		400 000	400 000	150 000	150 000				250 000			250 000		190 000 B
Research and Technology		170 545	170 545	116 427	68 000	20 172		28 255	54 118	54 118				8 000 B
— R&T	MOP	90 135	90 135	63 095	50 205	12 890			27 040	27 040				
— IMP - IT [6] ***		80 410	80 410	53 332	17 735	7 282		28 255[8]	27 078	27 078				8 000 B
Environment		34 285	34 285	24 000	24 000				10 285	10 285				
— Environment	OP	34 285	34 285	24 000	24 000				10 285	10 285				

[1] Including studies for Thessaloniki underground system.
[2] To be determined according to selection of work to be undertaken (see text, p. 15).
[3] See text, p. 11
[4] See text, p. 15
[5] To be completed by works provisionally estimated at ECU 360 million up to 1993 (see text, p. 16).
[6] The final amount under the additional line 551 will be defined by Commission decisions in current prices.
[7] Already approved.
** Unless stated otherwise, under line 551
*** The amounts foreseen for these programmes are defined by Commission decisions in current prices. The appropriate commitments made during the period of the CSF may not exceed these amounts. The financial tables of the CSF are 1989 constant prices and therefore these commitments will come to an amount lower than those shown in the table. These amounts will be made available. They cannot be determined at this stage but they will be allocated within the total amount of each fund.

Key

Integrated approach:
MOP — Multifund operational programme
IOP — Integrated operational programme
IMP — Integrated Mediterranean programme
OP — Operational programme

AS — Aid scheme
TA — Technical assistance
LP — Large project
NQ — Non-Quota specific measures

B EIB
C ECSC
E Euratom
O Others

Table (continued)
Provisional financing plan by priority and type of assistance (at 1989 prices)
A National section of Community support framework

GREECE 1989-93

(ECU 1 000)

Development priorities		Total cost	Total public expenditure	Community grants					National public finance requirements				Private sector	Community loans
				Total	ERDF	ESF	EAGGF	Other **	Total	State	Region	Other		
		1 = 2 + 12	2 = 3 + 8	3 = 4 to 7	4	5	6	7	8 = 9 to 11	9	10	11	12	13
Priority 2 — Development of primary sector and rural areas [1]		656 300	656 300	339 400	50 000		289 400		316 900	316 900				
— Development and strengthening of agricultural structures	MOP	334 300	334 300	179 400 [2]	50 000		129 400 [3]		154 900	154 900	—	—	—	
— 'Phylloxera' and 'Apricots' *	OP	72 000	72 000	50 000			50 000		22 000	22 000	—	—	—	
— Other existing measures (Objective 1) *		250 000	250 000	110 000			110 000		140 000	140 000	—	—	—	
— Measures (Objective 5 a)		p.m.	p.m.	(677 000) p.m.			(677 000) [4] p.m.		p.m.					
Priority 3 — Improvement in the competitiveness of firms [5]		1 197 483	772 983	472 790	254 000	178 790		40 000	300 193	264 193		36 000	424 500	
— Aid scheme, advisory services for firms, industrial estates, training	MOP [6]	789 483	564 983	328 790	150 000	178 790			236 193	204 193		32 000	224 500	32 000 [7] B
— Industrial estate project *		8 000	8 000	4 000	4 000				4 000			4000		
— Additional support for productive investments - IMP *		400 000	200 000	140 000	100 000			40 000	60 000	60 000			200 000	
Priority 4 — Balanced development of tourism [5]		226 417	135 916	84 950	40 000	44 950			50 966	50 966			90 501	
- Aid scheme, advisory services, etc.	MOP	226 417	135 916	84 950	40 000	44 950			50 966	50 966			90 501	

[1] Finance for rural development is included in the amounts given in the regional section
[2] Of which an amount up to ECU 5 million will be allocated to OADYK
[3] Of which a maximum of ECU 56 million for early retirement measures
[4] Of which a maximum of ECU 17 million for fisheries (Regs 355/77 and 4042/89) and ECU 28 million for financing early measures approved in 1989
[5] As with other CSF measures, Community finance for aid schemes refers to payments made by the Greek authorities to beneficiaries (enterprises)
[6] This programme could first be approved as a programme for 'Industrial estates and services to firms'. It will be supplemented at a later date by the 'Aid scheme' and the 'Training' section so as to form the POP from 1 January 1991
[7] Intended for industrial estates
* Already approved
** Unless stated otherwise, line 551

Table *(continued)*

Provisional financing plan by priority and type of assistance(at 1989 prices)

A National section of Community support framework

GREECE 1989-93

(ECU 1 000)

Development priorities		Total cost	Total public expenditure	Community grants					National public finance requirements				Private sector	Community loans
				Total	ERDF	ESF	EAGGF	Other **	Total	State	Region	Other		
		1 = 2 + 12	2 = 3 + 8	3 = 4 to 7	4	5	6	7	8 = 9 to 11	9	10	11	12	13
Priority 5 — Development of human resources		929 788	815 988	503 467	43 000	450 467			312 521	. .	.	. .	113 800	16 500 B
— Improvement of training and education structures	IOP	130 385	96 885	73 520	43 000	30 520			23 365	23 365			[1]	16 500 B
— Multisectoral training measures	OPs	240 810	202 010	126 250		126 250			75 760	40 453		35 307	38 800	
• Energy – Transport		100 877	100 877	65 570		65 570			35 307			35 307		
• Industry – Tourism 1990		139 933	101 133	60 680		60 680			40 453	40 453			38 800	
— Banks and insurance	OP	27 500	27 500	15 100		15 100			12 400			12 400		
— Specific training measures for employment	OPs	261 583	261 583	161 740		161 740			99 843	87 010	12 833			
• Vocational secondary education • Health • Local authority recruitment schemes		221 850 21 400 18 333	221 850 21 400 18 333	144 200 13 930 3 610		144 200 13 930 3 610			77 650 7 470 14 723	77 650 7 470 1 890	 12 833		[2]	
— Training for jobs in the framework of POPs for the following • Priority 1 • Priority 3 • Priority 4						(264 082) p.m. • • •								
— Measures under Art. 1 (2) of Reg. 4255/88	OP	15 300	13 800	8 947	—	8 947	—	—	4 853	. . .	. . .	. .	(1 500)	
— Other ESF measures 1989 *		254 210	214 210	117 910		117 910[3]			96 300	70 000		26 300	40 000	
Technical assistance	TA	38 000	38 000	25 000	15 000[4]	10 000			13 000	13 000				
Total Objective 1 'National section'		7 141 502	6 489 727	3 056 204	1 964 000	734 549	289 4000	68 255	3 433 523	. .	. . .	. . .	651 775 103 000 C[2]	1 298 800 B

[1] This amount will be specified when the IOP is drawn up.
[2] The contribution of the private sector cannot be stated at present.
[3] This amount does not include 1989 projects assigned to Objectives 3 and 4, or commitment appropriations for 1989 earmarked for the IMPs in 1989.
[4] Including a specific measure for the improvement of the regional statistical system
* Already approved
** Unless stated otherwise, line 551

Table (*continued*)
Provisional financing plan by priority and typeof assistance (at 1989 prices)
B Regional section of Community support framework

GREECE 1989-93

(ECU 1 000)

Development priorities		Total cost	Total public expenditure	Community grants					National public finance requirements				Private sector	Community loans
				Total	ERDF	ESF	EAGGF	Other **	Total	State	Region	Other		
		1 = 2 + 12	2 = 3 + 8	3 = 4 to 7	4	5	6	7	8 = 9 to 11	9	10	11	12	13
-- 13 regional MOPs		2 380 512	2 380 512	1 454 015	1 120 000 [1]	266 415	67 600 [2]		926 497	..	...	....	[3]	
• Thrace and Eastern Macedonia [4]	MOP	324 401	324 401	196 820	168 500	18 650	9 670		127 581					
• Central Macedonia	MOP	347 122	347 122	212 930	152 400	42 600	17 930		134 192					
• Western Macedonia	MOP	105 228	105 228	64 070	52 000	8 000	4 070		41 158					
• Epirus	MOP	124 402	124 402	75 920	59 300	11 700	4 920		48 482					
• Thessaly	MOP	201 099	201 099	122 690	96 300	21 300	5 090		78 409					
• Ionian Islands	MOP	87 463	87 463	53 010	46 100	5 350	1 560		34 453					
• Eastern Greece	MOP	134 770	134 770	82 310	63 500	13 300	5 510		52 460					
• Mainland Greece [5]	MOP	183 399	183 399	112 060	85 800	21 300	4 960		71 339					
• Attica	MOP	399 164	399 164	245 800	163 900	79 900	2 000		153 364					
• Peloponnese	MOP	136 714	136 714	83 740	61 500	15 980	6 260		52 974					
• Northern Aegean Islands	MOP	90 558	90558	54 980	46 600	6 920	1 460		35 578					
• Southern Aegean Islands	MOP	90 232	90 232	54 810	46 100	8 000	710		35 422					
• Crete	MOP	155 960	155 960	94 875	78 000	13 415	3 460		61 085					
— NQ enlargement *		12 192	12 192	6 096	6 096				6 096					
— 6 geographical IMPs * ***		2 115 073	1 777 231	1 186 926	456 904* [7]	69 036	203 000 [8]	457 986* [10]	590 305	.	..		337 842	
-- 2 NPCIs * ***		80 727	72 727	40 000	40 000				32 727	32 727			8 000	
- Various 1989 projects *		171 818	171 818	88 000	65 000	23 000			83 818	..	.	.		
- Reg. 1975/82 *		65 000	65 000	40 000			40 000		25 000	25 000				
Technical assistance [11]	TA	20 000	20 000	15 000	10 000	5 000			5 000	..		.		
Total Objective 1 'Regional section'		4 845 322	4 499 480	2 830 037	1 698 000	363 451	310 600	457 986	1 669 443	. .		.	345 842	[12] B

[1] Of which ECU 135 million for measures undertaken by municipalities
[2] This amount is for rural development measures
[3] The contribution of the private sector cannot be stated at present
[4] This programme could first be approved as an ERDF OP for Thrace (ERDF - ECU 90 million), following a request from the Greek authorities. It will be supplemented at a later date in order to constitute the MOP for Thrace and Eastern Macedonia
[5] This programme could first be approved as an ERDF OP for Evrytania, following a request from the Greek authorities. It will be supplemented at a later date in order to constitute the MOP for mainland Greece
[6] Includes the amounts relating to aid for enterprises within the five geographical IMPs, with the exception of the additional support mentioned under Priority 3
[7] Includes ECU 3 million from from the IMP reserve earmarked for a special measure to develop the islands of Leros (see text)
[8] The amounts for measures under Objective 5a in the IMPs, and for those under Reg. 355/77 (fisheries) are not included in these appropriations
[9] In the IMPs a further amount of ECU 2.576 million is earmarked for Reg. 4028/86
[10] The final amount for the additional line 551 will be determined when the second phase of the Attica IMP is approved
[11] These amounts are specially earmarked to tackle the problem of a shortage of management capacity in the regions (see text)
[12] The contribution of the EIB cannot be stated at present

* Already approved
** Unless stated otherwise, line 551
*** The amounts foreseen for these programmes are defined by Commission decisions in current prices. The appropriate commitments made during the period of the CSF may not exceed these amounts. The financial tables of the CSF are at 1989 constant prices and therefore these commitments will come to an amount lower than those shown in the table. These amounts will be made available. They cannot be determined at this stage but they will be allocated within the total amount of each Fund

Tabelle 9

GFK - Finanzierungsplan (Öffentliche Ausgaben)
Zussammenfassende Tabelle
(In Preisen von 1993)

in Mio. ECU

		19 89		19 90		19 91		19 92		19 93		19 94		1989- 1994	
Programm	Gesamte öffentliche Ausgaben 89-93	Öffentliche Ausgaben Mittel-bindungen	Getätigte öffentliche Ausgaben	Öffentliche Ausgaben Mittel-bindungen	Getätigte öffentliche Ausgaben	Öffentliche Ausgaben Mittel-bindungen	Getätigte öffentliche Ausgaben	Öffentliche Ausgaben Mittel-bindungen	Getätigte öffentliche Ausgaben	Öffentliche Ausgaben Mittel-bindungen	Getätigte öffentliche Ausgaben	Ziel	Zahlungen bis 30.4.94	Gesamt-zahlungen 1989-30.4.1994	Aufnahme-fähigkeit in %
	1	2	3	4	5	6	7	8	9	10	11	12	13	14	15
Ziel 1 "nationaler Teil" Gesamtsumme	5.444.451	1.134.067	809.807	479.225	678.654	1.063.827	1.106.097	981.131	988.428	1.786.251	1.333.424	528.041	201.221	5.103.607	94
Ziel 1 "regionaler Teil" Gesamtsumme	5.515.593	591.153	601.555	813.976	782.300	1.307.802	1.338.273	1.525.057	1.430.596	1.277.805	1.138.391	224.478	82.194	5.373.309	97
Ziel 1 Gesamtsumme	10.960.044	1.725.220	1.411.362	1.293.201	1.460.954	2.371.629	2.444.370	2.506.188	2.419.024	3.064.056	2.471.815	752.519	203.415	10.476.916	96
Ziel 3 und 4 Gesamtsumme	1.030.172	196.643	196.643	190.231	188.769	211.714	210.418	210.892	206.409	220.692	187.241	40.692	7.091	996.571	97
Ziel 5a Gesamtsumme	1.161.885	259.342	259.342	206.059	206.059	247.433	247.433	235.997	235.997	55.315	55.315	157.739	28.135	1.032.281	89
Gesamtsumme	**13.152.101**	**2.181.205**	**1.867.347**	**1.689.491**	**1.855.782**	**2.830.776**	**2.902.221**	**2.953.077**	**2.861.430**	**3.340.063**	**2.714.371**	**950.950**	**318.641**	**12.505.768**	**95**

Tabelle 10

GFK - Finanzierungsplan (Öffentliche Ausgaben)
Ziel 1
Nationaler Teil
Achse 1: Verbesserung der Basisinfrastruktur

in Mio. ECU

		19 89		19 90		19 91		19 92		19 93		19 94		1989- 1994	
Programm	Gesamte öffentliche Ausgaben 89-93	Öffentliche Ausgaben Mittel-bindungen	Getätigte öffentliche Ausgaben	Öffentliche Ausgaben Mittel-bindungen	Getätigte öffentliche Ausgaben	Öffentliche Ausgaben Mittel-bindungen	Getätigte öffentliche Ausgaben	Öffentliche Ausgaben Mittel-bindungen	Getätigte öffentliche Ausgaben	Öffentliche Ausgaben Mittel-bindungen	Getätigte öffentliche Ausgaben	Ziel	Zahlungen bis 30.4.94	Gesamt-zahlungen 1989-30.4.1994	Aufnahme-fähigkeit in %
	1	2	3	4	5	6	7	8	9	10	11	12	13	14	15
Verkehr	**1.287.347**	**153.687**	**124.687**	**36.409**	**56.409**	**282.395**	**291.395**	**267.436**	**267.439**	**547.420**	**414.838**	**132.579**	**92.807**	**1.247.575**	**97**
Große Straßenachsen	401.730	0	0	7.010	7.010	53.610	53.610	120.278	120.278	220.832	185.419	35.413	21.094	387.411	96
Eisenbahnen	328.933	3.687	3.687	22.715	22.715	71.925	71.925	92.308	92.311	138.298	114.219	24.076	22.133	326.990	99
Athener Metro	400.000	0	0	0	0	156.860	156.860	54.850	54.850	188.290	115.200	73.090	49.580	376.490	94
Autobahnen und Eisenbahn	150.000	150.000	121.000	0	20.000	0	9.000							150.000	100
Sonderprogramm Erweiterung	6.684			6.684	6.684									6.684	100
Telekommunikation	**875.835**	**299.779**	**215.218**	**78.222**	**157.039**	**257.560**	**191.302**	**67.991**	**132.271**	**172.283**	**167.690**	**12.315**	**26.268**	**889.788**	**102**
Telekommunikation	319.743	0	0	63.091	63.091	156.253	159.159	67.991	86.199	32.408	36.343	-25.049	0	344.792	108
Telekommunikationsmaßnahmen	256.000	256.000	174.960	0	81.040	0								256.000	100
CRASH	139.875	0	0	0	0	0	0	0	846	139.875	101.665	37.364	26.268	128.779	92
STAR	160.217	43.779	40.258	15.131	12.908	101.307	32.143	0	45.226	0	29.682	0	0	160.217	100
Energie	**704.688**	**375.226**	**164.526**	**15.183**	**116.373**	**98.263**	**201.515**	**80.576**	**57.569**	**135.440**	**90.409**	**74.296**	**21.799**	**652.191**	**93**
Strom	99.092	0	0	5.400	5.400	7.881	7.881	64.421	41.414	21.390	35.642	8.755	9.793	100.130	101
Erdgas	144.553	0	0	3.856	3.856	10.492	10.492	16.155	16.155	114.050	48.509	65.541	12.006	91.010	63
VALOREN	89.563	3.746	3.746	5.927	5.927	79.890	73.632	0	0	0	6.258	0	0	89.563	100
Sonderprogram Energie	11.480	11.480	11.480	0	0	0	0							11.480	100
Stromenergie	360.000	360.000	149.300	0	101.190	0	109.510							360.000	100
Forschung und Technologie	**223.265**	**17.927**	**17.928**	**29.421**	**32.666**	**41.126**	**42.287**	**50.062**	**49.019**	**84.779**	**68.775**	**12.590**	**4.066**	**214.741**	**96**
Forschung und Technologie	106.300	0	0	8.182	8.106	24.351	24.852	24.411	23.014	49.356	32.992	17.336	4.066	93.030	88
IMP Informationstechnologien	116.965	17.927	17.928	21.239	24.560	16.775	17.435	25.651	26.005	35.423	35.783	-4.746	0	121.711	104
Umwelt	**25.021**	**0**	**0**	**632**	**5**	**4.901**	**4.833**	**5.510**	**6.086**	**13.978**	**7.211**	**6.886**	**2.090**	**20.225**	**81**
Umwelt	25.021	0	0	632	5	4.901	4.833	5.510	6.086	13.978	7.211	6.886	2.090	20.224	81
Achse 1 Gesamtsumme	**3.116.156**	**846.619**	**522.359**	**159.867**	**362.492**	**684.245**	**731.332**	**471.575**	**512.384**	**953.900**	**748.923**	**238.666**	**147.030**	**3.024.520**	**97**

Tabelle 11

GFK - Finanzierungsplan (Öffentliche Ausgaben)
Ziel 1
Nationaler Teil
Achse 2: Entwicklung des landwirtschaftlichen Sektors

in Mio. ECU

		19 89		19 90		19 91		19 92		19 93		19 94		1989- 1994	
Programm	Gesamte öffentliche Ausgaben 89-93	Öffentliche Ausgaben Mittel-bindungen	Getätigte öffentliche Ausgaben	Öffentliche Ausgaben Mittel-bindungen	Getätigte öffentliche Ausgaben	Öffentliche Ausgaben Mittel-bindungen	Getätigte öffentliche Ausgaben	Öffentliche Ausgaben Mittel-bindungen	Getätigte öffentliche Ausgaben	Öffentliche Ausgaben Mittel-bindungen	Getätigte öffentliche Ausgaben	Ziel	Zahlungen bis 30.4.94	Gesamt-zahlungen 1989-30.4.1994	Aufnahme-fähigkeit in %
	1	2	3	4	5	6	7	8	9	10	11	12	13	14	15
Entwicklung und Stärkung der Agrarstrukturen	344.060	0	0	12.482	12.482	41.648	41.648	99.975	99.975	189.955	148.120	41.835	11.624	313.849	91
Achse 2 Gesamtsumme	671.914													600.533	89

Tabelle 12

GFK - Finanzierungsplan (Öffentliche Ausgaben)
Ziel 1
Nationaler Teil
Achse 3: Erhöhung der Wettbewerbsfähikeit der Unternehmen

in Mio. ECU

		19 89		19 90		19 91		19 92		19 93		19 94		1989- 1994	
Programm	Gesamte öffentliche Ausgaben 89-93	Öffentliche Ausgaben Mittel-bindungen	Getätigte öffentliche Ausgaben	Öffentliche Ausgaben Mittel-bindungen	Getätigte öffentliche Ausgaben	Öffentliche Ausgaben Mittel-bindungen	Getätigte öffentliche Ausgaben	Öffentliche Ausgaben Mittel-bindungen	Getätigte öffentliche Ausgaben	Öffentliche Ausgaben Mittel-bindungen	Getätigte öffentliche Ausgaben	Ziel	Zahlungen bis 30.4.94	Gesamt-zahlungen 1989-30.4.1994	Aufnahme-fähigkeit in %
	1	2	3	4	5	6	7	8	9	10	11	12	13	14	15
Erhöhung der Wettbewerbsfähigkeit der Unternehmen	402.559	0	0	20.631	20.631	12.539	12.539	143.415	143.415	225.974	142.435	83.539	10.621	329.641	82
Maßnahme "Industriegebiet von Kalamata"	8.000	0	0	8.000	6.502						1.250	248		7.752	97
Achse 3 Gesamtsumme	410.559	0	0	28.631	27.133	12.539	12.539	143.415	143.415	225.974	143.685	83.787	10.621	337.393	82

Tabelle 13

GFK - Finanzierungsplan (Öffentliche Ausgaben)
Ziel 1
Nationaler Teil
Achse 4: Gleichgewichtige Entwicklung des Fremdenverkehrs

in Mio. ECU

		19 89		19 90		19 91		19 92		19 93		19 94		1989- 1994	
Programm	Gesamte öffentliche Ausgaben 89-93	Öffentliche Ausgaben Mittel-bindungen	Getätigte öffentliche Ausgaben	Öffentliche Ausgaben Mittel-bindungen	Getätigte öffentliche Ausgaben	Öffentliche Ausgaben Mittel-bindungen	Getätigte öffentliche Ausgaben	Öffentliche Ausgaben Mittel-bindungen	Getätigte öffentliche Ausgaben	Öffentliche Ausgaben Mittel-bindungen	Getätigte öffentliche Ausgaben	Ziel	Zahlungen bis 30.4.94	Gesamt-zahlungen 1989-30.4.1994	Aufnahme-fähigkeit in %
	1	2	3	4	5	6	7	8	9	10	11	12	13	14	15
Gleichgewichtige Entwicklung des Fremdenverkehrs	87.330	0	0	0	0	0	0	37.814	33.692	49.516	30.138	23.500	970	64.800	74
Achse 4 Gesamtsumme	87.330	0	0	0	0	0	0	37.814	33.692	49.516	30.138	23.500	970	64.800	74

Tabelle 14

GFK - Finanzierungsplan (Öffentliche Ausgaben)
Ziel 1
Nationaler Teil
Achse 5: Nutzung des Humankapitals

in Mio. ECU

		19 89		19 90		19 91		19 92		19 93		19 94		1989- 1994	
Programm	Gesamte öffentliche Ausgaben 89-93	Öffentliche Ausgaben Mittel-bindungen	Getätigte öffentliche Ausgaben	Öffentliche Ausgaben Mittel-bindungen	Getätigte öffentliche Ausgaben	Öffentliche Ausgaben Mittel-bindungen	Getätigte öffentliche Ausgaben	Öffentliche Ausgaben Mittel-bindungen	Getätigte öffentliche Ausgaben	Öffentliche Ausgaben Mittel-bindungen	Getätigte öffentliche Ausgaben	Ziel	Zahlungen bis 30.4.94	Gesamt-zahlungen 1989-30.4.1994	Aufnahme-fähigkeit in %
	1	2	3	4	5	6	7	8	9	10	11	12	13	14	15
Verbesserung der Bildungs- und Ausbildungsstrukturen	131.183	0	0	0	0	10.706	10.706	30.585	30.585	89.892	68.702	21.190	4.608	114.601	87
Modernisierung der Staatsverwaltung	43.694	0	0	0	0	0	0	2.378	2.378	41.316	18.132	23.184	13.201	33.711	77
Achse 5 Gesamtsumme	1.118.275													5.103.607	94

Tabelle 15

GFK - Finanzierungsplan (Öffentliche Ausgaben)
Ziel 1
Nationaler Teil
Technische Hilfe

in Mio. ECU

		19 89		19 90		19 91		19 92		19 93		19 94		1989- 1994	
Programm	Gesamte öffentliche Ausgaben 89-93	Öffentliche Ausgaben Mittel-bindungen	Getätigte öffentliche Ausgaben	Öffentliche Ausgaben Mittel-bindungen	Getätigte öffentliche Ausgaben	Öffentliche Ausgaben Mittel-bindungen	Getätigte öffentliche Ausgaben	Öffentliche Ausgaben Mittel-bindungen	Getätigte öffentliche Ausgaben	Öffentliche Ausgaben Mittel-bindungen	Getätigte öffentliche Ausgaben	Ziel	Zahlungen bis 30.4.94	Gesamt-zahlungen 1989-30.4.1994	Aufnahme-fähigkeit in %
	1	2	3	4	5	6	7	8	9	10	11	12	13	14	15
Technische Hilfe	40.217													16.831	42
Technische Hilfe EFRE	21.600	0	0	0	0	0	0	21.600	122	0	6.379	15.099	113	6.614	31
Regionalstatistik	11.187	0	0	0	0	0	0	4.264	3.402	6.923	4.704	3.081	312	8.418	75

Tabelle 16

GFK - Finanzierungsplan (Öffentliche Ausgaben)
Ziel 1
Regionaler Teil

in Mio. ECU

Programm	Gesamte öffentliche Ausgaben 89-93	19 89 Öffentliche Ausgaben Mittel-bindungen	19 89 Getätigte öffentliche Ausgaben	19 90 Öffentliche Ausgaben Mittel-bindungen	19 90 Getätigte öffentliche Ausgaben	19 91 Öffentliche Ausgaben Mittel-bindungen	19 91 Getätigte öffentliche Ausgaben	19 92 Öffentliche Ausgaben Mittel-bindungen	19 92 Getätigte öffentliche Ausgaben	19 93 Öffentliche Ausgaben Mittel-bindungen	19 93 Getätigte öffentliche Ausgaben	19 94 Ziel	19 94 Zahlungen bis 30.4.94	1989- 1994 Gesamt-zahlungen 1989-30.4.1994	1989- 1994 Aufnahme-fähigkeit in %
	1	2	3	4	5	6	7	8	9	10	11	12	13	14	15
Dreizehn RP	2.903.021	6.764	6.399	267.246	263.504	698.949	693.762	917.446	923.856	1.012.616	790.083	225.417	82.194	2.759.798	95
Ostmakedonien und Thrakien	407.307	3.777	3.777	24.691	24.691	122.110	122.110	152.465	152.465	104.264	91.296	12.968	11.216	405.555	100
Zentralmakedonien	423.521	79	0	35.199	32.176	99.903	97.184	152.788	149.665	135.552	117.478	27.018	12.606	409.109	97
Westmakedonien	141.380	0	0	7.142	7.144	29.525	29.527	44.713	44.713	60.000	54.147	5.849	3.907	139.438	99
Ipeiros	155.896	135	120	16.482	14.869	36.756	35.297	40.717	49.639	61.806	48.464	7.507	4.987	153.376	98
Thessalien	250.389	727	727	32.856	33.395	61.253	62.246	70.728	74.750	84.825	62.728	16.543	3.051	236.897	95
Ionische Inseln	98.906	0	0	5.542	5.542	27.908	27.908	36.058	36.058	29.398	21.977	7.421	3.252	94.737	96
Westgriechenland	142.487	0	0	21.538	21.538	35.904	35.904	42.846	42.846	42.199	35.016	7.183	778	136.082	96
Sterea Ellada	256.560	151	256	23.127	22.387	55.438	54.594	67.572	76.956	110.272	87.823	14.544	11.021	253.037	99
Attika	461.306	1.342	1.342	49.705	50.829	106.808	105.869	136.875	130.574	166.576	103.340	69.352	13.405	405.359	88
Pelopones	139.581	0	0	13.378	13.378	28.486	28.486	40.657	40.657	57.060	39.255	17.805	1.282	123.058	88
Nordägäis	120.226	464	88	8.651	8.655	17.870	17.870	32.538	30.708	60.703	39.707	23.198	5.785	102.813	86
Südägäis	120.026	0	0	9.933	9.933	22.538	22.538	46.686	41.672	40.869	38.680	7.203	3.141	115.964	97
Kreta	185.436	89	89	19.002	18.967	54.450	54.229	52.803	53.153	59.092	50.172	8.826	7.763	184.373	99
Sonderprogramm Erweiterung	12.192	12.192	12.192	0		0				0		0		12.192	100
6 geographisch angelegte IMP	2.313.778	369.322	380.089	486.003	458.069	585.853	621.511	607.611	506.740	265.189	348.308	-939	0	2.314.717	100
Maßnahmen von 1989	161.000	78.600	78.600	59.400	59.400	23.000	23.000			0		0		161.000	100
Verordnung (EWG) Nr. 1975/82	125.602	124.275	124.275	1.327	1.327	0	0	0	0	0	0	0	0	125.602	100
Ziel 1 "regionaler Teil" Gesamtsumme	**5.515.593**	**591.153**	**601.555**	**813.976**	**782.300**	**1.307.802**	**1.338.273**	**1.525.057**	**1.430.596**	**1.277.805**	**1.138.391**	**224.478**	**82.194**	**5.373.309**	**97**

Tabelle17

Gemeinschaftsinitiativen - Finanzierungsplan (Öffentliche Ausgaben)

in Mio. ECU

Programm	Gesamte öffentliche Ausgaben 89-93	19 89 Öffentliche Ausgaben Mittel-bindungen	19 89 Getätigte öffentliche Ausgaben	19 90 Öffentliche Ausgaben Mittel-bindungen	19 90 Getätigte öffentliche Ausgaben	19 91 Öffentliche Ausgaben Mittel-bindungen	19 91 Getätigte öffentliche Ausgaben	19 92 Öffentliche Ausgaben Mittel-bindungen	19 92 Getätigte öffentliche Ausgaben	19 93 Öffentliche Ausgaben Mittel-bindungen	19 93 Getätigte öffentliche Ausgaben	19 94 Ziel	19 94 Zahlungen bis 30.4.94	1989- 1994 Gesamt-zahlungen 1989-30.4.1994	1989- 1994 Aufnahme-fähigkeit in %
	1	2	3	4	5	6	7	8	9	10	11	12	13	14	15
INTERREG	356.297	0	0	0	0	48.143	48.421	70.208	69.839	237.946	168.618	69.419	24.677	311.655	87
ENVIREG	116.523	0	0	0	407	6.789	4.116	19.497	18.146	90.237	52.257	41.597	6.525	81.451	70
STRIDE	78.404	0	0	0	0	5.869	5.869	23.173	23.173	49.362	42.462	6.900	0	71.504	91
REGEN/NG	256.796	0	0	3.257	3.257	18.587	18.587	80.852	80.852	154.100	90.451	63.649	19.047	212.194	82
REGEN/PIC	4.000	0	0	0	0	0	0	426	160	3.574	596	3.244	3.244	4.000	100
TELEMATIK	46.999	0	0	0	0	61	61	2.241	2.248	44.697	14.379	30.311	2.368	19.056	41
LEADER	69.996	0	0	0	0	0	0	0	0	69.996	27.998	41.998	14.265	42.263	60
PRISMA	22.633	0	0	0	0	0	0	279	279	22.354	4.787	17.567	3.406	8.472	37
EUROFORM	34.468	0	0	0	0	0	0	12.370	5.946	22.098	7.417	21.105	8.872	22.235	65
NOW	16.765	0	0	0	0	0	0	4.847	2.375	11.918	6.985	7.405	975	10.335	62
HORIZON 911005	37.321	0	0	0	0	0	0	7.337	4.493	29.984	13.200	0	0	17.693	47
HORIZON 911007	53.119	0	0	0	0	6.373	16.384	11.713	17.023	35.033	13.671	6.041	3.818	50.896	96
Gesamtsumme	**1.093.321**	**0**	**0**	**3.257**	**3.664**	**85.822**	**93.438**	**232.943**	**224.534**	**771.299**	**442.821**	**309.236**	**87.197**	**851.654**	**78**

Tabelle 18

GFK - Finanzierungsplan (Gesamtkosten)
Zusammenfassende Tabelle
(in Preisen von 1993)

in Mio. ECU

		19 89		19 90		19 91		19 92		19 93		19 94		1989- 1994	
Programm	Gesamt-kosten 89-93	Gesamt-kosten Mittel-bindungen	Getätigte Gesamt-ausgaben	Gesamt-kosten Mittel-bindungen	Getätigte Gesamt-ausgaben	Gesamt-kosten Mittel-bindungen	Getätigte Gesamt-ausgaben	Gesamt-kosten Mittel-bindungen	Getätigte Gesamt-ausgaben	Gesamt-kosten Mittel-bindungen	Getätigte Gesamt-ausgaben	Gesamt-kosten Mittel-bindungen	Zahlungen bis 30.4.1994	Gesamt-zahlungen 1989-30.4.1994	Aufnahme-fähigkeit in %
	1	2	3	4	5	6	7	8	9	10	11	12	13	14	15
Ziel 1 "nationaler Teil" Gesamtsumme	6.099.135	1.134.147	809.807	572.165	771.240	1.168.708	1.204.181	1.192.972	1.201.866	2.031.192	1.487.007	625.034	213.701	5.673.778	93
Ziel 1 "regionaler Teil" Gesamtsumme	5.879.636	615.019	674.808	959.640	924.857	1.387.756	1.427.840	1.584.070	1.477.825	1.333.351	1.162.900	211.406	82.087	5.750.317	98
Ziel 1 Gesamtsumme	11.978.771	1.749.166	1.484.615	1.531.805	1.696.097	2.556.464	2.632.021	2.777.042	2.679.691	3.364.543	2.649.907	836.440	295.778	11.424.095	95
Ziel 3 und 4 Gesamtsumme	1.030.172	196.643	196.643	190.231	188.769	211.714	210.418	210.892	206.409	220.692	187.241	40.692	7.091	996.571	97
Ziel 5a Gesamtsumme	2.365.857	540.821	540.821	393.645	393.645	482.848	482.848	502.789	502.789	114.479	114.479	331.275	58.938	2.093.520	88
Gesamtsumme	**15.374.800**	**2.486.630**	**2.222.079**	**2.115.681**	**2.278.511**	**3.251.026**	**3.325.287**	**3.490.723**	**3.388.889**	**3.699.714**	**2.951.627**	**1.208.407**	**361.817**	**14.514.186**	**94**

Tabelle 19

GFK - Finanzierungsplan (Gesamtkosten)
Ziel 1
Nationaler Teil
Achse 1: Verbesserung der Basisinfrastruktur

in Mio. ECU

		19 89		19 90		19 91		19 92		19 93		19 94		1989- 1994	
Programm	Gesamt-kosten 89-93	Gesamt-kosten Mittel-bindungen	Getätigte Gesamt-ausgaben	Gesamt-kosten Mittel-bindungen	Getätigte Gesamt-ausgaben	Gesamt-kosten Mittel-bindungen	Getätigte Gesamt-ausgaben	Gesamt-kosten Mittel-bindungen	Getätigte Gesamt-ausgaben	Gesamt-kosten Mittel-bindungen	Getätigte Gesamt-ausgaben	Gesamt-kosten Mittel-bindungen	Zahlungen bis 30.4.1994	Gesamt-zahlungen 1989-30.4.1994	Aufnahme-fähigkeit in %
	1	2	3	4	5	6	7	8	9	10	11	12	13	14	15
Verkehr	**1.287.346**	**153.687**	**124.687**	**36.409**	**56.409**	**282.395**	**291.395**	**267.436**	**267.439**	**547.421**	**414.838**	**132.580**	**92.807**	**1.247.575**	**97**
Große Straßenachsen	401.730	0	0	7.010	7.010	53.610	53.610	120.278	120.278	220.832	185.419	35.413	21.094	387.411	96
Eisenbahnen	328.934	3.687	3.687	22.715	22.715	71.925	71.925	92.308	92.311	138.299	114.219	24.077	22.133	326.990	99
Athener Metro	400.000	0	0	0	0	156.860	156.860	54.850	54.850	188.290	115.200	73.090	49.580	376.490	94
Autobahnen und Eisenbahn	150.000	150.000	121.000	0	20.000	0	9.000							150.000	100
Sonderprogramm Erweiterung	6.684			6.684	6.684									6.684	100
Telekommunikation	**883.075**	**299.859**	**215.218**	**78.576**	**157.039**	**264.366**	**191.302**	**67.991**	**139.511**	**172.283**	**167.690**	**12.315**	**26.268**	**897.028**	**102**
Telekommunikation	319.743	0	0	63.091	63.091	156.253	159.159	67.991	86.199	32.408	36.343	-25.049	0	344.792	108
Telekommunikationsmaßnahmen	256.000	256.000	174.960	0	81.040	0								256.000	100
CRASH	139.875	0	0	0	0	0	0	0	846	139.875	101.665	37.364	26.268	128.779	92
STAR	167.457	43.859	40.258	15.485	12.908	108.113	32.143	0	52.466	0	29.682	0	0	167.457	100
Energie	**704.688**	**375.226**	**164.526**	**15.183**	**116.373**	**98.263**	**201.515**	**80.576**	**57.569**	**135.440**	**90.409**	**74.296**	**21.799**	**652.191**	**93**
Strom	99.092	0	0	5.400	5.400	7.881	7.881	64.421	41.414	21.390	35.642	8.755	9.793	100.130	101
Erdgas	144.553	0	0	3.856	3.856	10.492	10.492	16.155	16.155	114.050	48.509	65.541	12.006	91.018	63
VALOREN	89.563	3.746	3.746	5.927	5.927	79.890	73.632	0	0	0	6.258	0	0	89.563	100
Sonderprogram Energie	11.480	11.480	11.480	0	0	0	0							11.480	100
Stromenergie	360.000	360.000	149.300	0	101.190	0	109.510							360.000	100
Forschung und Technologie	**243.728**	**17.927**	**17.928**	**29.421**	**32.666**	**41.671**	**42.841**	**54.045**	**53.056**	**100.714**	**76.573**	**20.664**	**5.722**	**228.786**	**94**
Forschung und Technologie	121.962	0	0	8.182	8.106	24.852	25.362	25.285	23.975	63.643	39.542	24.977	5.722	102.707	84
IMP Informationstechnologien	121.766	17.927	17.928	21.239	24.560	16.819	17.479	28.760	29.081	37.071	37.031	-4.313	0	126.079	104
Umwelt	**25.021**	**0**	**0**	**632**	**5**	**4.901**	**4.833**	**5.510**	**6.086**	**13.978**	**7.211**	**6.886**	**2.090**	**20.225**	**81**
Umwelt	25.021	0	0	632	5	4.901	4.833	5.510	6.086	13.978	7.211	6.886	2.090	20.225	81
Achse 1 Gesamtsumme	**3.143.860**	**846.699**	**522.359**	**160.221**	**362.492**	**691.596**	**731.886**	**475.558**	**523.661**	**969.836**	**756.721**	**246.741**	**148.686**	**3.045.805**	**97**

Tabelle 20

GFK - Finanzierungsplan (Gesamtkosten)
Ziel 1
Nationaler Teil
Achse 2: Entwicklung des landwirtschaftlichen Sektors

in Mio. ECU

		19 89		19 90		19 91		19 92		19 93		19 94		1989- 1994	
Programm	Gesamt-kosten 89-93	Gesamt-kosten Mittel-bindungen	Getätigte Gesamt-ausgaben	Gesamt-kosten Mittel-bindungen	Getätigte Gesamt-ausgaben	Gesamt-kosten Mittel-bindungen	Getätigte Gesamt-ausgaben	Gesamt-kosten Mittel-bindungen	Getätigte Gesamt-ausgaben	Gesamt-kosten Mittel-bindungen	Getätigte Gesamt-ausgaben	Gesamt-kosten Mittel-bindungen	Zahlungen bis 30.4.1994	Gesamt-zahlungen 1989-30.4.1994	Aufnahme-fähigkeit in %
	1	2	3	4	5	6	7	8	9	10	11	12	13	14	15
Entwicklung und Stärkung der Agrarstrukturen	353.999	0	0	12.482	12.482	41.648	41.648	100.000	100.000	199.869	156.961	42.908	13.830	324.921	92
Achse 2 Gesamtsumme	**688.716**													**613.269**	**89**

Tabelle 21

GFK - Finanzierungsplan (Gesamtkosten)
Ziel 1
Nationaler Teil
Achse 3: Erhöhung der Wettbewerbsfähigkeit der Unternehmen

in Mio. ECU

		19 89		19 90		19 91		19 92		19 93		19 94		1989- 1994	
Programm	Gesamt-kosten 89-93	Gesamt-kosten Mittel-bindungen	Getätigte Gesamt-ausgaben	Gesamt-kosten Mittel-bindungen	Getätigte Gesamt-ausgaben	Gesamt-kosten Mittel-bindungen	Getätigte Gesamt-ausgaben	Gesamt-kosten Mittel-bindungen	Getätigte Gesamt-ausgaben	Gesamt-kosten Mittel-bindungen	Getätigte Gesamt-ausgaben	Gesamt-kosten Mittel-bindungen	Zahlungen bis 30.4.1994	Gesamt-zahlungen 1989-30.4.1994	Aufnahme-fähigkeit in %
	1	2	3	4	5	6	7	8	9	10	11	12	13	14	15
Erhöhung der Wettbewerbsfähigkeit der Unternehmen	702.794	0	0	20.630	20.630	12.541	12.541	293.101	293.101	376.522	231.085	145.437	17.196	574.553	82
Maßnahme "Industriegebiet von Kalamata"	8.000	0	0	8.000	6.502						1.250	248		7.752	97
Achse 3 Gesamtsumme	**710.794**	**0**	**0**	**28.630**	**27.132**	**12.541**	**12.541**	**293.101**	**293.101**	**376.522**	**232.335**	**145.685**	**17.196**	**582.305**	**82**

Tabelle 22

GFK - Finanzierungsplan (Gesamtkosten)
Ziel 1
Nationaler Teil
Achse 4: Gleichgewichtige Entwicklung des Fremdenverkehrs

in Mio ECU

		19	89	19	90	19	91	19	92	19	93	19	94	1989-	1994
Programm	Gesamt-kosten 89-93	Gesamt-kosten Mittel-bindungen	Getätigte Gesamt-ausgaben	Gesamt-kosten Mittel-bindungen	Getätigte Gesamt-ausgaben	Gesamt-kosten Mittel-bindungen	Getätigte Gesamt-ausgaben	Gesamt-kosten Mittel-bindungen	Getätigte Gesamt-ausgaben	Gesamt-kosten Mittel-bindungen	Getätigte Gesamt-ausgaben	Gesamt-kosten Mittel-bindungen	Zahlungen bis 30.4.1994	Gesamt-zahlungen 1989-30.4.1994	Aufnahme-fähigkeit in %
	1	2	3	4	5	6	7	8	9	10	11	12	13	14	15
Gleichgewichtige Entwicklung des Fremdenverkehrs	205.610	0	0	0	0	0	0	94.737	85.528	110.873	76.979	43.103	2.083	164.590	80
Achse 4 Gesamtsumme	**205.610**	**0**	**0**	**0**	**0**	**0**	**0**	**94.737**	**85.528**	**110.873**	**76.979**	**43.103**	**2.083**	**164.590**	**80**

Tabelle 23

GFK - Finanzierungsplan (Gesamtkosten)
Ziel 1
Nationaler Teil
Achse 5: Nutzung des Humankapitals

in Mio. ECU

		19 89		19 90		19 91		19 92		19 93		19 94		1989- 1994	
Programm	Gesamt-kosten 89-93	Gesamtkosten Mittel-bindungen	Getätigte Gesamt-ausgaben	Gesamtkosten Mittel-bindungen	Getätigte Gesamt-ausgaben	Gesamtkosten Mittel-bindungen	Getätigte Gesamt-ausgaben	Gesamtkosten Mittel-bindungen	Getätigte Gesamt-ausgaben	Gesamtkosten Mittel-bindungen	Getätigte Gesamt-ausgaben	Gesamtkosten Mittel-bindungen	Zahlungen bis 30.4.1994	Gesamt-zahlungen 1989-30.4.1994	Aufnahme-fähigkeit in %
	1	2	3	4	5	6	7	8	9	10	11	12	13	14	15
Verbesserung der Bildungs- und Ausbildungsstrukturen	133.168	0	0	0	0	11.143	11.143	31.199	31.199	90.826	69.377	21.449	4.652	116.371	87
Modernisierung der Staatsverwaltung	43.694	0	0	0	0	0	0	2.378	2.378	41.316	18.132	23.184	13.201	33.711	77
Achse 5 Gesamtsumme	1.309.938													1.250.978	95

Tabelle 24

GFK - Finanzierungsplan (Gesamtkosten)
Ziel 1
Nationaler Teil
Technische Hilfe

in Mio. ECU

		19 89		19 90		19 91		19 92		19 93		19 94		1989- 1994	
Programm	Gesamt-kosten 89-93	Gesamtkosten Mittel-bindungen	Getätigte Gesamt-ausgaben	Gesamtkosten Mittel-bindungen	Getätigte Gesamt-ausgaben	Gesamtkosten Mittel-bindungen	Getätigte Gesamt-ausgaben	Gesamtkosten Mittel-bindungen	Getätigte Gesamt-ausgaben	Gesamtkosten Mittel-bindungen	Getätigte Gesamt-ausgaben	Gesamtkosten Mittel-bindungen	Zahlungen bis 30.4.1994	Gesamt-zahlungen 1989-30.4.1994	Aufnahme-fähigkeit in %
	1	2	3	4	5	6	7	8	9	10	11	12	13	14	15
Technische Hilfe	40.217	0	0	0	0	0	0	29.508	3.524	10.709	12.853	23.840	454	16.831	42
Technische Hilfe EFRE	21.600	0	0	0	0	0	0	21.600	122	0	6.379	15.099	113	6.614	31
Regionalstatistik	11.187	0	0	0	0	0	0	4.264	3.402	6.923	4.704	3.081	312	8.418	75

Tabelle 25

GFK - Finanzierungsplan (Gesamtkosten)
Ziel 1
Regionaler Teil

in Mio. ECU

		19 89		19 90		19 91		19 92		19 93		19 94		1989- 1994	
Programm	Gesamt-kosten 89-93	Gesamt-kosten Mittel-bindungen	Getätigte Gesamt-ausgaben	Gesamt-kosten Mittel-bindungen	Getätigte Gesamt-ausgaben	Gesamt-kosten Mittel-bindungen	Getätigte Gesamt-ausgaben	Gesamt-kosten Mittel-bindungen	Getätigte Gesamt-ausgaben	Gesamt-kosten Mittel-bindungen	Getätigte Gesamt-ausgaben	Gesamt-kosten Mittel-bindungen	Zahlungen bis 30.4.1994	Gesamt-zahlungen 1989-30.4.1994	Aufnahme-fähigkeit in %
	1	2	3	4	5	6	7	8	9	10	11	12	13	14	15
Dreizehn OMP	2.934.800	6.801	6.434	276.546	272.855	707.193	701.426	925.344	930.947	1.018.916	795.104	228.034	82.087	2.788.853	95
Ostmakedonien und Thrakien	417.130	3.777	3.777	24.703	24.703	126.975	126.975	155.968	155.968	105.707	92.739	12.968	11.216	415.378	100
Zentralmakedonien	426.782	79	0	35.422	32.398	100.975	97.783	153.446	150.782	136.860	118.387	27.432	12.733	412.083	97
Westmakedonien	142.137	0	0	7.182	7.182	29.588	29.588	44.812	44.812	60.555	54.576	5.979	3.944	140.102	99
Ipeiros	158.008	135	120	16.612	15.007	37.156	35.668	41.644	50.318	62.461	49.165	7.730	5.027	155.305	98
Thessalien	252.255	727	727	33.524	34.063	61.663	62.656	71.105	75.134	85.236	63.064	16.611	2.577	238.221	94
Ionische Inseln	100.578	0	0	6.895	6.895	28.109	28.109	36.132	36.132	29.442	22.012	7.430	3.261	96.409	96
Westgriechenland	145.676	0	0	23.782	23.782	36.185	36.185	43.308	43.308	42.401	35.190	7.211	778	139.243	96
Sterea Ellada	258.403	151	256	23.579	22.850	55.623	54.672	68.464	77.230	110.586	88.237	15.158	11.127	254.372	98
Attika	463.117	1.377	1.377	49.963	51.087	107.201	106.294	137.502	130.983	167.074	103.631	69.745	13.405	406.777	88
Pelopones	141.950	0	0	14.769	14.769	28.752	28.752	40.732	40.732	57.697	39.312	18.385	1.282	124.847	88
Nordägäis	121.896	466	88	10.061	10.066	17.893	17.893	32.675	30.719	60.801	39.776	23.354	5.819	104.361	86
Südägäis	120.253	0	0	10.062	10.062	22.539	22.539	46.750	41.683	40.902	38.737	7.232	3.151	116.172	97
Kreta	186.615	89	89	19.992	19.991	54.534	54.312	52.806	53.146	59.194	50.278	8.799	7.767	185.583	99
Sonderprogramm Erweiterung	12.192	12.192	12.192	0		0				0		0		12.192	100
6 geographisch angelegte IMP	2.646.042	393.151	453.307	622.367	591.275	657.563	703.414	658.726	546.878	314.435	367.796	-16.628	0	2.662.670	101
Maßnahmen von 1989	161.000	78.600	78.600	59.400	59.400	23.000	23.000			0		0		161.000	100
Verordnung (EWG) Nr. 1975/82	125.602	124.275	124.275	1.327	1.327	0	0	0	0	0	0	0	0	125.602	100
Ziel 1 "regionaler Teil" Gesamtsumme	5.879.636	615.019	674.808	959.640	924.857	1.387.756	1.427.840	1.584.070	1.477.825	1.333.351	1.162.900	211.406	82.087	5.750.317	98

Schaubild 1

GRIECHENLAND

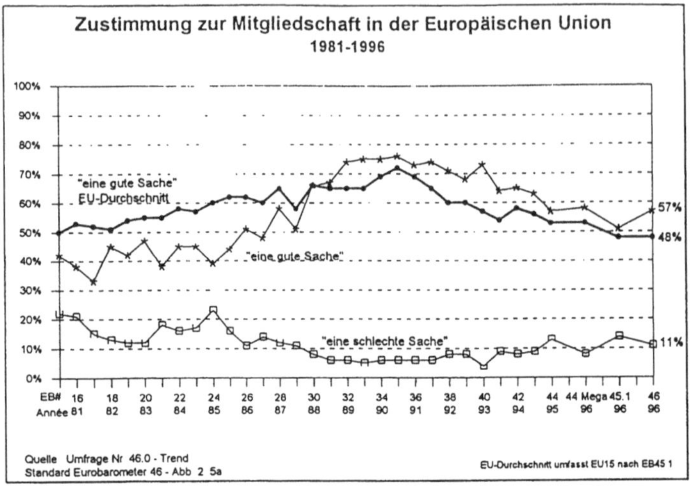

Schaubild 2

GRIECHENLAND

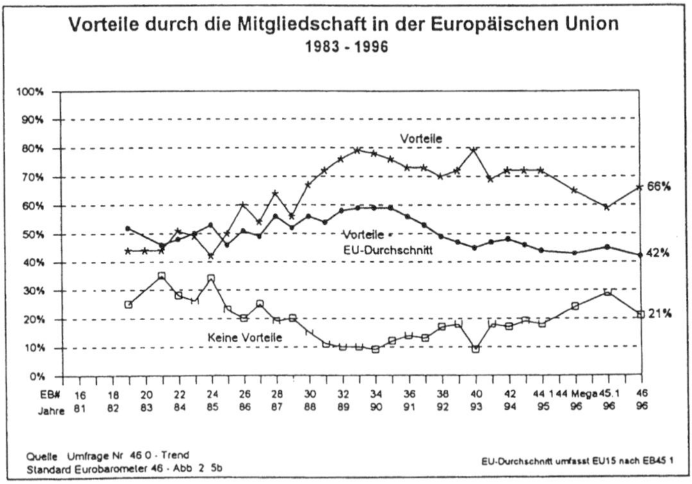

Karte I
NUTS-II Regionen in Griechenland vor 1988

<u>**Legende**</u>

Θρακη	Thrakien
Ανατολικη Μακεδονια	Ostmakedonien
Κεντρικη και Δυτικη Μακεδονια	Zentral- und Westmakedonien
Ηπειρος	Ipeiros
Θεσσαλια	Thessalien
Ανατολικη Στερεα και Νησια	Östliches Festland und Inseln
Δυτικη Στερεα και Πελοποννησος	Westliches Festland und Peloponnes
Νησια Ανατολικου Αιγαιου	Ostägäische Inseln
Κρητη	Kreta

Karte II
NUTS-II Regionen in Griechenland nach 1988

Legende

Anatoliki Makedonia , Thraki	Ostmakedonien und Thrakien
Kentriki Makedonia	Zentralmakedonien
Dytiki Makedonia	Westmakedonien
Ipeiros	Ipeiros
Thessalia	Thessalien
Ionia Nissia	Ionische Inseln
Dytiki Ellada	Westgriechenland
Sterea Ellada	Sterea Ellada
Attiki	Attika
Peloponnisos	Peloponnes
Voreio Aigaio	Nordägäis
Notio Aigaio	Südägäis
Kriti	Kreta

Quellen- und Literaturverzeichnis

Quellen und Titel in deutscher und englischer Sprache einschließlich der ins Deutsche übersetzten griechischen Quellen und Titel

A. Quellen

I. Griechische Quellen

1. Gesetze

Gesetz Nr. 1078/71 über steuerliche und andere Maßnahmen zur Stärkung der regionalen Entwicklung (Regierungsblatt 3/A/27.12.1971)

Gesetz Nr. 1312/72 über neue Maßnahmen zur Förderung der Regionalentwicklung (Regierungsblatt 232/A/24.12.1972)

Gesetz Nr. 1313/72 über Maßnahmen zur Förderung der touristischen Entwicklung (Regierungsblatt 232/A/24.12.1972)

Gesetz Nr. 1377/73 zur Änderung und Ergänzung der Gesetze Nr. 1078/71 und Nr. 1312/72 (Regierungsblatt 80/A/7.4.1973)

Gesetz Nr. 289/76 über die Gewährung von Anreizen zur Entwicklung von Grenzgebieten und die Regelung relevanter Fragen (Regierungsblatt 76/A/3.4.1976)

Gesetz Nr. 849/78 über die Gewährung von Anreizen zur Stärkung der regionalen und wirtschaftlichen Entwicklung des Landes (Regierungsblatt 232/A/22.12.1978)

Gesetz Nr. 945/1979 über die Ratifizierung des Vertrags zum Beitritt Griechenlands in die EWG (Regierungsblatt 170/A/27.7.1979)

Gesetz Nr. 1116/81 über die Gewährung von Anreizen zur Stärkung der regionalen und wirtschaftlichen Entwicklung des Landes und die Regelung relevanter Fragen (Regierungsblatt 8/A/14.1.1981)

Gesetz Nr. 1262/82 über die Gewährung von Anreizen zur Stärkung der wirtschaftlichen und regionalen Entwicklung des Landes und die Änderung relevanter Bestimmungen (Regierungsblatt 70/A/16.6.1982)

Gesetz Nr. 1352/82 über die Ausübung der Regionalpolitik und die Errichtung von Volksvertretungen in den Nomoi (Regierungsblatt 92/A/18.9.1982)

Gesetz Nr. 1416/84 zur Änderung und Ergänzung der Bestimmungen der Gemeinde- und Kommunalgesetzgebung zur Stärkung der Dezentralisierung und der örtlichen Selbstverwaltung (Regierungsblatt 18/A/21.2.1984)

Gesetz Nr. 1622/86 über die örtliche Selbstverwaltung, die regionale Entwicklung und die demokratische Programmierung (Regierungsblatt 92/A/14.7.

1986)
Gesetz Nr. 1832/89 zur Änderung und Ergänzung der Gesetzgebung über die örtliche Selbstverwaltung, die Dezentralisierung und andere Bestimmungen (Regierungsblatt 54/A/17.2.1989)
Gesetz Nr. 1892/90 über die Modernisierung und die Entwicklung sowie andere Bestimmungen (Regierungsblatt 101/A/31.7.1990)
Gesetz Nr. 1900/91 zur Änderung und Ergänzung der Bestimmungen des Gemeinde- und Kommunalgesetzbuches (Präsidialdekret Nr. 323/89), der örtlichen Selbstverwaltung zweiten Grades (Gesetz Nr. 1622/86), der Einnahmen von Gemeinden und Kommunen sowie andere Bestimmungen (Regierungsblatt 125/A/17.9.1990)
Gesetz Nr. 1960/91 über die finanziellen Beziehungen mit der EWG und die Verwaltung der gemeinschaftlichen Programme (Regierungsblatt 123/A/5. 8.1991)

2. Präsidialdekrete

Präsidialdekret Nr. 816/77 über die Organisation des Koordinationsministeriums (Regierungsblatt 261/A/14.9.1977)
Präsidialdekret Nr. 51/87 über die Festlegung der Regionen des Landes für die Planung und die Koordination der regionalen Entwicklung (Regierungsblatt 26/A/6.3.1987)
Präsidialdekret Nr. 545/88 über die Organisation des Wirtschaftsministeriums (Regierungsblatt 254/A/16.11.1988)
Präsidialdekret Nr. 394/91 über die Organisation des Wirtschaftsministeriums (Regierungsblatt 141/A/25.9.1991)
Präsidialdekret Nr. 138/93 über die Organisation des Wirtschaftsministeriums (Regierungsblatt 55/A/14.4.1993)

3. Griechische Entwicklungsprogramme

Koordinationsministerium: Fünfjahresplan zur wirtschaftlichen Entwicklung des Landes 1960-1964, Athen, 1960
KEPE: Programmplan zur wirtschaftlichen Entwicklung Griechenlands 1966-1970, Athen, 1965

Koordinationsministerium: Programm zur wirtschaftlichen Entwicklung Griechenlands 1968-1972, Athen, 1968

KEPE: Modellplan zur langfristigen Entwicklung Griechenlands 1973-1987, Athen, 1972

Ministerium für Planung und Regierungspolitik: Programm zur Entwicklung Griechenlands 1973-1977, Athen, 1973

Koordinationsministerium, KEPE: Programm zur wirtschaftlichen und sozialen Entwicklung 1976-1980, Athen, 1976

Koordinationsministerium, KEPE: Programm zur wirtschaftlichen und sozialen Entwicklung 1978-1982, Athen, 1979

Koordinationsministerium, KEPE: Regionales Entwicklungsprogramm 1981-1985, Athen, 1980

Wirtschaftsministerium, KEPE: Fünfjahresplan zur wirtschaftlichen und sozialen Entwicklung 1983-1987, Athen, 1985

Wirtschaftsministerium: Fünfjahresplan zur wirtschaftlichen und sozialen Entwicklung 1988-1992, Athen (in preliminärer Phase)

Wirtschaftsministerium: Regionalentwicklungsplan 1989-1993, Athen, 1989

Wirtschaftsministerium: Regionalentwicklungsplan 1994-1999, revidierte Aufl., Athen, 1993

4. Wirtschaftsministerium: Berichte des Begleitausschusses des Gemeinschaftlichen Förderkonzeptes 1989-1993 (9 Berichte), Athen, 1989 bis 1994

5. Parteiprogramme der Panhellenischen Sozialistischen Bewegung (PASOK) und der Nea Demokratia (ND) im Zeitraum 1975-1993

6. Programmatische Erklärungen des Regierungspräsidenten im Zeitraum 1981-1993

Programmatische Erklärungen des Regierungspräsidenten A. Papandreou vom 22.11.1981

Programmatische Erklärungen des Regierungspräsidenten A. Papandreou vom 22.6.1985

Programmatische Erklärungen des Regierungspräsidenten K. Mitsotaki vom 24.4.1990

Programmatische Erklärungen des Regierungspräsidenten A. Papandreou vom 23.10.1993

7. Sitzungsprotokolle des griechischen Parlaments im Zeitraum 1981-1993

8. Griechische Presse 1981-1993

Eleftherotypia, Kathimerini, Ta Nea, To Vima, Oikonomikos Tachydromos

9. Sonstiges

Wirtschaftsministerium: Rundschreiben Nr. D 1616/MP/1114 vom 26. Februar 1988 über die IMP - Grundinformationen und Implementierungsanweisungen

Außenministerium: Jahresberichte an das Parlament über die Entwicklung der Angelegenheiten betreffend die Europäische Gemeinschaft, Athen, 1989 bis 1993 (4 Berichte)

Nationales Statistisches Amt Griechenlands: Verschiedene statistische Blätter 1961-1993, Athen

II. Amtliche Veröffentlichungen der Europäischen Gemeinschaften

1. Periodische Berichte

Bulletin der Europäischen Gemeinschaften, Kommission der Europäischen Gemeinschaften, Amt für amtliche Veröffentlichungen der Europäischen Gemeinschaften, Hefte 1975 bis 1993, Luxemburg, 1975 bis 1993

Bulletin der Europäischen Gemeinschaften, Kommission der Europäischen Gemeinschaften, Amt für amtliche Veröffentlichungen der Europäischen Gemeinschaften, verschiedene Beilagen der Hefte 1975 bis 1993, Luxemburg, 1975 bis 1993

Der EFRE 1989, Kommission der Europäischen Gemeinschaften, Amt für amtliche Veröffentlichungen der Europäischen Gemeinschaften, Luxemburg, 1991

Der EFRE 1990, Kommission der Europäischen Gemeinschaften, Amt für amtliche Veröffentlichungen der Europäischen Gemeinschaften, Luxemburg, 1992

Der EFRE im Jahre 1991, Kommission der Europäischen Gemeinschaften, Amt für amtliche Veröffentlichungen der Europäischen Gemeinschaften, Luxemburg, 1993

Die Regionen Europas, Erster periodischer Bericht über die sozioökonomische Lage und Entwicklung der Regionen der Gemeinschaft, Kommission der Europäischen Gemeinschaften, Amt für amtliche Veröffentlichungen der Europäischen Gemeinschaften, Luxemburg, 1981

Die Regionen Europas, Zweiter periodischer Bericht über die sozioökonomische Lage und Entwicklung der Regionen der Gemeinschaft, Kommission der Europäischen Gemeinschaften, Amt für amtliche Veröffentlichungen der Europäischen Gemeinschaften, Luxemburg, 1984

Die Regionen der erweiterten Gemeinschaft, Dritter periodischer Bericht über die sozioökonomische Lage und Entwicklung der Regionen der Gemeinschaft, Kommission der Europäischen Gemeinschaften, Amt für amtliche Veröffentlichungen der Europäischen Gemeinschaften, Luxemburg, 1987

Die Regionen in den 90er Jahren, Vierter periodischer Bericht über die sozioökonomische Lage und Entwicklung der Regionen der Gemeinschaft, Kommission der Europäischen Gemeinschaften, Amt für amtliche Ver-

öffentlichungen der Europäischen Gemeinschaften, Luxemburg, 1991
Europäischer Fonds für regionale Entwicklung: Jahresberichte der Kommission an den Rat, das Europäische Parlament und den Wirtschafts- und Sozialausschuß, Kommission der Europäischen Gemeinschaften, Amt für amtliche Veröffentlichungen der Europäischen Gemeinschaften, Jahre 1975 bis 1988 (14 Jahresberichte), Luxemburg, 1976 bis 1990
Europäische Wirtschaft, Kommission der Europäischen Gemeinschaften, Brüssel, Luxemburg, verschiedene Bände, 1980-1994
Gesamtberichte über die Tätigkeit der Europäischen Gemeinschaften, Kommission der Europäischen Gemeinschaften, Amt für amtliche Veröffentlichungen der Europäischen Gemeinschaften, Jahre 1975 bis 1993 (19 Jahresberichte), Luxemburg, 1976 bis 1994
Jahresbericht über die Ergebnisse der IMP. Geschäftsjahr 1991-1992, KOM (93) 485 endg., vom 13.10.1993
Jahresberichte über die Durchführung der Strukturfondsreform Kommission der Europäischen Gemeinschaften, Amt für amtliche Veröffentlichungen der Europäischen Gemeinschaften, Jahre 1989 bis 1993 (6 Jahresberichte), Luxemburg, 1991 bis 1996
Regionen: Statistisches Jahrbuch 1994, Kommission der Europäischen Gemeinschaften, Statistisches Amt der Europäischen Gemeinschaften, Luxemburg, 1994
Tätigkeitsberichte der Kommission über die Integrierten Mittelmeerprogramme, Jahre 1987 bis 1990 (4 Jahresberichte in Form von SEK Dokumenten), 1988 bis 1991
Wettbewerbsfähigkeit und Kohäsion: Tendenzen in den Regionen, Fünfter periodischer Bericht über die sozioökonomische Lage und Entwicklung der Regionen der Gemeinschaft, Europäische Kommission, Amt für amtliche Veröffentlichungen der Europäischen Gemeinschaften, Luxemburg, 1994

2. Andere Dokumente

Beschäftigung in Europa 1990, Kommission der Europäischen Gemeinschaften, Amt für amtliche Veröffentlichungen der Europäischen Gemeinschaften, Luxemburg, 1990
Bericht des Ausschusses für Regionalpolitik und Raumordnung über die Regio-

nalentwicklungsmaßnahmen der Gemeinschaft zugunsten Griechenlands, (PE DOK A 3294/91, vom 4.11.1991)

Bewertung der Strukturausgaben der EU - Teil I: Ausgaben der Regionalpolitik, Europäisches Parlament, Generaldirektion Wissenschaft, Reihe Regionalpolitik, Arbeitsdokument, W-18, Externe Studie, Luxemburg, 9-1996

Cohesion and the Development Challenge Facing the Lagging Regions, European Commission, Office for Official Publications of the European Communities, Luxemburg, 1995

Der EFRE in Zahlen 1987, 1975-1987, Kommission der Europäischen Gemeinschaften, Amt für amtliche Veröffentlichungen der Europäischen Gemeinschaften, Luxemburg, 1987

Der EFRE in Zahlen 1988, 1975-1988, Kommission der Europäischen Gemeinschaften, Amt für amtliche Veröffentlichungen der Europäischen Gemeinschaften, Luxemburg, 1988

Die Auswirkungen der Strukturpolitik auf die wirtschaftliche und soziale Kohäsion in der Union 1989-1999. Erste Ergebnisse - dargestellt nach Ländern (Oktober 1996), Europäische Kommission, Regionale Entwicklungsstudie Nr. 26, Amt für amtliche Veröffentlichungen der Europäischen Gemeinschaften, Luxemburg, 1997

Die EG fördert die Regionen, Europa in Bewegung 1992, Kommission der Europäischen Gemeinschaften, Amt für amtliche Veröffentlichungen der Europäischen Gemeinschaften, Luxemburg, 1992

Die Einheitliche Akte muß ein Erfolg werden. Eine neue Perspektive für Europa, KOM (87) 100 endg., vom 15.2.198, KOM (87) 100/2/Korr. endg., vom 27.2.1987 und KOM (87) 100/3/Korr., vom 17.3.1987

Die gemeinschaftlichen Strukturpolitiken. Bilanz und Perspektiven, KOM (92) 84 endg., vom 20.3.1992

Die Praxis der Evaluation bei den Strukturfonds der Europäischen Union, Europäisches Parlament, Generaldirektion Wissenschaft, Reihe Haushalt, Arbeitsdokument, W-3, Luxemburg, 2-1997

Die Rolle der EIB und der sonstigen Finanzinstrumente bei der Stärkung des wirtschaftlichen und sozialen Zusammenhalts, KOM (88) 244 endg., vom 23.12.1988

Die Zukunft der Gemeinschaftsinitiativen im Rahmen der Strukturfonds, KOM (93) 282 endg., vom 16.6.1993 und KOM (94) 46 endg., vom 16.3.1994

Effizienz der Regionalpolitik in der Europäischen Union - Bewertung der direkten und indirekten Auswirkungen der Strukturfonds, Europäisches Parlament, Generaldirektion Wissenschaft, Reihe Regionalpolitik, Arbeitsdokument, W-7, Luxemburg, 12-1993

Eurobarometer - Die öffentliche Meinung in der Europäischen Union, Europäische Kommission, Amt für amtliche Veröffentlichungen der Europäischen Gemeinschaften, Heft 46 (Herbst 1996), Luxemburg, 1997

Europa 2000: Perspektiven der künftigen Raumordnung der Gemeinschaft, Kommission der Europäischen Gemeinschaften, Amt für amtliche Veröffentlichungen der Europäischen Gemeinschaften, Luxemburg, 1991

Europa 2000 +: Europäische Zusammenarbeit bei der Raumentwicklung, Europäische Kommission, Amt für amtliche Veröffentlichungen der Europäischen Gemeinschaften, Luxemburg, 1995.

Europa im Dienst der Regionen, Europa in Bewegung 1991, Kommission der Europäischen Gemeinschaften, Amt für amtliche Veröffentlichungen der Europäischen Gemeinschaften, Luxemburg, 1991

First Report on Economic and Social Cohesion 1996 - Preliminary Edition, European Commission, Office for Official Publications of the European Communities, Luxemburg, 1996

Gemeinschaftliches Förderkonzept 1989-1993 zur Förderung der Entwicklung und der strukturellen Anpassung der Regionen mit Entwicklungsrückstand (Ziel Nr. 1). Griechenland, Kommission der Europäischen Gemeinschaften, Amt für amtliche Veröffentlichungen der Europäischen Gemeinschaften, Luxemburg, 1990, (gr.)

Gemeinschaftliches Förderkonzept 1994-1999 zur Förderung der Entwicklung und der strukturellen Anpassung der Regionen mit Entwicklungsrückstand (Ziel Nr. 1) Griechenland, Europäische Kommission, Amt für amtliche Veröffentlichungen der Europäischen Gemeinschaften, Luxemburg, 1994, (gr.)

Ifo (1990): An Empirical Assessment of Factors Shaping Regional Competitiveness in Problem Regions, Office for Official Publications of the European Communities, Luxemburg, 1990

Leitfaden zur Reform der Strukturfonds der Europäischen Gemeinschaft, Kommission der Europäischen Gemeinschaften, Amt für amtliche Veröffentlichungen der Europäischen Gemeinschaften, Luxemburg, 1989

Leitfaden für die Gemeinschaftsinitiativen (im Rahmen der Reform der Strukturfonds), 2. Ausg., Kommission der Europäischen Gemeinschaften, Amt für amtliche Veröffentlichungen der Europäischen Gemeinschaften, Luxemburg, 1991

Neue Leitlinien und Prioritäten der Regionalpolitik, KOM (81) 152 endg., vom 24.7.1981

Orientierungsvermerk der Kommission über die Politik der Gemeinschaft zugunsten der Ziele Nr. 1 und 2, KOM (89) 287 endg., vom 15.2.1989

Parlamentarische Verfahren für die Kontrolle der Ausgaben aus dem Europäischen Fonds für regionale Entwicklung, Europäisches Parlament, Generaldirektion Wissenschaft, Reihe Regionalpolitik, Arbeitsdokument, W-11, Luxemburg, 6-1994

Portrait der Inseln, Kommission der Europäischen Gemeinschaften, Amt für amtliche Veröffentlichungen der Europäischen Gemeinschaften, Luxemburg, 1994

Portrait der Regionen, Bd. 3: Portugal, Spanien, Italien, Griechenland, Kommission der Europäischen Gemeinschaften, Amt für amtliche Veröffentlichungen der Europäischen Gemeinschaften, Luxemburg, 1993

Regionale Ungleichgewichte und gesamtwirtschaftliche Leistung, ausgearbeitet von einer Studiengruppe unter der Leitung von G. Magnifico, Kommission der Europäischen Gemeinschaften, Amt für amtliche Veröffentlichungen der Europäischen Gemeinschaften, Luxemburg, 1985

Regions: Nomenclature of Territorial Units for Statistics: NUTS: March 1992, Statistical Office of the European Communities, Luxemburg, 1992

Schnellberichte: Regionen Nr. 2/1994-Corrigendum, Kommission der Europäischen Gemeinschaften, Amt für amtliche Veröffentlichungen der Europäischen Gemeinschaften, Luxemburg, 1994

Sonderbericht des Rechnungshofes Nr. 4/90 über die integrierten Mittelmeerprogramme (IMP) zusammen mit den Antworten der Kommission (Abl. Nr. C 298, vom 28.11.1990, S. 1)

Statistical Bulletin, No 3: The Community's Structural Interventions, Commission of the European Communities, Directorate General for the Co-ordination of Structural Policies, Brussels, July, 1992

Strukturfonds der Gemeinschaft 1994-1999, Kommission der Europäischen Gemeinschaften, Amt für amtliche Veröffentlichungen der Europäischen Gemeinschaften, Luxemburg, 1993

The Regional Impact of Community Policies, European Parlament, Directorate General for Research, Regional Policy Series, Working Paper W-16, External Study, Luxemburg, 4-1996

Von der Einheitlichen Akte zu der Zeit nach Maastricht. Ausreichende Mittel für unsere ehrgeizigen Ziele, KOM (92) 2000 endg., vom 11.2.1992

Wachstum, Wettbewerbsfähigkeit, Beschäftigung - Herausforderungen der Gegenwart und Wege ins 21. Jahrhundert", in Bulletin der Europäischen Gemeinschaften, Beilage 6/93, Amt für amtliche Veröffentlichungen der Europäischen Gemeinschaften, Luxemburg, 1993

3. Verordnungen, Beschlüsse, Entscheidungen

a) Europäischer Fonds für regionale Entwicklung

Verordnung (EWG) Nr. 724/75 des Rates vom 18. März 1975 über die Errichtung eines Europäischen Fonds für regionale Entwicklung (Abl. Nr. L 73 vom 21.3.1975, S. 1)

Beschluß Nr. 75/186/EWG des Rates über die Anwendung der Verordnung (EWG) Nr. 724/75 über die Errichtung eines Europäischen Fonds für regionale Entwicklung auf die überseeischen französischen Departements (Abl. Nr. L 73 vom 21.3.1975, S. 49)

Verordnung (EWG) Nr. 214/79 des Rates vom 6. Februar 1979 zur Änderung der Verordnung (EWG) Nr. 724/75 über die Errichtung eines Europäischen Fonds für regionale Entwicklung (Abl. Nr. L 35 vom 9. Februar 1979, S. 1)

Verordnung (EWG) Nr. 3325/80 des Rates vom 16. Dezember 1980 zur Änderung der Verordnung (EWG) Nr. 724/75 über die Errichtung eines Europäischen Fonds für regionale Entwicklung (Abl. Nr. 349 vom 23. Dezember 1980, S. 10)

Entscheidung Nr. 83/399/EWG der Kommission vom 23. Juni 1983 zur Änderung der Grenzen der benachteiligten Gebiete im Sinne der Richtlinie 75/268/EWG des Rates in Griechenland (Abl. Nr. L 186 vom 9.7.1983, S. 32)

Beschluß Nr. 83/595/EWG des Rates vom 29. November 1983 zur Ermächtigung des Europäischen Fonds für regionale Entwicklung, bei den Beihilfen für Infrastrukturinvestitionsvorhaben im Zeitraum 1981-1983 über den Höchstsatz von 70 v.H. hinauszugehen (Abl. Nr. L 340 vom 6.12.1983, S. 24)

Verordnung (EWG) Nr. 1787/84 des Rates vom 19. Juni 1984 betreffend den Europäischen Fonds für regionale Entwicklung (Abl. Nr. L 169 vom 28.6. 1984, S. 1)

Verordnung (EWG) Nr. 215/84 des Rates vom 18. Juli 1984 zur Einführung einer spezifischen Gemeinschaftsmaßnahme zur regionalen Entwicklung bestimmter griechischer Gebiete im Zusammenhang mit der Erweiterung der Gemeinschaft (Abl. Nr. L 27 vom 31.1.1984, S. 5)

Verordnung (EWG) Nr. 218/84 des Rates vom 18. Januar 1984 zur Änderung der Verordnung (EWG) Nr. 2618/80 zur Einführung einer spezifischen Gemeinschaftsmaßnahme zur regionalen Entwicklung im Hinblick auf die Verbesserung der Sicherheit der Energieversorgung in einigen Gebieten der Gemeinschaft durch eine stärkere Nutzung neuer Technologien im Bereich der Stromgewinnung aus Wasserkraft und den Ausbau alternativer Energiequellen (Abl. Nr. L 27 vom 31.1.1984, S. 19)

Verordnung (EWG) Nr. 3634/85 des Rates vom 17. Dezember 1985 über die Einführung spezifischer Gemeinschaftsmaßnahmen zur regionalen Entwicklung im Jahr 1985 und zur Änderung der Verordnung (EWG) Nr. 1787/84 (Abl. Nr. L 350 vom 27.12.1985, S. 6)

Verordnung (EWG) Nr. 3641/85 des Rates vom 20. Dezember 1985 zur Änderung der Verordnung (EWG) Nr. 1787/84 betreffend den Europäischen Fonds für regionale Entwicklung (Abl. Nr. L 350 vom 27.12.1985)

Verordnung (EWG) Nr. 2052/88 des Rates vom 24. Juni 1988 über Aufgaben und Effizienz der Strukturfonds und über die Koordinierung ihrer Interventionen untereinander sowie mit denen der Europäischen Investitionsbank und der anderen vorhandenen Finanzinstrumente (Abl Nr. L 185 vom 15.7.1988, S. 9)

Beschluß Nr. 88/487/EWG der Kommission vom 24. Juni 1988 zur Errichtung eines Beirates der regionalen und lokalen Gebietskörperschaften (Abl. Nr. L 247 vom 6.9.1988, S. 23)

Verordnung (EWG) Nr. 4253/88 des Rates vom 19. Dezember 1988 zur Durchführung der Verordnung (EWG) Nr. 2052/88 hinsichtlich der Koordinierung der Interventionen der verschiedenen Strukturfonds einerseits und zwischen diesen und den Interventionen der Europäischen Investitionsbank und der sonstigen vorhandenen Finanzinstrumente andererseits (Abl. Nr. L 374 vom 31.12.1988, S. 1)

Verordnung (EWG) Nr. 4254/88 des Rates vom 19. Dezember 1988 zur Durchführung der Verordnung (EWG) Nr. 2052/88 in bezug auf den Europäischen Fonds für regionale Entwicklung (Abl. Nr. L 374 vom 31.12.1988, S.15)

Entscheidung Nr. 89/250/EWG der Kommission vom 25. Januar 1989 zur Festlegung von Richtgrößen für die Aufteilung von 85 v.H. der EFRE-Verpflichtungsermächtigungen auf die einzelnen Mitgliedstaaten im Rahmen des in der Verordnung (EWG) Nr. 2052/88 des Rates festgelegten Ziels Nr. 1 (Abl. Nr. L 101 vom 13.4.1989, S. 41)

Entscheidung Nr. 89/288/EWG der Kommission vom 21. März 1989 zur Aufstellung eines ersten Verzeichnisses der Industriegebiete mit rückläufiger Entwicklung, die unter das in der Verordnung (EWG) Nr. 2052/88 des Rates festgelegte Ziel Nr. 2 fallen (Abl. Nr. L 112 vom 25.4.1989, S. 29)

Entscheidung Nr. 89/289/EWG der Kommission vom 8. März 1989 zur Festlegung von Richtgrößen für die Aufteilung von 85 v.H. der EFRE-Verpflichtungsermächtigungen auf die einzelnen Mitgliedstaaten im Rahmen des in der Verordnung (EWG) Nr. 2052/88 des Rates festgelegten Ziels Nr. 2 (Abl. Nr. L 113 vom 26.4.1989, S. 29)

Entscheidung Nr. 89/379/EWG der Kommission vom 10. Mai 1989 zur Festlegung von Richtgrößen für die Aufteilung von 85 v.H. der EFRE-Verpflichtungsermächtigungen auf die einzelnen Mitgliedstaaten im Rahmen des in der Verordnung (EWG) Nr. 2052/88 des Rates festgelegten Ziels Nr. 5b (Abl. Nr. L 180 vom 27.6.89, S. 54)

Entscheidung Nr. 89/426/EWG der Kommission vom 10. März 1989 zur Bestimmung der förderungswürdigen ländlichen Gebiete nach Ziel 5b der Verordnung (EWG) Nr. 2052/88 des Rates (Abl. Nr. L 198 vom 12.7. 1989, S. 1)

Entscheidung Nr. 90/203/EWG der Kommission vom 30. März 1990 über die Erstellung des gemeinschaftlichen Förderkonzepts für die Strukturinterventionen der Gemeinschaft in den unter Ziel Nr. 1 fallenden Regionen Griechenlands, also im gesamten griechischen Hohheitsgebiet (Abl. Nr. L

106 vom 26.4.1990, S. 26)

Entscheidung Nr. 92/80/EWG der Kommission vom 13. Dezember 1991 über eine Ergänzung eines gemeinschaftlichen Förderkonzepts für gemeinschaftliche Strukturinterventionen zur Verbesserung der Verarbeitungs- und Vermarktungsbedingungen land- und forstwirtschaftlicher Erzeugnisse in Griechenland (Abl. Nr. L 31 vom 7.2.1992, S. 42)

Entscheidung Nr. 92/516/EWG der Kommission vom 28. Oktober 1992 über einen Nachtrag zu einer Ergänzung zum gemeinschaftlichen Förderkonzept für gemeinschaftliche Strukturinterventionen zur Verbesserung der Verarbeitungs- und Vermarktungsbedingungen land- und forstwirtschaftlicher Erzeugnisse in Griechenland (Abl. Nr. L 321 vom 6.11.1992, S. 28)

Verordnung (EWG) Nr. 792/93 des Rates vom 30. März 1993 zur Errichtung eines Kohäsions-Finanzinstruments (Abl. Nr. L 79 vom 1.4.1993, S. 1)

Verordnung (EWG) Nr. 2081/93 des Rates vom 20. Juli 1993 zur Änderung der Verordnung (EWG) Nr. 2052/88 über Aufgaben und Effizienz der Strukturfonds und über die Koordinierung ihrer Interventionen untereinander sowie mit denen der Europäischen Investitionsbank und der anderen vorhandenen Finanzinstrumente (Abl. Nr. L 193 vom 31.7.1993, S. 5)

Verordnung (EWG) Nr. 2082/93 des Rates vom 20. Juli 1993 zur Änderung der Verordnung (EWG) Nr. 4253/88 zur Durchführung der Verordnung (EWG) Nr. 2052/88 hinsichtlich der Koordinierung der Interventionen der verschiedenen Strukturfonds einerseits und zwischen diesen und den Interventionen der Europäischen Investitionsbank und der sonstigen vorhandenen Finanzinstrumente andererseits (Abl. Nr. L 193 vom 31.7.1993, S. 20)

Verordnung (EWG) Nr. 2083/93 des Rates vom 20. Juli 1993 zur Änderung der Verordnung (EWG) Nr. 4254/88 zur Durchführung der Verordnung (EWG) Nr. 2052/88 in bezug auf den Europäischen Fonds für regionale Entwicklung (Abl. Nr. L 193 vom 31.7.1993, S. 34)

b) Ausschuß für Regionalpolitik

Beschluß Nr. 75/185/EWG des Rates vom 18. März 1975 über die Einsetzung eines Ausschusses für Regionalpolitik (Abl. Nr. L 73 vom 21.3.1975, S. 47)

Beschluß Nr. 79/137/EWG des Rates vom 6. Februar 1979 zur Änderung des

Beschlusses Nr. 75/185/EWG über die Einsetzung eines Ausschusses für Regionalpolitik (Abl. Nr. L 35, vom 9.2.1979, S. 9)

Geschäftsordnung des Ausschusses für Regionalpolitik (Abl. Nr. L 320 vom 11.12.1975, S. 17)

Änderung der Geschäftsordnung des Ausschusses für Regionalpolitik (Abl. Nr. C 195 vom 24.7.1984, S. 2)

c) Sonstige Rechtsakte und Bestimmungen

Richtlinie Nr. 75/268/EWG des Rates vom 28.4.1975 über die Landwirtschaft in Berggebieten und in bestimmten anderen benachteiligten Gebieten (Abl. Nr. L 128 vom 19.5.1975, S. 1)

Entscheidung des Rates vom 6. Februar 1979 betreffend den Orientierungsrahmen für die Regionalpolitik der Gemeinschaft (Abl Nr. C 36 vom 9.2. 1979, S. 10)

Entscheidung Nr. 79/136/EWG des Rates vom 6. Februar 1979 zur Änderung der Entscheidung Nr. 74/120/EWG zur Erreichung eines hohen Grades an Konvergenz der Wirtschaftspolitik der Mitgliedstaaten der Europäischen Wirtschaftsgemeinschaft (Abl. Nr. L 35 vom 9.2.1979, S. 8)

Mitteilung der Kommission an den Rat zu der Abgrenzung der Infrastruktur für die Finanzierung durch den Europäischen Fonds für regionale Entwicklung in dessen Fördergebieten, KOM (81) 38 endg. vom 18.2.1981

Mitteilung der Kommission an den Rat: Neue Leitlinien und Prioritäten der Regionalpolitik, KOM (81) 152 endg. vom 24.7.1981

Verordnung (EWG) Nr. 3300/86 des Rates vom 27. Oktober 1986 zur Einführung eines Gemeinschaftsprogramms zur Entwicklung bestimmter benachteiligter Regionen der Gemeinschaft durch einen besseren Zugang zu den fortgeschrittenen Telekommunikationsdiensten (Programm-STAR) (Abl. Nr. L 305 vom 31.10.1986, S. 1)

Verordnung (EWG) Nr. 3301/86 des Rates vom 27. Oktober 1986 zur Einführung eines Gemeinschaftsprogramms zur Entwicklung bestimmter benachteilig ter Regionen der Gemeinschaft durch die Erschließung des endogenen Energiepotentials (VALOREN-Programm) (Abl. Nr. L 305 vom 31. 10.1986, S. 6)

Entscheidung Nr. 88/48/EWG der Kommission vom 22. Oktober 1987 zur Genehmigung des Interventionsprogramms für Griechenland zur Durchführung des Gemeinschaftsprogramms zur Entwicklung bestimmter benachteiligter Regionen der Gemeinschaft durch die Erschließung des endogenen Entwicklungspotentials (VALOREN-Programm) (Abl. Nr. L 30 vom 2.2.1988, S. 25)

Entscheidung Nr. 88/55/EWG der Kommission vom 22. Oktober 1987 zur Genehmigung des Interventionsprogramms für Griechenland zur Durchführung des Gemeinschaftsprogramms zur Entwicklung bestimmter benachteiligter Regionen der Gemeinschaft durch einen besseren Zugang zu den fortgeschrittenen Telekommunikationsdiensten (STAR-Programm) (Abl. Nr. L 30 vom 2.2. 1988, S. 33)

Mitteilung der Kommission: Gedankenaustausch zwischen der Kommission, dem Rat und dem Europäischen Parlament über die Beurteilung und die Anwendung der Grundsätze der neuen EFRE-Verordnung, KOM (87) 236 endg. vom 27.5.1987

d) Programme für Regionalentwicklung

Schema der Regionalentwicklungsprogramme (Abl. Nr. C 69 vom 24.3. 1976, S. 2)

Die regionalen Entwicklungsprogramme, Kommission der Europäischen Gemeinschaften, Amt für amtliche Veröffentlichungen der Europäischen Gemeinschaften, Brüssel, Luxemburg, 1979

Stellungnahme Nr. 79/534/EWG der Kommission vom 23. Mai 1979 zu den regionalen Entwicklungsprogrammen (Abl. Nr. L 143 vom 12.6.1979, S. 7)

Empfehlung Nr. 79/535/EWG der Kommission vom 23. Mai 1979 an die Mitgliedstaaten betreffend die regionalen Entwicklungsprogramme (Abl. Nr. L 143 vom 12.6.1979, S. 9)

e) Integrierte Mittelmeerprogramme

Entscheidung Nr. 84/73/EWG der Kommission vom 21. Dezember 1983 über eine Pilotaktion auf der Insel Lesbos, Verwaltungsbezirk (Nomos) Lesbos, als Vorbereitung der Durchführung der integrierten Mittelmeerprogramme (Abl. Nr. L 44 vom 15.2.1984, S. 18)

Entscheidung Nr. 84/74/EWG der Kommission vom 21. Dezember 1983 über eine Pilotaktion im Bereich der Fischerei und Aquakultur in Griechenland als Vorbereitung der Durchführung der integrierten Mittelmeerprogramme (Abl. Nr. L 44 vom 15.2.1984, S. 23)

Entscheidung Nr. 84/78/EWG der Kommission vom 21. Dezember 1983 über eine Pilotaktion im Gebiet des Verwaltungsbezirks (Nomos) Ioannina zur Vorbereitung der Durchführung der integrierten Mittelmeerprogramme (Abl. Nr. L 44 vom 15.2.1984, S. 42)

Entscheidung Nr. 84/79/EWG der Kommission vom 21. Dezember 1983 über eine Pilotaktion im Gebiet des Verwaltungsbezirks (Nomos) Evritania als Vorbereitung der Durchführung der integrierten Mittelmeerprogramme (Abl. Nr. L 44 vom 15.2.1984, S. 47)

Entscheidung Nr. 84/80/EWG der Kommission vom 21. Dezember 1983 über eine Pilotaktion im Gebiet der Prespa-Seen im Verwaltungsbezirk (Nomos) Florina als Vorbereitung der Durchführung der integrierten Mittelmeerprogramme (Abl. Nr. L 44 vom 15.2.1984, S. 51)

Entscheidung Nr. 84/81/EWG der Kommission vom 21. Dezember 1983 über eine Pilotaktion auf der Insel Limnos, Verwaltungsbezirk (Nomos) Lesbos, zur Vorbereitung der Durchführung der integrierten Mittelmeerprogramme (Abl. Nr. L 44 vom 15.2.1984, S. 56)

Entscheidung Nr. 85/83/EWG der Kommission vom 14. Dezember 1984 zur Änderung der Entscheidung 84/73/EWG der Kommission vom 21.12.1983 über eine Pilotaktion als Vorbereitung zur Durchführung der integrierten Mittelmeerprogramme (Abl. Nr. L 37 vom 8.2.1985, S. 15)

Entscheidung Nr. 85/84/EWG der Kommission vom 14. Dezember 1984 zur Änderung der Entscheidung 84/74/EWG der Kommission vom 21.12.1983 über eine Pilotaktion als Vorbereitung zur Durchführung der integrierten Mittelmeerprogramme (Abl. Nr. L 37 vom 8.2.1985, S. 20)

Entscheidung Nr. 85/88/EWG der Kommission vom 14. Dezember 1984 zur Änderung der Entscheidung 84/78/EWG der Kommission vom 21.12.1983 über eine Pilotaktion als Vorbereitung zur Durchführung der integrierten Mittelmeerprogramme (Abl. Nr. L 37 vom 8.2.1985, S. 36)

Entscheidung Nr. 85/89/EWG der Kommission vom 14. Dezember 1984 zur Änderung der Entscheidung 84/79/EWG der Kommission vom 21.12.1983 über eine Pilotaktion als Vorbereitung zur Durchführung der integrierten

Mittelmeerprogramme (Abl. Nr. L 37 vom 8.2.1985, S. 41)

Entscheidung Nr. 85/90/EWG der Kommission vom 14. Dezember 1984 zur Änderung der Entscheidung 84/80/EWG der Kommission vom 21.12.1983 über eine Pilotaktion als Vorbereitung zur Durchführung der integrierten Mittelmeerprogramme (Abl. Nr. L 37 vom 8.2.1985, S. 46)

Entscheidung Nr. 85/91/EWG der Kommission vom 14. Dezember 1984 zur Änderung der Entscheidung 84/81/EWG der Kommission vom 21.12.1983 über eine Pilotaktion als Vorbereitung zur Durchführung der integrierten Mittelmeerprogramme (Abl. Nr. L 37 vom 8.2.1985, S. 51)

Verordnung (EWG) Nr. 2088/85 des Rates vom 23. Juli 1985 über die integrierten Mittelmeerprogramme (Abl. Nr. L 197 vom 27.7.1985, S. 1)

Entscheidung Nr. 86/39/EWG der Kommission vom 23. Dezember 1985 über eine Pilotaktion als Vorbereitung zur Durchführung der integrierten Mittelmeerprogramme im Verwaltungsbezirk (Nomos) von Grevena (Griechenland) (Abl. Nr. L 62 vom 5.3.1986, S. 25)

Entscheidung Nr. 86/42/EWG der Kommission vom 23. Dezember 1985 zur Änderung der Entscheidung 84/73/EWG über eine Pilotaktion als Vorbereitung zur Durchführung der integrierten Mittelmeerprogramme (Abl. Nr. L 62 vom 5.3.1986, S. 36)

Entscheidung 86/477/EWG der Kommission vom 20. August 1986 zur Genehmigung eines integrierten Mittelmeerprogramms für die Insel Kreta (Griechenland) (Abl. Nr. L 282 vom 3.10.1986, S. 21)

Programmvertrag - Gemeinsame Aktion zur Durchführung des integrierten Mittelmeerprogramms für die Insel Kreta (Abl. Nr. C 35 vom 13.2.1987, S. 2)

Entscheidung Nr. 88/207/EWG der Kommission vom 14. Dezember 1987 zur Änderung der Entscheidung 84/73/EWG über eine Pilotaktion auf der Insel Lesbos, Verwaltungsbezirk (Nomos) Lesbos, Griechenland, als Vorbereitung zur Durchführung der integrierten Mittelmeerprogramme und der Entscheidung 86/39/EWG über eine Pilotaktion als Vorbereitung zur Durchführung des integrierten Mittelmeerprogramms im Verwaltungsbezirk Nomos Grevena, Griechenland (Abl. Nr. L 95 vom 13.4.1988, S. 11)

Entscheidung Nr. 88/312/EWG der Kommission vom 11. Dezember 1987 zur Genehmigung eines integrierten Mittelmeerprogramms für die Ägäischen Inseln (Abl. Nr. L 140 vom 7.6.1988, S. 15)

Entscheidung Nr. 88/313/EWG der Kommission vom 11. Dezember 1987 zur Genehmigung eines integrierten Mittelmeerprogramms für Attika (Abl. Nr. L 140 vom 7.6.1988, S. 23)

Entscheidung Nr. 88/317/EWG der Kommission vom 11. Dezember 1987 zur Genehmigung eines integrierten Mittelmeerprogramms für Mittel- und Ostgriechenland (Abl. Nr. L 143 vom 10.6.1988, S. 28)

Entscheidung Nr. 88/399/EWG der Kommission vom 20. Oktober 1987 zur Genehmigung eines integrierten Mittelmeerprogramms für Nordgriechenland (Abl. Nr. L 191 vom 22.7.1988, S. 17)

Entscheidung Nr. 88/400/EWG der Kommission vom 20. Oktober 1987 zur Genehmigung eines integrierten Mittelmeerprogramms für Informationstechnologien in Griechenland (Abl. Nr. L 191 vom 22.7.1988, S. 25)

Entscheidung Nr. 88/401/EWG der Kommission vom 20. Oktober 1987 zur Genehmigung eines integrierten Mittelmeerprogramms für Westgriechenland und den Peloponnes (Abl. Nr. L 191 vom 22.7.1988, S. 32)

Entscheidung Nr. 89/39/EWG der Kommission vom 30. Dezember 1989 zur Änderung der Entscheidung 86/477/EWG zur Genehmigung eines integrierten Mittelmeerprogramms für die Insel Kreta (Griechenland) (Abl. Nr. L 15 vom 19.1.1989, S. 39)

B. Sammelwerke, Monographien, Aufsätze

Agelidis, A.: Regionalstruktur der Europäischen Gemeinschaften und Vorschlag zur regionalen Gliederung des griechischen Raums angesichts des Beitritts, in: KEPE: Die Raumordnungspolitik, Athen, 1976, (gr.), S. 13-19 (Anhang B)

Albrechts, L. u.a.: New Perspectives for Regional Development in the 1990s, in: Albrechts, L. u.a. (Eds.): Regional Policy at the Crossroads: European Perspectives, London, 1989, S. 1-10

Alexakis, P./Katrivesis, V.: Die Entwicklungsanreize für die Industriegebiete in Griechenland, in: Topos, o.J., Heft 4, Athen, 1992, (gr.), S. 77-111

Andrikopoulou, E./Kafkalas, G.: Die Reglementierung des regionalen Raums. Theorie und Praxis, Thessaloniki, 1985, (gr.)

Andrikopoulou-Kafkala, E.: Staatliche Intervention und Regionen. Die Reglementierung des regionalen Raums in Griechenland, Diss., Thessaloniki, 1984, (gr.)

Argyris, A.: Griechenlands regionale Wirtschaftsentwicklung (I). Das Problem der Disparitäten und die Investitionsanreize zu ihrer Überwindung, in: Südosteuropa Mitteilungen, Jg. 21, Heft 1-2, München, 1981, S. 23-38

Argyris, A.: Griechenlands regionale Wirtschaftsentwicklung (II). Die Strategie der "Entwicklungspole" (-zentren) und die Politik der "Gegner- oder Rivalenstädte", in: Südosteuropa Mitteilungen, Jg. 23, Heft 2, München, 1983, S. 18-35

Armstrong, H. W.: Community Regional Policy: A Survey and Critique, in: Regional Studies, Vol. 12, No. 4, Oxford, 1978, S. 511-528

Armstrong, H. W.: The Role and Evolution of European Community Regional Policy, in: Jones, B./Keating, M. (Eds.): The European Union and the Regions, Oxford, 1995, S. 23-62

Athanasiou, A. L.: Ökonomische Disparitäten in Griechenland: Entwicklungen und mögliche Auswirkungen, Athen, 1991, (gr.)

Athanasiou, L. A./Kannelopoulou, K. N/Poupou, I. M.: Konvergenz, Divergenz und Regionalpolitik, Athen, 1995, (gr.)

Athanassopoulos, D.: Die griechische Verwaltung, Athen, 1985 (gr.)

Athanassopoulos, G. K.: Die finanziellen Anreize im institutionellen Rahmen der Regionalentwicklung in Griechenland, Bd. I und II, 2. Aufl., Athen, 1992,

(gr.)
Athanassopoulos, G. K.: Das Entwicklungssystem im Raum im Rahmen der Dezentralisierung und der regionalen Verwaltung, in: Institut für regionale Entwicklung: Festschrift, Athen, 1992, (gr.), S. 163-190
Axt, H.-J.: Wandel und Kontinuität in Griechenland. Zur wirtschaftlichen und politischen Entwicklung seit 1981, in: Aus Politik und Zeitgeschichte, Beilage zur Wochenzeitung "Das Parlament", B 26/85, Bonn, 1985, S. 21-37
Axt, H.-J.: The Costs and Benefits of the Greek EC-membership, in: Intereconomics, Vol. 22, No. 5, Hamburg, 1987, S. 249-257
Axt, H. J.: Griechenland und die Europäische Gemeinschaft. Erfahrungen mit der Mitgliedschaft und Aussichten für 1992, in: Südosteuropa Mitteilungen, Jg. 29, Heft 2, München, 1989, S. 126-138
Axt, H.-J.: 2,7 Millionen fanatische Griechen? Oder warum 40 % der Wähler noch immer Papandreou bevorzugen, in: Südosteuropa, Jg. 39, Heft 2, München, 1990, S. 119-135
Axt, H.-J.: Europäische Gemeinschaft: Osteuropa ante portas, in: Südosteuropa, Jg. 40, Heft 6, München, 1991, S. 283-306
Axt, H.-J.: Southern Europe Facing the Single Market's Completion, in: Intereconomics, Vol. 26, No. 4, Hamburg, 1991, S. 192-202
Axt, H.-J.: Modernisierung durch EG-Mitgliedschaft? Portugal, Spanien und Griechenland im Vergleich, in: Die Integration Europas, hrsg. von Kreile, M., Politische Vierteljahresschrift, Sonderheft 23/1992, Opladen, 1992, S. 208-233
Axt, H.-J.: Umbrüche in Europa und die Rolle Griechenlands, in: Südosteuropa Mitteilungen, Jg. 32, Heft 2, München, 1992, S. 122-128
Axt, H.-J.: Greece's Accession to the EC and its Economic Consequences. A Comparative View, in: Axt, H.-J. (Hrsg.): Greece and the European Union: Stranger among Partners, Baden-Baden, 1997
Axt, H.-J.: Financial Transfers and Security: Why Greece Favoured the Maastricht Treaty on European Union, in: Axt, H.-J. (Hrsg.): Greece and the European Union: Stranger among Partners, Baden-Baden, 1997
Begg, I.: European Integration and Regional Policy, in: Oxford Review of Economic Policy, Vol. 5, No. 2, Oxford, 1990, S. 90-104
Beutel, J.: The Economic Impacts of the Community Support Frameworks for the Objective 1 Regions 1989-93, Report to the Directorate-General for

Regional Policies, Commission of the European Communities, Constance, 1993

Biehl, D.: The Contribution of Infrastructure to the Regional Development, Final Report, Luxemburg, 1986

Biehl, D.: Ein substantielles, aber begrenztes Reformpaket. Zum Brüsseler Reformgipfel, in: Integration, Beilage zur Europäischen Zeitung 4/88, Jg. 11, Heft 2/88, Bonn, 1988, S. 64-74

Bursig, B.: Die Regionalpolitik der Europäischen Gemeinschaft unter besonderer Berücksichtigung integrationstheoretischer Überlegungen, Frankfurt am Main u.a., 1991, zugl. Diss., Hamburg, 1990

Camagni, R. P.: Development Scenarios and Policy Guidelines for the Lagging Regions in the 1990s, in: Regional Studies, Vol. 26, No. 4, Oxford, 1992, S. 361-374

Comfort, A. M.: Alternatives to Infrastructure? Possible Ways forward for the ERDF: A Perspective from Luxemburg, in Regional Studies, Vol. 22, No. 6, Oxford, 1988, S. 542-551

Demathas, Z./Serafetinidis, G.: Structural Problems and Policies of Southern EEC Regions. The Case of Greece, 1989 (Auszug in griechischer Sprache, Institute of Regional Science of the Panteios University, Athen, 1993)

Drygalski, A. v.: Die Fonds der Europäischen Gemeinschaften: Eine systematische Darstellung ihrer rechtlichen Grundlagen, München, 1988, zugl. Diss., Passau, 1988

Ehlermann, C.-D.: Die Beschlüsse des Brüsseler Sondergipfels: Erfolg einer Gesamtstrategie der Delors-Kommission, in: Integration, Beilage zur Europäischen Zeitung 4/88, Jg. 11, Heft 2/88, Bonn, 1988, S. 56-63

Evangelinides, M.: Regional Development: Core-Periphery Relations - The Greek Case, Athens, 1975

Fakiolas, R./Voss, W.: Wanderungsbewegungen aus und nach Griechenland seit 1973, Saarbrücken, Fort Lauderdale, 1989

Featherstone, K./Yannopoulos, G. N. The European Community and Greece: Integration and the Challence to Centralism, in: Jones, B./Keating, M. (Eds.): The European Union and the Regions, Oxford, 1995, S. 249-266

Folkers, Cay: Welches Finanzausgleichssystem braucht Europa?, in: Karl, H./ Henrichsmeyer, W. (Hrsg.): Regionalentwicklung im Prozeß der europäischen Integration, Bonn, 1995, S. 87-108

Fotopoulos,T.: Die abhängige Entwicklung. Der griechische Fall, Athen, 1985 (gr.)

Franzmeyer, F.: Die Europäische Wirtschafts- und Währungsunion: Ausbau der gemeinschaftlichen Kohäsionspolitik, in: Integration, Beilage zur Europäischen Zeitung 4/1993, Jg. 16, Heft 2/93, Bonn, 1993, S. 95-117

Franzmeyer, F. u.a.: Die regionalen Auswirkungen der Gemeinschaftspolitiken, Luxemburg, 1991

Franzmeyer, F. (Hrsg.): Die Auswirkungen des Binnenmarktes auf die Entwicklung der Regionen in der Europäischen Gemeinschaft. Beiträge und Diskussionsberichte zu einer Tagung des DIW in Berlin vom 6. bis zum 8. Dezember 1990, Berlin, 1991

Friedmann, I.: Life Space and Economic Space: Contradictions in Regional Development, in: Stadt und Region (griechische Zeitschrift), Jg. 2, Heft 3, Athen, 1982, S. 73-83

Ganslandt, H. R.: Politische Kultur und politisches System in Griechenland, in: Aus Politik und Zeitgeschichte, Beilage zur Wochenzeitung "Das Parlament", B 51/90, Bonn, 1990, S. 29-38

Geck, H. M.: Die griechische Arbeitsmigration. Eine Analyse ihrer Ursachen und Wirkungen, Königstein/Ts., 1979

Georgantas, Z. u.a.: Ausländische Investitionen in Griechenland, Athen, 1986, (gr.)

Georgakopoulos, Th. A.: Greece in the EC: Inter-country Income Transfers, in: Journal of Common Market Studies, Vol. 25, No. 2, Oxford, 1986, S. 119-132

Getimis, P.: Die Raumordnungspolitik auf regionaler Ebene. Voraussetzungen und Bewertung, in: Institut für regionale Entwicklung: Festschrift, Athen, 1992, (gr.), S. 207-222

Getimis, P./Kafkalas, Gr.: Bewertung von Entwicklungsprogrammen: Methodologie und Bewertungsrahmen, in: Topos, o.J., Heft 7, Athen, 1994, S. 4-24

Giakoumis, P.: Griechenlands EG-Politik in den 90er Jahren, in: Südosteuropa, Jg. 40, Heft 3-4, München, 1991, S. 169-180

Giakoumis, P.: Sozioökonomische Aspekte des griechischen Wachstumsprozesses, in: Südosteuropa Mitteilungen, Jg. 32, Heft 1, München, 1992, S. 53-61

Giannis, N.: Auf der Suche nach der Teilnahme des griechischen Parlaments an der Europa-Politik, in: Europa-Journal, Jg, 5, Heft 20, Athen, 1996, (gr.), S. 25.

Giannis, N.: Der Ausschuß des griechischen Parlaments über die Angelegenheiten der Europäischen Gemeinschaft, 2. verbess. Aufl., Athen, 1997, (gr.)

Giannis, N.: Nationalparlamente und Europäische Union, Athen, 1997, (gr.)

Giannitsis, T.: Economic Integration and Development: The Experience of a Newly Industrialising Economy (Greece 1981-1987), in: Rivista Internationale di Scienze Economiche e Commerciali, Vol. 38, No. 1, 1991, S. 55-79

Giering, C.: Europa zwischen Zweckverband und Superstaat. Die Entwicklung der politikwissenschaftliche Integrationstheorie im Prozeß der europäischen Integration, Bonn, 1997, zugl. Diss., München

Gioti-Papadaki, O.: Die Auswirkung der nationalen und gemeinschaftlichen Regionalpolitik auf die strukturelle Umwandlung der Wirtschaft der griechischen Regionen, Diss., Athen, 1989, (gr.)

Glytsos, P. N.: Regionaldisparitäten in Griechenland. Demographische und ökonomische Merkmale, Athen, 1988, (gr.)

Glytsos, P. N.: Theoretische und empirische Analyse der Migrationsbewegungen und des Geldtransfers durch Überweisungen zwischen Griechenland und Deutschland, Athen, 1991, (gr.)

Grammatikopoulou, E.: Das System der Raumplanung in Griechenland, Hannover, 1989

Hall, R./Wee van der, D.: Community Regional Policies for the 1990s, in: Regional Studies, Vol. 26, No. 4, Oxford, 1992 S. 399-404

Hansen, N. M. (Hrsg.): Growth Centers in the Regional Development, New York, London, 1972

Helm, D./Smith, S.: The Assessment: Economic Integration and the Role of the European Community, in: Oxford Review of Economic Policy, Vol. 5, No. 2, Oxford, 1990, S. 1-19

Holtzmann, H.-D.: Regionalpolitik der Europäischen Union. Eine Erfolgskontrolle in theoretischer und empirischer Sicht, Berlin, 1997, zugl. Diss., Erlangen, Nürnberg, 1996

Hrbek, R./Weyand, S.: Betrifft: Das Europa der Regionen. Fakten, Probleme, Perspektiven, München, 1994

Ikonomou, P. Th.: Neugriechische Regionalproblematik. Vorstudien zu einer Sozialstrukturanalyse, Frankfurt am Main, Paris, Bern, 1990, zugl. Diss., Linz, 1984

Iokimidis, P. K.: Die griechische Verwaltung und die Ausgestaltung der Europa-Politik, in: Tsoukalis, L. (Hrsg.): Griechenland in der Europäischen Gemeinschaft: Die Herausforderungen der Anpassung, Athen, 1993, (gr.)

Kallianos, Th.: Die Binnenwanderung in Griechenland. Ein Beitrag zur Analyse ihrer Erscheinung, Ursachen und Konsequenzen mit besonderer Berücksichtigung der Region Zentralwestmakedonia, Frankfurt am Main, 1981, zugl. Diss., Hamburg, 1979

Kaltsounis, A.: Probleme der staatlichen Planung in Griechenland, Diss., Berlin (Freie Universität), 1988

Kaltsounis, A.: Entwicklungsmöglichkeiten eines strukturschwachen Gebietes der EG, exemplifiziert an Nomos Ioannina, Griechenland. Ein Beitrag zur alternativen Regionalplanung, Diss., Berlin (Technische Universität), 1989

Kanellopoulos, C.: Schattenwirtschaft in Griechenland. Veranschaulichungen offizieller Daten, Athen, 1990, (gr.)

Kanetakis, M.: Entwicklungspolitik in den rückständigen Regionen der Europäischen Gemeinschaft unter besonderer Berücksichtigung Griechenlands, Diss., Marburg, 1981

Kapsocavidis, B.: Der griechische EG-Beitritt: Das Dilemma zwischen kurz- und langfristigen Effekten. Eine institutionstheoretische Analyse, Frankfurt am Main, u.a., 1987, zugl. Diss., Hamburg, 1986

Karabatsou-Pachaki, C.: Aufstellungsprinzipien und Evaluationskriterien für die Regionalprogramme, Athen, 1992, (gr.)

Karl, H./Klemmer, P.: Einbeziehung von Umweltindikatoren in die Regionalpolitik, Berlin, 1990

Kasakos, P.: Lektionen zur Regionalentwicklung, Athen, 1984, (gr.)

Kasakos, P.: Entwicklungsprobleme und wirtschaftspolitische Optionen in Griechenland der achtziger Jahre, in: Aus Politik und Zeitgeschichte, Beilage zur Wochenzeitung "Das Parlament", B 14-15/88, Bonn, 1988, S. 36-46

Kasakos, P.: Die integrationspolitischen Initiativen der 80er Jahre und die griechische Europa-Politik, in: Südosteuropa Mitteilungen, Jg. 31, Heft 2, München, 1991, S. 94-114

Klasakos, P.: Die neue EG-Agenda und die griechische Europa-Politik, in: Europa-Archiv, Jg. 46, Heft 7, Bonn, 1991, S. 215-224

Kasakos, P.: Griechenland und die Zukunftsentwürfe für die EG, in: Hellenic Foundation for Defense and Foreign Policy, Yearbook 1990. Southeastern Europe, edt. by Couloumbis, Th./Veremis, Th., Athens, 1991, S. 171-236

Kasakos, P.: Privatsektor und Strukturpolitik der Gemeinschaft, Athen, 1992, (gr.)

Kasakos, P./Stefanou, C. (Hrsg.): Griechenland in der Europäischen Gemeinschaft: Die ersten fünf Jahre. Trends, Probleme, Perspektiven, Athen, 1987, (gr.)

Katochianos, N.: Nationale raumordnungspolitische Planung, in: KEPE: Die Rahmenbedingungen der Regionalentwicklung, Athen, 1970, (gr.), S. 139-152

Katseli, L./Sapountzoglou, G. G.: Gemeinschaftlicher Haushalt und Strukturfonds in der Perspektive der Wirtschafts- und Währungsunion, Athen, 1992, (gr.)

Kavadias, A. P.: Indikatoren zur Regionalentwicklung Griechenlands, Athen, 1992, (gr.)

KEPE: Beobachtung '96: Strukturpolitiken in der Europäischen Union und in Griechenland, Bd. I-II, Athen, 1997, (gr.)

KEPE: Berichte zum Fünfjahresplan zur wirtschaftlichen und sozialen Entwicklung 1983-1987, Bd. E6: Schutz und Aufwertung der Umwelt, Athen, 1986, (gr.)

KEPE: Die Entwicklung Griechenlands. Vergangenheit, Gegenwart und Vorschläge zur Politik, Athen, 1990, (gr.)

KEPE: Berichte zum Fünfjahresplan zur wirtschaftlichen und sozialen Entwicklung 1988-1992, Bd. 18: Örtliche Selbstverwaltung, Athen, 1990, (gr.)

KEPE: Berichte zum Fünfjahresplan zur wirtschaftlichen und sozialen Entwicklung 1988-1992, Bd. 19: Öffentliche Verwaltung, Athen, 1991, (gr.)

KEPE: Berichte zum Fünfjahresplan zur wirtschaftlichen und sozialen Entwicklung 1988-1992, Bd. 24: Regionalpolitik, Athen, 1991, (gr.)

Kimm, I.: Griechenlands Regionalentwicklung und -politik und der EG-Beitritt, Frankfurt am Main, u.a., 1987, zugl. Diss., Heidelberg, 1986

Kioukis, K. E./Papakonstandinidis, L. A.: Anreize zur Regionalentwicklung in den Mitgliedstaaten der Europäischen Wirtschaftsgemeinschaft. Erforschung der Möglichkeiten Griechenlands auf nationaler, regionaler und gemeinschaftlicher Ebene, 2. verbess. Aufl., Athen, 1985, (gr.)

Klemmer, P.: Regionalpolitik und Umweltpolitik. Untersuchung der Interdependenzen zwischen Regionalpolitik und Umweltpolitik, Hannover, 1988

Klemmer, P.: Regionalpolitik, in: Handbuch Europäische Wirtschaftspolitik, hrsg. von Klemmer, P., München, 1998, S. 459-517

Klodt, H./Stehn, J. et al.: Die Strukturpolitik der EG, Tübingen, 1992

Konsolas, I. N.: Regionale Wirtschaftspolitik I: Allgemeine Betrachtung, 2. verbess. Aufl., Athen, 1985, (gr.)

Konsolas, I. N.: Die Technopoleis und der Beitritt unseres Landes in die "Sunbelt", in: Institut für regionale Entwicklung: Festschrift, Athen, 1992, (gr.), S. 241-262

Kottis, G.: Dezentralisierung der Industrie und Regionalentwicklung, Athen, 1980, (gr.)

Koutoulakos, I.: Die Investitionspolitik und das Programm für Öffentliche Investitionen, in: Die öffentlichen Finanzen in Griechenland, hrsg. von Tatsos, N., Athen, 1991, S. 86-117

Koutris, A. N.: Regionalprobleme und Maßnahmen in der Europäischen Gemeinschaft, Athen, 1985, (gr.)

Krieger-Boden, Chr.: Zur Regionalpolitik der Europäischen Gemeinschaft, in: Die Weltwirtschaft, o. Jg. , Heft 1, Tübingen, 1987, S. 82-96

Kuklinski, A. (Hrsg.): Growth Poles and Growth Centers in Regional Planing, Paris, The Hague, 1972

Labrianidis, L.: Die Anreize zur Regionalentwicklung, in: Oikonomikos Tachydromos, Heft vom 10.2.1994, Athen, 1994, (gr.), S. 71-73

Lammers, K.: Mehr regionalpolitische Kompetenzen für die EG im Europäischen Binnenmarkt, Kiel 1990

Lemonias, E.: Entwicklungsanreize in Griechenland und der EWG, Athen, 1991, (gr.)

Luetkens, Chr.: Die unglückliche Rückkehr. Die Remigrationsproblematik am Beispiel griechischer Arbeitsmigranten aus dem Nomos Drama, Frankfurt am Main, New York, 1981

Lyberaki, A.: Die Debatte über die Konvergenz und die Realität der Divergenz: Vergleich der Wirtschaftsleistung Griechenlands und der EWG in den 80er Jahren, in: Revue der Europäischen Gemeinschaften, o. Jg., Bd. 13, Athen, 1992, (gr.), S. 83-113

Lyrintzis, Ch.: Political Parties in Post-Junta Greece: A Case of "Bureuacratic Clientelism"?, in: West European Politics, Vol. 7, No. 2, London, 1984, S. 99-119

Macheras, D.: Die Mitgliedschaft Griechenlands in den Europäischen Gemeinschaften. Die Problematik der wirtschaftlichen Auswirkungen auf Griechenland angesichts seiner Wirtschaftsstruktur, Frankfurt am Main u.a., 1988, zugl. Diss., Münster, 1986

Makaronidis, A.: Aktuelle wirtschaftspolitische Fragen in Griechenland, in: Südosteuropa Mitteilungen, Jg. 28, Heft 3, München, 1988, S. 252-265

Makrydimitris, A./Passas, A.: Die griechische Verwaltung und die Koordinierung der Europa-Politik, Athen, 1993, (gr.)

Manesis, A./Vergopoulos, K. u.a.: Griechenland in der Entwicklung, Athen, 1986, (gr.)

Manousakis, G. M.: Entstehung und Wandlung des Klientelsystems in Griechenland, in: Südosteuropa Mitteilungen, Jg. 33, Heft 1, München, 1993, S. 61-71

Marx, F.: EG-Regionalpolitik: Fortschritt und Stagnation im Spannungsfeld von Integrationsziel und nationalstaatlichen Interessen, 1. Aufl., Aachen, 1992

Minakaki, T.: Die Kommunikation der zentralen Verwaltung mit der EG und die besondere Rolle der EG-Stellen der Ministerien in Griechenland, in: Verwaltungsenzyklopädie, Verwaltungsreform, Jg. 13, Heft 51-52, Athen, 1992, S. 33-56 (gr.)

Myrdal, G.: Ökonomische Theorie und unterentwickelte Regionen, Frankfurt am Main, 1973

Negreponti-Delivani, M.: Die Regionalentwicklung in Griechenland im Rahmen der EWG, Thessaloniki, 1986, (gr.)

OECD: Regional Problems and Policies in Greece, Paris, 1981

OECD: Economic Surveys - Greece, 1980-1993 (13 Bd.), Paris, 1981-1994

Pagakis, L. Gr.: Organisation und Verwaltung der Regionalplanung, Athen, Komotini, 1990, (gr.)

Papadakis, M.: Greece, Migration Statistics 1955-1977, VI, Absolute Numbers, Athens, 1981

Papadaskalopoulos, A. D.: Wirtschaftsregion und Entwicklungsstrategie, in: Institut für regionale Entwicklung: Festschrift, Athen, 1992, (gr.), S. 37-56

Papalekas, Chr. J.: Wandlungen in der soziopolitischen Struktur Griechenlands,

in: Südosteuropa Mitteilungen, Jg. 22, Heft 1, München, 1982, S. 3-15
Paschos, P.: Einkommenswirkungen der EG-Agrarpolitik in Griechenland, in: Jahrbücher für Nationalökonomie und Statistik, Bd. 206, Heft 2, Stuttgart, 1989, S. 117-127
Patiniotis, N.: Strukturelle Abhängigkeit und Arbeitsemigration, dargestellt am Beispiel Griechenlands (1955-1975), Diss., Frankfurt am Main, 1979
Pavlopoulos, P.: Die Schattenwirtschaft in Griechenland, Athen, 1987, (gr.)
Perrakis, S./Gregoriou, P. (Hrsg.): Griechenland im Prozeß der Europäischen Integration (1981-1994). Dokumente, Athen, Komotini, 1994, (gr.)
Piramelidou, A.: Regionale Entwicklungsstrategien in Griechenland, Diss., Nürnberg, 1985
Platzer, H. W.: Lernprozeß Europa: Die EU und die neue europäische Ordnung; eine Einführung, 3. vollst. aktual. u. überarb. Aufl., Bonn, 1995
Psycharis, J.: Die Regionalpolitik in den 80er Jahren: Ihre vorrangige Berücksichtigung und ihre Zurückstellung, in: Institut für regionale Entwicklung: Festschrift, Athen, 1992, (gr.), S. 141-159
Psychopedis, K./Getimis, P.: Regelung lokaler Probleme, Athen, 1989, (gr.)
Quevit, M.: The Regional Impact of the Internal Market: A Comparative Analysis of Traditional Industrial Regions and Lagging Regions, in: Regional Studies, Vol. 26, No. 4, Oxford, 1992, S. 349-360
Regional Development Institute: Local Development, Athens, 1990
Regional Development Institute: Regional Prospects in Greece, Athens, 1993
Ridder, M.: EG-Regionalpolitik und Wirtschaftsförderung in Griechenland, in: Raumforschung und Raumordnung, Jg. 50, Heft 3-4, Bonn-Bad Godesberg, Hannover, 1992, S. 106-111
Ridder, M.: Regionale Wirtschaftsentwicklung unter dem Einfluß der EG-Mitgliedschaft. Das Beispiel Thrakien in Griechenland, Münster, 1992
Riddinger, R.: Aktuelle Diskussionen zur Finanzausstattung und Reform der EG-Regionalförderung, in: Wirtschaftsdienst, Jg. 72, Heft 12, Hamburg, 1992, S. 649-654
Riddinger, R.: EG-Regionalpolitik. Wirtschaftlicher und sozialer Zusammenhalt in der Europäischen Gemeinschaft, Hamburg, 1992
Riddinger, R.: Wirtschaftlicher und sozialer Zusammenhalt in der EG: Die zukünftige Gestaltung der Regionalpolitik, in: Europa-Archiv, Jg. 47, Heft 5, Bonn, 1992, S. 133-140

Rokos, K./Argyrakos, G.: A Systematic Analysis of the Regional Structure for a Coherent Regional Policy in Greece, in: Regional Science Association - ASOEE: The Regions and the Enlargement of the European Economic Community, Athens, 1981, S. 127-144

Roumeliotis, P. (Hrsg.): Die Vollendung der europäischen Integration und die Rolle Griechenlands. Utopie und Realität, Athen, 1985 (gr.)

Sakelaropoulos, Th.: Staat und Wirtschaft in Griechenland 1950-1980, Berlin, 1983

Sakkas, D.: Die Ursprünge des strukturellen Ungleichgewichts und seine Wirkung auf den Entwicklungsprozeß Griechenlands, Frankfurt am Main u.a., 1984

Samparas, A.: Gemeinschaftliche Strukturpolitik: Die zu erwartenden Auswirkungen, Athen, 1991, (gr.)

Schäfers, M.: Die Kohäsionspolitik der Europäischen Gemeinschaft - Integrationspolitische Einordnung, Darstellung und Erfolgskontrolle, Baden-Baden, 1993, zugl. Diss., Tübingen, 1992

Schäfers, M./Starbatty, J.: Das Instrumentarium der EG zur Förderung innergemeinschaftlicher Kohäsion, in: Aus Politik und Zeitgeschichte, Beilage zur Wochenzeitung "Das Parlament", B 28/90, Bonn, 1990, S. 3-15

Seremetis, D.: Finanzielle Beziehungen zwischen Griechenland und den Europäischen Gemeinschaften. Auswirkungen vom Beitritt 1981-1985, Athen, 1989, (gr.)

Sidiropoulos I.: Verwaltungsdezentralisierung und Programmierung der Regionalentwicklung: Die internationalen Erfahrungen und die griechische Praxis, in: Institut für regionale Entwicklung: Festschrift, Athen, 1992, (gr.), S. 91-120

Soldatos, G. T.: The post-war Greek Economy: Politics and Economics, in: Südosteuropa, Jg. 40, Heft 5, München, 1991, S. 224-238

Spiekermann, B. u.a.: Europäische Regionalpolitik. Empfehlungen zur Weiterentwicklung, Köln, 1988

Stabenow, W.: Titel V. Wirtschaftlicher und sozialer Zusammenhalt, in: Kommentar zum EWG-Vertrag, hrsg. von Grabitz, E., Bd. 1, Stand: 5. Ergänzungslieferung, September 1992, München, S. 1-10

Stamatopoulos, D.: Industrialisierung und Machtstrategie in Griechenland. Erscheinungen abhängiger Entwicklung, Athen, 1989, (gr.)

Stöhr, W. B.: Regional Policy at the Crossroads. An Overview, in: Albrechts, L. u.a. (Eds.): Regional Policy at the Crossroads: European Perspectives, London, 1989, S. 191-197

Sykara, K.: Location / Allocation in Regional Administration, in: Regional Science Association - ASOEE: The Regions and the Enlargement of the European Economic Community, Athens, 1981, S. 61-78

Theodosakis, N.: Sozioökonomische Entwicklungen und räumliche Disparitäten in Griechenland zwischen 1961 und 1981. Eine Analyse der räumlichen und strukturellen Trends auf der Basis von Verwaltungsbezirken (Nomoi), Hamburg, 1990, zugl. Diss.

Tillmans-Estorf, B.: Die Strukturpolitik der Europäischen Union - Eine kritische Analyse ihrer Ziele, Instrumente und Maßnahmen am Beispiel Portugals, Bonn, 1997

Tömmel, I.: System-Entwicklung und Politikgestaltung in der Europäischen Gemeinschaft am Beispiel der Regionalpolitik, in: Die Integration Europas, hrsg. von Kreile, M., Politische Vierteljahresschrift, Sonderheft 23/1992, Opladen, 1992, S. 185-208

Tsoukalas, K.: Soziale Entwicklung und Staat. Die Organisation des öffentlichen Sektors in Griechenland, 2. Aufl., Athen, 1989, (gr.)

Tsoukalas, K.: Über die Problematik der politischen Klientel im Griechenland des neunzehnten Jahrhunderts, in: Kontogiorgis, G. (Hrsg.): Gesellschaftliche und politische Kräfte in Griechenland, Athen, 1977, (gr.), S. 73-89

Tsoukalis, L. (Hrsg.): Griechenland in der Europäischen Gemeinschaft: Die Herausforderung der Anpassung, Athen, 1993, (gr.)

Unger, K.: Die Rückkehr der Arbeitsemigranten. Eine Studie zur Remigration in Griechenland, Saarbrücken, Fort Lauderdale, 1983

Vliamos, I. S.: Die Industriegebiete und die regionale Industriepolitik in Griechenland, Athen, 1988, (gr.)

Vliamos, I. S.: Die Aktivierung des endogenen Potentials: Die Entwicklungsgesellschaften und die Griechische Bank für Industrieentwicklung als Träger der lokalen Entwicklung, in: Institut für regionale Entwicklung: Festschrift, Athen, 1992, (gr.), S. 191-206

Waniek, R. W.: Die Regionalpolitik der Europäischen Gemeinschaft - eine kritische Bestandsaufnahme, Bochum, 1992

Waniek, R. W.: Ordnungspolitische Elemente und Defizite der europäischen Regionalpolitik, in: Orientierungen zur Wirtschafts- und Gesellschaftspolitik, Jg. 51, Heft 1/1992, Bonn, 1992, S. 19-24

Weidenfeld, W./Wessels, W. (Hrsg.): Jahrbuch der europäischen Integration, Jahre 1980 bis 1993 (14 Bde.), Bonn, 1981 bis 1994

Weise, Chr: EG-Strukturfonds: Reformchance genutzt?, in: DIW-Wochenbericht, Jg. 60, Heft 34/93, Berlin, 1993, S. 471-476

Wenturis N.: Die soziopolitischen und ökonomischen Strukturen Griechenlands im Hinblick auf seine Integration in die EG. Eine Modell-Skizze von Kern-Peripherie-Relationen, Frankfurt am Main u.a., 1977

Wenturis, N.: Griechenland und die EG: Die soziopolitischen Rahmenbedingungen griechischer Europapolitiken, Tübingen, 1990

Werner, G.: Regionalpolitische Konsequenzen der europäischen Integration, in: Wirtschaftsdienst, Jg. 72, Heft 11, Hamburg, 1992, S. 581-589

Quellen und Titel im griechischen Originaltext

A. Πηγες

I. Ελληνικες Πηγες

1. Νομοι, Νομοθετικα διαταγματα

Ν. Δ. 1078/1971 περι ληψεως φορολογικων και αλλων τινων μετρων προς ενισχυσιν της περιφερειακης αναπτυξεως (ΦΕΚ 3/Α/27.12.1971)

Ν. Δ. 1312/1972 περι νεων μετρων προς ενισχυσιν της περιφερειακης αναπτυξεως (ΦΕΚ 232/Α/24.12.1972)

Ν. Δ. 1313/1972 περι μετρων ενισχυσεως της τουριστικης αναπτυξεως (ΦΕΚ 232/Α/24.12.1972)

Ν. Δ. 1377/1973 περι τροποποιησεως και συμπληρωσεως του Ν. Δ. 1078/1971 και του Ν. Δ. 1312/1972 (ΦΕΚ 80/Α/7.4.1972)

Ν. 945/1975 περι κυρωσεως της συνθηκης προσχωρησεως της Ελλαδος εις την ΕΟΚ (ΦΕΚ 170/Α/27.7.1979)

Ν. Δ. 289/1976 περι παροχης κινητρων δια την αναπτυξιν παραμεθοριων περιοχων και ρυθμισεως συναφων θεματων (ΦΕΚ 76/Α/3.4.1976)

Ν. 849/1978 περι παροχης κινητρων δια την ενισχυσιν της περιφερειακης και οικονομικης αναπτυξεως της Χωρας (ΦΕΚ 232/Α/22.12.1978)

Ν. 1116/1981 για την παροχη κινητρων ενισχυσεως της περιφερειακης και οικονομικης αναπτυξεως της Χωρας και την ρυθμιση συναφων θεματων (ΦΕΚ 8/Α/14.1.1981)

Ν. 1262/82 για την παροχη κινητρων ενισχυσης της οικονομικης και περιφερειακης αναπτυξης της Χωρας και τροποποιηση συναφων διαταξεων (ΦΕΚ 70/Α/16.6.1982)

Ν. 1352/82 για την ασκηση της περιφερειακης πολιτικης και την καθιερωση λαικης εκπροσωπησης στους νομους (ΦΕΚ 92/Α/18.9.1982)

Ν. 1416/84 για την τροποποιηση και συμπληρωση των διαταξεων της δημοτικης και κοινοτικης νομοθεσιας για την ενισχυση της αποκεντ–

ρωσης και την ενδυναμωση της τοπικης αυτοδιοικησης (ΦΕΚ 18/Α/21. 2.1984)

Ν. 1622/86 για την τοπικη αυτοδιοικηση, την περιφερειακη αναπτυξη και τον δημοκρατικο προγραμματισμο (ΦΕΚ 92/Α/14.7.1986)

Ν. 1832/89 για την τροποποιηση και συμπληρωση της νομοθεσιας για την τοπικη αυτοδιοικηση, την αποκεντρωση και αλλες διαταξεις (ΦΕΚ 54/Α/17.2.1989)

Ν. 1892/90 για τον εκσυγχρονισμο και την αναπτυξη και αλλες διαταξεις (ΦΕΚ 101/Α/31.7.1990)

Ν. 1900/91 για την τροποποιηση και συμπληρωση διαταξεων του δημοτικου και κοινοτικου κωδικα (Π. Δ. 323/1989), της δευτεροβαθμιας τοπικης αυτοδιοικησης (Ν. 1622/86), των εσοδων των δημων και κοινοτητων και αλλες διαταξεις (ΦΕΚ 125/Α/17.9.1990)

Ν. 1960/91 για τις χρηματικες συναλλαγες και την διαχειριση προγραμματων της ΕΟΚ (ΦΕΚ 123/Α/5.8.1991)

2. Προεδρικα Διαταγματα

Π. Δ. 816/77 περι του οργανισμου του Υπουργειου Συντονισμου (ΦΕΚ 261/ Α/14.9.1977)

Π. Δ. 437/85 για τον καθορισμο και την ανακατανομη των αρμοδιοτητων των υπουργειων (ΦΕΚ 157/Α/19.9.1985)

Π. Δ. 51/87 για τον καθορισμο των περιφερειων της Χωρας, τον προγραμματισμο και τον συντονισμο της περιφερειακης αναπτυξης (ΦΕΚ 26/ Α/6.3.1987)

Π. Δ. 545/88 για τον οργανισμο του Υπουργειου Εθνικης Οικονομιας (ΦΕΚ 254/Α/16.11.1988)

Π. Δ. 394/91 για τον οργανισμο του Υπουργειου Εθνικης Οικονομιας (ΦΕΚ 141/Α/25.9.1991)

Π. Δ. 138/93 για τον οργανισμο του Υπουργειου Εθνικης Οικονομιας (ΦΕΚ 55/Α/14.4.1993)

3. Ελληνικα αναπτυξιακα προγραμματα

Υπουργειον Συντονισμου: Πενταετες σχεδιον οικονομικης αναπτυξεως της Χωρας 1960–1964, Αθηνα, 1960

ΚΕΠΕ: Προγραμματικο σχεδιον οικονομικης ανπτυξεως της Ελλαδος 1966–1970, Αθηνα, 1965

Υπουργειον Συντονισμου: Σχεδιον οικονομικης αναπτυξεως της Ελλαδος 1968–1972, Αθηνα, 1968

ΚΕΠΕ: Προτυπο σχεδιον μακροχρονιου αναπτυξεως της Ελλαδος 1973–1987, Αθηνα, 1972

Υπουργειον Προγραμματισμου και Κυβερνητικης Πολιτικης: Πργραμμα αναπτυξεως της Ελλαδος 1973–1977, Αθηνα, 1973

Υπουργειον Συντονισμου: Προγραμμα οικονομικης και κοινωνικης αναπτυξεως 1976–1980, Αθηνα, 1976

Υπουργειον Συντονισμου: Προγραμμα οικονομικης και κοινωνικης αναπτυξεως 1978–1982, Αθηνα, 1979

Υπουργειον Συντονισμου: Προγραμμα περιφερειακης αναπτυξεως 1981–1985, Αθηνα, 1980

Υπουργειο Εθνικης Οικονομιας: Πενταετες προγραμμα οικονομικης και κοινωνικης αναπτυξης 1983–1987, Αθηνα, 1985

Υπουργειο Εθνικης Οικονομιας: Πενταετες προγραμμα οικονομικης και κοινωνικης αναπτυξης 1988–1992, Αθηνα, (Προκριματικα)

Υπουργειο Εθνικης Οικονομιας: Σχεδιο Περιφερειακης Αναπτυξης 1989–1993, Αθηνα, 1989

Υπουργειο Εθνικης Οικονομιας: Σχεδιο Περιφερειακης Αναπτυξης 1994–1999, Αθηνα, 1993

4.Υπουργειο Εθνικης Οικονομιας: Εκθεσεις της Επιτροπης παρακολουθησης του Κοινοτικου Πλαισιου Στηριξης 1989–1993 (9 Εκθεσεις), Αθηνα, 1989 εως 1994

5. Προγραμματικα κειμενα του Πανελληνιου Σοσιαλιστικου Κινηματος (ΠΑ.ΣΟ.Κ) και της Νεας Δημοκρατιας (Ν.Δ.) στην περιοδο 1975–1993

6. Προγραμματικες δηλωσεις του Προεδρου της Κυβερνησης στην περιοδο 1981–1993

Προγραμματικες δηλωσεις του Προεδρου της Κυβερνησης Α. Παπανδρεου της 22.11.1981

Προγραμματικες δηλωσεις του Προεδρου της Κυβερνησης Α. Παπανδρεου της 22.6.1985

Προγραμματικες δηλωσεις του Προεδρου της Κυβερνησης Κ. Μητσοτακη της 24.4.1990

Προγραμματικες δηλωσεις του Προεδρου της Κυβερνησης Α. Παπανδρεου της 23.10.1993

7. Πρωτοκολλα συνεδριασεων του Ελληνικου Κοινοβουλιου στην περιοδο 1981–1993

8. Ελληνικος Τυπος 1981–1993

Ελευθεροτυπια, Καθημερινη, Τα νεα, Το Βημα, Οικονομικος Ταχυδρομος

9. Διαφορα

Υπουργειο Εθνικης Οικονομιας: Εγκυκλιος Αρ. Δ 1616/ΜΠ/1114 της 26.12.1988 για τα ΜΟΠ. Βασικη πληροφορηση και διαταξεις εφαρμογης

Υπουργειο Εξωτερικων: Εκθεσεις του Υπουργειου Εξωτερικων προς τη Βουλη για την εξελιξη των κοινοτικων υποθεσεων, Αθηνα, 1989 εως 1993 (4 εκθεσεις)

Εθνικη Στατιστικη Υπηρεσια της Ελλαδας: Διαφορα στατιστικα δελτια, 1961–1993

II. Επισημες Εκδοσεις των Ευρωπαικων Κοινοτητων

2. Αλλα εγγραφα

Κοινοτικο Πλαισιο Στηριξης 1989–1993 για την προωθηση της ανατυξης και της διαρθρωτικης προσαρμογης των αναπτυξιακα καθυστερημενων περιφερειων (Στοχος 1). Ελλαδα, Υπηρεσια επισημων εκδοσεων των Ευρωπαικων Κοινοτητων, Λουξεμβουργο, 1990

Κοινοτικο Πλαισιο Στηριξης 1994–1999 για την προωθηση της ανατυξης και της διαρθρωτικης προσαρμογης των αναπτυξιακα καθυστερημενων περιφερειων (Στοχος 1). Ελλαδα, Υπηρεσια επισημων εκδοσεων των Ευρωπαικων Κοινοτητων, Λουξεμβουργο, 1994

B. Συλλογικα εργα, μονογραφιες, αρθρα

Αγγελιδης, Α.: Διαρθρωσις των Ευρωπαικων Κοινοτητων σε περιφερειακες ενοτητες και προτασις κατατμησεως του ελληνικου χωρου σε περιοχες εν' οψει της ενταξεως, στο: ΚΕΠΕ: Χωροταξικη πολιτικη, Αθηνα, 1976, σ. 13–19 (Παραρτημα Β)

Αθανασιου, Α. Λ.: Οικονομικες ανισοτητες στην Ελλαδα: Εξελιξεις και πιθανες επιπτωσεις, Αθηνα, 1991

Αθανασιου, Α. Λ./Κανελλοπουλου, Κ. Ν./Πουπου, Η. Μ.: Συγκλιση, αποκλιση και περιφερειακη πολιτικη, Αθηνα, 1995

Αθανασσοπουλος, Γ. Κ.: Η Ελληνικη Διοικηση, Αθηνα, 1985

Αθανασσοπουλος, Γ. Κ.: Τα οικονομικα κινητρα στο θεσμικο πλαισιο της περιφερειακης αναπτυξης, τ. Ι. και ΙΙ., δευτ. εκδ., Αθηνα, 1992

Αθανασσοπουλος, Γ. Κ.: Η αναπτυξιακη οργανωση στο χωρο στα πλαισια της αποκεντρωσης και της περιφερειακης διοικησης, στο: Ινστιτουτο Περιφερειακης Αναπτυξης του Παντειου Πανεπιστημιου: Επιστημονικη Επετηριδα, Αθηνα, 1992, σ. 163–190

Αλεξακης, Π./ Κατριβεσης, Β.: Τα αναπτυξιακα κινητρα για τις βιομηχανικες περιοχες στην Ελλαδα, στο: Τοπος, τ. 4, Αθηνα, 1992, σ. 77–111

Ανδρικοπουλου, Ε./Καυκαλας, Γ.: Η ρυθμιση του περιφερειακου χωρου. Θεωρια και πρακτικη, Θεσσαλονικη, 1985

Ανδρικοπουλου–Καυκαλα, Ε.: Κρατικη παρεμβαση και περιφερειες. Η ρυθμιση του περιφερειακου χωρου στην Ελλαδα, δ. διατρ., Θεσσαλονικη, 1984

Βλιαμος, Ι. Σ.: Οι Βιομηχανικες Περιοχες και η βιομηχανικη περιφερειακη πολιτικη στην Ελλαδα, Αθηνα, 1988

Βλιαμος, Ι. Σ.: Η ενεργοποιηση του ενδογενους δυναμικου: Οι αναπτυξιακες εταιρειες και η ΕΤΒΑ ως φορεις τοπικης αναπτυξης, στο: Ινστιτουτο Περιφερειακης Αναπτυξης του Παντειου Πανεπιστημιου: Επιστημονικη Επετηριδα, Αθηνα, 1992, σ. 191–206

Γετιμης, Π.: Η χωροταξικη πολιτικη στο περιφερειακο επιπεδο. Προυποθεσεις και αξιολογηση, στο: Ινστιτουτο Περιφερειακης Αναπτυξης του Παντειου Πανεπιστημιου: Επιστημονικη Επετηριδα, Αθηνα, 1992, σ. 207–222

Γετιμις, Π./Καυκαλας, Γρ.: Αξιολογηση αναπτυξιακων προγραμματων: Μεθοδολογια και αξιακο πλαισιο, στο ΤΟΠΟΣ, χ.ε., τ. 7, Αθηνα, 1994, σ. 4–24

Γιαννης, Ν.: Σε αναζητηση της συμμετοχης του Ελληνικου Κοινοβουλιου στην ευρωπαικη πολιτικη, στο: Ευρωπαικη Εκφραση, ετος 5, τ. 20, Αθηνα, 1996, σ. 20–27

Γιαννης, Ν.: Η Επιτροπη Ευρωπαικων Υποθεσεων της Βουλης, β εκδ. (βελτ.), Αθηνα, 1997

Γιαννης, Ν.: Εθνικα Κοινοβουλια και Ευρωπαικη Ενωση, Αθηνα, 1997

Γιωργαντας, Ζ.: Ξενες επενδυσεις στην Ελλαδα, Αθηνα, 1986

Γιωτη–Παπαδακη, Ο.: Η επιδραση της περιφερειακης πολιτικης σε εθνικο και περιφερειακο επιπεδο στην διαρθρωτικη μεταβολη της οικονομιας των ελληνικων περιφερειων, δ. διατρ., Αθηνα, 1989

Γλυτσος, Π. Ν.: Περιφερειακες ανισοτητες στην Ελλαδα. Δημογραφικα και οικονομικα χαρακτηριστικα, Αθηνα, 1988

Γλυτσος, Π. Ν.: Θεωρητικη προσεγγιση και εμπειρικη εξελιξη των μετα ναστευτικων κινησεων και των μεταναστευτικων εμβασματων μεταξυ Ελλαδας και Γερμανιας, Αθηνα, 1991

Ζαμπαρας, Α.: Κοινοτικη διαρθρωτικη πολιτικη: Αναμενομενες επιδρασεις, Αθηνα, 1991

Θεοδωρη–Μακρογιαννακη, Ε./Καβαδια, Π./Κατοχιανου, Δ.: Βασικα στοιχεια κατα νομο και περιφερεια, Αθηνα, 1986

Ιωακειμιδης, Π.: Η ελληνικη διοικηση και η διαμορφωση της ευρωπαικης πολιτικης, στο: Τσουκαλης, Λ. (Εκδ.): Η Ελλαδα στην Ευρωπαικη Κοινοτητα: Η προκληση της προσαρμογης, Αθηνα, 1993, σ. 209–230

Καβαδιας, Α. Π.: Δεικτες περιφερειακης ανπτυξης της Ελλαδας, Αθηνα, 1992

Καζακος, Π.: Μαθηματα περιφερειακης αναπτυξης, Αθηνα, 1984

Καζακος, Π.: Ιδιωτικος τομεας και διαρθρωτικη πολιτικη της Κοινοτητας, Αθηνα, 1992

Καζακος, Π./Στεφανου, Κ. (Εκδ.): Η Ελλαδα στην Ευρωπαικη Κοινοτητα: Η πρωτη πενταετια. Τασεις, προβληματα, προοπτικες, Αθηνα, 1987

Κανελλοπουλος, Κ.: Η παραοικονομια στην Ελλαδα. Αναλυση επισημων στοιχειων, Αθηνα, 1990

Καρμπατσου–Παχακη, Κ.: Αρχες διαμορφωσης – Κριτηρια αξιολογησης περιφερειακων προγραμματων, Αθηνα, 1992

Κατοχιανος, Ν.: Εθνικος χωροταξικος σχεδιασμος, στο: ΚΕΠΕ: Τα πλαισια της περιφερειακης αναπτυξης, Αθηνα, 1970

Κατοχιανου, Δ./Θεοδωρη–Μακρογιαννακη, Ε.: Το ελληνικο συστημα αστικων κεντρων, Αθηνα, 1989

Κατσελη, Λ./Σαπουντζογλου, Γ. Γ.: Κοινοτικος προυπολογισμος και διαρθρωτικα ταμεια στην προοπτικη της ΟΝΕ, Αθηνα, 1992

ΚΕΠΕ: Εκθεσεις για το πενταετες προγραμμα οικονομικης και κοινωνικης αναπτυξης 1983–1987, τ. Ε6: Προστασια και αναβαθμιση του περιβαλλοντος, Αθηνα, 1986

ΚΕΠΕ: Αναπτυξη της Ελλαδας. Παρελθον, παρον και προτασεις πολιτικης, Αθηνα, 1990

ΚΕΠΕ: Εκθεσεις για το πενταετες προγραμμα οικονομικης και κοινωνικης αναπτυξης 1988–1992, τ. 18: Τοπικη αυτοδιοικηση, Αθηνα, 1990

ΚΕΠΕ: Εκθεσεις για το πενταετες προγραμμα οικονομικης και κοινωνικης αναπτυξης 1988–1992, τ. 19: Δημοσια διοικηση, Αθηνα, 1991

ΚΕΠΕ: Εκθεσεις για το πενταετες προγραμμα οικονομικης και κοινωνικης αναπτυξης 1988–1992, τ. 24: Περιφερειακη πολτικη, Αθηνα, 1991

ΚΕΠΕ: Παρατηριο, 1996, τ. Α και Β, Αθηνα, 1996

Κιουκης, Κ. Ε./Παπακωνσταντινιδης, Λ. Α.: Κινητρα περιφερειακης αναπτυξης στις χωρες της ΕΟΚ. Διερευνηση των δυνατοτητων της Ελλαδας σε εθνικο, περιφερειακο και κοινοτικο επιπεδο, δευτ., βελτ. εκδ., Αθηνα, 1985

Κονσολας, Ι. Ν.: Περιφερειακη οικονομικη πολιτικη Ι: Γενικη θεωρηση, δευτ., βελτ. εκδ., Αθηνα, 1985

Κονσολας, Ι. Ν.: Οι τεχνοπολεις και η ενταξη της Ελλαδας στην "ζωνη του ηλιου", στο: Ινστιτουτο Περιφερειακης Αναπτυξης του Παντειου Πανεπιστημιου: Επιστημονικη Επετηριδα, Αθηνα, 1992, σ. 241–262

Κουτουλακος, Ι: Η επενδυτικη πολιτικη και το Προγραμμα Δημοσιων Επενδυσεων, στο: Τα δημοσια οικονομικα στην Ελλαδα, εκδ.: Τατσος, Ν., Αθηνα, 1991

Κουτρης, Α. Ν.: Περιφερειακα προβληματα και παρεμβασεις στην Ευρωπαικη Κοινοτητα. Η περιπτωση του Ευρωπαικου Ταμειου Περιφερειακης Αναπτυξης, Αθηνα, 1985

Κωττης, Γ.: Βιομηχανικη αποκεντρωση και περιφερειακη αναπτυξη, Αθηνα, 1980

Λαμπριανιδης, Λ.: Η περιφερειακη πολιτικη κινητρων, στο: Οικονομικος Ταχυδρομος, φ. της 10.2.1994, σ. 71–73

Λεμονιας, Ε.: Αναπτυξιακα κινητρα στην Ελλαδα και στην ΕΟΚ, Αθηνα, 1991

Λυμπερακη, Α.: Η φιλολογια της συγκλισης και η πρακτικη της αποκλισης: Συγκριτικη οικονομικη επιδοση Ελλαδας–ΕΟΚ στην δεκαετια του '80, στην: Επιθεωρηση των Ευρωπαικων Κοινοτητων, τ. 13, Αθηνα, 1992

Μακρυδημητρης, Α./Πασσας, Α.: Η ελληνικη διοικηση και ο συντονισμος της ευρωπαικης πολιτικης, Αθηνα, 1993

Μανεσης, Α./Βεργοπουλος, Κ. κ.α.: Η Ελλαδα σε αναπτυξη, Αθηνα, 1986

Μηνακακη, Τ.: Η επικοινωνια της κεντρικης διοικησης με την ΕΚ και ο ρολος των υπηρεσιων ΕΟΚ των υπουργειων στην Ελλαδα, στο: Διοικητικη Εγκυκλοπαιδεια, Διοικητικη Μεταρρυθμιση, τ. 51–52, Αθηνα, 1992, σ. 33–56

Νεγρεποντη–Δελιβανη, Μ.: Η περιφερειακη αναπτυξη της Ελλαδας στα πλαισια της ΕΟΚ, Θεσσαλονικη, 1986

Παγκακης, Λ. Γ.: Οργανωση και διοικηση του περιφερειακου προγραμματισμου, Αθηνα, Κομοτηνη, 1990

Παπαδασκαλοπουλος, Α. Δ.: Οικονομικη περιφερεια και ανπτυξιακη στρατηγικη, στο: Ινστιτουτο Περιφερειακης Αναπτυξης του Παν τειου Πανεπιστημιου: Επιστημονικη Επετηριδα, Αθηνα, 1992, σ. 37–56

Παυλοπουλος, Π.: Η παραοικονομια στην Ελλαδα, Αθηνα, 1987

Περρακης, Στ./Γρηγοριου, Π.: Η Ελλαδα στις διαδικασιες της ευρωπαικης ενοποιησης (1981–1994). Κειμενα, Αθηνα, Κομοτηνη, 1994

Ρουμελιωτης, Π. (Επιμ.): Η ολοκληρωση της Ευρωπαικης Κοινοτητας και ο ρολος της Ελλαδας. Ουτοπια και πραγματικοτητα, Αθηνα, 1985

Σβορωνος, Ν.: Επισκοπηση της νεοελληνικης ιστοριας, Αθηνα, 1985

Σερεμετης, Δ.: Χρηματικες σχεσεις της Ελλαδας με τις Ευρωπαικες Κοινοτητες. Επιπτωσεις της ενταξης, 1981–1985, Αθηνα, 1989

Σιδηροπουλος, Η.: Διοικητικη αποκεντρωση και περιφερειακος προγραμματισμος. Η διεθνης εμπειρια και η ελληνικη πρακτικη, στο: Ινστιτουτο Περιφερειακης Αναπτυξης του Παντειου Πανεπιστημιου: Επιστημονικη Επετηριδα, Αθηνα, 1992, σ. 91–120

Σταματοπουλος, Δ.: Βιομηχανοποιηση και δυναμικη στρατηγικη στην Ελλαδα. Οψεις εξαρτημενης αναπτυξης, Αθηνα, 1989

Τσουκαλας, Κ.: Οι πελατειακες σχεσεις στην Ελλαδα του δεκατουενατου αιωνα, στο: Κοντογιωργης, Γ. (Εκδ.): Κοινωνικες και πολιτικες δυναμεις στην Ελλαδα, Αθηνα, 1977

Τσουκαλης, Λ. (Εκδ.): Η Ελλαδα στην Ευρωπαικη Κοινοτητα: Η προκληση της προσαρμογης, Αθηνα, 1993

Φωτοπουλος, Τ.: Εξαρτημενη Αναπτυξη. Η ελληνικη περιπτωση, 1985

Ψυχαρης, Γ.: Η περιφερειακη πολτικη στην δεκαετια του '80: Η προταξη και η αναιρεση της, στο: Ινστιτουτο Περιφερειακης Αναπτυξη του Παντειου Πανεπιστημιου: Επιστημονικη Επετηριδα, Αθηνα, 1992, σ. 141–159

Ψυχοπαιδης, Κ./Γετιμης, Π.: Ρυθμιση τοπικων προβληματων, Αθηνα, 1989

Werner Kaltefleiter / Ulrike Schumacher (eds.)

The Rise of a Multipolar World

Papers presented at the Summer Course 1997 on International Security

Frankfurt/M., Berlin, Bern, New York, Paris, Wien, 1998. 214 pp., 1 fig., 9 tab.
Conflicts, Options, Strategies in a Threatened World.
Edited by Werner Kaltefleiter and Ulrike Schumacher. Vol. 2
ISBN 3-631-33286-6 · pb. DM 65.–*
US-ISBN 0-8204-3592-9

The international system which was characterized by its bipolar structure until the end of the systemic conflict undergoes a process of change. New regional power centres seem to emerge in various parts of the world. Those centres have begun to position themselves in different roles in their regions. China seems to be on its way towards a position as hegemon in the Asia-Pacific region. India is trying to determine its foreign policy under new auspices after the end of the concept of non-aligned states. Brazil seems to be using its geostrategic position to dominate the South American continent. Those are some examples of the change in the international system from bipolarity to multipolarity. In order to restructure the international community, several approaches can be discussed. Will the United States of America be the world's only superpower? Or, will the United Nations be able to provide collective security? The lectures presented at the Summer Course on International Security 1997 attempt to at least partially answer these questions.

Contents: After the end of the systemic conflict regional powers have gained a new role in the international system: among these are India, China, Brazil, and Germany · Methods of conflict resolution by international institutions and democratic control are discussed

FSC
www.fsc.org
MIX
Papier | Fördert gute Waldnutzung
FSC® C083411

Kolibri 360 GmbH
Ferdinand-Jühlke-Straße 7
99095 Erfurt, Deutschland
produktsicherheit@kolibri360.de

Druck:
CPI Druckdienstleistungen GmbH
im Auftrag der
Kolibri 360 GmbH
Ferdinand-Jühlke-Str. 7
99095 Erfurt